인문학의 교부라 일컬어지는 지라르에 관한 권위 있는 해석가 정일권 박사의 새 책이 나온 것을 환영한다. 이 책은 지라르의 "예수 이해"에 관한 책으로서, 신화의 수수께끼를 해독한 "지라르의 비교신화학"에 관한 해설서다. 지라르는 소위 이교적 신들이란 인간의 제사 공동체에 의해 희생양으로 몰려서 집단적이고 폭력적으로 살해된 이후에 신성화된 존재들이라는 것을 밝혀냈다. 지라르는 박해의 문서인 신화는 희생양에 대한 폭력을 은폐하고 있다고 폭로했다. 따라서 신화는 군중폭력의 텍스트요 인신 제사의 스토리로서, 신화의 코드는 신들에 대한 집단살해를 내포한다. 따라서 신화에는 집단살해 당하고 희생당하는 인간을 향하는 윤리와 진리 의식이 상실되어 있다.

이에 반해서 희생양 시스템에 저항한 첫 문화가 유대인 문화요, 그러므로 성경은 반신화적이다. 예수의 처형에서 신성화는 발생하지 않았다. 예수의 십자가에서 희생양 메커니즘이 투명하게 드러났다. 그래서 십자가는 희생양 메커니즘의 카타르시스적인 정화 능력을 단숨에 마비시켰다. 십자가는 폭력적 카타르시스의 메커니즘을 인식하여 이를 비판하고 폭로하며 저항하고 전복하며 또한 치유한다. 그래서 십자가는 신화를 비판하면서 자기 성찰의 인문학을 가능케 한다. 복음서는 계몽의 문서라고 지라르는 해석한다. 이러한 이교 신화와 십자가에 대한 지라르의 문화인류학적 해석은 독창적이면서도 성경적 논리와 맞아떨어진다. 지라르는 세계 신화가 희생염소를 생산하는 마녀사냥의 텍스트로서 기능하지만 복음서는 이러한 세계 신화를 전복하고 해체한다고 말한다. 이러한 해석은 기독교의 독특성과 저자의 탁월성을 동시에 드러낸다. 본서는 비교신화학에 대한 책이지만, 논의를 보다 확장하여 니체 및 하이데거와 연관되어 있는 포스트모더니즘이라는 인문학적이고 철학적인 전체 틀에서 전개하고 있다.

저자는 지라르가 "복음서를 신화의 해체"로 해석함으로써 정통 기독교를 구했다는 데서 지라르 사상의 의미를 찾고 있다. 지라르는 유대-기독교적인 전통과 가치를 전복하고자 했던 니체와 그 후계자 하이데거, 그리고 포스트모더니즘의 비신화론화가 훼손하려 했던 복음서를 반신화와 사실로 해석함으로써 유대-기독교적 전통과 가치에 대한 철학적 재발견을 시도했다.

본서는 니체 이후 하이데거를 거쳐서 포스트모더니즘 사유까지 이르는 새로운 신화론, 새로운 영지주의, 그리고 새로운 이교주의 등 21세기 유럽 인문학과 철학의 최근 연구 동향을 비판적으로 소개하고 있다. 저자는 하이데거가 니체 철학을 계승함과 동시에 지난 이천 년 동안 새로운 신이 나타나지 않았다고 하면서, 디오니소스라는 새로운 신화를 복원시키고자 했던 하이데거의 새로운 신화가 왜 파시즘으로 귀결되는지를 지라르의 신화론에 근거해서 설명한다. 저자는 군중폭력과 집단살해의 이야기로 해체(deconstruction)될 수 있는 신화가 마녀사냥의 텍스트, 박해의 텍스트, 그리고 전체주의적 텍스트이기에, 신화를 복원시키고자 하는 신이교적 시도들은 정치철학적으로 파시즘과 전체주의로 기울어진다고 지적하고 있다.

저자는 비교신화학의 관점에서 예수는 오시리스 신화나 디오니소스 신화와는 다르며 희생양도 아니라고 말한다. 디오니소스는 포도주의 신, 축제의 신, 가면의 신, 그리고 극장의 신으로서 일종의 사회적 죽음, 지하세계, 그리고 무질서를 대변한다. 지라르가 지적하는 것처럼 디오니소스는 미학이 아니라 군중폭력을 대변한다. 이집트의 오시리스도 죽음과 지하세계의 신이다. 그러나 부활 이후 빈 무덤을 남긴 예수는 단 한 번의 영원한 희생제사를 드림으로써 기존 신화에 숨어 있었던 희생양 메커니즘을 폭로하였다. 예수는 하나의 죽음과 지하세계의 신이 아니라, 무덤과 죽음과 지하세계의 신들과 그 종교들의 정체를 개방시키고 게시하는 반신화(anti-myth)다.

저자는 지라르가 역사적 예수를 기독교 정통 신앙의 입장에서 묘사하고 있다고 해석한다. 예수는 이교적 신들처럼 야누스적인 괴물로서 반신반인이 아니라, 완전한 하나님(vere deus)이요 완전한 사람(vere homo)이다. 예수는 사티로스와 같은 반신(demi-god)이 아니다. 예수를 살해한 공동체는 이교적 신화처럼 그를 다시 신성화시키고 우상화시키는 것이 아니다. 하나님이 죄 없이 살해당한 예수를 죽은 자 가운데서 일으켜 세워 그를 복권시켰다. 십자가 사건은 또 하나의 신화가 아니라 반신화적 사건이요 반우상주의적 사건이다.

저자는 오히려 붓다가 신화라고 말한다. 저자는 붓다가 은폐된 인간제사로서의 분신공양에서 나온 것으로 해석한다. 불교에서는 붓다가 지속적으로 생산되나, 반신화인 예수는 제사의 종결자다. 저자는 끝으로 "십자가가 참된 깨달음이다", "십자가는 신화의 해체다", "십자가는 카타르시스를 주지 않는다"라는 명제를 제시함으로써 붓다의 우상숭배와는 다른, 예수 그리스도의 십자가의 유일성과 사실성을 선언하고 있다.

저자는 마르틴 하이데거의 『블랙 노트』에 관해 논의하면서 니체와 하이데거가 현대의 새로운 영지주의와 새로운 이교주의의 대변자라고 비판한다. 그리고 하이데거 존재 신화론 사유 속에 깊이 자리 잡고 있는 반유대주의, 나치즘, 그리고 극우적인 파시즘을 비판적으로 조명한 것은 주목할 만한 큰 성과다. 저자가 니체와 하이데거 및 불교 철학에는 유대-기독교적 전통의 경우와 달리 윤리와 도덕이 부재하고 있는 것을 지적하는 것은 바른 통찰이다.

이 책은 지라르의 시각에서 단지 포스트모던 시대의 니체와 하이데거, 불교 사상의 신화적 가공성을 지적하는 것을 넘어서 포스트모던 시대의 인문학의 바른 방향을 정통 기독교적 관점을 통해 제시하는 기독교 인문학 저서다. 포스트모던 시대에 인문학의 부흥에 관심을 가지고 있으며 특히 정통 기독교의 복권에 관심을 가진 분들에게 이 책은 큰 방향을 제시해준다. 포스트모던 철학에 관심 가진 분들, 지라르와 기독교 인문학에 관심 있는 분들에게 필독서로 추천하고 싶다.

김영한 | 기독교학술원장/숭실대학교 명예교수/한국개혁신학회 초대회장

지라르는 신화와 문학을 탐구하다 기독교로 귀의했다는 점에서 C. S. 루이스를 떠올리게 한다. 루이스는 복음을 "사실이 된 신화"라 부르며 그 둘의 유사성에 주목했다. 지라르는 이에 한 걸음 더 나아가, 사실인 복음을 "반신화"라 부르며 복음이 이 신화 속에 감추어진 폭력적 논리를 폭로하고 해체하는 과정을 탐구했다. 지라르 연구가로서 정일권 박사는 이 책에서 지라르가 수행한 복음적 신화 비평 작업의 핵심 요소들을 다각도로 풀어 설명한다. 물론 단순한 소개는 아니다. 시종일관 저자 자신의 관점과 관심사 역시 선명하다. 그리고 주제와 관련하여 소개되는 다양한 연구들은 책을 더욱 풍성하게 만든다. 특히 책의 후반부에서 그는 스스로 지라르적 시선으로 니체에서부터 하이데거를 거쳐 포스트모더니즘에 이르기까지 지금도 계속되는 신화적 폭력성의 징후들에 대한 비판적 분석을 수행한다. 저자의 첫 주제였던 불교에 대한 비판적 분석도 새롭게 시도된다. 이 책은 지라르의 사상뿐 아니라 기독교 복음의 문화적 인문학적 의미를 묻는 모든 이들에게 좋은 배움의 원천이자 보다 깊은 생각의 자극제가 될 것이다.

권연경 | 숭실대학교 기독교학과 교수

정일권 박사는 기독교 인문학의 새 지평을 열었던 르네 지라르를 연구하는 국내 유일의 학자라고 할 수 있다. 그는 성실하고 꾸준하게 집필 활동과 강의를 하면서 국내 독자들을 위해 많은 책들을 출간해온 모범적인 학자다.

정일권 박사의 이 책은 티모시 프리크와 피터 갠디의 『예수는 신화다』를 염두에 두고 쓴 책이다. 그 책은 예수님을 실존 인물로 여기지 않고 이교 신화의 인물로 본다. 정일권 박사는 『예수는 반신화다』를 통해 희생양 제의를 분석하면서 예수님은 신화가 아니며 도리어 붓다가 신화라고 주장한다. 20세기 반기독교적 풍조가 강했던 인문학 분야에서 새로운 기독교 인문학을 보여준 르네 지라르처럼 저자도 이 책에서 반기독교적 도전에 대해 기독교가 어떻게 인문학적으로 대응할 수 있는지를 잘 보여준다.

또한 이 책은 많은 후속 논의를 생산한다는 점에서도 크게 평가받아야 한다. 예를 들어 정 박사는 니체와 하이데거의 철학에서 신화가 히틀러의 독일 나치주의와 밀접한 관련을 지니고 있음을 하이데거의 『블랙 노트』를 통해 보여주고 있다. 관련 분야 학자들의 반응이 기대된다.

이경직 | 백석대학교 신학대학원 조직신학 교수

정일권 박사의 진면목이 잘 드러나는 변증서가 여기 있다. 예수님에 대한 이야기를 하나의 신화로 취급하는 자유주의적 경향과 적대 기독교적 경향에 거슬러, 르네 지라르에 정통한 저자는 지라르의 비교신화학적 논의를 적용한 예수님에 관한 이야기가 오히려 반신화라고 강력히 주장한다. 이 책은 너무나 귀하다. 저자는 지라르식의 변증을 한국 사회 안에서 시도해왔다.

단지 예수의 이야기가 현대의 민주주의, 평등주의, 인권, 자유의 기원이 된다는 주장은 좀 더 복잡한 논의의 대상이 될 수 있고, 또한 현대 민주주의와 현대가 말하는 인권과 자유 이상의 성경이 말하는 인권과 자유의 관계를 잘 드러내야 할 또 다른 논의를 불러일으킬 수 있다. 그렇지만 지금 이대로 다시 예수님 이야기를 신화로 치부하려는 현대의 시도들에 대해 또 한 번의 반박이 이루어졌다는 점에서 저자에게 감사를 표한다. 우리 모두 이 책을 진지하게 읽고 깊이 생각하기를 바란다.

이승구 | 합동신학대학원대학교 조직신학 교수

본서는 정일권 박사의 또 하나의 역작이다. 저자는 지라르를 인용하면서 최근 우리 사회에 마치 주류처럼 횡행하는 종교다원주의 내지 예수의 신화화 주장에 대해 매우 깊이 있게 비판한다. 『예수는 역사다』라는 영화 또는 책에서와 같이, 저자는 이 책을 통해 매우 깊은 통찰력과 해박한 인문학적 연구를 보여주며, 또한 예수 사건의 반신화 즉 역사성을 주장한다. 상대주의에 대한 복음적 기독교의 변증서라고도 할 수 있는 이 책을 모든 분들에게 기꺼이 추천한다.

최용준 | 한동대학교 학문과신앙연구소장, Global EDISON Academy 교수

예수는 반신화다

예수는 반신화다

르네 지라르와 비교신화학

정일권 지음

ANTI MYTH

새물결플러스

프롤로그

예수는 신화인가?

『예수는 신화다』(*The Jesus Mysteries: Was the "Original Jesus" a Pagan God?*)는 티모시 프리크(Timothy Freke)와 피터 갠디(Peter Gandy)가 기독교의 기원에 관해서 쓴 책이다.[1] 이 책은 2008년 SBS가 4부작으로 기획한「신의 길 인간의 길」중 첫 번째 방송인 "예수는 신의 아들인가"편에 상당한 영향을 주었다. SBS 대기획 팀은 이 책의 저자인 티모시 프리크를 인터뷰 전면에 내세워 그의 주장들만을 소개했다. 기독교 핵심 교리의 영역을 침범한「신의 길 인간의 길」은『예수는 신화다』에서 모티브를 얻은 것으로 알려졌다. 특히 첫 번째 편인 "예수는 신의 아들인가"의 상당 부분은 이 책의 내용을 바탕으로 구성됐으며 담당 PD도 제작 동기를 밝히는 자리에서『예수는 신화다』의 상당 부분이 파격적인 내용들로 설득력 있게 다가왔다고 밝혔다. 그러나 SBS 대기획 팀이 학계에서 인정받지 못하는『예수는 신화다』에 전적으로 의존하여 특집 방송을 만든 것은 지상파 방송의 위상을 격하시킨 부끄러운 사건이라는 비판이 기독교 신학자들 사이에서 많이 일어났다.

---

[1]   티모시 프리크, 피터 갠디,『예수는 신화다』, 승영조 역 (서울: 미지북스, 2009).

『예수는 신화다』는 나그함마디(Nag Hammadi)에서 발견된 그노시스적(영지주의적) 복음서에 기초하고 있다. 이 책에 의하면 오시리스, 디오니소스, 아티스, 미트라 등을 숭배하는 여러 신비종교적 이교들은 모두 죽었다가 소생하는 신인(神人)에 관한 신화의 일종이라고 주장하며 이들 신인들을 오시리스-디오니소스라고 총칭한다. 또한 예수는 실존 인물이 아니었으며 영지주의자들이 근본적으로 이교의 신인과 융합하여 만들어낸 인물이라고 주장한다. 예수의 이야기는 역사적으로 실존했던 한 분 메시아의 전기(傳記)가 아니라 이교도의 이야기들을 토대로 만들어진 일종의 "신화"라고 주장한다. 이 책에 의하면 예수는 이교도들의 미스테리아가 유대인들에게 수용될 수 있도록 유대인 메시아로 변장한 오시리스-디오니소스다.

『예수는 신화다』는 십자가에 못 박힌 사람을 예수로 착각하기 쉽지만 사실은 이교도 신인인 오시리스-디오니소스였다고 주장하다가, 때로는 최초의 십자가상에 나타난 예수가 오르페우스였다고 주장하기도 한다. 또 영지주의 문서를 인용하면서 예수의 쌍둥이 형제가 대신 십자가에 못 박혀 죽었다고 주장한다. 이 책은 기독교의 예수 이야기가 그보다 수세기 앞선 이교도 신화들의 유대인 판본이라고 논증한다. 종교 간의 대화를 넘어서 종교다원주의를 주장하는 일부 신학자들은 이러한 영지주의적인 『예수는 신화다』에 대해서 호의적인 입장을 보이기도 한다. 비교종교학자 오강남 교수의 저서 『예수는 없다』도 그러하다.

그러므로 나는 마침내 신화의 수수께끼를 해독한 르네 지라르(René Girard)의 비교신화학에 기초하여 영지주의적이면서 때로는 종교다원주의적 주장을 하는 『예수는 신화다』 혹은 『예수는 없다』 등의 주장을 비판적으로 점검한 이후 "예수는 반(反)신화"(anti-myth)라고 말하고자 한다. 더 나아가 독일 낭만주의와 고전주의로부터 시작해서 유대-기독교적인 전통과 가치를 전복하고자 했던 니체와 그 후계자 하이데거 및 포스트모더니즘에 이르기까지, 현대의 일부 새로운 신화학(Neue Mythologie)과 새로운 이교주의(Neuheidentum)가 정치적으로 파시즘과 나치즘으로 귀결되었다는 사실을 소개할 것이다. 즉 신화와 파시즘이 어떻게 연결되는지에 대해서는 제2차 세계대전 당시의 독일과 일본을 들어 지적하고자 한다. 특히 2014년 이후 출판되기 시작한 하이데거의 『블랙 노트』(Schwarze Hefte)때문에 니체 및 하이데거의 철학과 독일 나치즘 사이의 깊은 연관성을 이제 더 이상 부인할 수 없게 되었다는 사실도 소개할 것이다.

그래서 21세기 유럽 인문학과 철학에서 황혼으로 접어들기 시작한 포스트모더니즘, 종교다원주의, 니체주의, 뉴에이지적 반계몽주의, 새로운 영지주의, 그리고 새로운 이교주의 이후 다시금 유대-기독교적 전통과 가치에 대한 철학적 재발견이 일어나고 있기에, 『예수는 신화다』라는 주장은 설득력이 없다는 것을 보여주려고 한다. 반기독교적 정서를 내포하며 포스트모더니즘을 주장했던 일부 프랑스 철학에서도 특히 최근 현상학 분야에서 "신학적 전환"이 일어났다. 지라르와의 학문적 만남을 통해서 니체와 하이데거 계보로부터 점차 거리를 두며 유대-기독교적 사유를 재발견하는 포스트모던 철학자 잔니 바티모(Gianni Vattimo), 일부 영지주의적 분위기를 가진 서유럽 철학자들과는 달리 뉴에이지적 반계몽주의와 칼 융과 같은 새로운 영지주의에 저항해서 철학적으로 유대-기독교적 전통을 변호하려는 슬라보예 지젝(Slavoj Žižek), 프랑스의 일부 포스트모던적 니체주의를 떠나서 사유적으로 사도 바울의 보편주의를 재발견하는 알랭 바디우(Alain Badiou)

와 조르조 아감벤(Giorgio Agamben) 등에 의한 사도 바울 르네상스, 그리고 서구 민주주의와 보편주의 및 인권과 평등의 가치 등의 원천은 유대교의 정의의 윤리와 기독교의 사랑의 윤리에 있다고 최근 주장한 독일 사회철학자 위르겐 하버마스(Jürgen Habermas)에 이르기까지, 21세기 유럽 인문학과 철학의 주류는 다시금 유대-기독교적 전통의 가치를 재발견하고 있다.

물론 그중에서도 세계 종교와 신화 연구를 통해서 켈수스 이후로 이천 년 교회사에서 오랫동안 난제로 남아 있었던 성서와 신화의 차이를 학문적으로 규명한 지라르가 가장 설득력 있게 기독교 르네상스를 주도해왔다. 초기 교회 시대의 기독교를 비판했던 켈수스 이후 『예수는 신화다』와 같은 주장들은 지라르의 신화 해독으로 인해 결정적으로 설득력을 상실했다. 지라르의 비교신화학에 의하면 예수는 반신화(anti-myth)다. 다시 말하자면 나는 이 책에서 지라르의 비교신화학에 기초해서 『예수는 신화다』와 『예수는 없다』와 같은 책들의 주장을 반박하고, 나아가 지라르의 비교신화학에 기초해 『예수는 신화다』라는 책에서 주장되는 것들과 연결된 현대의 새로운 영지주의, 새로운 신화, 새로운 이교주의의 문제들을 비판적으로 분석하려고 한다. 또한 비교신화학이나 비교종교학의 차원을 넘어 그 문제들을 더 큰 현대 정신사, 지성사, 또는 시대정신 속에서 논할 것이다. 즉 니체 이후 하이데거를 거쳐서 포스트모더니즘 사유에까지 이르는 새로운 신화, 새로운 영지주의, 새로운 이교주의 등을 21세기 유럽 인문학과 철학의 최근 연구 동향과 함께 소개함으로써 비판적으로 성찰하고자 한다. 마지막으로 종교 간 건강한 대화의 한계를 넘어 성불(成佛)한 예수 등 종교다원주의를 주창하는 일부 학자들의 입장에 대해서는 "붓다는 신화다"라는 글에서 비판할 것이다. 그렇게 함으로써 지라르의 비교신화학에 기초하여 기독교와 불교 사이의 학문적 대화를 더 엄밀하게 진행시키고자 한다.

또한 이 책은 비교신화학에 대한 책이지만, 논의를 넓혀서 보다 인문학적이며 철학적인 전체 틀에서 전개하고자 한다. 특히 신화와 파시즘의 얽힘의 문제를 화두로 정치철학적 논의를 진행할 것이며 이를 지라르의 비교신화학에 기초해서 설명하고자 한다. 제2차 세계대전 당시 독일과 일본에서 신화와 파시즘의 얽힘을 볼 수 있는데, 나치와 하이데거 그리고 독일의 나치스트들은 새로운 신화에 대해서 말하면서 기존의 신화를 복원시키고자 했다. 나는 이 책에서 "십자가에 달리신 자" 이후 이천 년 동안 새로운 신이 나타나지 않았다고 하면서 디오니소스라는 새로운 신화를 복원시키고자 했던 니체와, 니체의 아카이브 관리자로서 니체 철학을 계승하는 하이데거가 말했던 새로운 신화가 왜 파시즘으로 귀결되는지를 지라르의 신화론에 근거하여 설명할 것이다.

신화 자체가 파시스트적이기 때문이라는 것이 개략적인 결론이 될 것이다. 군중 폭력과 집단 살해의 이야기로 해체(deconstruction)될 수 있는 신화는 마녀사냥의 텍스트, 박해의 텍스트, 전체주의적 텍스트로서 기능하기 때문에 신화를 복원시키고자 하는 신이교적 시도들은 정치철학적으로 파시즘과 전체주의로 기울어진다. 장-뤽 마리옹(Jean-Luc Marion)은 2016년 4월 미국 시카고 대학교에서 개최된 "성스러운 폭력: 르네 지라르의 유산"(Sacred Violence: The Legacy of René Girard)이라는 제목의 학술 대회[2]에서 지라르의 학문적 업적을 기념하

---

2   A panel discussion with William Cavanaugh (DePaul University), Jean-Luc

면서 정치철학적으로 볼 때 유대-기독교적 텍스트가 군중 폭력으로 살해당한 약자 및 희생자와 소수자의 목소리를 변호하는 최초의 텍스트라고 말한 적이 있다. 유대-기독교적 텍스트는 바로 신화 속의 파시즘 혹은 파시스트적인 신화를 고발하고 그것을 해체하는 텍스트다.

그렇기에 『예수는 반신화다』라고 명명된 이 책의 논지는 단지 비교신화학이나 비교종교학에만 제한되는 것이 아니라 법철학과 정치철학을 포함하는 깊은 인문학적 함의를 지닌다. 우리가 『예수는 신화다』라는 책에서 주장하는 현대의 새로운 신화, 새로운 영지주의, 새로운 이교주의를 비판적으로 성찰할 수밖에 없는 이유는 그것이 전체주의적이고 파시스트적인 신화와 영지주의를 극복한 중세 및 모더니즘의 문명사적 업적을 무시하고 시대착오적으로 다시금 뮈토스의 세계로 반대 운동(Gegenbewegung)하려는 위험하고도 어리석으며 비이성적인 시도를 하고 있기 때문이다. 주로 독일과 일본의 경우 파시스트들이나 독재자들이 로고스 이전의 뮈토스(신화)를 다시 부활시켜서 거대한 군중을 동원하려고 했다. 로마 황제들도 군중의 스트레스를 해소시키기 위해서 폭력적 카타르시스를 제공하는 검투사 경기를 장려했고, 현대 남미의 군부독재자들도 스포츠를 장려했다. 이렇듯 독재자들이나 파시스트들은 신화와 축제를 장려했으며 이를 복원시키려고 했다. 실제로 인류는 오랫동안 희생양을 만들고 그것을 폭력적으로 살해하고 추방함으로써 개인적 또는 사회적 스트레스를 풀어왔다.

니체와 하이데거는 현대의 새로운 신화를 말하는 대표적인 철학

Marion (University of Chicago), and James B. Murphy (Dartmouth College) at the University of Chicago on April 7, 2016.

자다. 우리는 그들의 사유를 단지 서정적이고 미학적으로만 이해해서 무해한 것이라고 할 수는 없다. 이는 2014년 이후 출판된 하이데거의 『블랙 노트』로 인해 더욱 분명해졌다. 『블랙 노트』의 출판 이후 신화와 파시즘의 관계에 대해서 독일어권을 중심으로 국제적으로 새롭게 논의가 뜨거워졌다. 최근 불교학에서도 불교 속의 폭력과 파시즘에 대한 연구가 깊게 진행되고 있다. 니체와 하이데거의 반이성주의적이고 친(親)신화적인 사유는 그들의 반민주주의적이고 반보편주의적인 정치 철학으로 귀결된다.

니체와 하이데거를 복원시킨 일부 프랑스 포스트모더니스트들은 니체가 말한 디오니소스와 디오니소스적인 것을 미학적으로 리메이크 하기도 했지만, 지라르가 지적하는 것처럼 디오니소스는 미학이 아니라 군중 폭력을 대변한다. 고대 그리스인들은 디오니소스를 때로는 죽음과 지하 세계를 관장하는 신 하데스로 이해했다. 이집트의 오시리스도 죽음과 지하 세계의 신이다. 이후에 논의하겠지만, 부활 이후 빈 무덤을 남긴 예수 그리스도는 또 다른 죽음과 지하 세계의 신이 아니라 무덤과 죽음 및 지하 세계의 신들과 그 종교들의 정체를 개방시키고 계시하는 반신화다. 예수 그리스도를 대체하는 새로운 미래의 신으로 니체가 갈망했던 디오니소스는 포도주의 신, 축제의 신, 가면의 신, 극장의 신으로서 일종의 사회적 죽음, 지하 세계, 무질서를 대변한다.

그러므로 반신화로서의 유대-기독교적 텍스트는 반(反)파시스트적인 텍스트다. 이후에 소개하겠지만, 실제로 최근 하버마스의 주장처럼 유대교의 정의의 윤리와 기독교의 사랑의 윤리는 현대 민주주의, 보편주의, 평등주의, 자유주의, 인권, 자유 등의 기원이 된다.

이 책에서는 유대-기독교적 텍스트가 반신화적인 근본정신을 가진다는 테제를 전개할 것이다. 그리고 이론적인 차원뿐만 아니라 그동안 국내에서 많은 인문학, 철학, 신학 분야의 세미나와 학술 대회 및 여러 대학에서 지라르 강의를 하며 학문적 대화를 나누었던 많은 사람들과의 만남을 소개함으로써 더 구체적이고 실제적인 차원에서의 논지도 전개할 것이다. 그동안 새로운 연구 영역을 개척하는 마음으로 고독을 견디며 모험적으로 지라르 연구를 시도했다. 하지만 귀국 이후 감사하게도 지라르를 소개하면서 국내외 많은 사람들과 함께 대화를 나눌수 있었다. 나는 그동안 국내에서 지라르에 관한 강의를 하면서 그리스도인들뿐 아니라, 불자들, 인문학자들, 일반인들, 그리고 때로는 민중신학과 진보신학의 영향을 받은 사람들과도 만나 지라르의 이론에 관하여 토론하며 대화를 나누었다. 그리고 인문학, 철학, 신학의 영역에 있는 사람들과의 만남과 토론을 통해서 나 자신도 많은 것을 배웠다. 그래서 이 책에서는 논지를 전개해 나가는 과정에서 국내의 지라르 이론에 대한 수용사(Rezeptionsgeschichte)도 포함시켜 더욱더 풍성하고 깊게 논의하려고 한다. 또한 지라르 이론에 기초한 나의 불교 연구에 대한 국제적인 논의들도 여기에 포함시켜서 "예수는 반신화다"라는 사실을 더욱 강조하여 말하고자 한다.

1장

르네 지라르의 비교신화학

복음서는 신화의 해체다

현대 신화학의 거장으로서 신화의 수수께끼를 해독한 르네 지라르는 자신의 비교신화학적 연구를 통해서 예수는 신화가 아니라 반신화(anti-myth)라고 주장한다. 2011년 2월 캐나다 국영 방송 CBC의 「현대 사상 시리즈」(Ideas Series)에서는 "희생양: 폭력과 종교에 대한 르네 지라르의 인류학"이라는 제목 아래 지라르와의 인터뷰가 방송되었다. 이 방송에서 지라르는 성서는 "반신화"와 "반희생제사"(anti-sacrifice)의 이야기이며 "신화의 해체"(deconstruction)라고 주장했다. 그에 의하면 성서는 세계 신화에 대한 "의식적이고 의도적인 재작성"(rewriting)이다.[1]

지라르에 의하면, 유대-기독교적 텍스트는 세계 신화의 "해체"다. 성서는 세계 신화를 비판적으로 그리고 해체적으로 다시 쓰고 있다. 데리다가 말하는 해체는 본문(text)을 자세히 읽는 것(close-reading)을 의미한다. 지라르는 신화를 해체하거나 신화적 텍스트를 자세히 읽어 보면 그것이 박해의 텍스트요 마녀사냥의 텍스트라는 것을 알게 된다고 말한다. 데리다의 해체가 텍스트성(textuality)에 대한 해체에 그치고 있다면, 지라르의 해체는 텍스트성을 넘어서 문화의 기원과 세계 신화에 대한 해체에 이르는 훨씬 더 광범위하고 급진적이며 도발적인 기획이다. 데리다가 주로 언어학적인 텍스트 중심의 해체를 시도했다면, 지라르는 문화 제도의 기원에 대한 논의 가운데 해체를 시도한다.[2] 지

1   The Scapegoat: René Girard's Anthropology of Violence and Religion, Interview with Girard on CBC's interview program Ideas, Feb 2011.
2   Andrew J. McKenna, *Violence and Difference. Girard, Derrida, and*

라르에게 참된 해체는 문화의 폭력적이고 희생제의적 기원에 대한 비판적 인식을 의미한다.[3]

성서의 근본정신은 반희생제의적(anti-sacrificial)이며 또한 반신화적(anti-mythological)이다. 미국 스탠퍼드 대학교가 발행하는 「스탠퍼드매거진」(Stanford Magazine)과의 인터뷰에서도 지라르는 성서를 "반신화"로 파악했다. 성서의 반신화적 차원은 예수 그리스도 사건에서 절정에 이른다. 이 인터뷰에서 지라르는 다음과 같이 말한 바 있다.

> 사람들은 내 이론에 반대한다. 그것은 전위적인(avant-garde) 동시에 기독교적 이론이기도 하기 때문이다. 전위적인 사람들은 반기독교적이며, 많은 기독교인들은 반전위적이다(anti-avant-garde). 기독교인들조차 내게 의심이 많았다.[4]

불트만(Rudolf Bultmann)은 성서를 탈신화화(Entmythologisierung)하려고 했지만 성서 자체가 탈신화화의 텍스트라는 사실을 간과하고 있다. 지라르는 불트만의 탈신화화 테제에 대해서 비판했다. 『예수는 신화다』라는 책을 지지하는 사람들은 이 책의 관련 자료들 중 하나로 종종 신학자 불트만을 언급한다. 불트만은 하이데거의 실존주의에 영

Deconstruction (Urbana and Chicago: University of Illinois Press, 1992), 12.

3 Wolfgang Palaver, *René Girards mimetische Theorie. Im Kontext kulturtheoretischer und gesellschaftspolitischer Fragen* (Münster-Hamburg-London: LIT Verlag, 2003), 5, 9. 해체주의와 성서의 진리에 대한 부분을 보라.

4 Cynthia Haven, "History is a test. Mankind Is Failing It. René Girard scrutinizes the human condition from creation to apocalypse", Stanford Magazine, July/August 2009.

향을 받아 예수 그리스도의 부활조차도 탈신화화하여 지나치게 개인적인 실존주의 차원에서 해석했다. 그러나 하이데거의 실존주의는 독일 나치즘과 깊은 연관이 있는 정치적 실존주의로 이해해야지, 개인적이고 사적인 실존주의로 오해해서는 안 된다. 하이데거의 사유가 개인적 실존주의의 이름으로 탈정치화되어 소개된 면이 없지 않다. 물론 불트만은 하이데거가 독일 나치의 도움으로 1933년 독일 프라이부르크 대학교의 총장이 된 것에 대해서 비판적인 입장이었다. 하이데거는 프라이부르크 대학교의 총장으로서 독일 국가사회주의, 곧 나치즘의 "내적인 진리와 위대함"에 대해서 철학적으로 찬양한 바 있다. 하이데거와 교류했던 프랑스의 사르트르도 나치에 협력했던 하이데거의 비겁함에 대해 부분적으로 지적했다.

지라르, 기독교를 구하다

독일 튀빙엔 대학교의 개신교 신학부는 2006년 지라르에게 영예로운 레오폴드 루카스상(Dr. Leopold-Lucas-Preis)을 수여했는데, 이 시상식에서 행해진 지라르의 강의는 "복음서는 신화의 죽음이다"(Die Evangelien sind der Tod der Mythologie)라는 제목으로 튀빙엔 대학교 언론에 소개되었다.[5] 지라르는, 복음서는 또 하나의 신화가 아니라 신화를 죽이는 텍스트라고 말한다.

지라르는 마침내 신화의 수수께끼를 "해독"했다. 레비-스트로스

---

5 "Die Evangelien sind der Tod der Mythologie," René Girard mit dem Dr. Leopold-Lucas-Preis 2006 ausgezeichnet. http://www.uni-tuebingen.de/uni/qvo/Tun/tun128/tun128-forum-2.html을 보라.

(Claude Lévi-Strauss)도 자신의 구조주의 인류학의 관점에서 신화를 "해독"(decoding)하려고 했지만, 지나치게 신화를 언어-구조주의적으로 파악하다 보니 신화가 은폐하고 있는 사회적 메커니즘을 알아채지 못했다. 레비-스트로스에 의하면 신화는 곧 언어다. 그는 신화를 언어학의 관점에서 해독하려고 했다. 레비-스트로스는 소쉬르에게 강한 영향을 받아 언어-구조주의적 관점에서 오이디푸스 신화를 해독하려고 했지만 오이디푸스를 지라르처럼 은폐된 희생양으로 파악하지는 못했다. 지라르의 저서 『나는 사탄이 번개처럼 떨어지는 것을 본다: 기독교에 대한 비판적 변증』의 2부 제목은 "신화의 수수께끼"이며, 3부의 제목은 "십자가의 승리"다.[6] 오스트리아 주요 일간지 「디프레세」(Die Presse)의 보도에서 볼 수 있는 것처럼, 지라르는 기독교가 "신화의 계몽"(Aufklärung der Mythologie)이며 신화가 은폐하고 있는 희생양 메커니즘을 "계몽"한다고도 말했다.[7] 신화가 집단 폭력의 "수동적인 반영"이라면, 유대-기독교는 희생양 그리고 모방적이고 폭력적인 군중을 만들어내는 집단 장치에 대한 "적극적인 폭로"다.[8]

독일 유력 일간지 「디벨트」(Die Welt)는 "신들은 잔인하다. 그러나 하나님은 선하시다. 지라르가 기독교를 구했다"[9]라는 제목으로 지라르

---

6 René Girard, *Ich sah den Satan vom Himmel fallen wie einen Blitz: Eine kritische Apologie des Christentums. Aus dem Französischen von Elisabeth Mainberger-Ruh* (Munich and Vienna: Carl Hanser Verlag, 2002).

7 René Girard hat die Bibel literaturwissenschaftlich gelesen. Das erstaunliche Ergebnis: Das Christentum ist die Aufklärung der Mythologie und ihrer Sündenbock-Mechanik, Die Presse, 22. 11. 2002.

8 르네 지라르, 『그를 통하여 스캔들이 왔다』, 김진식 역 (서울: 문학과지성사, 2007), 68.

9 Karsten Laudien, "Die Götter sind grausam. Aber Gott ist gut: René Girard rettet das Christentum," Die Welt, 28. 09. 2002.

예수는 반신화다

에 대해 상세히 보도한 바 있다. 이 신문이 "지라르가 기독교를 구했다"고 보도한 이유는 그의 비교신화학이 소위 이교적 신들(Götter)과 유대-기독교의 하나님(Gott)을 명확하게 구분했기 때문이다. 신들이 잔인하고 악마적이면서 폭력적인 이미지를 가지는 것은 그들이 인신 제사 공동체에 의해서 희생양으로 몰려 집단적이고 폭력적인 방식으로 살해된 이후에 신성화되었기 때문이다. 폭력적인 성스러움(le sacré)이 그러한 야누스적이고 폭력적이며 잔인한 신들을 만들어낸다. 하지만 십자가에 달리신 예수 이후로 이천 년 동안 새로운 신이 나타나지 않았다고 하면서 디오니소스라는 미래의 새로운 신의 도래를 갈망한 니체와 하이데거는 다시금 신들(Götter)의 도래를 철학적으로 노래했다. 하이데거는 기독교적 하나님(Gott)이 아니라 어떤 신(ein Gott)이 우리를 구원할 것이라고 했다.

나는 2016년 "르네 지라르, 기독교를 구하다"라는 제목으로 고백 아카데미에서 신학 토크 형식의 인터넷 강의를 촬영했고 현재 많은 동영상 자료가 유튜브 등을 통해 공유되고 있다. 지라르에 의하면 신화는 박해문서로서 희생양에 대한 폭력을 은폐하고 있다. 복음서는 이러한 박해문서인 신화가 아님에도 불구하고 오늘날까지 또 하나의 신화로 읽히기도 했다. 박해문서(Verfolgungstexte)인 신화와 계몽의 문서(Aufklärungstexte)인 복음서가 구별되지 않고 이해되어왔다. 그러나 지라르는 복음서와 신화는 정반대의 것이라고 말한다. 십자가에 달리신 자의 수난에서는 신화와 정반대의 것이 발생했다. 예수에게 있어 "처형의 신성화"(Sakralisierung der Hinrichtung)는 발생하지 못했다.[10]

---

10 Karsten Laudien, "Die Götter sind grausam. Aber Gott ist gut: René Girard rettet

"예수는 오시리스-디오니소스 같은 신화인가"에 대해서 본격적인 논의를 하기 전에 먼저 지라르의 학문적 위상에 대해 잠시 소개하고자 한다.

지라르, 신화의 수수께끼를 풀다

2015년 겨울에 타계한 르네 지라르는 2005년 "불멸"의 40인이라 불리는 아카데미 프랑세즈(Académie française, 프랑스 학술원)의 정회원으로 선출되었고, "인간 과학의 새로운 다윈"(nouveau Darwin des sciences humaines)으로 평가되었다. 지라르를 직접 두 번이나 만나서 학문적 대화를 나누었던 나는 국제 지라르 학회인 "폭력과 종교에 관한 콜로키엄"(Colloquium on Violence and Religion)의 회원들에게 전달된 지라르의 타계 소식을 국내 최초로 알렸고, 그날 오후부터 국내 주요 신문사들과 방송사들은 발 빠르게 그의 타계 소식을 보도했다. 나는 추모의 의미로 "아듀, 르네 지라르"라는 특별 기고문을 몇몇 기독교 언론사에 발표했다. 지라르의 타계 소식이 알려지자 곧바로 AFP 등의 주요 외신들은 "그가 결코 만족하지 않았던 열정적인 지성이었다는 점을 온 국민이 알고 있다"는 프랑수아 올랑드 대통령의 안타까움을 보도했다. 프랑스의 사르코지 전 대통령도 지라르를 국민적인 학자로 자랑해왔었다. 그가 재직했던 미국 스탠퍼드 대학교는 그를 추모하면서 "그는 유행에 좌우되지 않았고, 영원히 변하지 않는 것들에 관심을 기울였다"고 밝혔다. 그동안 국내에서는 르네 지라르가 제대로 알려지지

---

das Christentum," Die Welt, 28. 09. 2002.

예수는 반신화다

못한 면이 있지만, 미국에서는 소위 프랑스 이론(French theory)이 큰 주목을 받았었다. 그 계기는 1966년에 지라르가 주도해서 조직한 "비평 언어와 인간 과학"(The Language of Criticism and the Sciences of Man) 학술 대회 때문이었다. 이때 데리다, 라캉, 롤랑 바르트 등이 학술 대회에 초대되었다.

지라르는 "기독교의 헤겔"이라고 평가받기도 한다. 또한 미국의 배론(Robert Barron) 주교는 마녀사냥의 텍스트인 신화로 여겨지는 수수께끼를 풀고 십자가의 승리를 인문학적으로 논증한 지라르가 20세기와 21세기 세계교회에 공헌한 바가 너무나도 크기에 지라르를 21세기의 교부로 평가해야 한다고 주장하기도 했다. 『예수는 신화다』라는 책은 예수가 오시리스-디오니소스와 같은 신화라고 주장하기 위해 켈수스를 인용한다. 켈수스는 예수를 그리스의 디오니소스와 같은 존재라고 주장했고 켈수스 이후 오랫동안 기독교 신학과 교회가 공격을 받았지만, 지라르가 신화의 수수께끼를 해독함으로써 켈수스의 주장을 결정적으로 반박할 수 있게 되었다. 지라르 자신도 켈수스의 주장을 반박하면서 예수가 왜 디오니소스, 오시리스, 이시스와 같은 신화가 아닌지를 엄밀하게 논증했다.

또한 2015년 미국 경제전문 주간지 「포브스」(Forbes)는 지라르를 추모하는 언론 보도에서 지라르를 "사회과학의 아인슈타인"으로 평가했다. 즉 지라르가 아인슈타인처럼 다양한 학문 분야가 통합될 수 있는 하나의 체계를 창조했다는 것이다. 지라르는 인류학, 사회학, 경제학, 종교학 등이 통합될 수 있는 하나의 학문 체계를 창조했다.[11]

---

11 René Girard, "The Einstein Of The Social Sciences." http://www.forbes.com/

2015년 나의 지도 교수였던 볼프강 팔라버(Wolfgang Palaver)가 독일 국영 라디오 방송(Deutschlandfunk)에서 지라르 추모 인터뷰에 응했는데 그는 이 라디오 방송에서 지라르의 이론을 "문명사적 기념비"(zivilisatorischer Markstein)로 평가했다.[12]

지라르는 니체, 레비-스트로스, 프로이트의 대척점에 서 있는 대학자다. 2010년경에 있었던 기포드 강좌(The Gifford Lectures)에서 강연했던 어느 학자는 지라르의 이론이 니체 철학을 한 번 더 전복하는 의미가 있다고 평가했다. 지라르의 이론은 그의 죽음 이후 국제적으로 활발하게 연구되고 있다. 2016년 영국 케임브리지 대학교에서는 모방적 두뇌(Mimetic Brain)를 화두로 삼아 "상호주체성, 욕망, 그리고 모방적 두뇌: 르네 지라르와 정신분석"(Intersubjectivity, Desire, and the Mimetic Brain: René Girard and Psychoanalysis)이라는 제목의 국제 학술 대회가 개최되기도 했다.[13] 뉴턴, 다윈, 스티븐 호킹, 존 폴킹혼 등의 자연과학적 연구로 유명한 케임브리지 대학교는 최근 지속적으로 학제적 연구 차원에서 지라르의 이론을 연구하고 있다. 케임브리지 대학교는 홈페이지 연구 자료실에 지라르의 미메시스 이론(Mimetic Theory) 연구를 위한 공간을 마련하여 자연과학과의 학제적 연구를 위한 자료들을 지속적으로 업로드하고 있다.[14] 캔터베리 대주교인 로완

---

sites/jerrybowyer/2015/11/30/rene-girard-the-einstein-of-the-social-sciences-rip/#5d996efc6345

12 Interview mit Wolfgang Palaver. Französischer Philosoph René Girard gestorben. Beitrag vom 05. 11. 2015. http://www.deutschlandradiokultur.de/interview-mit-wolfgang-palaver-franzoesischer-philosoph.1013.de.html?dram:article_id=336043.

13 "Intersubjectivity, Desire, and the Mimetic Brain: René Girard and Psychoanalysis", 11-12 November 2016, St John's College, Cambridge, UK.

14 http://upload.sms.csx.cam.ac.uk/collection/2111182

예수는 반신화다

월리엄스는 2015년 지라르의 저서인 『창세로부터 은폐되어온 것들』 (*Des choses cachées depuis la fondation du monde*)[15]을 주제로 삼아 열린 학술 세미나에서 "인문학의 다윈"인 지라르를 케임브리지 대학교의 다윈과 비교하며 소개하기도 했다.[16]

지라르의 모방적 욕망 이론과 희생양 이론은 2016년 EBS 수능특강의 문제로 활용되었고 대한민국 공직적격성평가(PSAT)의 문제로 출제되기도 했다. 지라르는 한국에서 이화여대 불문학과를 중심으로 먼저 알려지기 시작했는데, 나는 2016년 이화여자대학교 대학교회에 설교자로 초대받아 르네 지라르의 사상이 얼마나 기독교 신앙에 중요한지 강조한 바 있다. 또한 나는 2016년 서울대학교 대학신문 학술부 기자의 요청으로 수차례에 걸쳐 인터뷰를 했는데, 이 인터뷰는 2016년 5월 서울대학교 대학 신문에 「욕망과 폭력, 그리고 인간의 근원을 묻다」라는 제목의 르네 지라르 특집 기획 기사로 보도되었다. 이 신문에 실린 지라르에 대한 소개는 다음과 같다.

최근 언어학자들은 이처럼 희생양에 언어의 기원이 있다는 지라르의 이론에 굉장한 관심을 보이고 있다는 사실이 소개되었다. 문화 전체가 희생제

---

15 René Girard, *Des choses cachées depuis la fondation du monde* (Paris: Grasset, 1978).

16 Cambridge Festival of Ideas, 20 October 2015. Presentation and discussion of two new books exploring the interface of nature and culture—and of science and religion—through the far-reaching ideas of French-American culture theorist and fundamental anthropologist René Girard. With Dr. Rowan Williams (Master, Magdalen College), Dr. Pierpaolo Antonello (Cambridge, St. Johns College), Prof. Paul Gifford (University of St. Andrews) and a distinguished panel of respondents in science and religion.

의에서 유래했다는 지라르의 가설은 문화의 기원과 관련해서 논란을 불러일으켰다. 당시에는 문화란 인간의 합리성이 생겨난 이후 자연스럽게 생겨난 것이라는 생각이 대세였다. 사회계약설도 인간 사회의 합리적이고 이성적 기원을 낭만적으로 말해왔다. 문화는 문명이 발전하면서 인류가 이성적으로 개발한 것이라는 의견이 주류였다. 이와 달리 지라르는 금기와 언어, 기타 문화 제도가 모두 희생양에 대한 폭력과 그 부산물에서 시작됐다고 주장했다. 지라르의 입장은 인류의 기원이 상당히 폭력적이라는 것을 말한다. 지라르의 문화에 대한 해석이 인류 문화의 비이성적 측면을 보여주는 중요한 역할을 했다. 지라르에 따르면, 성서가 희생양의 무고함을 세상에 폭로함으로써, 사람들은 자신의 폭력과 욕망에 대해 처음으로 반성하고 문화의 진보를 이룰 수 있었다.

이 대학신문 기획 기사에서는 "기독교는 탈마술화와 탈신성화의 메시지와 이야기다"라는 막스 베버의 표현이 소개되었다. 지라르는 기독교를 또 하나의 신화적 텍스트가 아니라 계몽적인 텍스트로 해석했다.[17] 르네 지라르에 대한 영문 위키피디아 자료의 소제목처럼, 지라르에게 성서 텍스트는 또 하나의 신화가 아니라 인간 과학이다(Biblical text as a science of man).

---

17 http://www.snunews.com/news/articleView.html?idxno=15930

21세기 유럽 인문학의 동향과 포스트모더니즘의 황혼

스티븐 호킹은 자신의 최근 저서 『위대한 설계』(*Grand Design*)에서 철학은 죽었다고 말해 논란을 일으켰다. 철학이 죽었다는 호킹의 주장은 과도하지만, 이런 주장은 20세기 현대 철학이 언어학적 전환 이후 과도하게 기호학과 언어철학에 천착한 이유 때문이 아닐까 생각된다. 『지적 사기』(*Fashionable Nonsense*, 한국경제신문사 역간)라는 책에서 프랑스 포스트모더니즘 철학자들의 학문적 비엄밀성을 비판한 뉴욕 대학교의 이론물리학자인 앨런 소칼(Alan Sokal)은 현대 포스트모던 철학이 지나치게 언어철학에만 집중하고 있다고 분석했다. 소칼은 『지적 사기』에서 자크 라캉(Jacques Lacan), 줄리아 크리스테바(Julia Kristeva), 뤼스 이리가레이(Luce Irigaray), 브루노 라투르(Bruno Latour), 장 보드리야르(Jean Baudrillard), 질 들뢰즈(Gilles Deleuze), 펠릭스 가타리(Félix Guattari), 폴 비릴리오(Paul Virilio) 등에 의해 대변되었던 소위 프랑스 이론이 저지른 과학적 남용을 비판적으로 분석했다. 데리다와 그의 해체주의에 대한 미국의 어느 강의에서 들을 수 있는 것처럼, 21세기에 접어들면서 특히 2005년 이후로 "포스트모더니즘의 종언", "언어학적 전환의 종말", "프랑스 이론의 종말", "(데리다의) 해체주의 철학의 죽음" 등에 대한 많은 학문적 연구들이 등장했다.[18] 그리고 이러한 21세기 유럽 인문학과 철학의 새로운 전환을 일으키는 중심에 지라르의 이론이 자리 잡고 있다.

영국의 신학자 앤서니 티슬턴(Anthony Charles Thiselton)은 기호

---

18 https://www.youtube.com/watch?v=N8BsnfjtNCg&t=1078s

학이 꼭 데리다식의 해체주의로 갈 필요가 없다고 주장했다. 그는 그의 책『해석의 새로운 지평』[19] 3장 "기호학에서 해체주의까지 그리고 텍스트성에 대한 포스트모던 관점들"에서, 소쉬르의 기호학이나 비트겐슈타인의 언어철학 자체는 데리다식의 해체주의와 구분되어야 하고 해체주의적 해석은 기호학 자체가 아니라 기호학이 특정한 세계관(프랑스 포스트모던 철학자들의 신니체주의)과 결합되어 비로소 나온 것이라고 주장한다. 티슬턴의 주장은 설득력이 있다. 지라르는 일관되게 텍스트의 지시성 자체를 부인하고 주체의 죽음, 저자의 죽음, 진리의 죽음 등 허무주의적인 방식으로 말하는 일부 프랑스 철학자들의 포스트모던적이고 해체주의적인 입장과 비판적 거리를 유지해 왔다.

나는 2017년 2월 총신대학교 교수학습개발원 인문학 읽기 특강에 초대되어 "십자가의 해석학: 르네 지라르와 성경해석학"이란 제목으로 재학생들에게 강의를 한 바 있다. 그 자리에서 나는 데리다의 해체주의 철학의 한계와, 텍스트성에 대한 해체를 주장하는 데리다의 한계를 극복하면서 더 급진적으로 문화의 기원에 대한 해체를 시도하는 지라르의 이론을 해석학적 차원에서 소개했다. 지라르의 십자가의 해석학과 십자가의 인류학은 인류 문화의 기원과 세계 신화에 대한 해체를 시도한 것이다. 2017년 5월에도 총신대학교 학생들에게 지라르의 『폭력과 성스러움』과 『희생양』을 중심으로 강의했다.

지라르의 사유는 1968년 유럽 학생문화혁명 세대 이후로 잠시 풍미한 일종의 반문화(counter-culture) 운동 또는 데리다나 들뢰즈와 같

---

19 앤서니 티슬턴, 『해석의 새로운 지평: 변혁적 성서읽기의 이론과 실제』 (서울: SFC출판사, 2015).

예수는 반신화다

은 일부 프랑스 포스트모더니스트들의 반대 철학(counter-philosophy) 운동을 넘어서 인류 문화의 기원에 대한 과학적이고 보편적 이해를 추구한다. "인문학의 다윈" 혹은 "사회과학의 아인슈타인"으로 평가받는 지라르가 제시하는 미메시스 이론은 한 세대 동안 유행했던 포스트모던적·디오니소스적·정치적 반문화 운동과 반철학 운동을 넘어서 인류 문화의 기원에 대한 과학적이고 보편적인 이해를 추구하는 큰 이론(Grand Theory)이다. 나는 그동안 지라르의 "Mimetic Theory"를 "모방 이론"으로 번역하지 않고 "미메시스 이론"으로 번역해서 국내에 소개해왔는데, 이는 단순한 모방을 넘어서 깊은 이론적 함의를 가지는 "Mimesis"라는 단어를 살려서 번역하고 싶었기 때문이다. 데리다의 제자로서 해체주의 철학을 대표하는 필립 라쿠-라바르트(Philippe Lacoue-Labarthe)는 "도상적 유형학"(Typographie)이라는 논문(『분절의 미메시스』라는 공동 저서에 수록)에서 지라르의 미메시스 개념을 다룬 바 있다. 이로 인해 모델을 소멸시키는 미메시스를 화두로 하여 미메시스적 해체를 논의하는 국제 콜로키엄에 대한 소식이 국내에 전해지기도 했다.

지라르가 주창한 미메시스 이론은 모방적 욕망 이론에 기초한 근본 인류학(Fundamental Anthropology)으로서 인류 문명의 기원과 성격에 대한 큰 질문(Big Question)이다. 그래서 혹자는 지라르의 이론을 "인문학의 빅뱅 이론"이라 부르기도 한다. 지라르의 이론은 다른 프랑스 포스트모더니즘 철학자들의 경우처럼 반대 철학적이거나 허무주의적이지 않고, 보편성과 과학성을 추구한다. 지라르는 사건의 진실을 믿는 리얼리스트다. 그 때문에 지라르의 이론은 자연과학과의 학문적 대화와 소통에 중요한 단초를 제공한다. 현재 국제적으로 지라르의 미메시스 이론만큼 많은 학제적 연구가 진행되는 이론이 드물며, 정치학, 경제학, 법학, 심리학, 종교학, 신학, 사회학, 인류학, 카오스 이론, 고고학, 미학 등 다양한 학문과의 학제적 대화가 진행되고 있다.

지라르가 2005년 아카데미 프랑세즈의 "불멸의 40인"에 선정되면서 지라르에 대한 그동안의 주된 비판, 즉 『창세로부터 은폐되어온 것들』과 『문화의 기원』에 천착하는 그의 이론이 일반주의적이며 환원주의적이라는 비판은 잠잠해졌다. 여기서는 잠시 지라르가 받았던 비판에 대해 설명하고자 한다. 환원주의적 거대 담론에 대한 비판은 대체로 지라르가 2005년 아카데미 프랑세즈 "불멸의 40인"으로 선출되기 이전에 주로 제기된 비판이다. 지라르의 학문적 관심과 지향은 그 자신의 주장처럼 "과학적"이고 특히 자연과학에 유비적이며 친화적이다. 그래서 지라르는 인문학자이지만 자연과학자인 다윈 및 아인슈타인과 비견되어서 "인문학의 다윈" 또는 "사회과학의 아인슈타인"으로 불린다. 스티븐 호킹이나 소칼과 같은 물리학자들(자연과학자들)의 비판처럼 20세기 포스트모더니즘을 비롯한 현대 철학은 지나치게 언어철학에 몰입했다. 근본인류학(Fundamental Anthropology)으로서의 지라르의 이론은 문화의 기원에 대한 발생학적 접근이며 인류 문화의 진화와 개현에 대한 과학적 이론이다. 지라르의 이론은 인문학의 빅뱅 이론이라고 말할 수 있다. 이는 국제 지라르 학파를 비롯한 학계에서도 종종 등장하는 표현이다. 자연과학은 현대의 표준 우주론인 빅뱅 우주론을 환원주의적이라고 비판하지 않지만, 가치판단의 춘추전국시대에 살아가는 (포스트모던적) 현대 인문학과 철학은 지라르의 이러한 야심차고 도발적인 지적 기획에 비판을 가하기도 했다. 포스트모던적 분위기는 거대 담론 자체를 폭력적인 것으로 평가한다. 포스트모던 철학에서는 거대 담론뿐 아니라 이론 자체, 진리 자체, 형이상학 자체 등이 폭력으로 비판받아왔다. 하지만 지라르의 "거대 담론"은 폭력적 이론이 아니라 인류의『문화의 기원』에 존재하는 초석적 폭력에 대한 과학적이고 보편적인 이론이다.

다윈의 이론과 빅뱅 우주론처럼 지라르의 이론은 단순한 기원으로부터 그 이후 파생되는 인류 문화의 복잡성을 설명하는 이론이다. 지라르의 이론은 문화의 복잡성의 기원을 단순한 기원(simple origins)인 희생제의의 반복에서 찾는 발생학적 이론이다. 다양하고 복잡한 인류 문화의 대다수 제도들은 희생제의의 반복으로부터 점차 파생, 진화, 개현되었다. 지나치게 허무주의적인 포스트모던적 분위기에서도 보편적 과학성을 추구한 지라르의 이론은 최근 고고학과 학제적 대화를 나누고 있다.

지라르의 미메시스 이론과 고고학

최근에는 지라르의 미메시스 이론과 고고학 사이의 학제적 연구가 활발하다. 지라르는 2009년 미국에서 개최된 국제 지라르 학회인 "폭력과 종교에 관한 콜로키엄"(Colloquium on Violence and Religion)에서, 기원전 7400년에서 기원전 6200년 사이의 신석기 시대의 주거지로서 선사 시대 인간의 역사를 이해하는 데 중요한 유적지로 평가받아 2012년에 유네스코(UNESCO) 세계문화유산으로 등재된 터키 차탈휘위크 신석기 유적지(Neolithic Site of Çatalhöyük)의 벽화가 자신의 이론에서 말하는 동물에 대한 희생제의와 희생양 삼기를 잘 보여준다고 주장했다. 지라르는 동물 사냥을 묘사하는 이 벽화들이 동물 제사(animal

sacrifice 또는 animal scapegoating)를 보여주고 있으며 자신의 이론을
고고학적으로 확증하는 것으로 보았다.

차탈휘위크 신석기 유적지 벽화

이 가장 오래되고 거대한 신석기 유적지는 많은 고고학자들과 인
류학자들뿐 아니라 지라르의 미메시스 이론에 관심이 있는 학자들에
게도 관심을 끌었다. 이 벽화에 의하면 작은 흑요석 단검은 근거리에
서 가장 잘 활용될 수 있기 때문에 군중들은 그 동물을 압도하기 위해
서 군집하는 전략에 열중한다. 지라르에 의하면, 이 차탈휘위크 신석기
유적지에서 발견된 벽화는 프랑스에서 발견된 구석기 시대의 라스코
(lascaux) 동굴에 그려진 벽화나 스페인의 알타미라(altamira) 동굴 벽
화처럼 세련되지는 않았다. 지라르는 차탈휘위크 신석기 유적지에서
발견된 이 벽화가 다른 벽화와는 다르지만 훨씬 더 자연스러우며 즉흥

예수는 반신화다

적이라고 보았다. 그래서 지라르는 이 동물 벽화가 제의적이고 종교적 기능을 하고 있다고 분석했다.[20] 스페인의 알타미라 동굴 벽화와 함께 구석기 시대를 대표하는 라스코 동굴 벽화에는 문양을 제외한 소나 말 등을 주제로 그린 동물 그림이 모두 67종에 이른다. 19세기 고고학에서는 석기 시대 인류에게 문화가 존재하지 않았을 것으로 보는 시각이 주류였다. 그러나 이 라스코 벽화의 발견으로 인해 석기 시대에 살았던 사람들도 현대인들과 비슷한 예술 감각을 가지고 있었다는 사실이 증명되었다. 알타미라 동굴 벽화에는 적색과 흑색을 사용해서 들소와 멧돼지, 말, 사슴 등의 동물 그림을 벽면에 묘사해놓았다. 지라르는 차탈휘위크 신석기 유적지에서 발견된 벽화들이 원시적인 형태의 예술적 표현이라기보다 매우 체계화된 제의적(ritualistic) 기능을 하고 있다고 보았다.

지라르는 차탈휘위크 신석기 유적지에서 발견된 벽화들이 동물에 대한 희생제의로부터 동물 사냥이 파생되었다는 자신의 기존 주장을 입증하는 근거가 될 수 있지만, 자신과 지적인 대화를 나누었던 스위스 취리히 대학교 교수 발터 부어커트(Walter Burkert)의 주장처럼 동물 사냥으로부터 동물 제사가 나왔다는 주장이 타당할 수도 있음을 인정했다. 또한 지라르는 제3의 가능성으로 초기에는 동물 사냥과 동물 제사가 겹쳤을 수도 있다고도 보았다. 발터 부어커트의 저서 『살해하

---

20 Pierpaolo Antonello and Paul Gifford, *How We Became Human: Mimetic Theory and the Science of Evolutionary Origins* (Series: Studies in Violence, Mimesis, & Culture)(East Lansing: Michigan State University Press, 2015). PART FOUR. INTERPRETING ARCHAEOLOGICAL DATA :: MIMETIC READINGS OF ÇATALHÖYÜK AND GÖBEKLI TEPE를 보라. 특히 지라르의 글 "차탈휘위크에서의 동물 제사"(Animal Scapegoating at Çatalhöyük)를 보라. 217-232.

는 인간: 고대 그리스 희생제의와 신화에 대한 해석들』(*Homo Necans: Interpretationen Altgriechischer Opferriten und Mythen*)[21]은 지라르의 저서 『폭력과 성스러움』(*La Violence et le Sacré*)[22]이 출판된 1972년에 출간되었다. 지라르와 부어커트는 학문적으로 서로 대화했으며, 제의적 살해와 문화적 형성 그리고 인류 문화의 "폭력적 기원들"(Violent Origins)에 대해서 함께 연구하고, 또한 『폭력적 기원들』이라는 제목을 가진 연구서도 함께 출간했다.[23] 지라르에 대한 영문 위키피디아 자료의 소제목에서 볼 수 있듯이, 지라르의 미메시스 이론은 언어의 기원과도 밀접한 관련성을 지닌다. 지라르에 의하면 언어의 기원도 희생양 만들기(scapegoating) 또는 희생양 메커니즘과 관련된 메커니즘에 그 기원을 두고 있다.

부어커트의 저서 『살해하는 인간: 고대 그리스 희생제의와 신화에 대한 해석들』은 독일 고전주의와 낭만주의 이후의 과도한 그리스 동경을 비판적으로 성찰할 수 있는 좋은 책이다. 스위스 바젤 대학교에서 그리스 고전언어학 혹은 고전문헌학(Klassischer Philologie)을 가르쳤던 니체처럼, 부어커트도 스위스 취리히 대학교에서 그리스 고전문헌학을 가르쳤다. 그는 고대 그리스 종교와 신비종교(Mysterienkulte)에 대한 탁월한 전문가로 평가받았다. 부어커트는 제임스 프레이저(James G. Frazer)와 영국 케임브리지 제의주의자들(Cambridge Ritualists)의

---

21 Walter Burkert, *Homo Necans: Interpretationen Altgriechischer Opferriten und Mythen* (Berlin: De Gruyter, 1972)

22 René Girard, *La Violence et le Sacré* (Paris: Grasset, 1972).

23 R. G. Hamerton-Kelly(ed), *Violent Origins: Walter Burkert, René Girard, and Jonathan Z. Smith on Ritual Killing and Cultural Formation* (Standford: Standford University Press, 1987).

입장을 따르면서 종교적 제의들과 신화들 사이의 밀접한 관련성을 강조했다. 지라르도 신화를 과도하게 평가하고 폭력적인 제의를 과소평가하는 레비-스트로스의 입장을 비판하면서 신화와 제의를 동전의 양면처럼 파악했다. 일반적으로 한국에서는 그리스 신화를 낭만적으로 매우 높게 평가하면서도 이 그리스 신화가 그리스 (희생)제의로부터 탄생했으며 이와 밀접하게 관련되어 있다는 사실은 잘 알려져 있지 않다. 그리스 신화에 대한 대중적인 관심에 비하여 고대 그리스 제의에 대한 대중적 관심은 그다지 크지 않은 것 같다.

이후에 니체와 하이데거가 새로운 미래의 신으로 기대했던 디오니소스 신화가 어떻게 군중 폭력의 모티브로 사용되었는지, 디오니소스 희생제의와 관련한 내용을 소개할 것이다. 또한 헤겔의 『정신현상학』, 프로이트의 정신분석학에서 언급된 오이디푸스 콤플렉스, 하이데거의 『형이상학입문』, 라캉의 정신분석, 그리고 들뢰즈와 가타리의 『앙티 오이디푸스』에 이르기까지 많은 철학자들과 정신분석학자들로부터 일종의 사유 코드로서 높게 평가되었던 그리스 비극작가 소포클레스의 『오이디푸스 왕』도 희생제의와 관련하여 논할 것이다. 나중에 강조하겠지만, 문자적으로 "염소(*tragos*)의 노래"를 의미하는 그리스 비극(*Tragoidia*)의 기원은 희생염소를 제물로 바쳤던 희생제의에 있다. 오이디푸스는 희생염소(scapegoat)의 역할을 대체한다.

신학과 인문학의 대화

21세기 유럽은 포스트모던(postmodern)의 시대를 넘어서 이제 위르겐 하버마스(Jürgen Habermas)가 분석한 것처럼 이제 후기 세속(postsecular) 시대로 접어들었다. 20세기 후반 유럽 지식인들은 평화를 기대했지만, 21세기에 들어서면서 글로벌한 차원에서의 폭력과 테러에 시달리고 있다. 지라르의 이론은 21세기의 이러한 새로운 현상들을 가장 쉽게 이해할 수 있도록 돕는다. 지라르의 이론은 다른 프랑스 포스트모던 사상가들의 언어구조주의나 기호학 등이 빠질 수 있는 허무주의적 언어 유희와는 다르다. 그의 이론은 어렵지 않으면서도 갈등 이론, 평화 이론, 관계 이론, 욕망 이론, 영성 이론에 이르기까지 광범위하게 연구되고 있다.

또한 지라르의 이론은 매우 실천적이고 미시적이며 일상적인 지평에서 우리의 심연에 자리 잡고 있는 모방적 욕망과 경쟁, 질투와 르상티망, 스노비즘과 허영 의식 등을 고발한다. 지라르의 욕망 이론과 문화 이론은 각 개인의 "지하실"의 심리학에 대한 것일 뿐 아니라 인류 문화의 "지하실"에 관한 것이다. 그래서 스위스 유력 일간지 「노이에취르허차이퉁」(Neue Zürcher Zeitung)은 2015년 11월 지라르의 사망 그다음 날 "인류의 지하실에는"(Im Menschheitskeller)라는 제목으로 그를 추모하는 언론 보도를 한 바 있다.[24]

그의 욕망 이론은 우리의 폭력성과 군집성을 직시하게 해준다. 그의 이론은 우리의 카타르시스가 폭력적 기원을 가지고 있음을 보여준다. 지라르의 모방적 욕망 이론과 희생양 이론이 한국 사회에서 주목받는 이유는 바로 그의 이론이 우리 사회의 과도한 경쟁의식, 욕망의 과잉, 왕따·이지메 현상, 학교 폭력 문제 등을 매우 쉽게 설명하면서

---

24 "Zum Tod des Kulturanthropologen René Girard. Im Menschheitskeller", von Dieter Thomä, 05. 11. 2015.

도 대안을 제시하기 때문이다. 최근에는 지라르의 모방적 욕망 이론과 폭력 이론이 한국 사회의 통일과 평화를 위한 이론적 기초로 주목받고 있다. 서울대학교 평화통일연구원이 발행하는 『통일과 평화』(*Journal of peace and unification studies*)에 2016년 실린 논문 "모방 욕망, 소수자 재생산과 그 극복의 동력 르네 지라르의 폭력 이론을 중심으로"에서는 지라르의 저서들과 함께 나의 책과 논문이 참고 문헌으로 인용되고 있다.[25]

---

25 이찬수, "모방 욕망, 소수자 재생산과 그 극복의 동력 르네 지라르의 폭력 이론을 중심으로,"
    서울대학교 통일평화연구원, 『통일과 평화』 8권 2호, 2016, 212-249.

2장

예수는 오시리스 신화인가?

신화적 거짓과 성서적 진실

『예수는 신화다』라는 책에서, 예수 그리스도는 오시리스-디오니소스와 같은 영지주의적이고 신비종교적이며 이교적인 인물과 동일시된다. 이 책의 논리는 예수의 이야기가 실제로는 이교도 신화의 저급한 모방에 불과하다고 말했던 켈수스의 주장과 맥을 같이한다. 지라르는 옛날부터 켈수스와 같은 이교도 옹호자들이 복음서의 장면과 신화의 장면들 사이의 "유사성"을 내세워 "기독교의 고유성"을 부정해 왔다고 지적한다. 신화에 등장하는 디오니소스, 오시리스, 아도니스와 같은 신들도 예수 그리스도의 수난을 연상케 하는 집단 폭력을 당했다. 이런 폭력은 사회의 무질서가 절정에 달하거나 질서 자체가 아예 사라졌을 때 나타나는데, 그 뒤에는 일종의 "부활"에 해당하는 폭력을 당한 희생양의 당당한 재등장이 이어진다. 다시 질서를 수립하는 이 과정에서 폭력을 당했던 희생양은 신성이 있다고 간주되면서 신격체로 격상된다.[1]

『십자가의 인류학』[2]에서 밝힌 것처럼 지라르는 이교주의의 변증가들이 성서적 이야기와 수많은 신화적 이야기들 사이의 유사성을 근거로 고대로부터 기독교의 유일성을 부정해 왔다는 사실을 지적한다. 디오니소스, 오시리스, 아도니스와 같은 이교적 신들이나 반신(半神, Demigod)들도 예수 그리스도의 고난을 연상케 하면서 집단적 광기 속에서 "순교"를 당하였다. 그렇다면 유대-기독교적 전통과 신화의 차이는 무엇인가? 지라르에 의하면 니체는 이 차이를 바로 이해한 학자.

---

1   르네 지라르, 『그를 통하여 스캔들이 왔다』, 63-4.
2   정일권, 『십자가의 인류학: 미메시스 이론과 르네 지라르』 (대전: 대장간, 2015).

유대-기독교적 전통에서 희생양은 죄가 없고, 집단적 폭력은 유죄로 선고된다. 그러나 세계 신화와 제의에서는 희생염소/신들은 항상 유죄이고, 그 신들을 집단적으로 살해하는 제사 공동체는 무죄다. 예를 들어 오이디푸스는 실제로 유죄이며 그렇기에 역병의 책임자로 지목된다. 그래서 테베 사람들은 정당하게 그를 추방했다. 하지만 성서에 의하면 예수는 죄가 없고, 그러므로 그의 죽음은 부당하며, 부정의를 의미한다.

지라르에 의하면, 신화의 기원은 군중 현상에서 살펴볼 수 있다. 군중 현상의 기만적 허상이 신화다. 신화는 희생양과 공동체 사이에 존재하는 실제 관계를 왜곡함으로써 우리를 속인다. 하지만 유대-기독교적 텍스트는 이 왜곡된 관계를 바로 교정함으로써 진리를 말한다. 유대-기독교적 텍스트들은 신화들이 은폐하는 진리를 폭로한다. 그러므로 희생자에 대한 변호는 단지 불명확한 도덕과 관련된 것이 아니라 "희생양의 진리"를 폭로하는 것이다. 유대-기독교적 전통은 신화적 체계 전체를 흔든다. 지라르는 희생양의 죄를 최소화하는 신화도 부분적으로 존재하긴 하지만, 희생양을 살해하는 집단과 공동체를 비난하는 신화는 존재하지 않는다고 말한다.[3]

지라르에 의하면, 세계 신화는 군중 폭력이라는 진실에 대해서 거짓말을 하고 있다. 신화는 거짓이다. 성서는 군중 폭력(mob violence)을 은폐하지 않고 투명하게 노출시킨다. 반신화로서 성서는 신화가 은

---

3   René Girard, "Mimetische Theorie und Theologie," in: Józef Niewiadomski, Wolfgang Palaver(Hg), *Vom Fluch und Segen der Sündenböcke*, Raymund Schwager zum 60. Geburtstag (Beiträge zur mimetischen Theorie Bd. 1) (Wien/München: Thaur, 1995), 19.

예수는 반신화다

폐하고 기만하는 군중 폭력에 대한 진실을 폭로하고 또한 집단 폭력으로 살해당한 희생양들에 대해서 관심과 근심의 정신으로 그들을 우선적으로 변호하는 윤리적 선택을 하고 있다. 유대-기독교적 텍스트가 반신화적이기에, 폭력에 대한 진실과 폭력을 비판하는 윤리가 기독교적 전통으로부터 차츰 성숙되기 시작했다. 프랑스 지라르 학회(Association Recherches Mimétiques)는 지라르의 『낭만적 거짓과 소설적 진실』(Mensonge romantique et vérité romanesque, 한길사 역간)[4]을 염두에 두고 "신화적 거짓과 성서적 진실"(Mensonge mythique et vérité biblique)이라는 제목으로 지라르의 비교신화학을 소개하기도 했다.[5]

초기 교회의 교부 오리게네스는 『켈수스에 대한 반론』(Contra Celsum)라는 기독교 변증서를 남겼는데, 미국의 베론 주교는 신화학자 조셉 캠벨(Joseph Campbell)의 책들을 읽어오던 차에 신화의 수수께끼를 마침내 해독한 지라르의 신화론에 지적인 감명을 받았고 지라르를 21세기의 교부로 평가해야 한다고 주장하기도 했다. 『예수는 신화다』는 캠벨의 미스테리아(신비종교)에 대한 연구에 의존한다.

캠벨의 비교신화학과 지라르의 신화 해독

나는 이미 『십자가의 인류학』에서 "칼 융과 조셉 캠벨의 신화학과 지라르"라는 제목 아래 비교신화학자 캠벨의 입장을 비판적으로 분석했다.

---

4   René Girard, *Mensonge romantique et vérité romanesque* (Paris: Grasset, 1961).
5   MENSONGE MYTHIQUE ET VÉRITÉ BIBLIQUE (http://www.rene-girard.fr/57_p_38466/interdits-rites-mythes.html)

자신의 사유를 스스로 영지주의적이라고 부르는 칼 융(C. G. Jung)의 영향을 강하게 받은 신화학자 캠벨에 대해 지라르 학파의 중요한 학자인 베일리(Gil Bailie)는 그가 기존의 비교종교학의 상투적인 문구를 반복하면서 기독교 속에서 디오니소스-오르페우스-바쿠스 신화에서 파생한 또 하나의 초라한 변이를 발견하고 있다면서 캠벨을 비판한다. 캠벨은 우주 생명의 맥박인 죽고 소생하는 신에 대한 신화는 그리스도의 십자가 죽음 이전에 오랫동안 잘 알려져 왔기에 특별한 것이 없다는 주장을 자신의 저서 『신의 가면: 창조적 신화』에 적었다.[6]

캠벨은 "군중의 살해에 대한 이야기"에서 세계 신화들이 경이롭게도 잘 보존하고 있는 "은유적인 보물들을" 기독교가 빼앗아갔다고 하면서 기독교를 경멸했다. 그는 기독교가 상승적 은유(anagonic metaphor)를 포기하고 "실재하는 역사적 사건들"을 주장함으로 그 "조잡함"을 드러낸다고 말한다. 이에 대해 베일리는 중세의 마녀 화형에 대한 이야기를 상승적인 은유로 예찬할 수 있는지 반문한다. 그는 캠벨이 "너무 많이 니체, 쇼펜하우어, 칼 융의 주술"에 걸려 있다고 비판한다. 베일리의 주장은 타당하다. 또한 그는 캠벨과 같이 그리스도의 십자가 죽음과 디오니소스-오르페우스-바쿠스 신화들의 유사성에 대한 상투적인 문구(cliché)를 반복하는 자들은 복음서가 "희생자의 관점에서" 십자가 죽음에 대한 이야기를 적고 있다는 사실을 보지 못한다고 분석한다. 그는 군중 살해(mob murder)의 이야기를 상승적 은유로 해석하기를 거부하며, 대신 "실재하는 역사적 사건들"에 관심을 가지는

---

6   Joseph Campbell, *The Mask of God: Creative Mythology* (New York: Viking Press, 1968), 26.

것은 신화에 대한 복음서의 승리를 의미한다고 주장한다. 베일리는 "희생제의적 살해로부터 탄생한 정신이 공동체에 영감을 주어 그 살해자들로 하여금 그 살해를 성스럽고 창조적인 것으로 기억하도록 한다"고 말한다.[7]

캠벨은 적어도 세계 신화의 이야기들이 결국 신들에 대한 군중 살해에 관한 이야기라는 점을 인정한다. 지라르는 캠벨이 말한 "신의 가면" 속에 은폐되어 있는 메커니즘을 자신의 비교신화학을 통해서 희생양 메커니즘으로 분석하였다. 『신의 가면: 창조적 신화』이라는 책 제목에서 볼 수 있듯이, 캠벨은 군중 살해 이야기인 신화를 창조적인 것으로 본다. 엘리아데(Mircea Eliade)도 세계 종교와 신화들에 대한 방대한 연구를 통해서 신화의 코드를 "창조적 살해"(creative murder, un meurtrier créateur)라는 용어로 표현했는데, 지라르는 엘리아데가 말한 "창조적 살해"가 바로 희생양에 대한 "초석적 살해"(founding murder, meurtre fondateur)라는 사실을 지적했다.

캠벨과 엘리아데는 "신의 가면" 속에 은폐되어 있는 희생양에 대한 살해와 폭력을 어느 정도 인지하고 있지만 그것을 "창조적"이라는 표현을 사용함으로써 낭만화하고 있다. 왜 신에 대한 군중 살해가 창조적인 것인지에 대해 지라르는 희생양 메커니즘으로 쉽게 설명했다. 즉 인류 문화는 희생양 역할을 하는 신들에 대한 군중 살해로부터 창조되었다. 신들에 대한 군중 폭력이 문화를 창조하고 건설하는 역할을 한다. 군중 폭력의 텍스트인 신화에 대해서 캠벨이 표현한 "창조적 신

---

7   Gil Bailie, *Violence Unveiled: Humanity at the Crossroads* (New York: Crossroad, 1995), 128-130.

화" 개념과 엘리아데가 말한 "창조적 살해"는 모두 신화 속의 집단 살
해와 집단 폭력이 기여하는 문화를 창조하는 역할을 지칭한다. 지라르
에 의하면, 반신화인 유대-기독교적 텍스트는 세계 신화의 정체를 밝
히는데(unmask) 문자적인 의미 그대로 성서는 "신의 가면"을 벗겨서
(unmask) 그 정체를 폭로한다. 곧 예수 그리스도의 얼굴에 있는 하나
님의 영광(고후 4:6)이 "신의 가면"을 벗긴다.

또한 지라르는 유대-기독교적 텍스트가 문화의 기원에 존재하는
초석적 살해와 그에 대한 희생양 메커니즘을 계시(unveil)한다고 주장
한다. 유대-기독교적 텍스트는 문자적 의미 그대로 세계 종교가 베일
속에 은폐하고 있는 것들, 곧 희생양 메커니즘의 맥락에서 행해지는 디
오니소스적인 폭력, 광기, 통음난무, 오이디푸스적인 근친상간과 같은
파계(transgression) 행위 등을 폭로한다(unveil). 세상 죄를 지고 가는
하나님의 어린 양이 드린 단 한 번의 영원한 제사로 성소의 휘장이 찢
어졌다. 유대교의 성소의 휘장 안에서는 동물 제사는 이루어졌지만, 아
프리카의 신성한 왕들(sacred kingship) 즉위식에서 연출되는 근친상
간과 같은 것이나 디오니소스적인 통음난무와 같은 소위 "신성한 결
혼"(hieros gamos)은 집행되지 않았다. 가나안 종교들과 비밀불교(밀
교, 탄트라 불교)를 비롯한 많은 종교들에게 발견되는 이 "신성한 결혼"
은 정상적이고 사회적인 결혼이 아니라 차이소멸적인, 좀 더 정확히 말
해 차이소멸적인 죄악을 의도적으로 범하는 불륜 드라마요 막장 드라
마다. 희생양 메커니즘이 작동하면서 근친상간 또는 디오니소스적인
통음난무와 집단 성교가 오랫동안 휘장과 베일 안에서 집행되어왔다.
그러나 유대-기독교적 텍스트, 특히 그 절정인 예수 그리스도의 십자
가의 희생으로 그 성소의 휘장이 찢어졌고 그 베일이 벗겨졌다.

십자가에 달리신 자의 "얼굴"은 신의 가면을 벗기신다. 바쿠스 희생제의적 축제와 그리스 비극 극장의 신 디오니소스도 가면의 신이다. "신의 가면"은 희생양을 살해하기 전에 일시적으로 시뮬라시옹(simulation)되는 희생제의적이고 축제적인 위기를 상징한다. 신의 가면은 디오니소스적 폭력을 은폐하고 있다. 하지만 십자가에 달리신 자는 신들의 가면을 벗기신다. 십자가에 달리신 자의 "얼굴" 속에 자신을 계시한 하나님은 나그네와 고아와 과부의 하나님이다. 십자가에 달리신 자의 슬픈 얼굴에 타자의 "얼굴"(레비나스)이 수렴된다. 가면을 쓴 신들은 창조적이고 초석적인 살해의 집행자인 동시에 그 은폐된 희생양들이다. 세계의 모든 "창조적" 신화는 성스러운 폭력을 신의 가면 속에 은폐하고 있다. 그러나 십자가에 달리신 자의 얼굴은 신의 가면들 속에 은폐되어온 폭력적 성스러움을 고발하고 종식시킨다.

기독교는 미스테리아(신비종교)가 아니다. 캠벨의 책 제목처럼 신들은 가면을 쓰고 있지만, 예수는 가면을 쓰고 있지 않다. 십자가는 세계 종교의 은폐된 미스테리아를 폭로하고 계시한다. 니체는 십자가에 달리신 자 이후 이천 년 동안 새로운 신이 나타나지 않았다고 하면서 그 새로운 미래의 신으로 디오니소스를 지목한다. 하이데거의 철학에서도 니체가 말한 디오니소스나 디오니소스적인 것이 등장한다. 니체와 하이데거가 새로운 미래의 신으로 기대했던 디오니소스는 가면의 신이며 그리스 미스테리아(신비종교)와 깊은 연관이 있다. 하지만 유대-기독교 전통은 "신의 가면"을 거부했다. 그래서 레비나스는 신이교주의적이고 영지주의적인 하이데거의 철학에 내재하는 윤리학 실종을 비판하면서 제1철학으로서의 윤리학을 "타자의 얼굴"에서 발견하고자 했다. 지라르는 가면의 신인 디오니소스가 집단 살해하는 군중을 대변하고 있듯이 세계 종교의 "신의 가면"은 만장일치적이고 전체주의적인 집단을 대변하고 있다고 지적한다. 디오니소스는 부어커트의 책 제목처럼 『살해하는 인간』(Homo Necans)을 대변한다.

엘리아데와 캠벨은 신화와 종교 연구에 있어 칼 융의 이론을 대중화하기도 했다. 캠벨에게 강력한 영향을 준 칼 융은 나치주의자였다. 초기 교회의 이단으로 규정된 영지주의적 기독교에서 자신의 입장을 발견할 수 있다고 말한 칼 융은 히틀러와 독일 국가사회주의에 대한 지지자였다. 이 사실은 힌두교를 독일 제3제국(Das Dritte Reich)의 공식 종교로 채택하기를 원했고 요가를 전문적으로 연구했던 인도학자 하우어(Jakob Wilhelm Hauer)와의 친분에서뿐만 아니라 다른 여러 가지 사실들로부터도 확인할 수 있다. 칼 융은 영지주의와 연금술 연구에 몰두했다. 이미 잘 알려진 것처럼 엘리아데도 정치적으로 루마니아의 파시스트였다. 나는 이미 『붓다와 희생양: 르네 지라르와 불교문화의 기원』 4장에서 엘리아데, 짐머(H. Zimmer), 에볼라(J. Evola)와 같은 현대 인도학과 불교학 및 탄트라 연구가들이 정치적으로 파시스트였다는 사실을 밝혔다.[8] 니체 이후의 "새로운 신화학", 새로운 이교주의와 새로운 영지주의를 말하는 학자들이 왜 정치적으로 나치즘과 파시즘으로 기울었는지는 2014년에 출판된 마르틴 하이데거(Martin Heidegger)의 『블랙 노트』(Schwarze Hefte)에 대한 논의에서 보다 상세하게 논의할 것이다.

---

8   정일권, 『붓다와 희생양: 르네 지라르와 불교문화의 기원』(서울: SFC출판부, 2013).

무덤과 지하 세계의 신 오시리스

『예수는 신화다』는 예수 역시 오시리스나 디오니소스의 이야기와 같은 신화라고 주장한다. 여기서는 과연 이집트의 오시리스와 같이 예수가 신화인지를 살펴보고자 한다. 이집트 신화는 이후에 점차 집단 폭력의 흔적을 지워가며 은폐하기 시작했는데, 우리는 이시스에 관한 이야기에서 "가장 혐오스러운 것들" 곧 오시리스의 사지 절단과 자신의 아들에 의해 강간당하고 참수당한 집단 폭력의 흔적을 찾을 수 있다. 하지만 우리는 오시리스의 사지 절단 및 이시스의 강간, 참수 등과 같은 폭력적으로 혐오스러운 이야기들을 예수 그리스도에게서 발견할 수 없다. 예수 그리스도는 사지가 절단되지 않았다. 사지 절단은 신들에 대한 가장 전형적인 집단적 살해 방식이다. 구약성서(출 12:46; 시 34:20)에는 예수께서 돌아가실 때 그 분의 뼈가 부러지지 않을 것이라는 예언이 있으며 이는 요한복음 19:33에서 성취되었다. 이것은 매우 이례적인 것이다. 왜냐하면 당시의 풍습에는 십자가에 못 박혔던 죄인들의 뼈를 그들의 죽음을 확인하기 위해 항상 꺾었기 때문이다.

이집트의 오시리스는 무엇보다도 "무덤의 신"이요 지하 세계의 신이자 죽은 자들의 신(Totengott)이다. 그러나 기독교는 예수 그리스도의 부활, 곧 빈 무덤 위에 세워진 종교다. 기독교의 하나님은 죽은 자의 하나님이 아니요, 산 자의 하나님이시다(눅 20:38). 기독교는 무덤의 종교가 아니라 빈 무덤의 종교다. 세계 종교들은 사실상 무덤의 종교들이다. 살해되고 신성화된 희생양의 무덤 위에 인류 종교가 세워졌다. 그러나 기독교는 무덤을 탈신성화시킨다.

『예수는 신화다』와 관련된 논쟁과 유사한 상황이 이미 독일어권 신학에서도 벌어졌다. 『십자가의 인류학』에서 이 부분에 대해 어느 정도 소개했기 때문에 여기서는 주로 오시리스 신화에 관련해서 논의하고자 한다. 독일어권에서의 유사한 논쟁은 영지주의적인 칼 융의 친신화적 심층심리학의 관점에서 성서를 해석하는 로마 가톨릭 신학자 드레버만(E. Drewermann)과 개신교 신학자 뤼데만(Gerd Lüdemann)의 입장에 대한 신학적 논쟁이었다. 지라르의 신화 해독에 강한 영향을 받은 슈바거(Raymund Schwager) 교수는 "오늘날의 신학과 예수의 빈 무덤"[9]이라는 논문에서 그리스도의 부활을 디오니소스나 오시리스 등의 신화적 소생과 동일시하는 시도들에 대해서 비판한다. 슈바거는 이 논문에서 드레버만의 입장을 상세하게 비판하고 있다. 드레버만은 칼 융의 심층심리학의 관점에서 성서를 해석함으로써[10] 로마 가톨릭교회 내부의 거센 비판을 받아 결국 교회를 떠났다. 이후 그는 주로 교회를 비판하는 작가로서 언론에 등장하며 가끔씩 요가 및 명상과 관련된 뉴에이지와 영지주의적 모임에서 강연하기도 한다. 뤼데만(Gerd Lüdemann)도 독일 개신교 신학계와 교회로부터 거센 비판을 받았다. 그는 "이단자의 성서"로 불리는 영지주의 문서인 나그함마디 문서(Nag Hammadi library)의 첫 전체 번역의 서문, 번역, 논평을 했으며 이를 출판한 신약학자다.[11]

---

9 Raymund Schwager, "Die heutige Theologie und das leere Grab Jesu." 이 논문은 오스트리아 인스부르크 대학교 신학부 자료실에서 온라인으로 열람할 수 있다. http://www.uibk.ac.at/theol/leseraum/texte/54.html

10 E. Drewermann, *Tiefenpsychologie und Exegese* (2 Bände) (Olten: Walter Verlag, 1992).

11 Gerd Lüdemann, Martina Janßen (übers.), "Die Bibel der Häretiker: Die gnostischen Schriften aus Nag Hammadi - Erste deutsche Gesamtübersetzung" (Stuttgart: Radius, 1997).

예수는 반신화다

이 논문에서 슈바거는 여러 자료를 근거로 들어가며 복음서가 증언하는 것이 어떤 역사-비평적 주석의 추상적 산물보다 "훨씬 더 정교하고 인간적이며 또한 역사적으로 신뢰할 만하다"고 말한다. 슈바거는 초기 교회의 부활 신앙이 그리스의 미스테리아(신비종교)에 등장하는 죽고 다시 살아나는 신들의 이야기에서 유래했으므로 예수의 추종자들은 빈 무덤에 관심이 없었다고 주장하는 이론들에 대해서도 거부한다. 아직까지도 몇몇 학자들은 그리스도의 십자가, 고난, 장사됨이 신화로부터의 결정적인 결별을 의미하지 않는다고 주장하면서 슈바거를 비판한다. 이런 주장에 의하면, 기독교 신앙은 고대 이집트 신화에 뿌리를 두고 있으며,[12] 그리스도의 부활은 이집트 오시리스 신화로부터 유래했다는 것이다.[13]

드레버만(E. Drewermann)도 예수 그리스도의 죽음과 부활이 이집트의 이시스와 오시리스 신화와 직접적인 관련이 있다고 주장하면서[14] 슈바거를 비판한다. 그러나 지라르의 영향을 받은 슈바거는 그리스도의 빈 무덤과 부활이 이집트 신화로부터 왔다는 주장을 반박하면서 무덤의 의미에 대해 질문한다. 이집트 종교와 문화의 중심에는 무덤이 존재한다. 드레버만도 우리가 고대 이집트에 대해 아는 거의 모든 것은 그들의 무덤의 세계로부터 나왔다고 인정한다. 지라르는, 인류의 문화는

---

12 M. Görg, Mythos, *Glaube und Geschichte. Die Bilder des christlichen Credo und ihre Wurzeln im alten Ägypten* (Düsseldorf: Patmos 1992), 123.

13 Görg, Mythos, *Glaube und Geschichte. Die Bilder des christlichen Credo und ihre Wurzeln im alten Ägypten* , 134.

14 E. Drewermann, "Religionsgeschichtliche und tiefenpsychologische Bemerkungen zur Trinitätslehre." In: *Trinität. Aktuelle Perspektiven der Theologie* (QD 101). Hg. v. W. Breuning. Freiburg i.Br. 1984, 115-142, 135.

항상 무덤으로부터 나오며, 무덤은 희생양 위에 세워진 인류 최초의 기념비요 모든 의미 내용들 중에서 최초의 근본적 지층이라고 분석한다. 그는 무덤 없는 문화는 존재하지 않았고, 문화 없는 무덤도 존재하지 않는다고 말한다.[15]

지라르는 "무덤의 메타포"에 대해 자세히 논한다. 무덤은 시체를 은폐하고 그 위에 들어선다. 살해는 무덤을 부른다. 무덤은 살해의 연장이자 영구화를 의미한다. 장례식은 엄격하게 말해서 문화적인 형태를 갖춘 첫 번째 행동 양식에 해당한다. 장례식 같은 제의들은 인류의 첫 공동체에 의해 성취된 창조적 전이로 인해 발생한 희생양들을 중심으로 형성되었다. 고대 도시들의 기초를 표시하는 "희생제의적 돌들"도 어떤 린치(lynch) 이야기와 연관되어 있다.[16]

오시리스의 사지 절단과 이시스의 참수

인류의 무덤들은 대체로 시체를 덮는 형태다. 지라르에 의하면, 어떤 문화의 중심적인 무덤들은 본래 집단적인 폭력 행위들로 인한 희생양의 시체들을 은폐하고자 했다. 슈바거는 바로 이러한 폭력과 무덤의 주제가 특히 이집트의 이시스와 오시리스 신화에서 현격하게 나타난다고 말한다. 우리는 플루타르코스(Plutarch)에 의해서만 이집트 신화의 전체적 맥락을 알 수 있는데, 플루타르코스는 이 신화에서 "가장 혐오

---

15 René Girard, *Das Ende der Gewalt. Analyse des Menschheitsverhängnisses* (Freiburg/Basel/Wien: Herder, 1983), 85.

16 R. Girard, *The Girard Reader*, ed. James G. Williams (New York: Crossroad, 1996), 163.

예수는 반신화다

스러운 것들" 곧 "오시리스의 사지 절단과 이시스의 참수"에 대한 내용을 삭제했다고 말한다.[17] 다른 자료에 의하면, 여신 이시스는 자신의 아들에 의해 강간당하고 참수되었다. 오시리스는 무엇보다도 죽음의 세계를 관장하는 신이지만 그에 대한 해석에 있어서는 입장이 갈린다. 어떤 기록에서는 돌봄을 받아야만 하는 힘없는 오시리스의 미라(Mumie)에 대한 내용이 등장하고 또 다른 기록에서는 오시리스를 지하 세계를 다스리는 지배자로 묘사하기도 한다.[18]

예수의 생애와 고대 이집트의 신화적인 인물 오시리스의 생애 사이에 존재하는 피상적인 유사성을 근거로 예수를 또 하나의 신화적 신, 이교적인 신 또는 미스테리아(신비종교 혹은 밀교)의 신으로 이해하는 것은 그 근거가 희박하다. 이 책 여러 곳에서 주장하는 것처럼 기독교 전통 안에는 미스테리아와 같은 신비종교나 밀교가 없다. 밀교가 있는 곳은 고대 그리스 종교나 불교다. 알고 보면 세계의 다른 모든 종교는 미스테리아와 밀교를 내포하고 있다. 반신화적인 유대-기독교적 전통은 밀교를 거부하고 저항했다. 기독교는 미스테리아 종교나 밀교가 아니라, 그 은폐된 미스테리아를 폭로하고 계몽하는 계시종교다. 인류는 오랫동안 밀교적·신비종교적·미스테리아적인 가면과 휘장 안에서 디오니소스적인 통음난무와 오이디푸스적인 범죄들을 희생양 메커니즘 안에서 반복해왔다.

세계 신화에서 공통적으로 발견되는 신에 대한 집단적 살해는 특히 사지 절단의 모티브 및 로마의 건국 신화에 등장하는 로물루스와 레

---

17 G. Roeder, *Urkunden zur Religion des Alten Ägypten*. (Jena 1915), 19.
18 Schwager, "Die heutige Theologie und das leere Grab Jesu."

무스 사이의 형제 살해 이야기, 그리고 근친상간의 모티브를 지닌 이집트 오시리스 신화에서도 발견할 수 있다. 플루타르코스 영웅전에 의하면, 오시리스는 땅의 신 게브(Geb)와 하늘의 신 누트(Nut)의 아들로 누이동생 이시스와 결혼하였는데 후에 형의 지위를 노린 아우 세트(Seth)에게 살해되고, 세트는 오시리스의 시신을 14조각으로 토막 내어 온 나라에 흩어버린다. 이시스(Isis)는 그 시체 조각을 모두 다시 찾아 맞추어 최초의 미라를 만들고, 그의 성기(性器)를 살려서 관계를 맺고 아들 호루스(Horus)를 낳았다. 그리고 오시리스의 소생을 위한 의식을 거행한 결과 그가 소생하여 죽은 자들이 사는 사후 세계의 왕이되었다.

세상의 모든 신들은 많은 경우 사지 절단이라는 방식으로 집단 살해되고, 그다음 그 시체가 붓다의 사리처럼 신성화된다. 이집트의 오시리스뿐 아니라 그리스의 디오니소스도 갈기갈기 찢겨져(sparagmos) 군중 폭력에 의해 집단 살해되었다. 인도의 푸루샤도 사지가 절단되어 집단적으로 살해된 후 신성화된 신이다. 도깨비의 기원이라 할 수 있는 중국 치우천황도 사지가 절단되어 살해되었다. 『붓다와 희생양』에서 밝힌 것처럼 인도의 푸루샤에 대한 사지 절단은 붓다의 죽음의 모티브가 되었는데, 실제로 붓다가 죽자마자 즉각 붓다의 사리를 소유하고자 욕망하는 왕들 사이의 "사리 전쟁"(War of Relics)이 발생했다. 인도 아소카 왕은 붓다의 사리를 84,000개의 탑에 쪼개어서 자기 영토의 경계선상에 세웠다.

"예수가 신화"라면 세계 신화에서 공통적으로 등장하는 사지 절단, 사리 숭배, 무덤 숭배와 같은 모티브가 예수의 이야기에 등장해야 할 것이다. 또한 "예수가 신화"라면 세계 신화에서 빠지지 않는 디오니소

예수는 반신화다

스적인 통음난무, 근친상간, 성적인 파계 등과 같은 모티브 또한 등장해야 할 것이다. 그리스 신화에 등장하는 올림포스의 남신(男神)과 여신(女神)들의 변덕스러운 온갖 엽색행각(獵色行脚)은 워낙 유명하다. 하지만 앞에서 언급한 것처럼, 유대-기독교적 텍스트는 이미 구약에서부터 성적인 집단 성교나 통음난무, 그리고 소위 "신성한 결혼"(*hieros gamos*)과 같은 성적인 제의들을 엄격하게 거부하였다. 우리는 예수 그리스도에게서 이런 신화적 주제들을 발견할 수 없다. 예수에게서도 밀교(비밀불교)나 영지주의적 또는 신화적인 미스테리아(신비종교)에서 흔히 발견되는 성관계의 모티브를 발견할 수 있다고 말하면서 예수 아내설을 주장하는 『다빈치 코드』는 반신화로서의 예수 그리스도의 역사적 사건을 또 하나의 신화로 만들려는 영지주의적 시도다.

죽은 신을 애도하고 그 재생을 기원하는 오시리스 신앙은 농경문화와 결합되어, 해마다 춘분이 되면 겨울에 죽었던 식물들이 되살아나는 것과 관련시키는 재생 의식이 행해졌으며, 이러한 자연종교의 재생 신앙이 밀교(미스테리아)와 영지주의에 의해 재해석되어 널리 유포되었다. 신화적 오시리스-디오니소스는 부활한 것이 아니라 단지 계절의 순환에 따라 죽음과 소생을 불사조처럼 반복할 뿐이다. 그러나 예수 그리스도의 죽음과 부활은 주기적이거나 반복적인 소생과는 완전히 다른 차원으로, 단 한 번의 영원한 효력을 지닌 사건이다. 반신화인 예수 그리스도의 사건은 희생양 메커니즘이 생산하는 주기적이고 순환적인 역사관과 시간관을 종식시켰다. 그래서 기독교의 시간관은 직선적이며 또한 종말론적이다. 그리스 신들도 예외 없이 운명과 크로노스의 바퀴 안에 종속되어 있지만, 유대-기독교적 전통에서 시간은 운명이 아니라 창조주 하나님의 피조물이다.

그래서 성 아우구스티누스는 마니교와 영지주의를 극복하고 악을 선과 경쟁하고 투쟁할 수 있는 우주적 원리가 아니라 선의 결핍(*privatio boni*)으로 이해하고, 또한 하나님께서 세계를 시간 속에서 창조한 것이 아니라 시간과 함께 창조했다고 이해했다. 성 아우구스티누스에 의해 정립된 기독교 시간관은 스티븐 호킹과 같은 이론물리학자들에 의해 즐겨 인용되고 있으며 또한 표준 모델로 자리 잡은 빅뱅 우주론 등에 의해 확증되었다. "예수가 신화"였다면 기독교 문명권에서 현대적 의미의 자연과학이 발전될 수 없었을 것이다. 오히려 기독교가 반신화이기에, 마녀사냥의 논리와 마술적 인과 관계를 극복하고 자연과학적 인과 관계를 규명하는 자연과학이 탄생할 수 있었다.

예수의 빈 무덤과 무덤 종교

드레버만은 기독교의 구원론이 이집트의 오시리스 종교의 표상들을 모델로 해서 빌려왔다고 주장했으나,[19] 슈바거는 이를 비판한다. 오시리스는 무엇보다도 "무덤의 신"이요 죽은 자의 신(Totengott)이다. 슈바거에 의하면, 이집트의 이시스–오시리스 신화는 살해된 신에 대한 고대의 신화가 발전된 형태다. 지라르는 집단적인 폭력에 의해 살해된 희생양에 대한 은폐와 신성화를 신화 속에서 해독했다. 이집트 신화로 인해 고대 이집트에는 무덤, 미라, 피라미드, 그리고 거대한 왕들의 무덤들이 특히 발전하게 되었다. 지하 세계의 신인 오시리스가 큰 역할을

---

19 E. Drewermann, *Tiefenpsychologie und Exegese. Bd.II: Wunder, Visionen, Weissagung, Apokalypse, Geschichte, Gleichnis* (Olten: Walter-Verlag, 1985), 519.

예수는 반신화다

수행하는 이집트 전체의 문화와 종교는 무덤들 위에서 형성되었다. 그렇기에 슈바거는 예수의 죽음, 장례, 부활에 대한 성서적 증언은 이집트 신화와 같은 고대 신화의 또 다른 버전이 아니며 유대-기독교적 계시에도 구조적으로 신화의 테마와 유사한 것이 존재하지만, 복음서는 신화를 전복시킨다고 주장한다. 예수 이전에 이미 이스라엘의 예언자들은 주변 민족들의 신화들을 단호하게 거부했다. 이 정신 속에서 예수는 신화적 왕이 아니라 구체적이고 역사적인 인물로서 죽은 자들의 하나님이 아닌 산 자들의 하나님을 선포했다.[20]

슈바거에 의하면, 하나님에 의해 열린 예수의 무덤은 미라들, 피라미드적인 왕들의 무덤들과 지하에 있는 신비종교(Mysterienkulte)의 은폐된 세계에 대항하는 "위대한 반대 표시"(Gegenzeichen)다.[21] 유대-기독교 텍스트가 점차 "신의 가면"을 벗기고 신화의 정체를 폭로하는 반신화로 작용하는 것처럼, 예수 그리스도의 빈 무덤은 이집트 오시리스의 미스테리아(신비종교)가 무덤 속에 은폐하고 있는 것을 폭로하고 계시하는 위대한 반대 표시로 작용한다. 그래서 실제로 기독교 문화권에서는 무덤과 지하 세계의 신 오시리스 위에 세워진 이집트의 무덤 종교나 아시아의 유교 문화권에서 쉽게 볼 수 있는 무덤의 거대화나 「전설의 고향」에 등장하는 처녀 귀신들의 음산한 무덤과는 달리 무덤 자체가 점점 탈신성화된다. 그래서 독일어로 무덤은 "평화의 정원"(Friedhof)이라 불린다. 유럽 기독교의 문화권에서 무덤이 음산하거나 무섭거나 거대하지 않고 작고 평평한 평화의 정원으로 탈신성

---

20 Schwager, "Die heutige Theologie und das leere Grab Jesu."
21 Schwager, "Die heutige Theologie und das leere Grab Jesu."

화되고 탈마술화된 것은 유럽 기독교가 신앙하는 예수가 무덤의 신 또는 가면의 신이 아니기 때문이다. 기독교는 예수의 빈 무덤 위에 세워졌다. 예수 그리스도의 빈 무덤은 집단 살해를 은폐하는 무덤 위에 세워진 세계 종교에 대한 위대한 반대 표시다.

또한 기독교는 영지주의자들의 은밀한 미스테리아가 아니라 공개적으로 선포된 사도전승이다. 성서에 기록된 『창세로부터 은폐되어 온 것들』에 대한 예수 그리스도의 말을 자신의 책 제목으로 삼은 지라르의 주장처럼, 기독교는 신의 가면과 종교의 휘장 안에서 반복적으로 집행되어왔던 성적이고 폭력적이며 창세로부터 은폐되어온 은밀한 미스테리아 등을 폭로한 계시종교다. 혹은 하이데거의 진리(알레테이아, ἀλήθεια)에 대한 이해를 빌려 표현하자면, 진리에의 의지(Wille zur Wahrheit)를 가진 기독교는 비은폐성(Unverborgenheit)의 계시종교다. 무덤 종교가 생산하는 신화는 은폐적인 반면, 예수 그리스도의 빈 무덤 위에 세워진 기독교는 비은폐적이다. 기독교는 스스로를 계시종교라고 주장한다. 영지주의적인 미스테리아나 그리스의 신비종교나 불교, 특히 비밀불교(밀교)는 본질적으로 은폐적 종교들이다. 소위 이교적인 신비종교나 밀교 또는 미스테리아는 신의 가면과 무덤과 휘장 안에 숨는 은폐성의 종교다. 반면 기독교는 공공의 진리를 선포하는 비은폐성의 종교다. 초기 교회의 교부인 이레나이우스는 『이단반박』이라는 저술을 통해 영지주의를 반박하면서 예수 그리스도의 복음은 공개적인 사도전승이지만, 영지주의의 영지(gnosis)는 은밀한 비밀 전승이라는 점에 결정적인 차이가 있다고 주장했다. 기독교에는 미스테리아가 없다. 미스테리아는 고대 이집트와 그리스 등의 신비종교 및 영지주의와 비밀불교(밀교)에 존재한다.

예수는 반신화다

『붓다와 희생양』에서 언급된 것처럼 스스로 영지주의와의 친화성을 말하는 불교에는 비밀스러운 것, 곧 미스테리아가 존재한다. 특히 밀교가 그러한데, 비밀불교의 줄임말인 밀교는 본래 쉽게 말하면 성교(性交)를 통해서 성불(成佛)을 추구한다. 급진적인 형태인 좌도밀교로부터 더 온건한 형태인 우도밀교로 오면서 점차 약화, 승화, 미화, 철학화되어갔지만, 성교를 통해서 성불을 추구하는 코드는 그대로 남아 있다. 오강남 교수의 『예수는 없다』에서는 성불(成佛)한 예수에 대해서 말하고 또 성령 체험과 불교의 성불을 관련짓기도 하지만, 기독교에는 성교를 통한 성불이라는 개념 자체가 없다. 기독교의 성령 체험이나 성령 임재는 비밀불교에서처럼 성교를 통한 성령 체험이라는 개념이나 삼지창을 들고 칼춤을 추는 무당들의 초혼제와 같은 것이 아니다.

결국 신화의 코드는 막장 드라마요 불륜 드라마다. 헤겔, 하이데거, 프로이트, 라캉, 들뢰즈에 이르기까지 지적인 코드로 다양한 사람들에 의해 사용된 오이디푸스 신화도 결국은 어머니와의 근친상간과 부친 살해라는 막장 드라마요 불륜 드라마다. "신의 가면" 속에는 사지 절단, 참수와 같은 신에 대한 집단 살해 이야기뿐 아니라 희생염소(scapegoat) 역할을 하는 영웅들의 막장 드라마와 성적인 불륜 드라마가 은폐되어 있다. 그러나 기독교에는 비밀스러운 것이 없다. 기독교는 스스로 계시종교라고 주장한다. 예수 드라마에는 오시리스, 이시스, 디오니소스, 오이디푸스 드라마에서 공통적으로 발견되는 폭력적인 집단 살해의 이야기나 성적인 막장 드라마 혹은 불륜 드라마를 발견할 수 없다. 예수 드라마는 세계 신화의 막장 또는 불륜 드라마가 발생시키는 폭력적 카타르시스를 거부한다. 초기 교회가 콜로세움에서 열리는 검투사 경기를 구경하는 자들에게 세례를 주지 않은 것은 바로 예수 그리스도께서 가르치신 비폭력 정신을 본받아 집단 폭력이 거대한 군중들에게 선물하는 폭력적 카타르시스를 거부했기 때문이다. 지라르가 분석하듯이 인간 희생양(카타르마) 없는 카타르시스는 존재하지 않는다.

예수 그리스도는 회칠한 무덤에 대해서 말했다. 지라르는 바리새인들을 향한 비판을 분석하면서, 예수께서 지금까지의 인류 전체의 종교와 문화와 역사의 지하(Untergrund)를 폭로했다고 말한다.[22] 아벨의 피이후로 인류를 지배해왔던 폭력이 예수에게도 가해졌다. 그는 살해된자로서 그 이전의 수많은 희생양들처럼 무덤에 묻혔다. 하지만 부활 신앙은 은폐된 무덤 위에 세워지지 않았다. 막달라 마리아는 무덤을 직접 열었던 신화적 인물이 아니라 역사적 여인으로서 무덤 속에서 일어나는 일에 대한 증인이었다. 열려 있는 무덤에 대한 성서적 진실은 순전히 구조적으로 보아도 이집트 신화와 매우 큰 차이를 보인다. 이집트 신화에 의하면, 이시스는 오시리스의 상자를 열어야만 했다. 살해되고죽은 자들 가운데서 일으킴을 받은 예수는 이집트 신화의 경우처럼 복수자와 구원자로서 등장하는 호루스(Horus) 같은 존재를 필요로 하지않고, 예수 그리스도 자신이 죽음에 대한 승리자로 자신을 배반하고 떠나간 제자들에게 나타났다. 그는 복수하려고 나타난 것이 아니라, 새로운 생명 가운데 평화와 용서의 소식을 전하려고 나타났다. 하지만 한국의 「전설의 고향」에 등장하는 처녀 귀신들은 언제나 복수를 위해 돌아온다. 그래서 무당들은 원한이 사무친 귀신들을 달래서 돌려보내고자

---

22 R. Girard, "Les malédictions contre les pharisiens et la révélation évangélique," in *Bulletin du Centre Protestant d'Etudes* 27:3 (1975), 5-29.

예수는 반신화다

한다.

슈바거에 의하면, 이집트 신화는 폭력과 무덤의 세계에 완전히 침잠되어 있고, 이시스와 오시리스도 그 폭력과 죽음의 세계에 갇혀 있다. 그러나 예수는 열려 있는 무덤으로부터 나왔다. 무덤의 개방이 부활하신 자에게는 필연적인 것은 아니었지만, 그것으로 인해서 신화들, 종교들, 그리고 문화들이 은폐되어 있는 지하 세계가 열리게 되었다. 슈바거는 이집트 신화에 대한 연구들을 조사했는데, 이집트 신화에서는 신에 의해 직접 무덤이 열려서 죽음의 나라로부터 최종적으로 해방되는 기록을 발견할 수 없다고 말한다. 그렇기에 그는 예수 그리스도의 빈 무덤에 대한 성서적 증언을 배제하는 신학은 신화적 지하(Untergrund)를 간과하는 위험에 처하게 된다고 지적한다.[23]

또한 예수 "처형의 신성화"(Sakralisierung der Hinrichtung)는 발생하지 못했다.[24] 폭력적으로 사지를 절단당한 이집트의 오시리스나 참수당한 이시스는 이후에 (제사)공동체에 의해 신성화되어 이집트의 무덤과 지하 세계의 신이 된다. 오시리스뿐 아니라 그리스의 디오니소스도 잔인하게 사지를 절단 당한 후에 신성화되었다.

---

23 Schwager, "Die heutige Theologie und das leere Grab Jesu."
24 Karsten Laudien, "Die Götter sind grausam. Aber Gott ist gut: René Girard rettet das Christentum," Die Welt, 28. 09. 2002.

3장

예수는 디오니소스 신화인가?

디오니소스 대 십자가에 달리신 자

나는 이미 니체의 『우상의 황혼/반그리스도』를 염두에 두고 저술한 『우상의 황혼과 그리스도: 르네 지라르와 현대 사상』[1]에서 니체의 표현 "디오니소스 대 십자가에 달리신 자"(Dionysos gegen den Gekreuzigten)를 화두로 디오니소스와 예수 그리스도를 비교했다. 니체의 표현과 같은 제목의 지라르의 논문 "디오니소스 대 십자가에 달리신 자"(Dionysus versus the Crucified)[2]에서 볼 수 있는 것처럼, 지라르는 니체가 말한 이 반립에 대해 깊이 연구했다. 여기서는 이 논문의 논의와 관련된 부분에 한정하여 소개하고자 한다. 니체는 디오니소스를 모방하고자 했다. 즉 니체는 소위 "디오니소스적인 철학자"가 되기를 추구했다. 니체는 디오니소스라는 신화적 세계로의 복귀를 의도했다. 그래서 그는 디오니소스와 예수 사이의 반립(Gegensatz)을 강조했다. 2010년 독일 프라이부르크 대학교에서 열린 니체 관련 강좌에서는 니체가 (유대-기독교적) 신의 죽음과 집단 살해를 말했으며 (유대-기독교적) "신에 대한 살해자"인 동시에 새로운 신 디오니소스를 기대하는 "신에 대한 제작자"(Gott-Macher)로 표현되었다.[3]

사지 절단과 참수라는 방식으로 집단 살해된 이집트의 오시리스와 이시스처럼 그리스의 디오니소스도 갈기갈기 찢긴다. 니체는 갈기갈기 찢어진 디오니소스를 생명의 약속으로 해석했다. 그것은 영원히 재

---

1 정일권, 『우상의 황혼과 그리스도: 르네 지라르와 현대 사상』 (서울: 새물결플러스, 2014).
2 René Girard, "Dionysus versus the Crucified", in: *Modern Language Notes*, Vol. 99 (ca. 1984, No. 4).
3 https://podcasts.uni-freiburg.de/philosophie-sprache-literatur/philosophie/ nietzsche-als-philosoph-der-moderne/25845178

생되고 파괴로부터 다시금 돌아올 것이다. 지라르에 의하면, 니체는 티탄(Titan)에 의한 "디오니소스에 대한 집단적 살해"가 예수의 수난과 유비적일 수 있다고 분명히 느꼈다.[4] 지라르는 니체가 희생제의적 폭력을 폭로하는 "성서적 도덕에 대한 신화의 무관심"에 대해 생각했다고 본다. 성서는 도덕적이지만, 신화는 윤리와 도덕에 무관심하다. 반도덕주의 혹은 윤리 실종의 문제는 니체와 하이데거를 비롯한 일부 철학자들의 사유에서 발견된다. 디오니소스 자신이 희생자라고 해서 디오니소스적인 것 그 자체는 복음서가 폭력을 정죄하는 것 같이 폭력을 비판하지 않는다. 디오니소스는 희생제물인 동시에 그 성스러운 린치의 선동자이자 집행자이기도 하다.

지라르는 디오니소스가 폭력적으로 성스러운 린치의 선동자이지만 예수는 그러한 성스러운 린치의 선동자가 아니라고 지적한다. 복음서에는 그러한 집단 린치가 발생할 상황들이 여러 번 나온다. 예를 들어 간음한 여자가 투석형에 처할 위기에 있을 때, 예수는 폭력을 미연에 방지하고 군중을 해산시켰다. 니체는 두 종류의 종교를 말한다. 첫 번째 종교는 이교적 종교로서, "삶 자체, 그것의 영원한 출산력과 회귀는 고문, 파괴, 그리고 말살에의 의지"를 창조한다. 그리고 이러한 이교적 종교는 모든 것에 "예"라고 긍정한다. 이것은 선과 악을 넘어서며 가장 가혹한 고통도 긍정하는 것이다. 두 번째 종교는 이와 같은 고통을 거부하는 것이다. 니체는 바로 기독교가 두 번째 종교이며, 기독교는 이러한 고통을 거부한다고 비난한다. 지금까지 기독교에 대한 비판

---

4   René Girard, "Dionysus versus the Crucified", in: *Modern Language Notes*, Vol. 99 (ca. 1984, No. 4), 819-20.

은 대체적으로 기독교가 고통을 조장한다는 것이었다. 지라르에 의하면, 니체는 예수가 디오니소스적인 유형의 희생제물로서 죽은 것이 아니라 그러한 모든 종류의 희생에 반대해서 죽었다는 것을 알았다. 디오니소스는 군중이다. 니체는 예수의 수난을 "삶에 대한 반대" 혹은 "삶에 대한 정죄를 위한 공식"으로 표현했으며 이러한 기독교의 수난이 바로 모든 오래된 이교적 종교들이 기초하고 있는 모든 것에 대한 거부와 정죄를 의미한다고 보았다.[5]

지라르에 의하면, 예수의 수난은 모든 이교적 종교들의 발생에 대한 명백한 암시인 동시에 이교적 질서와 모든 인류의 질서에 대한 조용하면서도 결정적인 정죄를 의미한다. 예수의 수난은 "반이교적"(anti-pagan)이다. 모든 인류 문화가 바로 이 집단적 폭력에 근거하고 있기에, 모든 인류는 복음서의 관점으로부터 유죄한 것으로 선고받는다. 니체는 칼 융의 추종자들의 기획처럼 신화를 일종의 성서로 변화시키고자 하거나 혹은 성서를 신화로 해체하고자 하는 모든 근본적인 "반성서적" 시도들을 막을 수 있는 놀라운 효능을 가진 해독제다. 지라르는 18세기 말경과 지라르 자신이 경험하고 있는 20세기 후반에 발생하고 있는 "원시 문화에 대한 지나치게 달콤한 이상화"를 연상시키는 그 어떤 것도 니체의 저작에서는 발견할 수 없다고 말한다. "현대성의 위대한 혼합적 뒤죽박죽의 정점에서" 니체는 다시금 희생시키는 자의 관점에 근거한 신화적 관점과 처음부터 희생당한 자의 편을 들어주는 성서적 영감 사이의 화해할 수 없는 대립에 주목했는데, 지라르에 의하면 이 신화적 관점과 성서적 관점의 차이는 윤리적·지적인 차원에서 매우 다른 결론

---

5   René Girard, "Dionysus versus the Crucified", 822.

이 도출된다. 디오니소스에 대한 니체의 가치 평가는 결코 받아들일 수 없다. 지라르는 니체 자신의 사고가 야기한 정치적 결과로부터 니체의 책임을 면제시키려는 경건한 시도들도 잘못된 것이라고 지적한다.[6]

지라르에 의하면, 하이데거와 달리 니체는 성서적이고 기독교적인 관점의 "독특한 특수성"을 믿었다. 성서 및 신약성서의 독특성은 니체에 의해 긍정되었다. 니체는 이교적 신화에 대해서 너무 많이 알고 있었다.[7] 니체는 디오니소스가 파괴까지도 긍정한다고 말했다. 디오니소스는 많은 인간의 생명을 희생시키는 것에 대해서 "예"라고 긍정한다. 이미 『비극의 탄생』에서도 니체는 디오니소스가 가는 곳마다 수반되는 폭력에 대해서 언급했다. 디오니소스가 나타나는 곳마다 모든 것이 파괴된다. 마니아(mania)는 결국 "살인의 격분"(homicidal fury)을 의미한다. 니체의 많은 추종자들과 달리, 니체 자신은 디오니소스적인 것을 전원적인 어떤 것으로 만들지 않는다. "니체는 너무나 정직해서 디오니소스적인 것이 가지는 충격적이고 추한 면들을 감추지 않는다." 니체는 바쿠스 축제에 대해서 상세하게 논의하지는 않지만, 그럼에도 그는 의무적으로 "디오니소스적인 폭력"에 대해서 언급한다. 왜냐하면 니체는 디오니소스적인 것에는 언제나 폭력이 본질적인 역할을 하고 있다고 보았기 때문이다. 니체는 이교적 신화가 이교적 희생제의와 마찬가지로 희생물의 살해 혹은 그것의 추방을 중심으로 구성되어 있다고 보았다.[8]

산 채로 희생물의 사지를 갈기갈기 찢는 디오니소스적 제의는 폭력

---

6   René Girard, "Dionysus versus the Crucified", 823-4.
7   René Girard, "Dionysus versus the Crucified", 816-18..
8   René Girard, "Dionysus versus the Crucified", 819.

예수는 반신화다

적 희생제의다. 『바쿠스의 여신도들』은 우선 하나의 바쿠스 신에 대한 제의로 나타난다. 처음에는 목가적이던 이 여사제들의 방랑이 곧 유혈의 악몽으로 변하게 된다. 흥분한 여자들은 남자들이나 짐승을 향하여 무차별적으로 달려든다. 디오니소스적 분출은 일차적으로 제도의 파멸과 문화 질서의 붕괴를 의미한다. 디오니소스는 폭력의 신이며 잔인한 희생제의의 신이다. 그리스 비극은 축제를 상호적 폭력이라는 폭력의 기원으로 끌고 간다. 처음에는 평화롭던 디오니소스적 무차별이 곧 무차별적인 폭력으로 변하게 된다. 여신도들은 모두 살해에 가담한다. 어떤 무기도 사용하지 않는다. 미친 듯이 날뛰는 군중은 살아 있는 희생제물을 맨손으로 갈기갈기 찢는다(diaspragmos). 디오니소스에게 덧붙여진 포도나무나 포도주의 신의 이미지는 무서운 취기와 살인적 광기의 신이라는, 그의 본래의 속성을 부드럽게 표현한 것이다.[9]

아직까지도 많은 사람들이 단번에 영원한 희생제사를 드린 십자가에 달리신 자의 수난과 영원 회귀의 디오니소스의 수난을 유사한 것으로 오해한다. 갈기갈기 찢겨 희생된 디오니소스를 재현하기 위해 당시 미친 여자들(Medanes)로 불린 광적인 디오니소스 신도들은 염소나 송아지 등 산 짐승을 잡아와 그것을 산 채로 갈기갈기 찢어서 날로 먹었다(omophagia). 디오니소스는 이 광란의 축제의 희생제물인 동시에 그 축제의 신이요 집행자였다. 디오니소스 희생제의 때 군중은 야수로 변해서 맨손으로 희생제물을 갈기갈기 찢어 죽인다(sparagmos). 디오니소스는 갈기갈기 찢겨 희생제물이 된다. 디오니소스 신화는 곧바로

---

9   Nietzsche, *Sämtliche Werke. Kritische Studienausgabe*: Bd. 13. (Hg. von G. Colli und M. Montinari. München 1980), 266.

미친 듯이 날뛰는 군중을 대변한다. 지라르는 이러한 신화를 전체주의적 군중(mob)이 생산하는 마녀사냥의 텍스트로 해석했다. 예수 그리스도에 대한 이야기는 군중이 제작한 텍스트가 아니라 군중이 만들어낸 마녀사냥의 텍스트를 고발하는 반신화다. 디오니소스는 희생제물을 산 채로 갈기갈기 찢는 희생제사의 희생제물이면서, 동시에 폭력적이면서 성스러운 희생제사의 집행자이기도 하다. 또한 디오니소스 축제 때에는 비밀의식 가운데 통음난무(orgia)가 벌어진다.

『붓다와 희생양』에서 밝혔듯이 비밀불교(밀교, 탄트라)에서도 밤에 일어나는 (디오니소스적) 성적인 통음난무가 성불 과정에서 이루어진다. 나는 성불을 위해서 디오니소스적 집단 성교 또는 보다 내면화·철학화된 성교를 하는 과정을 지라르의 희생양 메커니즘, 더 정확히 말하자면 희생염소 메커니즘(scapegoat mechanism) 속에서 해석했다. 붓다들은 희생염소가 되기 위해 의도적으로 집단 성교(통음난무)나 파계적(transgressive) 성교라는 범죄를 저지른다. 불교에도 디오니소스적 마니아의 차원이 존재한다. 석가무니에서 무니(muni)는 바로 그리스어 마니아(mania)와 같은 의미다. 디오니소스는 이 마니아(mania)를 잘 대변한다. 석가무니는 일부 서구 불교인들이나 아시아 불교 지식인들의 희망 사고(wishful thinking)와 같이 합리적이고 이성적인 철학자 칸트와 같은 인물이 아니라 우선적으로 인도 요기적 전통에 서 있는 종교적 광인이기에, 불교 철학과 불교 지혜에는 언제나 "미친 지혜들"(crazy wisdoms)이 존재해왔다. 선문답도 알고 보면 헛소리요 미친 논리와 반논리다. 종교학자들은 불교 출가승들의 신화적 모델인 힌두교 시바를 인도의 디오니소스로 파악한다.

이처럼 반신화적 사건인 십자가 사건은 그리스의 미스테리아(신비

예수는 반신화다

종교)와 힌두교와 불교의 밀교 전통이 은폐하고 있는 미스테리아의 정체를 고발하고 계몽한다. 예수 그리스도의 십자가 죽음 이후 성소 휘장이 찢겼다. 인류는 오랫동안 종교적 휘장과 신들의 가면 속에서 은폐되고 비밀스러운 방식으로 성적이고 폭력적인 미스테리아를 집행해왔다. 그래서 유대-기독교는 오래전부터 고대 가나안의 성적으로 음란한 미스테리아를 우상숭배적인 것으로 비판해왔다. 지라르의 공헌은 왜 인류가 이러한 미스테리아를 집행해왔는지를 자신의 희생양 메커니즘, 보다 정확하게 번역하자면 희생염소 메커니즘 속에서 해명해 내었다는 점이다.

디오니소스적 집단 폭력과 인신 제사

니체는 실제로 인신 제사도 디오니소스적인 것으로서 긍정했다. 니체는 다음과 같이 말한다.

> 기독교에 의해 개인은 너무 중요하고 절대적인 것으로 간주되고 평가되어서 더 이상 그를 희생할 수 없게 되었다. 그러나 종족(Gattung)은 오직 인신 제사(Menschenopfer)를 통해서만 유지된다. 하나님 앞에서 모든 영혼은 평등하다. 그러나 이것은 모든 가능한 가치 평가들 중에서 가장 위험한 가치다.…참된 인간사랑은 종족의 최선을 위해서 희생을 요구한다. 그것은 가혹하지만, 또한 그것은 자기극복으로 넘친다. 왜냐하면 그것은 인신 제사를 필요로 하기 때문이다. 그리고 가짜-인간애, 곧 기독교로 불리는 이것은 그 어느 누구도 희생시킬 수 없게 한다.[10]

프랑스에 니체 철학을 확산시킨 바타유(Georges Bataille)도 인신 제사를 변호했다. 지라르는 니체와 달리 니체를 되살리는 해체주의자들은 종교의 계보에 대해 어떤 입장도 취하지 않으려 한다고 비판한다. 지라르는 이 철학자들에게 다음과 같이 질문한다. 인신 제사는 필요하며 인간 쓰레기는 제거해야 한다고 말하는 니체에 동의하는가?

예수 그리스도의 죽음은 또 다른 인신 제사가 아니다. 예수 그리스도의 희생은 단번에 드린 영원한 제사다. 그래서 기독교가 선교되는 곳마다 인신 제사와 동물 제사가 종식된다. 기독교는 이교적 제단을 허물고 대신 학교와 병원과 교회를 세웠다. 예수는 인신 제사에 의해 살해되고 신성화된 또 다른 신화적 인물이 아니다. 니체, 가다머, 하이데거의 계보에 서 있으면서 그동안 미학과 해석학 분야에서 많은 저술을 남긴 이탈리아의 대표적 포스트모던 철학자인 바티모는 지라르를 통해 다시금 기독교에 접근하고 있는데, 그는 지라르와의 대담집인『기독교, 진리, 그리고 약한 신앙: 대담』에서, 예수는 폭력의 무고한 희생자로서 이후에 신성화된 것이 아니라 그 패러다임을 폭발시키는 분이라는 지라르의 통찰에 의해 기독교로 이끌리게 되었다고 증언한다.[11] 바티모는 자신의 저서『신앙』에서 "예수는 신의 분노를 달래는 하나의 희생물이 아니라 바로 폭력과 성스러움의 연계를 폭로하고 종식시키기 위해 오셨다"는 지라르의 입장을 받아들였다.[12] 오시리스-디오니소

---

10 Nietzsche, *Sämtliche Werke: Kritische Studienausgabe*. Bd. 13. (Hg. von G. Colli und M. Montinari, München, 1980), 470f.

11 Gianni Vattimo and René Girard, *Christianity, Truth, and Weakening Faith: A Dialogue*, Pierpaolo Antonello (ed.), William McCuaig (tr.) (New York: Columbia University Press, 2010).

12 G. Vattimo, *Belief*, trans. Luca d'Isanto and David Webb (Stanford: Stanford

예수는 반신화다

스와 같은 신화적 신인들은 모두 지라르의 책 제목처럼 "폭력과 성스러움"(La violence et le sacré)의 얽힘으로부터 탄생했다. 하지만 예수는 바티모의 표현처럼 이 세계 신화와 제의의 코드 속에 자리 잡고 있는 "폭력과 성스러움"의 얽힘을 폭발시키면서 그 얽힘을 종결시킨다.

『붓다와 희생양』에서 주장했듯이, 2003년 이후로 독일의 종교학자들은 불자들이 성불하는 과정으로 이해하는 소신공양(燒身供養)과 분신공양(焚身供養)을 일종의 은폐된 인신 제사로 파악하기 시작했다. 예수 그리스도의 초월성과 신성은 그를 집단 살해한 인간 공동체에 의해 발생한 것이 아니다. 예수는 오시리스-디오니소스처럼 인간 공동체에 의해 사지가 절단되고 갈기갈기 찢겨진 이후 즉시 공동체에 의해 신성화되지 않았다. 또한 예수의 무덤은 이교에서처럼 신성화되지도 않았다. 붓다들의 사리나 오이디푸스의 시체처럼 예수 그리스도의 시체는 죽음 이후 신성화되지 않았다. 지라르가 비판적으로 분석하는 중세의 희생제의적 기독교에도 기독교 성자들의 유물 숭배는 일부 존재하다가 이후에 극복되었지만, 예수 그리스도 자신의 사리 숭배는 결코 존재하지 않았다.

세상 죄를 지고 가는 하나님의 어린 양(Agnus Dei)은, 바티모식으로 말하면 "폭력과 성스러움"의 얽힘을 종식시키는 희생제사의 종결자다. 사지 절단당한 오시리스, 참수당한 이시스, 그리고 갈기갈기 찢기는 디오니소스는 폭력적인 성스러움이 생산하는 신들이다. 그래서 신화적인 오시리스-디오니소스는 언제나 음산하고(sinister) 폭력적이며, 무덤의 신이요 지하 세계의 신이요 가면의 신이요 카오스적 축제

University Press, 1999), 37.

의 신이며 그리고 타자, 약자, 소수자, 희생자에 대해서 무관심한 군중의 신이다. 반면 반신화적인 예수 그리스도의 이야기는 타자의 "얼굴"과 약자, 소수자, 희생자를 "근심"하게 하였으며 그로 인해 오늘날 인권과 민주주의가 탄생되었다. 최근 지라르를 언급하고 있는 위르겐 하버마스는 서구 문명의 특징인 자유, 평등, 인권, 보편주의, 민주주의는 유대교의 정의의 윤리와 기독교의 사랑의 윤리라는 원천으로부터 발생되었다고 주장한다.

반신화로서의 성서 메시지의 절정은 예수 그리스도의 십자가 사건과 부활 사건이지만 이미 구약 유대교에서부터 이 반신화적 메시지는 시작되었다. 구약성서는 점차 희생제사를 비판하면서 정의를 추구하라는 메시지를 강화한다. 구약 예언자들의 메시지는 희생제사 대신에 정의를 구하라는 것으로 요약될 수 있다.

내가 너희 절기들을 미워하여 멸시하며 너희 성회들을 기뻐하지 아니하나니, 너희가 내게 번제나 소제를 드릴지라도 내가 받지 아니할 것이요, 너희의 살진 희생의 화목제도 내가 돌아보지 아니하리라. 네 노랫소리를 내 앞에서 그칠지어다. 네 비파 소리도 내가 듣지 아니하리라. 오직 정의를 물 같이, 공의를 마르지 않는 강 같이 흐르게 할지어다(암 5:21-24).

통음난무와 약물에 대한 구약성서의 비판

유대교는 위르겐 하버마스의 표현처럼 정의의 윤리라는 유산을 인류에게 남겨주었다. 구약성서에도 희생제사의 흔적이 남아 있지만 고대 가나안 종교와 소위 이교적 종교의 희생제의에서 흔히 발견되는 통음난무, 폭력, 환각제를 반대하면서 이에 대한 당당한 비판이 기록되어 있다. 지라르는 다음과 같이 말한다.

구약의 기록들은 언제나 제의와 희생에서 원초적인 폭력의 요소를 들추어 내려 한다는 것입니다. 우리가 구약에서 환각제와 같은 통음난무와 무차별화의 요인에 대한 당당한 비판을 볼 수 있는 것도 이 때문입니다. 최초의 살해와 같은 황홀한 폭력을 다시 행할 수 있게 해주기 때문에 약물은 예부터 제의에서 중요한 구실을 했으며, 실제로 많은 고대문화들은 약물을 사용했습니다. 구약에도 제의로서의 희생이 나오지만, 통음난무적인 요소는 철저히 배제되어 있습니다.[13]

지라르는 유대인들이 희생양을 신성화하지 않았으며 그것이 희생된 동물이든지 인간이든지 유대인들은 희생양을 신성화하는 것에 대해서 저항했다고 주장한다.

나는 『레위기의 신학과 해석』의 출판을 앞두고 논평과 조언을 구해온 김경열 박사에게 구약성서에 희생제사에 관한 내용이 등장하지만 디오니소스적인 통음난무, 폭력, 환각제에 대해 저항했다는 내용을 소개했고 이러한 입장은 이 책에 반영되었다.[14] 김경열 박사는 지라르가 예수 그리스도의 죽음의 의미를 진지하게 받아들여 기독교로 개종했고 그의 공헌으로 인문학적 고물로 폐기된 기독교의 핵심 교리, 즉 그리스도의 십자가의 의의가 인문학계에서 재평가되고 있다고 올바르게

13　르네 지라르, 『문화의 기원』, 김진식 역, (서울: 기파랑, 2006), 211.
14　김경열, 『레위기의 신학과 해석: 성전과 거룩한 백성』 (서울: 새물결플러스, 2016), 서문과 99-101.

평가했다. 그는 기독교라는 장롱 속에 갇힌 십자가의 의미를 인문학적 화두로 끄집어낸 지라르의 업적은 놀랄만하며 또한 자신의 책을 통해서 지라르의 희생양 이론이 기독교인들과 목회자들에게 십자가의 의미를 새롭게 조명하는 데 큰 도움이 되기를 바란다고 하면서 나의 지라르 연구를 소개했다. 지라르는 니체가 기독교를 뒤집고 내놓은 초인 사상, 즉 디오니소스의 부활이 얼마나 폭력에 기반을 둔 사상인지를 드러낸다고 보는데, 김경열 박사는 레위기 연구의 결과를 다음과 같이 적고 있다.

> 많은 구약학자들은 구약의 희생제사는 근본적으로 그 내용과 신학적 의미, 그리고 목적이 이방의 희생제사와 다르다고 말한다. 구약의 희생제의를 디오니소스적인 폭력적 희생양 메커니즘으로 분류하는 것은 근본적으로 번지수가 잘못된 것이다.[15]

나는 김경열 박사에게 구약성서 연구에 지라르의 이론을 수용한 대표적인 구약학자들, 예를 들어 독일의 저명한 구약학자인 노르베르트 로핑크(Norbert Lohfink)와 2006년 독일 튀빙엔 대학교 개신교 신학부가 지라르에게 영예로운 레오폴드 루카스 상을 수여했을 때 주도적인 역할을 한 것으로 알려진 튀빙엔 대학교 개신교 구약학자인 야노브스키(Bernd Janowski) 등을 소개했다. 구약성서와 계시가 계시사적-구원사적으로 발전한다는 사실을 인정한다고 하더라도, 문화의 기원과 창세에서부터 희생양 메커니즘을 은폐하면서 그것을 가시화하고 주제

---

15 http://blog.naver.com/innsbruckgir/220663225009

화하며 비판했던 구약성서의 희생제의를 소위 이교적 희생제의(예를 들어 그리스-로마 문화의 디오니소스적 희생제의)와 동일선상에서 비교하는 것은 부당하다. 물론 형식적·구조적으로는 인신 제사와 동물 제사는 인류의 모든 문화에 걸쳐(transcultural) 존재해왔지만, 구약의 희생제의는 역설적이게도 희생제의이지만 인류의 희생제의의 계몽과 구원을 위한 계시의 전(前) 단계로 작용했다.

레위기도 비록 전 단계와 예표라는 미완성적 차원이 있다손 치더라도 이미 희생양 메커니즘에 대한 비판적 계몽과 계시의 역사를 보여주고 있다. 희생양 메커니즘에 대해 이미 비판적 에피스테메를 내포하고 있는 희생양이라는 개념 자체는 성서적 유산, 특히 구약 레위기의 유산이다. 물론 이 희생양 개념은 하나님의 어린 양 예수 그리스도를 예표하고 그로 인해 절정에 이르며 그에게 수렴된다. 지라르는, 유대인은 극장을 가지고 있지 않다고 주장한다. 디오니소스는 극장의 신이다. 유대교가 극장을 가지고 있지 않아서 덜 미학적일 수는 있겠지만, 유대인들은 이교적 가면 축제와 극장이 주는 폭력적 카타르시스를 거부했다.

인류의 모든 오래된 극장은 희생제의라는 드라마가 펼쳐지던 장소였다. 즉 극장의 기원은 희생제의다. 고대의 희생제사와 마찬가지로 독일 철학자들이 높게 평가했던 그리스 비극 및 그것을 현대화한 오페라도 폭력적 카타르시스를 군중에게 선물한다. 그것은 일견 미학적인 것으로 보인다. 오페라가 제공하는 카타르시스에는 희생양과 그 역할을 하는 비극적 주인공의 추락, 살해, 그리고 추방 이후에 비로소 발생하는 폭력적 정화 작용이 포함된다. 지라르가 말하는 것처럼, 카타르시스는 당시 그리스 폴리스가 관리했던 인간 희생양들이었던 카타르마의 폭력적이고 비극적인 죽음 때문에 가능하다. 이는 인류의 춤의 기원이 희생제의적 칼춤에 있는 것과 같다.

구약의 레위기가 없었다면, 그리고 최종적으로 하나님의 어린 양 예수 그리스도라는 마지막 희생양이 없었다면, 인류는 여전히 희생제사의 의미와 목적에 관한 질문에 대답하지 못한 채 무의식적으로 제사를 반복했을 것이다. 왜 인류는 그토록 오랫동안 제사를 그렇게 귀중하게 생각했을까? 지금까지도 기독교 밖의 많은 사람들은 제사를 잘못 드리면 복을 받지 못하고 일들이 잘못된다고 생각한다. 왜 아즈텍인들은 인신 제사를 드리지 않으면 태양이 떠오르지 않는다고 생각했을까? 도대체 세계 질서 및 우주 질서와 제사 사이에 무슨 상관이 있는 것일까? 지라르는 우주 질서를 갱신하고 유지하는 데 있어 절대적으로 중요하게 생각했던 제사를 그의 희생양 메커니즘 이론 속에서 설득력 있게 해명했다. 이것이 그의 공헌이다. 알고 보면 세계의 모든 종교는 결국 제사 종교다. 불교는 특히 불(火) 제사의 종교다. 불교 명상도 일종의 내면화된 불 제사다. 소신공양과 분신공양은 보다 외형적이고 급진적인 불 제사다.

기독교는 이러한 제사 종교의 한계를 극복하고 있다. 유대-기독교 전통은 문화의 기원에 있는 제사의 정체를 처음으로 폭로하기 시작했다. 역설적으로 지라르는 세계 종교와 유대-기독교 전통 사이의 연속성과 함께 급진적인 불연속성을 동시에 말한다. 구약성서에 등장하는 내용들은 주변 세계와의 교류 없이 갑자기 하늘에서 뚝 떨어진 것은 아니다. 주변 세계(이교 세계)의 것들이 혹 있을 수 있지만, 그것은 계시의 목적을 위해서 창조적으로 변형되어 사용되고 있다. 유대-기독교적 텍스트는 세계 신화를 해체적으로 다시 쓴다(re-writing). 지라르는 신화의 수수께끼를 풀면서 십자가의 승리는 연속적이면서도 불연속적인 십자가의 역설에 기초하고 있다고 주장한다. 마지막이자 참된 희생양이신 예수 그리스도는 이방 종교의 은폐된 희생양 메커니즘과 그 마녀사냥의 텍스트를 비판한다.

『십자가의 인류학』을 읽은 어느 독자는 아브라함이 이삭을 희생하려던 이야기에 대해 질문했는데, 나는 그때 다음과 같이 답변했다.

구약성서는 구원 역사와 계시 역사의 발전 과정 도상에 있는 텍스트로서 고대 가나안 종교를 비롯한 주변 세계와 완전히 독립적인 진공 상태에서 나온 것이 아니다. 그렇기에 소위 이교적인 희생제의의 흔적과 모티브가 일부 있을 수 있다. 하지만 구약은 결코 인신 제사를 허용한 적이 없고 이후 구약 예언자들의 메시지는 점차적으로 희생 대신에 정의를 구하라는 메시지로 흘러 갔다. 실제로 유대교는 제사 종교가 아니라 토라 중심의 종교로 나아갔다. 지라르의 방점은 유대-기독교적 텍스트가 가지고 있는 반신화적이고 반희생제의적 성격에 주어져 있다. 물론 그것이 하루아침에 이루어진 것은 아니었다. 구약성서는 신화와 제사를 극복해가는 여정에 있는 고통의 텍스트였다. 또한 반신화적·반희생제의적 사건의 절정인 십자가 사건의 복음적 승리는 십자가의 역설로부터 비로소 나온다. 아브라함이 이삭을 제물로 바치는 장면을 비롯한 구약성서에 등장하는 인신 제사와 희생 제사에 대한 모티브와 소재는 희생제사를 정당화하는 것이 아니라 다만 그 것의 비판, 전복, 종식을 위해 등장하는 것으로 생각할 수 있다. 구약성서는 하나님께서 인간을 희생제물로 드리는 제의를 가증하게 본다고 적고 있으며 자기 자녀를 불태워 몰렉에 바치는 것에 분노한다고 말한다. 공의와 정의를 행하는 것은 제사를 드리는 것보다 여호와께서 기쁘게 여기신다고 말한다(잠 21:3).

『우상의 황혼과 그리스도』에서 이미 어느 정도 소개한 것처럼, 포도주의 신인 그리스의 디오니소스 축제 때에는 구약성서가 비판하고 있는 이교적 축제와 희생제사의 전형적인 풍경이 등장한다. 곧 성적인 통음난무와 제의적 폭력 그리고 환각제 사용과 같은 카오스적 집단 도취가 바로 그것이다. 니체가 말한 디오니소스적인 도취감(Rauschgefühl)은 바로 무절제 상태로 되돌아가는 것이다. 곧 디오니소스적인 집단 도취는 충동적인 무절제 상태요 비도덕적인 상태다. 디오니소스적인 것은 미메시스적인 것(모방 욕망)의 고삐가 풀려서 범람하는 축제의 야수성, 야만성, 폭력성을 의미한다. 니체는 그리스적 본능의 부정으로서의 플라톤 사상에 대해서도 비판했는데, 그에 의하면 디오니소스로 대변되는 그리스적 본능은 싸움과 유혈로 점철되어 있는 삶으로부터 매우 강렬한 즐거움을 추구한다. 또한 그것은 무자비한 복수 행위와 잔인성, 격정적이며 열정적인 의지, 돌발적인 흥분 상태로 표현되는 기질 및 이로 인한 비도덕성을 띤다. 디오니소스는 비도덕적이며 또한 반도덕적이다. 그렇기에 디오니소스의 철학자가 되고자 했던 니체는 스스로 최초의 반도덕주의자라고 불렀다. 군중 폭력을 은폐하고 있는 신화는 무윤리적이거나 비도덕적이거나 혹은 반도덕적이다.

신들에 대한 집단 살해와 사지 절단

예수는 디오니소스처럼 갈기갈기 찢기거나 오시리스처럼 사지가 절단되거나 이시스처럼 참수된 이후 살해 공동체로부터 신성화되지 않았다. 인류 문화의 기원에는 신에 대한 집단 살해 이야기가 자리 잡고 있는데, 사지 절단은 가장 전형적인 집단 살해 방식이다. 디오니소스는

예수는 반신화다

제의화된 스파라그모스(*sparagmos*), 곧 광기 속에 집행되는 사지 절단의 방식으로 살해되었다. 반면에 예수는 집단적인 폭력에 의해 살해된 이후에 신성화된 수많은 신들처럼 사지를 절단 당하지 않았다.『예수는 신화다』라는 책의 주장처럼 예수가 오시리스-디오니소스와 같은 신화적 존재라면 예수도 오시리스-디오니소스처럼 공동체에 의해 사지 절단 당한 이후 신성화되었을 것이다. 오시리스-디오니소스뿐 아니라 인도의 푸루샤나, 바빌론 창조 신화의 티아마트도 모두 사지 절단이라는 방식으로 집단적으로 살해된 이후 신성화된 신들이다.

지라르는 인도의 『리그베다』 제10권의 푸루샤 찬가(讚歌)를 다음과 같이 풀이한다. 푸루샤 찬가는 우주적 푸루샤 즉 최초의 인간(原人)의 각 부분으로부터 만유(萬有)가 전개되었다는 "거인 해체", 좀 더 정확하게 표현하자면 우주적 거인인 푸루샤의 사지 절단(dismemberment)에 의한 창조 신화다. 신(神)이 푸루샤를 희생제물로 하여 제사를 올리자 그의 몸을 통해서 카스트 제도가 파생되었다고 한다. 푸루샤는 "희생제사를 드리는 군중에 의해서 살해되었다." 인도의 문화 질서인 카스트 제도는 바로 이 우주적 거인 겸 신이자 희생양인 푸루샤에 대한 "창조적 살해"(엘리아데)와 "초석적 살해"(지라르)로부터 탄생했다. 문화의 기원에는 신들에 대한 집단 살해 이야기가 자리 잡고 있다.

신에 대한 사지 절단 이야기는 고대 바빌론 창조 신화에서도 발견된다. 고대 바빌론의 창조 신화인 「에누마 엘리쉬」(*Enuma Elish*)에 의하면, 신들의 전쟁은 결국 소금물 바다의 여신에 대한 사지 절단으로 귀결되고 그 여신이 우주를 창조하는 행위 속에서 사지가 뿌려지게 된다. 「에누마 엘리쉬」는 천지창조 이전 신들의 탄생과 투쟁에 관한 이야기에서 시작된다. 자신의 뱃속을 어지럽히는 신들을 멸망시키려는 티아마트(Tiamat)와 마르두크(Marduk) 신 사이에 싸움이 벌어지고, 마르두크가 주문을 걸어 티아마트를 살해하여 승리한다. 승리한 마르두크는 티아마트의 시체를 둘로 나누어 하늘과 땅을 창조한다. 그리고 점토에 신의 피를 섞어서 사람을 만든다. 인간도 이 폭력적 살해의 피로부터 지음을 받았다.

2016년 9월에는 요가원을 운영하던 어느 종교인이 "천지신명"께 동물을 잡아 제물로 바치기 위해 돼지 78마리, 소 20두 등 총 98마리 (약 2억원)를 잡아 돼지는 4등분, 소는 6등분해서, 곧 사지를 절단하여 좋은 기운이 흐른다는 남한강과 북한강이 만나는 지점에 몰래 버리다가 적발되어 구속되기도 했다. 이집트의 이시스가 참수된 것처럼 참수 (beheading)도 대표적인 집단 폭력과 집단 살해의 형태다. 힌두교와 불교에는 이 참수의 모티브가 자주 등장한다. 만두의 기원도 참수의 형태로 집행된 인신 제사에 있다. 만두는 중국 삼국시대에 제갈량이 남만을 정벌하고 돌아오는 중 심한 풍랑을 만나 풍랑을 가라앉히기 위해서 만들었다고 하는데, 송나라 때의 문헌인 『사물기원』(事物紀元)에 보면 만두의 기원에 대해 다음과 같이 설명하고 있다.

위·촉·오 삼국 시대에 제갈량이 남만을 정벌하고 돌아오는 길에 심한 풍랑을 만났다. 함께 있던 사람들이 남만의 풍습에 따라 사람의 머리 아흔아홉 개를 물의 신에게 제사지내야 한다고 했다. 그러자 제갈량이 밀가루로 사람의 머리 모양을 한 음식을 빚어 그것으로 제사를 지내자 풍랑이 가라앉았다.

여기서 만두란 이름이 나왔는데, "속일 만"(瞞)과 음이 같은 "만"(饅)

예수는 반신화다

을 빌려 "만두"(饅頭)라 했다고 한다.[16] 희생제물로 살해당한 돼지머리에게 절하고 돼지 코와 입에 돈을 넣어서 복을 빈다. 지라르의 이론은 왜 살해당한 돼지가 복의 근원이 되는지를 쉽게 설명해준다.

지라르의 비교신화학은 샤머니즘에서 숭배하는 신들의 정체를 보다 정확하고 쉽게 이해할 수 있도록 도와준다. 왜 샤머니즘의 신들은 거의 대부분 애기 신들이고 처녀 귀신들인가? 왜 마녀사냥이 주로 존재하고 마남사냥은 적은가? 건장한 남자들이 평안하게 자연사하면 그들은 신성화되지 못한다. 대부분 잔인하고 억울하면서도 비극적·폭력적으로 살해당한 아기들과 처녀들 그리고 노인들이 이후에 신성화되어서 「전설의 고향」에 등장하는 복수하는 귀신들이 된다. 샤머니즘에서는 더 비극적, 더 폭력적으로 살해될수록 더 영험하고 센 신이 된다고 한다. 비극적인 폭력성과 신성이 비례하는 것이다. 지라르의 이론은 샤머니즘 신들의 비극성과 신성 사이의 비례 관계가 왜 성립하는지를 희생양 메커니즘 속에서 쉽게 설명하고 있다. 지라르의 관점에서 본 일본 종교에 관한 연구에 의하면, 일본의 신들도 대부분 "비극적 희생자에 대한 숭배"(tragic victim worship)로 설명된다. 대부분 잔인하게 참수당하고 살해된 장군들, 처녀들, 아이들이 신성화되어서 귀신들이 된다. 지라르가 말하듯이, 그리스의 신들이 많은 신체적 장애를 가지고 있는 이유는 바로 신체적 장애자들을 살해하거나 추방해서 신성화시켰기 때문이다. 오이디푸스도 "부은 발"이라는 뜻이다.

지라르에 의하면, 인류의 신화와 제의는 카오스적이고 축제적인 차이소멸을 의도적으로 연출해서 그 책임을 희생염소에게 전가시키고

16　만두의 기원에 대한 이 부분은 나의 강의를 들었던 김영혜 씨가 알려준 것이다.

그 희생염소를 집단 살해(많은 경우 사지 절단)하는 것으로 종결된다. 예수가 만약 오시리스-디오니소스와 같은 신화라면 예수 역시 공동체에 의해 사지를 절단 당한 이후 신성화되고 예수의 사리도 붓다의 사리처럼 숭배의 대상이 되었을 것이다. 아주 피상적으로는 예수 그리스도의 사건에서도 신화적인 것이 발생한 것처럼 보일 수도 있지만, 보다 정확하게 분석해보면 예수 그리스도에 대한 메시지와 이야기에는 세계 신화에서는 찾아볼 수 없는 새로운 것(*Novum*)이 분명히 발생했다.

폭력적 성스러움으로부터 거룩함으로

지라르는 신화는 거짓말이라고 단언한다. 빛인 복음서가 아직도 어두운 신화를 "해독한다."[17] "복음서는 신화적인가?"라는 논문에서 지라르는 "세계의 신화들이 복음서를 해석하는 법을 보여주는 것이 아니라 정반대로 복음서가 신화들을 해석하는 방법을 계시한다"고 말한다. 약 이백 년 전부터 인류학자들은 세계의 모든 초석적(foundational) 신화들과 예수 그리스도의 고난 및 부활이 상호 유사하다는 사실을 발견했으며 기독교 역시 하나의 신화에 불과하다고 간주했다. 지라르는 이러한 견해가 심지어 그리스도인들에게도 뿌리를 내렸다고 분석한다. 그러나 복음서는 신화와 달리 예수의 무죄성을 선포한다. 디오니소스 신화들은 가장 경악스러운 린치도 정당한 것으로 간주한다. 『바쿠스의 여신도들』에서 펜테우스(Pentheus)는 그의 어머니와 자매들에게 정당한 방식으로 살해되었다. 왜냐하면 디오니소스 신에 대한 그의 경멸이

---

17   르네 지라르, 『그를 통하여 스캔들이 왔다』 (서울: 문학과지성사, 2007), 85.

그의 살해를 정당화할만큼 심각한 잘못이었기 때문이다.[18]

오이디푸스는 무죄한 예수와 달리 유죄다. 오이디푸스는 그의 비극적 운명에 책임이 있다. 오이디푸스 신화에 의하면, 그는 그의 아버지를 죽이고 그의 어머니와 결혼했기에 테베를 휩쓸었던 역병에 책임이 있다. 그에 대한 책임으로 그를 추방하는 것은 허용가능한 일일 뿐 아니라 일종의 종교적 의무였다. 지라르에 의하면, 복음서는 희생양 메커니즘을 완전히 가시화한다. 왜냐하면 희생양 메커니즘이 저항에 직면하면서 더 이상 효과적으로 작동하지 않기 때문이다. 기독교의 경우 미메시스적인 전염에 대한 저항이 신화의 발생을 저지시켰다. 복음서의 빛에 비추어보면 세계 신화들은 결국 희생양 메커니즘에 의한 미메시스적인 전염에 굴복한 공동체의 목소리다. 신화는 희생양에 대한 만장일치적인 살해로 인해 평화로운 카타르시스로 종결된다. 하지만 복음서는 신화가 조직적으로 은폐하는 그것을 폭로하고 계시한다. 지라르는 "신화의 애매모호성"과 "복음서의 명료성"을 대비시키고 거짓 신들과 그들의 폭력적 문화 시스템이 어떻게 발생되는지를 보여줌으로써 성서적 맥락에서 복음서가 우상숭배에 대한 비판을 지속하고 있음을 보여준다. 만약 복음서 자체가 신화적이었다면 복음서는 신화를 비신화화시키는 지식을 우리에게 제공할 수 없었을 것이다.[19]

유대-기독교적 텍스트는 세계 신화를 비신화화 혹은 탈신화화(Entmythologisierung)한다. "신의 가면"이 생산하는 신화는 불투명하고 애매모호한 텍스트다. 유대-기독교적 텍스트는 성스러운 폭력을 가

---

18 René Girard, "Are the Gospels Mythical?", *First Things*, April 1996.
19 René Girard, "Are the Gospels Mythical?", *First Things*, April 1996.

시화하고 주제화하며 투명하게 드러낸다. 성서는 신화적 텍스트가 아니라 탈신화화의 텍스트다. 신화가 가면처럼 은폐되어 있고 애매모호하고 불투명한 이유는 신화의 코드와 의미 중심 그리고 초월적 기표로 자리 잡고 있는 희생양의 존재 자체가 무질서와 질서가 겹쳐지는 야누스적이면서 모순적인 것이기 때문이다.

신화적이고 신비종교적인 오시리스-디오니소스의 초월성은 지라르가 말하는 "사회적 초월성"으로, 그것은 폭력적인 성스러움이 생산하는 거짓 초월성이다. 지라르와 레비나스(Emmanuel Levinas)는 모두 폭력적인 성스러움(sacer)과 기독교적 거룩함(sanctus)을 내용적으로 구분하고 있다. 레비나스의 탈무드 강의는 『성스러움으로부터 거룩함으로』(Du sacré au saint)라는 제목의 책으로 출판되었다.[20] 2012년 프랑스 파리에서는 지라르 학파와 레비나스 학파에 속한 학자들이 모여서 "르네 지라르, 엠마누엘 레비나스: 성스러움으로부터 거룩함으로"란 제목의 학술 대회를 개최했다.[21] 그리고 『레비나스 평전』[22]에 지라르가 언급된다.

레비나스는 일종의 권력 철학으로서의 하이데거의 존재 철학 속에 내포된 새로운 이교주의에 저항하면서 "타자의 철학"을 전개했다. 레비나스가 강조한 "타자의 얼굴"은 이교적이고 신화적 세계의 "신의 가면"과 어느 정도 대조적이다. "신의 가면"에는 "타자의 얼굴"이 가려진다.

---

20 E. Levinas, *Du sacré au saint: Cinq nouvelles lectures talmudiques* (Paris: Editions de Minuit, 1977).

21 Colloque international ARM/BnF/SIREL, "René Girard, Emmanuel Levinas: du sacré au saint," 12, 13 novembre 2012, Paris.

22 마리 안느 레스쿠레, 『레비나스 평전』 살림 클래식 시리즈 3, 김모세 역, (서울: 살림출판사, 2006).

니체와 하이데거 철학의 코드로 작용하는 디오니소스도 "가면의 신"이요 "극장의 신"이다. 인류는 오랫동안 가면을 쓰고 카오스적인 축제의 마지막 날에 집단이 희생제물을 살해함으로써 질서를 갱신시켜왔다. 축제의 가면을 쓰고 카오스적인 야수의 세계로 일시적으로 갔다가 일상으로 돌아오는 것이다. 니체가 말한 것처럼 축제야말로 전형적인 이교다. 유대교는 신들의 가면과 축제의 폭력에 저항했다. 가면의 세계가 만들어내는 신화는 희생염소들에 대한 성스러운 폭력을 은폐하고 있는 불투명성의 텍스트다. 유대-기독교 텍스트는 희생제의적 폭력을 고발하는 투명한 텍스트다. 가면은 불투명하고, 얼굴은 투명하다.

『십자가의 인류학』에서 소개한 것처럼, 지라르는 1985년 네덜란드 TV 방송 IKON과의 인터뷰에서 십자가 희생의 역설에도 불구하고 성서적 정신은 반(反)희생제의적이라는 사실을 강조했다. 지라르는 초기 교회 시기 영지주의가 십자가 희생에 혐오감을 느껴서 그것을 아예 제거함으로써 기독교를 정화시키고자 했다는 사실을 지적한다. 만약 영지주의적 기독교에서처럼 십자가 희생이 아예 기독교에서 사라졌다면, 십자가 사건은 지라르 자신의 책 제목과 같은 『창세 이후로 은폐되어온 것들』을 폭로할 수 없었을 것이다. 『예수는 신화다』의 저자들은 1946년 나그함마디에서 발굴된 영지주의자들의 문서들을 인용하면서 예수는 고통을 겪지도 않았고, 피흘리며 죽지도 않았으며, 따라서 "죽음으로부터 부활한 것"이 아니라고 말한다. 그들은 영지주의 문서인 「빌립복음서」에 근거해서 영적 부활론이 기독교의 본래적인 가르침이라고 주장한다.

하지만 2세기 기독교는 이러한 영지주의적 왜곡을 극복했다. 성 아우구스티누스도 한때 몸담았던 마니교를 떠나 영지주의를 극복함으로써 중세의 아침놀이 되었다. 이후 기독교는 영지주의를 극복했기에 세계 종교가 되었고 중세가 시작될 수 있었다. 학자들은 서양 중세를 영지주의에 대한 극복으로 이해한다. 독일 철학자 블루멘베르크(Hans Blumenberg)[23]는 자신의 저서 『근대의 정당성』(*Die Legitimität der Neuzeit*)에서 중세에는 영지주의가 극복되지 못했지만 근대에 이르러서는 영지주의가 극복되었다고 주장하기도 했다. 특히 프란시스 베이컨(Francis Bacon)과 데카르트(Descartes)는 근대의 대표자들이다. 영지주의를 극복한 반신화적 유대-기독교가 점진적으로 중세와 근대를 탄생시켰다.

신화적인 영지주의가 극복되면서 비로소 합리적이고 이성적이며 자연과학적인 문화가 탄생할 수 있게 되었다. 지라르는 마녀사냥의 종식이 자연과학을 탄생시켰다고 말한다. 예수가 또 하나의 신화였다면 기독교 문화에서 막스 베버(Max Weber)가 말하는 세계의 탈마술화(Entzauberung der Welt) 및 합리화(Rationalisierung)로 대변되는 근대의 민주주의, 자본주의, 그리고 자연과학은 탄생할 수 없었을 것이다. 막스 베버가 말하는 세계의 탈마술화 테제는 많이 알려져 있지만, 그것이 구약성서의 예언자들로부터 파생되었다고 지적한 것은 그다지 많이 알려져 있지 않다. 반신화적 근본정신을 가진 구약성서와 유대교, 특히 구약 예언자들의 전통은 희생제사를 비판하고 정의를 외치며 세계의 탈마술화를 추구했다. 신화는 마녀사냥의 논리로서 마술적 인과 관계를 말한다. 반신화적인 구약성서, 특히 예언자들의 외침이 신화적이고 마술적인 인과 관계를 끊어내고 점차 세계의 탈마술화와 합리화

---

23 Hans Blumenberg, *Die Legitimität der Neuzeit* (Frankfurt/M: Suhrkamp,1966).

　　　　　　　　　　　　　　　　　　예수는 반신화다

를 이끌었다.

　니체와 하이데거는 유대-기독교적 텍스트가 탄생시킨 새로운 희생 위기로서의 뜨거운 모더니즘을 허무주의적으로 파악했고 영지주의적 유혹에 저항하지 못했다. 『우상의 황혼과 그리스도』 3장에서 나는 모더니즘을 허무주의적 위기로만 파악한 니체와 하이데거 철학을 이미 비판적으로 분석했다. 하이데거의 『블랙 노트』에 대한 논의에서 다루겠지만, 하이데거도 현대 사회의 업적이라 할 수 있는 민주주의, 자본주의, 그리고 자연과학 기술을 위기로만 파악하고 있으며 현대의 합리성과 계산적 사고를 가져온 주범으로서 유대인을 지목하여 비난하고 있다.

　지라르는 전통적 희생제의와 십자가의 희생 사이에 놓인 역설적인 연속성과 급진적인 불연속성 및 그 차이를 동시에 말했다. 『예수는 신화다』에서 주장된 것과 같은 입장들은 예수 그리스도와 신화적 영웅들 사이의 구조적인 유사성만 바라보기만 했을 뿐, 보다 깊은 차원에 존재하는 급진적인 불연속성과 차이를 이해하지 못했다.

4장

예수는 희생염소가 아니다

희생염소와 하나님의 어린 양

"Scapegoat"는 문자적으로 희생염소로 번역해야 하지만, 거의 대부분 한국에서는 희생양으로 번역한다. 한국에서 쉽게 희생양으로 번역되는 독일어 "Sündendbock"도 "bock"이 숫염소를 의미하는데, 더 정확하게 말하자면 희생염소를 의미한다. 희생양으로 번역되는 프랑스어 "bouc émissaire"에서 "bouc"도 수컷 염소를 의미하기에 희생염소를 뜻한다. 이미 한국에서 희생양으로 번역되는 것이 보편화되었기에 이 책에서도 엄밀히 말해 희생염소로 번역해야 할 경우에도 편의상 희생양으로 쓸 때도 있지만, 이 장에서는 세상 죄를 지고 가는 하나님의 어린 양(Agnus Dei) 및 희생양(sacrificial lamb)이신 예수와, 희생염소(scapegoat) 역할을 하고 있는 세상의 수많은 신들을 내용적으로 구분하고자 한다.

이 장의 결론부터 말하자면, 헤겔, 하이데거, 프로이트, 라캉, 들뢰즈, 가타리 등에 의해서 큰 철학적 의미를 부여받은 그리스 비극 작품 『오이디푸스 왕』에 등장하는 비극적 영웅 오이디푸스는 근친상간과 부친 살해라는 "더러운" 죄를 범함으로써 공동체를 정화하는 희생염소 역할을 하고 있다. 이집트의 오시리스뿐 아니라 "(희생)염소의 노래"라는 문자적인 의미를 지닌 그리스 비극(Tragoidia)을 재탄생시키고자 했던 니체가 미래의 신으로 고대한 디오니소스도 결국은 희생염소 역할을 하고 있다. 희생양 메커니즘, 더 정확하게 번역하자면 희생염소 메커니즘(scapegoat mechanism)이 세상의 수많은 신들을 생산해 낸다. 세상 죄를 지고 가는 하나님의 어린 양인 예수 그리스도의 십자가와 부활이 그 절정에 도달했을 때 유대-기독교 텍스트의 반신화적 메시지는 인류 종교, 신화, 제의, 문화의 기원에 은폐되어 온 희생염소 메커니즘의 정체를 고발한다. 예수는 결코 희생염소가 아니다. 성서는 명백하게 예수를 세상 죄를 지고 가는 하나님의 어린 양(*Agnus Dei*)으로 묘사한다.

지라르 종교 이론에 기초한 사회인류학적 불교 연구를 소개한 나의 책 『붓다와 희생양』은 붓다가 오이디푸스처럼 은폐된 "희생양"(scapegoat)인 것처럼 제목을 잡았지만, 더 엄밀하게 말하자면 붓다는 은폐된 희생염소다. 인도의 신들에 대한 어느 인도학 연구서의 책 제목처럼 세상의 모든 신들의 정체는 "범죄자 신들"(criminal gods)이며[1], 이 부도덕한 신들은 희생염소 역할을 한다. 이 신들은 많은 경우에 성범죄자로 비난받아 집단적으로 살해되거나 추방된다. 독수리의 모습으로 강간을 일삼는 제우스도 그러하고, 남편이 있음에도 불구하고 많은 미소년들과 성적인 관계를 가지는 그리스 미의 여신 아프로디테도 그러하며, 아시아의 디오니소스라고 불리는 인도의 최고신 시바도 『붓다와 희생양』에서 밝힌 것처럼 성범죄자로 묘사되고 비난받으며 또한 처벌 받은 이후에는 신이 된다. 이 책에서 나는 시바를 모델로 삼는 불교 출가승들과 보살들 및 붓다들도 살불살조나 성적인 파계라는 범죄 행위를 통해서 공동체의 비난을 자신에게로 흡수하는 희생염소 역할을 하고 있다고 분석했다.

---

1   Alf Hiltebeteil(ed.), *Criminal Gods and Demon Devotees: Essays on the Guardians of Popular Hinduism* (Albany, SUNY 1989).

예수는 반신화다

죄 없으신 예수와 "범죄자 신들"

2016년 나는 한국에서 르네 지라르의 이론을 처음 알리기 시작한 이화여자대학교 대학교회에 초대를 받아 죄 없으신 예수와 "범죄자 신들"(criminal gods)이라는 제목으로 설교했다. 이 설교에서 나는 그동안 희생양 예수 그리스도와 희생염소 역할을 하는 신들을 보다 엄밀하게 구분했다. 아래의 글들은 이 때의 설교에 부분적으로 기초하고 있다.

한국 최초의 대학교회인 이화여대 대학교회 주일 예배에는 여러 교수들과 학생들 그리고 지역 사회의 지식인들 중심으로 600-700명 정도가 모였는데, 나는 지라르 전공자로서 이화여대와의 특별한 인연을 언급하는 것으로 설교를 시작했다. 국내에서 르네 지라르가 알려지기 시작한 곳이 이화여대 불문학과다. 지식인 교회이기에 나는 조용한 목소리로 니체, 프로이트, 레비-스트로스, 데리다와 라캉 등 프랑스 포스트모던 철학자들, 위르겐 하버마스, 지젝, 바티모와 같은 현대 학자들과 그리스 신화와 비극 및 오페라 등에 대한 내용과 구별되는 성서의 독특성을 강조했다. 설교를 통해서 포스트모던적 시대정신 속에서도 유대-기독교적 텍스트, 곧 성서를 논의에 정당하게 포함시키고 또 변호한 지라르에 대한 일반적 소개, 그리고 나의 동아시아 종교와 문화 연구(특히 불교 연구의 결과와 『붓다와 희생양』)를 소개하고 성서가 강조하는 마지막이신 희생양 예수의 무죄성과 세계 종교에 등장하는 "범죄자 신들"(criminal gods)과의 차이에 대해서도 전했다.

예배 후에는 『낭만적 거짓과 소실적 진실』을 번역하신 고 김치수 교수님의 사모님과도 잠시 교제했다. 그리고 계속 여러 분들과 교제를 나누었다. 이화여대 경제학과 교수로서 기독교 신앙을 갖게 되신 어느 분은 설교 이후 지라르에 대한 입문서를 요청해서, 나는 나의 책들과, 지라르의 『나는 사탄이 번개처럼 떨어지는 것을 본다』를 추천했다. 이 화여대 불문학과 어느 여교수와도 잠시 대화를 나누었다. 불문학에서는 주로 욕망의 삼각형 중심으로 지라르에 대하여 언급했는데, 오늘 설교 덕분에 지라르 이론의 큰 그림을 알게 되었다는 이야기를 들었다. 또한 예배 이후에는 예배에 초대해 주신 양명수 교수와 식사 및 차를 나누면서 교제했다. 양명수 교수는 서울대학교 법과대학을 졸업한 이후 프랑스 스트라스부르에서 유학할 때 지라르에 대해 공부했으며 지금도 이화여대에서 지라르를 가르치고 있다. 양명수 교수는 당시 스트라스부르에서 공부할 때 지라르의 모방적 욕망 이론과 경제학 사이의 학제적 논의가 활발했다고 말했다. 나는 유학 중에 스트라스부르 대학교에서 개최된 한국고등신학연구원(KIATS) 학술 대회에 참여한 적이 있었는데, 지라르가 이 대학에 와서 강의했었다는 말도 전해 들었다. 또한 우리나라의 헌법학에 지대한 영향을 끼친 독일 헌법학자 칼 슈미트(Carl Schmitt)가 남긴 유명한 말, 곧 서구의 많은 법학적 개념들은 세속화된 신학적 개념이라는 말에 대해서도 이야기를 나누었다. 나의 지도 교수 팔라버(Wolfgang Palaver)교수는 저명한 칼 슈미트 연구가다. 나는 그와 함께 세미나 시간에 칼 슈미트의 저작들을 함께 읽고 공부했던 순간들이 떠올랐다. 나는 폴 리쾨르의 『악의 상징』의 번역자이기도 하신 양명수 교수에게 나의 책 『십자가의 인류학』을 드리면서 리쾨르와 지라르에 대해서 이야기를 나누었는데, 양 교수님은 리쾨르가 구약성서 창세기와는 대조적으로 바빌론 창조 신화 「에누마 엘리쉬」에서 폭력을 보았고 이후 지라르와의 만남을 통해서 자신의 이론에 있어 "빠진 고리"(missing link)가 희생양이라는 것을 알게 되었다고 말했다.

『붓다와 희생양』에 대한 이야기도 나누었는데, 양명수 교수는 많은 부분 나의 생각에 동의했다. 특히 법학과 출신으로서 양명수 교수는 왜 유교와 불교의 아시아 문화권에서 정의 의식이나 민주주의가 싹트지 못했는가에 대해서 오랫동안 질문하며, 숙고한 결과 결국 기독교가 정의 의식이나 민주주의의 기초라고 확신하게 되었다고 했다. 이는 지라르가 말했던 것처럼 기독교가 희생양 메커니즘의 정체를 폭로했기에 가능한 것이다. 독일의 국가적인 철학자로 불리는 위르겐 하버마스는 최근 르네 지라르에 대해서 언급하고 또한 세속화의 변증법과 후기 세속적 사회에 대해서 말하면서 서구 문명의 독특한 유산들(민주주의, 정의, 자유, 평등, 인권 등)이 유대교의 정의의 윤리와 기독교의 사랑의 윤리의 직접적인 유산이라고 명확하게 주장한 바 있는데, 이 사실에 대해서 양명수 교수는 매우 큰 관심을 보였다. 마지막으로 양명수 교수는 지라르의 기독교적 사유는 지성사, 문화사, 문명사 속에서의 기독교의 위상을 변호하는 소중한 이론이라고 평가했고 이후 함께 연구하기로 했다.

예수는 하마르티아가 없다

예수는 희생양이지 희생염소(scapegoat)는 아니다. 예수에게는 죄(하마르티아, ἁμαρτία)가 없다. 지라르는 이 "하마르티아"라는 단어에 주목했다. 그리스 비극에서 하마르티아는 남들보다 뛰어난 비극의 주인공이 지닌 비극적 결함(tragic flaw)를 의미하는 것으로, 아리스토텔레스는 오이디푸스의 근친상간과 부친 살해를 가장 대표적인 하마르티아의 예로 든다. 오이디푸스가 저지른 최악의 범죄 행위인 근친상간과 부친 살해는 희생염소 오이디푸스에게 향한 사회적 비난과 마녀사냥의 한 형태다. 희생염소 오이디푸스는 무죄하지 않으며 치명적인 죄(*hamartia*)를 범한다. 하마르티아는 성서에서 가장 일반적으로 죄라는 의미로 사용된다. 아리스토텔레스가 쓴 『시학』(*Poetics*)에서는 타인과 다른 높은 재능과 품격을 지닌 비극의 주인공이 악의 때문이 아니라 "비극적 결함" 때문에 파국, 곧 카타스트로프(Catastrophe)를 당하게 되어 추락한다고 말한다.

힌두교의 최고신 시바의 브라만 살해와 붓다들의 살불살조도 희생염소 역할을 하는 신들이나 비극적 영웅들에게 뒤집어씌운 죄(하마르티아)로 이해할 수 있다. 세계의 모든 신들은 "범죄자 신들"로 묘사되며 그들은 모두 희생염소 역할을 하고 있다. 세계의 신들은 모두 염소의 이미지를 가지고 있다. 그래서 무질서의 원인자로서 마녀사냥당해 집단적으로 살해당한 이후 질서의 초석으로서 신성화된 희생염소/신들은 모두 야누스처럼 모순적이고 이중적인 이미지로 묘사된다. 특히 신들이 가지는 악마적이고 폭력적이며 음산하고 음란하며 으스스한 면들은 모두 염소의 부정적인 이미지와 관련된다. 세상의 모든 신들이 희생염소 역할을 하고 있기에 거룩한(*sanctus*) 기독교적 신의 이미지와는 달리 폭력적이면서 성스러운(*sacer*) 이미지를 가지고 있다. 니체는 기독교의 성자가 되기보다 염소의 모습을 가지고 있는 디오니소스의 시종 사티로스가 되겠다고 말했는데, 사티로스는 성적으로 음란한 것을 비롯해 여러 가지 부정적인 것을 대변한다.

예수는 희생염소가 아니다. 희생양 혹은 세상 죄를 지고 가는 하나님의 어린 양으로서 예수는 단 한 번의 영원한 자기희생으로 희생염소 메커니즘이 은폐한 코드를 폭로하고 종식시켰다. 마녀사냥의 텍스

예수는 반신화다

트인 신화는 희생염소 역할을 하고 있는 신화적이고 비극적인 영웅들을 범죄자, 그것도 주로 성범죄자로 몰아가지만, 성서는 독특하게 예수 그리스도의 죄 없음을 강조한다. "우리에게 있는 대제사장은 우리의 연약함을 동정하지 못하실 이가 아니요, 모든 일에 우리와 똑같이 시험을 받으신 이로되 죄는 없으시니라. 그러므로 우리는 긍휼하심을 받고 때를 따라 돕는 은혜를 얻기 위하여 은혜의 보좌 앞에 담대히 나아갈 것이니라"(히 4:15-16). 예수는 무죄한 자의 전형이다. 성서는 예수에게 하마르티아(죄, 비극적 결함)가 없다고(χωρὶς ἁμαρτίας) 말한다.

디오니소스의 철학자 니체도 예수를 "죄 없이 십자가에 못박힌 자"로 파악했다. 하지만 디오니소스는 죄가 없지 않다. 니체는 디오니소스가 비도덕성을 대변하며 그것이 군중 폭력과 집단 살해를 의미한다는 것도 잘 알고 있었다. 포도주와 광기와 폭력 및 통음난무의 신인 디오니소스는 의도적으로 죄를 범함으로써 공동체에게 카타르시스를 주고 공동체를 정화하는 희생염소다. 반면 기독교는 요한계시록에 나타난 것처럼 어린 양의 노래다. 니체는 죄 없이 십자가에 달리신 자와 디오니소스 사이의 반립을 다음과 같이 강조한다.

십자가에 못박힌 자 대(對) 디오니소스
이것이야말로 진정한 대립이다.
양자 공히 순교했다는 점에서 차이가 없지만
순교는 그들에게 서로 다른 의미를 지닌다.

디오니소스에게는 삶 자체, 삶의 영원한 출산력과 회귀가
고통과 파괴와 말살에의 의지(Wille zur Vernichtung)의 원인이다,

이에 반해 전자는 죄 없이 십자가에 못박힌 자가 고난을 겪으며
삶에 의의를 제기하고 삶을 비난하고 단죄한다.[2]

대부분의 사람들이 예수를 염소로 보지 않는 것처럼, 십자가에 달
리신 자인 예수는 무죄한 자의 전형이다. 세상의 모든 신들은 무죄하지
않고, 반드시 공동체의 비난을 자신에게로 흡수할만한 끔찍한 죄를 범
한다고 묘사된다. 제우스도 무죄하지 않고, 아프로디테도 무죄하지 않
으며, 오이디푸스도 무죄하지 않고, 심지어 붓다들도 무죄하지 않다.
붓다들은 붓다가 되기 위해 깨달음을 향한 수행 과정 중에 살불살조와
같은 죄를 의도적으로 범하도록 요구받는다. 그러나 성서는 왜 예수에
게 하마르티아(죄)가 없다고(χωρὶς ἁμαρτίας) 선언할까?

그리스 비극의 주인공은 하마르티아로 인한 자기 자신의 몰락에 대
해 책임을 져야 한다. 결국 마녀사냥의 텍스트와 박해의 텍스트인 신화
와 마찬가지로 신화적 희생제사를 대체하는 그리스 비극은 비극적 주
인공의 유죄성을 주장하면서 제사 공동체의 무죄성을 주장한다. 반면
성서는 예수를 살해한 공동체의 유죄성을 지적하면서 희생양 예수의
무죄성을 주장한다.

"신의 가면"에 의해 숨어 있는 세계인 신화는 언제나 희생염소/신/
비극적 영웅의 유죄성을 주장하는 마녀사냥의 텍스트이기에 신을 집
단 살해하는 공동체의 무죄성을 주장한다. 지라르에 의하면, 신화는 공
동체의 공범성(共犯性)에 대한 인식을 차단시킨다. 오이디푸스를 추방

---

2   Nietzsche, *Sämtliche Werke: Kritische Studienausgabe*. Bd. 13. (Hg. von G. Colli und M. Montinari. München, 1980), 266.

한 공동체는 자신들의 유죄성을 인정하지 않는다. 신화에는 공범 의식이 없고 죄의식이 없다. 그래서 신화는 정치철학적으로 표현하자면 전체주의적이고 파시스트적인 텍스트라고도 할 수 있다.

그러나 기독교는 희생양 예수 그리스도 앞에서 폭력적 카타르시스가 아니라 공범성을 깨닫고 사죄의 기도를 드린다. 캠벨(Joseph Campbell)과 같은 신화에 대한 열광주의자는 유대-기독교적 종교의 질적으로 저급한 상징과 미숙한 도덕적 문자주의를 비난하기 좋아한다. 그들은 폭력에 대한 잔인한 표현과 박해 및 살해에 대한 성서의 집중을 한탄스럽게 여긴다. 그들은 성서적 전통에는 위대한 신화의 아름다움과 상상력이 풍부한 세련미가 결여되어 있다고 말한다. 대부분은 세계 신화들은 희생제의적 폭력에 뿌리를 두고 있으면서도 "그것에 대한 우리의 공범성에 관한 인식"을 차단시킨다. 우리는 바로 이런 이유로 신화 속에서 그 폭력을 직접적으로 보지 못한다. 이와 대조적으로 성서는 그 폭력을 가시화하며 그렇기에 희생자들도 "불편하게 가시화"한다. 신화적 희생제의가 작동하기 위해서는 인류 사회에서 사람들이 "자신들이 하는 일에 대해서 알지 못해야" 한다. 그러나 복음서에서는 희생제의의 과정이 매우 명료하게 드러난다. 희생양이 희생양으로 계시된다. 복음서는 희생양 만들기의 과정이 신비스럽게 은폐되지 않으며, 집단적인 박해를 고통스럽게 묘사했다. 예수의 죽음의 경우 무엇인가 다른 일이 발생했다. 사람들이 예수의 무덤 주위에 모여 만장일치적으로 똘똘 뭉치지 않았다. 하나님께서는 희생양을 부활시키셔서 희생양의 무죄를 입증하셨으며 더 이상의 희생제사를 요구하지 않으셨다. 이상한 새로운 반대 공동체(counter-community)가 생겨났고, 희생양

을 믿는 사람들은 그를 통해 새로운 생명에 헌신했다.[3]

세상 죄를 지고 가는 하나님의 어린 양 예수는 투명하고 명료하게 "보이는 희생양"(Visible Victim)이다. 신화는 분명 신들에 대한 집단적 살해 이야기임에도 불구하고 그 신들을 신들로만 보여주지 희생양, 보다 정확히 말하자면 희생염소로 보여주지 않는다. 신화에는 희생양이 은폐되어 있다. 붓다도 불가시적으로 은폐되어 있는 희생염소다. 희생양 메커니즘이 아직도 작용하고 있는 신화와 종교에서는 사람들이 인지 불능 상태에 빠져 있으며 기독교적-계몽적-근대적 시각에서 분명히 희생양 혹은 희생염소로 인식할 수 있는 자들을 여전히 신들로 숭배한다. 심청이도 불가에서는 보살로 인식된다.

"신약성서의 계시적 성격"은 구약성서 속에서 철저하게 연속적으로 나타난다. "희생제의적 메커니즘에 대한 인식과 거부가 구약성서에 이미 확립되었다." 하나님은 이삭에 대한 희생제사를 중지시켰고, 구약 예언자들은 과부들과 약자들과 나그네들을 희생양 삼는 것에 대해서 정죄했다. 시편은 집단적 폭력의 무죄한 희생자에 대해서 깊이 관심을 가지며, 예수의 수난에 대한 내러티브는 예수의 죽음에 대한 "투명한 서술"을 하고 있다. 성서를 관통하는 이에 대한 일관되고 연속적인 메시지는 종교와 사회의 뿌리로서의 희생양 메커니즘을 계시하면서 또한 이를 거부한다. "예수는 희생당한 채 남아 있는 희생양이 아니고 그에 대한 기억은 지워지지 않았으며 우리로 하여금 희생양 만들기의 실체를 직면케 하고 있다." 복음서들은 "희생양들에 대해서 무의식적이지

---

3 S. Mark Heim, "Visible Victim: Christ's Death to End Sacrifice", *The Christian Century*, March 14, 2001.

예수는 반신화다

못하게 만들고 있으며 또한 신화들의 경우처럼 희생양들을 신비화하지 못하도록 하고 있다." 미래의 희생제의를 위한 성스러운 모델이 되는 신화적 희생양들과는 달리 그리스도는 지속되는 희생양 만들기를 통해 기억되지 않는다.[4] 유대-기독교적 텍스트는 마녀사냥하는 텍스트(witch-hunting text)이자 희생양 만들기의 텍스트(scapegoating text)인 신화를 비판하고 전복하는 반신화의 텍스트다.

희생염소 오이디푸스의 하마르티아

아리스토텔레스는 소포클레스의 『오이디푸스 왕』을 가장 완벽한 비극 작품으로 보고 대표적인 하마르티아의 예로는 오이디푸스를 든다. 이 비극은 테베에 신의 노여움으로 전염병이 창궐해 재앙에 빠지는 것으로 시작한다. 오이디푸스는 전염병을 막기 위해 싸운다. 델포이의 신탁은 페스트라는 재앙이 테베에 내린 이유가 이 도시에 아버지를 죽이고 어머니를 욕보임으로써 신들의 분노를 산 사나이(오이디푸스)가 살고 있기 때문이라고 오이디푸스에게 말한다. "이 땅에서 생기고 커진 더러운 일이 우리를 파멸시키지 않도록 씻어 없애라." 여기서 더러운 일은 바로 오이디푸스의 친부 살해와 친모와의 결혼이다. 그러자 오이디푸스는 재앙을 유발한 이 사나이를 찾는 데 전심전력을 기울인다. 그는 그 주인공이 바로 자기 자신이라는 것을 짐작하지 못한다. 오이디푸스의 근친상간과 부친 살해는 중대하고 치명적이며 비극적인 과실, 즉 하마르티아에 해당한다. 결국 오이디푸스는 자신이 범인임을 알고 자신

---

4   Heim, "Visible Victim: Christ's Death to End Sacrifice."

의 운명을 원망하면서 스스로 눈을 찌른다. 그래서 테베 시민들은 자신이 파멸되지 않기 위해서 더러운 죄를 범한 희생염소 오이디푸스를 씻어 없애버린다. 한국 무속의 씻김굿에도 희생제물이 필요하다.

혹자는 스핑크스가 낸 수수께끼의 해답이 단지 사람이 아니라 바로 오이디푸스 자신이라고 해석하기도 한다. 신화의 수수께끼는 결국 희생염소에 대한 수수께끼다. 무질서의 원인이자 질서의 초석으로 초월화된 희생염소의 존재 자체가 수수께끼다. 십자가에 달리신 자는 신화의 수수께끼를 풀어주는 계몽으로 역사 가운데 나타났다. 불교 논리와 철학은 불자들도 인정하듯이 일종의 헛소리라 할 수 있는 선문답처럼 언제나 비상식적이고(non-sensical) 모순적이고 애매모호하며 수수께끼 같은 반논리(anti-logic)로 가득하지만, 기독교에는 수수께끼에 대한 언어유희가 없다. 신화가 수수께끼인 것은 신화의 코드로 작동하는 희생염소가 무질서의 원인으로서 살해되거나 추방되어서 질서의 초석이 되는, 즉 희생염소 메커니즘 때문이다. 레비-스트로스는 신화를 언어로 파악하면서 지나치게 언어 구조주의적으로 신화의 수수께끼를 해독하려고 했지만 성공하지 못했다. 신화의 수수께끼는 희생염소에 대한 수수께끼로 파악해야 한다.

지라르가 주장하듯이 구약 레위기에서는 아사셀 염소와 같이 희생염소가 등장하지만, 신약성서는 온갖 부정적인 이미지가 가득한 염소가 아니라 양, 그것도 흠 없는 어린 양이신 예수 그리스도를 묘사한다. 본래 희생양 개념은 레위기 16장의 대속죄일에 희생된 염소를 의미한다. 신약에 와서는 구약의 속죄염소 혹은 희생염소가 "하나님의 어린 양"이라는 표현으로 점차 대체된다. 지라르가 지적하듯이 이 표현은 염소에 들어 있는 반감을 불러일으키는 부정적인 속성을 없애고 있다. 염소는 난폭하고 사나우며 고약하고 성적으로도 강하다. 염소는 고집스럽고 음탕한 것을 대변한다. 염소는 디오니소스적이다. 하나님의 어린 양이라는 표현은 부당하고 죄 없이 희생된 무고한 희생물이라는 사실을 강조하고 있다.

하나님의 어린 양은 희생염소와는 달리 그의 무죄성이 강하게 표현된 것이다. 세상의 대부분의 신들은 희생염소의 역할을 하고 있다. 마지막 희생양인 예수는 죄가 없지만 희생염소는 그렇지 않다. 희생양과 희생염소의 미묘한 차이에 주목해야 한다. 근친상간과 부친 살해라는 치명적이고 최악의 범죄(하마르티아)를 범한 오이디푸스는 그리스 폴리스의 희생염소 역할을 한다. 니체가 자신의 신으로 택한 디오니소스도 결국 희생염소를 대체한다.

앞에서 지적한 것처럼 세상의 최고의 신들의 정체는 최악의 (성)범죄자(criminal gods)로 몰려서 살해되고 신성화된 희생염소 (scapegoat)다. 그리스 올림포스 신들 중 최고신인 제우스도 알고 보면 바람둥이로서 자신의 상징인 독수리로 나타나 여신이건, 요정이건, 인간여성이건, 심지어 동성이건 가리지 않고 유혹하고 강간하며 임신시키고 다니는 성범죄자로 묘사된다. 그리스의 미의 여신 아프로디테도 남편이 있음에도 불구하고 잘생긴 신들 및 인간 미소년들과 온갖 불륜을 밥 먹듯 저지르는 성범죄자로 묘사된다. 독일 고전주의와 낭만주의 이후 니체의 그리스 『비극의 탄생』과 하이데거의 게르만적인 존재 철학에서 발견되는 과도한 그리스에 대한 동경에도 불구하고, 그리스 신화와 그리스 비극은 결국 희생염소의 노래인 막장 드라마와 불륜 드라마로서 폭력적이고 희생제의적 카타르시스를 생산하고 있다. 지라르는 최악의 범죄자가 최고의 신이 되는 모순과 수수께끼를 희생양 메커니즘 이론을 통해 해명해내었다. 성범죄로서 공동체에 무질서를 가져오는 자가 역설적이고 모순적이게도 질서의 초석이 되는 수수께끼가 신화다. 이렇게 희생염소는 야누스적이고 모순적이다.

폭력적 성스러움이 생산하는 신들은 언제나 야누스적이고 모순적이며 그 존재 자체가 수수께끼다. 나는 독일에서 개최된 국제 지라르 학회 "폭력과 종교에 관한 콜로키엄"에서 직접 지라르와 만나 힌두교의 최고신인 시바 신화에 대해서 이야기를 나누었다. 명상하는 출가승이 중심이 되는 불교를 이해하기 위해서는 스님들이 요가와 명상의 신화적 모델로 삼은 시바 신화에 대한 이해가 필수적이었기 때문이다. 그때 지라르는 자신이 이해하는 바에 의하면 시바도 결국 희생염소라고 말했다. 인도의 최고신인 시바도 브라만 살해라는 최악의 죄, 곧 최악의 하마르티아를 범한다. 시바는 무죄하지 않다. 그래서 인도에는 신을 증오하는 신앙심도 존재한다. 세상에 있는 모든 독을 마셔서 목이 푸른 시바를 인도학과 불교학에서는 이미 "죄를 먹는 자"(sin-eater)로 표현함으로써 희생염소 역할을 한다는 것을 인정한다. 불교 스님들은 탁발 공양을 통해 재가자들에게 선물/독을 받아서 재가자들에게 공덕을 내어준다. 그래서 불가에서는 재가 신자들로부터 탁발이나 옷 등을 받아 나쁜 카르마와 같은 부정적인 것을 흡수해서 긍정적인 공덕을 재가 신자들에게 선물하는 스님들을 복전(福田)이라고 부르며, 그들을 신성하게 여긴다.

희생염소 역할을 하는 세계의 신들 앞에서 공동체는 유죄성을 느끼지 못한다. 그러나 하나님의 어린 양이 무죄하면 그를 살해한 공동체는 유죄다. 공동체가 죄인들이다. 하지만 돼지머리를 가운데 두고서 공동체는 죄의식을 느끼지 못한다. 이것이 결정적인 차이다. 히에로니무

예수는 반신화다

스 보스(Hieronymus Bosch)의 작품 「십자가를 지고 가는 그리스도」는 가장 독창적이고 강렬한 인상을 준다. 이 그림에서 십자가를 지고 가는 예수 주위를 둘러싼 사람들의 모습은 악마처럼 묘사되었다. 그리스도 주위의 사람들은 모두 추하고 잔인하게 보인다. 이 그림은 세상 죄를 지고 가는 하나님의 죄 없으신 어린 양을 둘러싸인 일그러진 군중을 묘사하고 있다. 성서는 일그러지고 폭력적인 군중과 그 군중의 심리학 및 병리학에 대한 인류학적 관점을 제공한다. 어린 양은 무죄한 자의 전형이다. 보스의 작품에서는 일그러진 모습을 한 군중이 유죄다.

그러나 다른 종교화에서는 이런 관점을 쉽게 찾아볼 수 없다. 불교 탱화의 경우 붓다도 사실상 희생염소 역할을 하고 있음에도 불구하고 무죄한 붓다 또는 유죄인 공동체를 묘사한 그림은 없다. 불교에서는 중생을 위해서 언제든지 자신의 몸을 성적으로나 희생제의적으로 보시할 수 있는 희생 논리가 신화적으로 과장되어 있지만, 무죄한 보살들과 붓다들을 희생제물로 몰아간다는 인식 자체가 희박하다. 불교에는 중생이 죄인들이라는 인식이 희박하다. 그래서 기독교인들과 기독교의 직간접적인 영향을 받은 현대인들은 심청이를 희생제물로 바쳐진 약자로 보지만 불가에서는 신적인 보살로 본다. 기독교와 다른 종교화 사이의 관점의 차이가 크다.

그래서 불교에는 지라르가 성서에서 발견하는 "희생양에 대한 근심"을 찾아보기 힘들다. 불교 텍스트는 대부분 중생을 위해서 언제든지 희생할 각오가 되어 있는 보살행의 관점에서 기록되었다. 성서에서는 "희생양에 대한 근심"이 현대 사회에서 발견되는 사회적 약자, 희생자, 소수자에 대한 관심과 배려 및 근심에까지 보편적으로 확장된다. 하지만 신화적 희생 논리만 과장되게 강조하는 불교에서는 이 "희생양에 대한 근심"이 희박하기에 불교는 정치적으로 전체주의, 왕정, 파시즘에 친화적이다. 불교와 파시즘의 상관 관계는 최근 국제 불교학의 중요한 화두이기도 하다.

니체가 미래의 도래하는 신으로 선택한 디오니소스는 극장과 가면의 신이었다. 오페라 극장의 기원은 그리스 비극의 극장이며 그리스 비극 극장의 기원은 희생제의였다. 이 디오니소스적인 반원형 극장의 중심에는 희생제의가 집행되는 제단이 있었다. 그 제단에서 *"tragos"*(염소)가 제물로 바쳐졌다. 그리스 비극을 의미하는 단어 *"tragoidia"*는 염소의 노래를 의미한다. 현대인들이 미학적이고 축제적으로만 이해하는 신화와 그리스 비극 및 오페라의 기원에는 희생제사가 자리 잡고있다. 오페라도 본래 그리스 비극을 재현해서 현대화시킨 것이다.

문화의 기원, 신화의 기원, 그리스 비극의 기원에는 신에 대한 집단 살해 이야기, 곧 집단적으로 살해되거나 군중에 의해 추방된 희생염소 이야기가 자리 잡고 있다. 신화는 도덕적·윤리적인 차원에 속하지 않으며 니체가 말한 것처럼 디오니소스는 부도덕성을 대변한다. 신화는 결코 신들에 대한 집단적 살해를 윤리적으로 정죄하지 않으면서 그 집단 살해의 문화를 "창조"하는 역할을 하고 이를 정당화한다. 반면에 성서, 특히 복음서는 캠벨이 말한 "창조적 신화"와 엘리아데가 말한 "창조적 살해"가 문화와 신화의 기원에 존재하며 그것이 문화에 대해서 "창조적"이고 건설적이며 갱신적이기는 하지만 또한 그것이 신들/희생염소들에 대한 집단 살해와 군중 폭력에 의한 것임을 폭로하며, 또한 윤리적 관점에서 이를 정죄한다.

니체는 "죄 없으신 십자가에 달리신 자"를 차츰 멀리하고 희생염소를 대변하는 디오니소스의 제자가 되기를 원했다. 그리스 비극에서 그

예수는 반신화다

리스 비극의 배우들과 가수들은 본래 염소 같은 신인 사티로스를 표현하기 위해 염소 가죽 옷을 입었다고 한다. 또한 디오니소스를 기리는 축제에서 행해진 노래 경연 대회의 우승자에게는 숫염소를 상으로 주었다. 니체는 (기독교적) 성인이 되느니 차라리 염소 같은 신인 사티로스가 되고 싶다고 했다. 사티로스는 얼굴은 사람이지만 몸은 염소이며 머리에 작은 뿔이 난 디오니소스의 시종이다. 사티로스는 술과 여자를 좋아하며 과장된 표현과 몸짓으로 우스꽝스러움을 자아낸다. 사티로스극은 성적인 농담으로 가득하다. 그들은 뻔뻔스러울 정도로 음란한 존재여서 요정이나 여성들을 쫓아 다니는 일로 소일한다. 밤에 개최되는 광란 도취의 신인 디오니소스 축제에서는 미친 여인들과 사티로스의 놀이 장면을 볼 수 있다.

"붓다를 죽인 부처"의 하마르티아

성서 고린도후서 5:21은 "하나님이 죄를 알지도 못하신 자로 이를 대신하여 죄로 삼으신 것은 우리로 하여금 그 안에서 하나님의 의가 되게 하려 하심이라"고 말한다. 『붓다를 죽인 부처』[5]라는 박노자 교수의 책 제목에서처럼 불교에서는 깨달음의 탄생 과정에서 성불을 위해 살불살조가 요구된다. 붓다는 깨달음을 얻기 위해 오이디푸스처럼 살불살조라는 하마르티아(범죄)를 범한다. 붓다들의 살불살조는 오이디푸스의 근친상간과 부친 살해나 힌두교 시바의 최악의 범죄인 브라만 살해와 같이 모두 희생염소 역할을 하는 비극적 영웅들의 비극적 결함이

---

5   박노자, 『붓다를 죽인 부처: 깨달음의 탄생과 혁명적 지성』(서울: 인물과지성사, 2011).

자 죄악인 하마르티아에 해당한다. 하지만 반신화인 예수 그리스도의 사건에서는 그리스 비극과 세계 종교와 신화에서 쉽게 볼 수 있는 비극적 영웅의 하마르티아에 대한 비난이 존재하지 않는다. 성서는 예수에게 죄(하마르티아, 비극적 결함)가 없다고 강조한다. 도리어 예수를 살해한 인간 공동체가 유죄다.

인도의 디오니소스라는 요가 수행자 시바의 계보에 서 있는 붓다들은 디오니소스와 오이디푸스처럼 무죄하지 않다. 오이디푸스는 가장 더러운 행위인 부친 살해와 근친상간의 하마르티아(죄악)를 범하는 희생염소다. 이 하마르티아는 폴리스의 위기에 대한 책임자를 지목하여 그를 통해 공동체적 카타르시스를 생산하고자 하는 집단이 희생염소에게 전가하는 죄악이다. 폴리스의 희생염소는 하마르티아를 범하는 것으로 묘사된다. 반면 "에클레시아"라는 새로운 폴리스의 머리이신 그리스도는 하마르티아가 없는 무죄한 자다. 하지만 붓다를 죽인 부처는 아버지를 죽이고 어머니와 성관계한다고 사회로부터 비난받는 희생염소 오이디푸스와 같다. 붓다를 죽인 부처는 최악의 범죄를 범하는 희생염소 역할을 하고 있다. 붓다는 아시아의 오이디푸스다.

명상적 통과제의 속에서 『붓다를 죽인 부처』는 자신의 파계로 인해 차이소멸의 죄악을 범함으로 "깨달음의 탄생"을 가져온다. 붓다는 깨달음의 탄생을 위해 통과제의 속에서 붓다를 살해하는 최악의 범죄(하마르티아)를 의도적으로 범한다. 박노자 교수의 말처럼 불교가 "혁명적 지성"이 되기 위해서는 붓다를 죽인 부처를 둘러싸고 있는 군중심리학에 대한 더욱 깊은 인류학적 성찰이 필요하다. 붓다를 죽인 부처 속에 은폐되고 불투명하며 불가시적인 희생양 메커니즘에 대한 깨달음이 혁명적 지성으로 향하는 근대적 첫걸음이 될 것이다.

오이디푸스의 근친상간과 부친 살해는 프로이트가 오이디푸스 신화를 과도하게 범성욕주의적으로 해석한 것과 같이 억압된 모든 사람들의 무의식적 성 욕망의 결과로 인한 것이 아니다. 오이디푸스의 근친상간과 부친 살해는 세상에서 가장 더러운 하마르티아로서 그것은 희생염소 오이디푸스에 대한 사회적 마녀사냥의 비난을 의미한다. 공동체를 다시금 청소하기 위해 더러운 것을 그에게 전가시키는 것이다. 이는 일종의 그리스 폴리스의 씻김굿이다. 희생염소들은 바로 자신을 걸레처럼 만들어서 더러운 것을 자신에게 흡수시킴으로 공동체를 정화시키는 모순적인 존재다.

지라르가 말하는 옛 성스러움, 거짓 성스러움, 폭력적인 성스러움(le sacré, 라틴어로 *sacer*)에는 이런 야누스적인 이중성이 자리 잡고 있다. 기독교의 하나님은 폭력적으로 성스럽지(*sacer*) 않고 거룩하다(*sanctus*). 기독교 전통은 인간 공동체가 제작하는 신들과 우상들의 정체를 밝히고, 세상의 모든 신들이 가지는 야누스적인 이중성을 거부한다. "죄 없는 십자가에 달리신 자"의 이야기는 예외다. 성서의 근본정신은 반신화적이고 반우상주의적이다. 니체는 이 독특한 예외를 잘 파악했다. 니체는 십자가에 달리신 자는 죄가 없는 반면 광란 도취의 주신(酒神) 디오니소스는 예수처럼 무죄하지 않고 부도덕성 혹은 반도덕성을 의미한다는 사실을 잘 알았다. 그럼에도 니체는 희생제사에 반대하고 그것의 정체를 폭로한 십자가에 달리신 자를 거부하며 디오니소스를 선택하는 위험한 시도를 했다.

나는 『붓다와 희생양』이란 책을 썼지만, 이것은 『붓다와 희생염소』로 읽어야 한다. 예수도 희생양이고, 붓다도 (은폐된) 희생양이라면 예수와 붓다의 차이가 무엇인가라고 질문하는 독자들이 있다. 예수는 비은폐된, 즉 가시적이고 계시된 희생양이라면 붓다는 은폐된 희생양이라는 점에서 은폐성과 비은폐성의 차이가 있기는 하다. 기독교는 비은폐성(Unverborgenheit)의 계시종교라면, 밀교(비밀불교, 미스테리아)의 차원을 내포하고 있는 불교는 은폐성이 강한 종교다. 그래서 불교는 기독교처럼 이성적·합리적이면서 진리 주장을 하는 종교라기보다 더 신화적이고 소수만을 위한, 영지주의적이고 밀교적인 차원이 강하다. 비은폐성의 종교로서의 기독교와 은폐성의 종교인 불교 사이에 이러한 차이점이 있지만 붓다와 예수를 동일한 희생양 개념으로 설명하면 혼동의 가능성이 존재한다. 그러므로 나는 비록 이 책에서는 "scapegoat"를 희생양과 희생염소로 교차적으로 사용하지만, 예수는 희생염소(scapegoat)가 아니며 붓다는 희생염소 역할을 하고 있다는 사실을 강조하고자 한다.

힌두교의 시바도, 불교의 붓다들과 보살들, 술과 고기를 먹고 창녀촌에 출입했던 파계적 기행으로 유명한 불교의 고승들도 희생염소의 역할을 했다. 희생당한다는 측면에서 희생양과 희생염소의 차이가 없어 보이기도 할 수 있지만, 양과 염소는 큰 차이가 존재한다. 하나님의 어린 양은 희생염소 메커니즘을 종식시킨다. 희생염소 메커니즘 안에 있는 자들은 인지 불능 상태에 빠져 있을 뿐 아니라 공범 의식도 느끼지 못한다. 그들은 만장일치적 폭력에 참여함으로써 카타르시스를 느끼며, 결코 죄의식 특히 공범 의식을 느끼지는 못한다. 지라르의 말처럼 신화는 공범 의식을 차단시킨다. 십자가 앞에서 그리스도인들은 폭력적 카타르시스를 느끼는 것이 아니라 공범자임을 깨닫게 된다. 세계 신화는 우리의 공범성에 대한 인식을 차단하지만, 십자가 사건은 우리가 폭력과 살해에 가담했던 공범자라는 인식을 비로소 가능케 한다.

예수는 반신화다

그래서 전통적인 기독교 예전에서는 "mea culpa, mea culpa, mea maxima culpa"라고 하면서 자신의 죄를 고백한다.

로마와 살해자 로물루스

『예수는 신화다』라는 책은 기독교가 또 다른 미스테리아(신비종교)인 것처럼 주장하지만, 사실 기독교는 비밀스럽고 소수만이 공유하는 것을 말하지 않고 공공의 진리를 말한다. 불교에는 비밀불교 곧 밀교가 엄연히 존재하지만, 기독교에는 비밀 기독교가 존재하지 않는다. 불교, 특히 티베트 밀교에는 비밀스러운 것을 은폐하는 비밀 언어(Twilight Language)가 존재한다. 예를 들어 붓다들과의 성교를 통해 성불을 추구하는 종교적 창녀들을 "지혜"라는 비밀 언어로 은밀하게 지칭한다. 창녀를 지혜로 부르는 전통은 영지주의에서도 발견된다. 기독교는 은폐의 종교 혹은 미스테리아(신비종교)가 아니라 계시의 종교다. 기독교는 세계의 많은 종교들처럼 무덤 종교가 아니라 빈 무덤의 종교다. 무덤을 탈신성화시키는 종교가 기독교다. 기독교는 지라르의 책 제목처럼 "창세로부터 은폐되어온 것들"을 폭로하고 계시한다.

마태복음 23:27-35에서 예수께서는 의인 아벨의 피로부터 성전과 제단 사이에서 너희가 죽인 바라갸의 아들 사가랴의 피까지 땅 위에서 흘린 의로운 피가 다 너희에게 돌아갈 것이라고 말한다. 구조적으로 가인과 아벨의 이야기는 로마의 건국 신화인 로물루스 및 레무스 신화와 비슷해 보이지만, 성서는 살해당한 의인 아벨의 피를 묻어버리지 않고, 그 피를 변호하고 있다. 로마 건국 신화는 쌍둥이 형 로물루스가 동생 레무스를 살해하는 것을 정당화하고 있다. 로마 건국 신화에는 살해당한 레무스를 의인으로 부르지도 않고 레무스의 피를 신원하는 메시지가 없다. 하지만 성서는 의인 아벨의 피부터 선지자들의 의로운 피까지, 그리고 궁극적으로 죄 없으신 하나님의 어린 양의 피를 변호하고 있다. 이것이 성서가 세계의 신화와 궁극적으로 다른 것이다.

로마(Rome)라는 이름은 살해자 로물루스(Romulus)로부터 나왔다는 사실에 대해서 고대 역사가들은 의심하지 않았다. 로마라는 도시는 살해자 로물루스에 의해 세워졌다. 로마는 성서적으로 말하자면 "가인의 도시"다. 살해된 쌍둥이 동생 레무스(Remus)는 성서의 의인 아벨처럼 기억되지 못하고 영원히 땅에 묻혀 망각되어버린다. 성서는 살해자 가인이 아니라 살해당한 아벨을 의인이라 부른다. 성 아우구스티누스는 『신국론』(De Civitate Dei)에서 살해자 가인을 지상의 도시(Civitas Terrena)에 속한 것으로, 살해된 의인 아벨을 하나님의 도시(Civitas Dei)에 속한 것으로 적고 있다. 『신국론』(神國論)은 "신국"(De Civitate Dei) 또는 "신의 나라, 이교도와의 대결"(De Civitate Dei contra Paganos)로 불리며 5세기 초에 쓰인 아우구스티누스 후기 주요 저작이다. 아우구스티누스가 이 책을 집필하게 된 동기는 기원후 410년 서(西)고트족에 의해 로마시가 약탈을 당해서다. 당시 로마 제국의 영광을 상징하는 신성불가침의 도시로 여겨지던 로마의 몰락은 로마 제국의 시민들에게 큰 충격을 주었다. 최초의 기독교 역사철학서라 할 수 있는 『신국론』 1-5권에서 아우구스티누스는 이 로마시가 침략을 받은 원인이 다신교 제사를 금지한 기독교에 있다는 주장과 비난에 대해서 반박하고 있다.

아우구스티누스는 『신국론』 제15권 "두 도시의 전개: 가인과 아벨부터 대홍수까지"에서 아담의 아들 가인과 아벨 중 가인은 지상의 도

예수는 반신화다

시를 대표하고 아벨은 천상의 도시를 대변한다고 적고 있다. 지상의 도시를 대표하는 가인은 도시를 건설하고 하나님을 떠났다. 또한 여기서 아우구스티누스는 가인이 동생 아벨을 죽인 사건을 로마의 건국 신화에 등장하는 로마의 건설자인 쌍둥이 형 로물루스가 동생 레무스를 살해한 사건과 관련짓고 있다. 앞에서 언급한 것처럼 마리옹(Jean-Luc Marion)은 2016년 미국 시카고 대학교에서 개최된 르네 지라르의 학문적 유산을 기념하는 학술 대회에서 지라르의 입장을 수용하면서, 정치철학적인 관점에서 보면 성서는 승리자와 강자의 관점에서 기록된 텍스트가 아니라 희생자의 관점에서 기록된 최초의 문서라고 말한 바 있다.

로마라는 도시는 살해당한 동생 레무스의 시체를 무덤 속에 은폐하고 있다. 곧 동생 레무스를 살해한 쌍둥이 형 로물루스를 정죄하는 것이 아니라 그 살해를 정당화하고 있다. 이처럼 세계 종교와 신화가 회칠한 무덤 속에 은폐하고 있는 것은 예수 그리스도의 빈 무덤과 매우 대조적이다. 성서는 말한다. "화 있을진저 외식하는 서기관들과 바리새인들이여, 회칠한 무덤 같으니 겉으로는 아름답게 보이나 그 안에는 죽은 사람의 뼈와 모든 더러운 것이 가득하도다"(마 23:27). 예수 그리스도의 이야기는 이러한 세계의 수많은 신들의 이야기와 같이 반신반인들의 이야기인 것처럼 일견 보이지만, 더 깊게 읽어보면 독특한 예외다. 사티로스처럼 모든 이교적 신들은 야누스적인 괴물이며 반신반인이다. 반면 예수 그리스도는 반신반인이 아니라 완전한 하나님(vere deus)이요 완전한 사람(vere homo)이다. 예수는 사티로스와 같은 반신(demi-god)이 아니다. 십자가 사건은 또 하나의 신화가 아니라, 반신화적 사건이요 반우상주의적 사건이다. 예수를 살해한 공동체가 그를 다시 신성화시키고 우상화시키는 것이 아니라 성부께서 죄 없이 살해당한 예수를 죽은 자 가운데서 일으켜 세워서 그를 복권시켰다.

예수는 반신화다

5장

니체와 하이데거 그리고 새로운 신화

새로운 이교주의

예수 그리스도 안에서 일어난 하나님의 자기계시는 반이교적이고 반신화적 사건이다. 그러므로『예수는 신화다』의 주장과 같은 입장들처럼 너무 쉽게 십자가에 달리신 예수를 디오니소스와 같은 신화로 보기 전에 우리는 니체가 말한 "디오니소스 대 십자가에 달리신 자" 사이에 존재하는 반립에 주목해야 한다. 고대 그리스 희생제의와 신화에 대해서 잘 알고 있었던 니체는 예수를 디오니소스와 같은 신화로 보지 않았다. 그가 십자가에 달리신 자를 점차 떠났던 이유는 예수가 디오니소스와 같은 신화이기 때문이 아니라 반신화였고 반희생제의였기 때문이다. 니체는 희생제사를 폐지한 기독교가 문화의 데카당스(décadence) 즉 윤리적 타락을 가져온다고 생각했으며 그렇기에 인류를 위해 인신 제사가 필요하다고 했다. 반이교적 사건인 십자가에 달리신 자의 죽음과 부활 이후로 이천 년 동안 새로운 신이 나타나지 않았다고 말하면서 군중 폭력을 의미하는 디오니소스라는 신을 다시 철학적으로 기대한 니체는 새로운 이교주의의 대변자다.

그러나 니체가 활성화시키고 재탄생시키고자 했던 "새로운 신화" 운동은 정치적 파시즘과 나치즘으로 연결된다. 이 새로운 신화와 파시즘의 얽힘의 관계는 제2차 세계대전을 일으킨 독일과 일본에서 함께 발생했다. 최근 독일어권 철학계에서는 니체 및 하이데거 철학과 독일 나치즘의 깊은 관계에 대해서 보다 비판적으로 분석하고 있다. 특히 니체 철학을 계승하고 있는 하이데거의 철학적 일기장이라 할 수 있는『블랙 노트』가 2014년 이후로 출판되기 시작했다. 여기서는 반신화로서 기독교가 문명 속에 신화의 종말과 우상의 황혼을 가져온 이후 다시금 소크라테스 이전의 신화적 세계로의 반대 운동을 통해 신화를 재활성화하려던 니체 이후의 새로운 신화학 운동이 결국 정치적 나치즘과 파시즘으로 귀결되었다는 사실을 하이데거의 『블랙 노트』에 대한 논의를 중심으로 다루려고 한다.

하이데거의 디오니소스적 존재 신화

니체 이후의 새로운 신화 운동은 필연적으로 파시즘과 나치즘으로 귀결되었다. 신화를 다시금 활성화시키려는 현대의 새로운 영지주의와 새로운 이교주의는 파시즘적인 폭력과 야만을 야기했다. 우리는 현대의 새로운 신화학이 초래한 정치적 결과를 지라르의 신화학을 통해서 분석하고자 한다. 지라르는 하이데거가 존재에 대해 말하면서 디오니소스 신화를 찬양하고 있다는 사실을 지적한다. 지라르는 현대적 혹은 포스트모던적인 디오니소스적 신성함(Dionysian sacrality)을 거부한다.[6]

　　독일 프랑크푸르트학파에 속하는 아도르노(Theodor W. Adorno)는 자신의 저서 『부정변증법: 진정성이라는 은어』(*Negative Dialektik: Jargon der Eigentlichkeit*, 한길사 역간)에서 "존재 신화"(Seinsmythologie)라는 제목으로 하이데거의 존재 철학에 자리 잡은 신화적 차원을 분석한 바 있다. 아도르노는 이 책에서 "하이데거가 신화를 향해서 손을 뻗고 있다"고 지적하고 또 하이데거의 사유 속에 자리 잡은 "존재의

6　Guy Vanheeswijck, "The Place of René Girard in Contemporary Philosophy," in *Contagion* Volume 10 (2003), 102-3.

예수는 반신화다

마술적인 치외법권"도 분석했다. 아도르노는 하이데거가 존재(Sein)를 신화적이고 마술적으로 철학화하면서 그 이후의 철학 역사를 일종의 "타락의 역사"(Verfallsgeschichte)로 파악하고 있다고 비판한다. 그렇기에 아도르노는 "하이데거는 시스템의 강요로 인해서 반지성주의적이되었으며 철학으로부터 나오면서 반대 철학적이 되었다"[7]라고 말하면서 하이데거를 비판적으로 분석했다. 아도르노에 의하면, 하이데거는 그의 "존재 신화"로 인해 "원시주의의 심연"(Abgrund des Archaismus)으로 추락할 위험에 노출되어 있다.[8]

　니체의 디오니소스적인 새로운 신화를 계승하고 있는 하이데거는 아도르노의 분석처럼 디오니소스적 존재 신화(Seinsmythologie)를 말한다. 하이데거는 신화적인 존재를 철학화하고 있다. 반지성주의적이고 반대 철학적인 하이데거의 철학적 유산은 일종의 반대 철학(counter-philosophy)이라 할 수 있는 데리다의 해체주의 철학을 비롯한 프랑스 포스트모더니즘의 반철학 운동에까지 계승되었다. 유럽 68세대의 학생문화혁명이 유대-기독교적 문화에 대한 반문화(counter-culture) 운동이었다면, 이 학생문화혁명과 얽혀 있는 일부 프랑스 철학자들을 중심으로 전개된 포스트모던 철학 운동은 니체와 하이데거의 계보에 서 있는, 유대-기독교적 철학과 통합된 서구의 합리적이고 이성적인 철학에 대한 일종의 반대 철학(counter-philosophy)이었다. 그동안 포스트모더니즘적 신학이나 철학에서는 니체가 말한 "디오니소

7　"Heidegger ist anti-intellektualistisch aus System-zwang, antiphilosophisch aus Philosophie"

8　Theodor W. Adorno, *Negative Dialektik: Jargon der Eigentlichkeit* (Frankfurt am Main: Suhrkamp Verlag, 1966), 121-2.

스 대(gegen) 십자가에 달리신 자"에 존재하는 반립(gegen)을 약하게 이해했지만, 최근 하이데거의『블랙 노트』의 출판으로 인해 니체와 하이데거가 의도했던 유대-기독교적 사유와 가치에 대한 철학적 반대 운동이 다시금 논의의 대상이 되고 있다.

그러나 니체와 하이데거로 대표되는 현대의 새로운 신화 운동은 정치적 파시즘과 연결되었다. 현대 파시즘의 등장과 친신화적 사고 및 신화의 복원은 연결되어 있다. 신화와 파시즘은 당시 독일과 일본에서 나란히 진행되었다.[9]

하버마스는 니체의『비극의 탄생』을 칸트 이후의 계몽주의 철학의 관점에서 비판했다. 하버마스는 니체의 책을 통해 "근대로부터의 도피"를 보았기 때문이다.[10] 하버마스에 의하면, 니체는『비극의 탄생』을 통해 "디오니소스적 메시아주의"를 대변하면서 근대 주체성 철학의 업적들에 대항하기 위해 고대의 신인 디오니소스로 회귀하고 있다. 또한 하버마스는 헤겔부터 푸코까지 다룬 그의『현대성의 철학적 담론』4장 "포스트모던으로의 진입: 출발점으로서의 니체"에서 니체의 디오니소스적 새로운 신화를 "미학적으로 갱신된 신화"로 비판하고 있다.[11] 하버마스는 같은 책 5장 "신화와 계몽의 얽힘: 호르크하이머와 아도르

---

9 Klaus Antoni, *Shintô und die Konzeption des japanischen Nationalwesens kokutai: Der religiöse Traditionalismus in Neuzeit und Moderne Japans*; in: Handbuch der Orientalistik: Abt. 5, Japan; Bd. 8; Leiden, Boston; Köln, Brill, 1998, 278-83. 2.3. Mythologie und Faschismus in Japan und Deutschland을 보라.

10 Jürgen Habermas, *Eintritt in die Postmoderne: Nietzsche als Drehscheibe, in Der philosophische Diskurs der Moderne: Zwölf Vorlesungen* (Frankfurt am Main: Suhrkamp Verlag, 1985), 104-129, 117. 하버마스와 지라르에 대해서는 나의 책『르네 지라르와 현대 사상가들의 대화: 미메시스 이론, 후기 구조주의, 그리고 해체주의 철학』(서울: 동연, 2017)에서 보다 상세하게 논의했다.

11 Habermas, *Der philosophische Diskurs der Moderne: Zwölf Vorlesungen*, 109.

예수는 반신화다

노"에서도 계몽주의 이후의 새로운 신화 운동을 비판적 관점에서 논의한다.[12] 또한 6장 " 형이상학 비판을 통한 서구 합리주의의 침식: 마르틴 하이데거"에서는 니체의 후계자이자 "파시스트"로서의 하이데거를 다루고 있다.

독일 낭만주의 이후 니체와 하이데거에까지 이르는 새로운 신화는 디오니소스적 신화였다. 독일 낭만주의 운동과 새로운 신화 운동에서 디오니소스는 도래하는 신(der kommende Gott)과 새로운 신으로서 중심적인 역할을 담당하고 있다. 『도래하는 신: 새로운 신화에 대한 강의들』이라는 책에서 독일 튀빙엔 대학교의 철학 교수였던 프랑크(Manfred Frank)는 예술과 사회에서의 신화 르네상스에 대해서 논의한다. 그는 "낭만적 디오니소스"를 미래의 신 혹은 "반(反) 계몽의 신"(Gott der Gegenaufklärung), 공동체의 신(Gemeinschafts-Gott)으로 파악했다.[13] 독일 낭만주의 이후의 새로운 신화 운동을 연구해 온 프랑크는 근대적 합리성에 권태를 느끼고 의미의 위기(Sinnkrise)를 경험한 일부 학자들이 신화를 재발견하여 신화의 원시성으로 회귀하고자 했다고 보았다.

2017년 1월 독일 보훔(Bochum) 대학교에서 철학을 전공하고 있는 어느 한국 유학생이 나의 『우상의 황혼과 그리스도』를 읽고 니체와 지라르에 대한 글을 이메일로 보내왔다. 그는 니체의 『도덕의 계보』와 『안

---

12 Jürgen Habermas, Die Verschlingung von Mythos und Aufklärung: Horkheimer und Adorno, In: ders.: *Der philosophische Diskurs der Moderne. Zwöllf Vorlesungen* (Frankfurt am Main Suhrkamp, 1985), 130ff.

13 Manfred Frank, Dionysos und die Renaissance des kultischen Dramas (Nietzsche, Wagner, Johst), in: *Gott im Exil. Vorlesungen über die Neue Mythologie* (Frankfurt am Main 1988), 9-104.

티크리스트』를 바탕으로 논문을 쓰고 있다고 한다. 독일 대학교 철학부에서 기독교 철학을 전개하고 싶은 마음이 있고 니체와 포스트모더니즘 철학 등에 대해서 여러 가지 생각과 고민을 하고 있는 중에, 『우상의 황혼과 그리스도』를 읽었다고 한다. 그는 이 책에서 소개한 디오니소스와 십자가에 달리신 자를 분별하는 감각을 처음 보았고, 또한 개인적으로 정말로 필요한 내용이었다고 적었다. 그가 지라르의 이론을 보면서 놀랐던 점은 지라르가 니체적 의미의 "권력에의 의지"를 철저하게 거부한다는 점이었다고 한다. 지라르는 니체의 이중 유산이라는 개념을 들면서 니체의 철학적 공헌을 일부 인정하기도 하지만, 종교적 지향에 있어서는 반기독교적 차원이 강하다는 것을 일관되게 비판해 왔다. 니체철학은 전후 파시즘과 나치즘과의 관련성으로 인해 독일에서 터부시되었지만, 들뢰즈, 바타유와 같은 일부 프랑스 사상가들과 하이데거의 작업으로 인해 새로운 니체의 모습으로 부활했다. 하지만 2014년 이후로 니체의 후계자라 할 수 있는 하이데거의 『블랙 노트』가 출판됨으로 인해서 니체와 하이데거 철학과 파시즘 사이의 정치적 관련성이 독일어권에서도 뜨겁게 다시 논의되고 있다는 사실을 그에게 소개했다.

하이데거의 『블랙 노트』 속의 나치즘과 파시즘

하이데거가 말하는 진리 개념을 염두에 두고서 표현해보자면, 반신화로서의 성서는 인류 신화와 제의 그리고 문화의 기원에 존재하는 폭력에 대한 비은폐성(Unverborgenheit)으로서의 진리(ἀλήθεια)를 주장하는 텍스트다. 나는 2016년 4월 한국복음주의 신학회 윤리분과에서 "마르틴 하이데거와 르네 지라르: 폭력에 대한 비은폐성으로서의 진리: 하이데거의 『블랙 노트』(Schwarze Hefte) 속의 반유대주의와 나치즘 논의를 중심으로"라는 논문을 발표했다. 『하이데거에서 리쾨르까지』를 저술한 김영한 교수께서는 이 논문에 대해 2014년 이후로 독일, 미국, 일본 등에서 이루어지고 있는 하이데거 논쟁에 대한 최신의 국제적인 연구 동향을 반영하는 좋은 논문이라고 평가하기도 했다. 김영한 교수는 신학자들이 지라르를 꼭 읽어야 한다는 점을 강조했다. 그는 특히 독일 신학자 하인리히 오토(Heinrich Otto) 같은 학자들이 하이데거의 영향을 받아 불교에 대해서 낭만적인 입장을 전개하고 있는데 이를 비판적으로 점검할 필요가 있다고 논평했다.

또한 오스트리아 비엔나 대학교 개신교 신학부에서 수학한 이동영 교수도 논문에 대해 좋은 논평을 했는데, 나는 그의 초대로 2008년 오스트리아 비엔나에서 비엔나 출신인 프로이트와 지라르 그리고 오이디푸스 콤플렉스 등에 대해서 특강을 하기도 했다. 또한 나의 논문에 대한 다른 논평자는 그동안 민중신학과 해방신학과 같은 진보적 신학이 주로 마르크스 이론에 근거해서 사회적 약자를 변호하는 신학을 전개했지만, 지라르 이론은 성서 자체에서 사회적인 약자, 희생자, 소수자를 더 강하게 변호하여 더욱더 진보적인 신학이 가능하게 되었다고 분석했다.

하이데거는 과거 나치 정부의 열렬한 동조자였다. 그는 1933년 나치에 입당하여 제2차 세계대전이 끝날 때까지 나치 당원이었다. 하지만 그동안 그가 독일 나치즘과 맺은 깊은 관련성은 하이데거 개인의 실패이지, 그의 철학 자체와는 별로 관련이 없다고들 말해왔다. 그러나 2014년 하이데거의 철학적 일기장이라 할 수 있는 『블랙 노트』 출판 이후 그의 철학적 사유 자체에 반유대주의가 깊이 뿌리를 내리고 있었다는 사실이 누구도 부인할 수 없을 정도로 명백해졌다. 하이데거 철학과 독일 나치즘 사이에 존재하는 깊은 관련성이 더욱더 명료하게 드러나게 되었다. 하이데거 스스로 사후에 출판하기로 계획한 이 『블랙 노트』에는 그의 사유 속에 깊이 자리 잡고 있는 반유대주의, 나치즘, 극우적인 파시즘이 표현되어 있다. 이 『블랙 노트』의 출판으로 인해 독일 어권에서는 파시스트인 하이데거에 대한 논의가 뜨겁게 일어났고, 이 책의 출판 이후 철학의 역사가 새롭게 쓰여야 한다는 주장도 언론에 등장하고 있다.

특히 하이데거의 『블랙 노트』에 대한 독일어권 언론들의 보도는 뜨겁다. 2016년 11월 독일 공영 방송이 오스트리아의 ORF, 스위스의 SRG 등 독일어권 3개국과 공동으로 출자하여 설립한 3sat 방송에서는 「마르틴 하이데거, 확신적 반셈족주의자」(Martin Heidegger ein überzeugter Antisemit)란 프로그램이 방영되었다. 이 프로그램에서는 하이데거가 일시적·주변적으로 독일 나치에 참여한 것이 아니라 그의 철학과 사유 자체가 확실하면서도 뿌리 깊게 반유대교주의적이었다는 사실을 보도하였다. 3sat 방송은 독일, 오스트리아, 스위스를 포함한 독일어권 3개국에 주로 문화와 관련된 방송을 하는 가장 대표적인 방송이다. 이 방송에서는 세계유대교(Weltjudentum)에 대한 하이데거의 강한 음모론적 인식이 보도되었다. 이러한 음모론적인 인식은 히틀러와 독일 나치에게서 발견되는 것이다. 이 방송에 의하면, 하이데거는 유대인의 영향으로 이루어진 수학적 이성과 수학적 계산성에 기초한 현대 과학기술(Technik)을 비판했다. 하이데거는 "유대교의 세계 없음"(Weltlosigkeit des Judentums)과 독일 게르만족의 "피와 땅"(Blut und Boden)을 대조시켰다.

"니체가 나를 망쳤다"

제2차 세계대전 이후 독일 나치스트이자 프라이부르크 대학교 총장으로서 나치의 "내적인 진리와 위대함"(innere Wahrheit und Größe dieser Bewegung, nämlich des Nationalsozialismus)을 찬양했으며 자신의 과거에 대해서 한 번도 공식적으로 뉘우치지 않은 하이데거는 미군에 의한 탈나치화(Entnazifizierung)의 대상이 되었으며 그 과정에서 음독자살까지 시도했던 것으로 알려져 있다. 독일 프라이부르크 대학교 아카이브에는 당시 총장이었던 하이데거의 이름이 탈나치화 명단에 포함되어 있다.[14] 2012년 "철학의 탈나치화: 마르틴 하이데거와 나치즘"(Entnazifizierung der Philosophie: Martin Heidegger & der Nationalsozialismus)[15]이라는 강의에서도 하이데거 철학과 독일 나치즘의 깊은 관계에 대해 언급했다. 이 강의에서는 하이데거가 히틀러의 팬이었다고 지적한 마르틴 부버(Martin Buber)에 대해서도 언급되었다.

하이데거는 제2차 세계대전 이후에 가다머(Hans Georg Gadamer)와 푀겔러(Otto Pöggeler) 같은 주변의 지인들에게 자주 반복해서 "니체가 나를 망쳤다"(Nietzsche hat mich kaputt gemacht)라고 말했다고 한다. 니체 때문에 자신의 인생이 망가졌다는 하이데거의 말은 그의 책에서 표현된 적이 없지만 니체 연구가들 사이에서는 잘 알려진 사실이다. 하이데거는 독일 나치 시대에 집중적으로 니체를 연구하고 수용

---

14 https://www.uniarchiv.uni-freiburg.de/bestaende/provenienzgerechte-bestaende/uebergreifende-gremien/b0034/findbuchb0034

15 https://www.youtube.com/watch?v=eMiQ7Dg-GY0

했다. 하이데거는 독일 나치에 의해 적극적으로 수용된 니체의 아카이브를 관리하기도 했다. 하이데거의 이 말은 대체로 니체의 허무주의가 자신의 인생을 망치게 했다는 정도로 이해할 수 있을 것 같다.

니체 전기문을 쓰기도 한 독일 철학자 사프란스키(Rüdiger Safranski)가 주장하듯이, 니체는 자신의 위험한 사유에 스스로 희생되어 광기에 가득찬 말년을 보내게 되었다. 디오니소스가 미학이 아니라 군중 폭력을 의미한다는 사실을 잘 알면서도 니체는 희생제사를 반대하고 고발한 십자가에 달리신 자를 버렸다. 니체는 디오니소스 신화를 복원하면서 인간 종(種)을 위해서는 인신 제사(Menschenopfer)가 필요하다는 주장까지 했다. 이러한 신들(Götter)과 신화를 다시 불러들인 니체의 새로운 이교주의는 위험한 사유와 시도이며, 니체는 자신의 선택으로 인해 스스로 희생이 되어서 광기에 찬 죽음을 맞이했다.

2016년 1월에는 나치 시대에 하이데거가 총장으로 있었던 독일 프라이부르크 대학교에서 하이데거의 『블랙 노트』를 주제로 국제 학술 대회가 열렸다.[16] 이 학술 대회 강의를 통해서 하이데거가 서양 철학의 존재 망각(Seinsvergessenheit)과 존재의 떠남(Seinsverlassenheit)에 대한 책임을 유대인들에게 돌리고 있음이 지적되었다. 이 강좌들에서는 하이데거의 반유대주의는 일종의 "형이상학적 반유대주의"라는 사실과 하이데거가 존재역사적인(seinsgeschichtliche) 반유대주의를 대변하고 있다는 사실이 지적되었다. 또한 하이데거의 "반유대주의적인 르상티망"과 유대인을 향한 르상티망도 지적되었다. 프랑스 스트

---

16 https://podcasts.uni-freiburg.de/philosophie-sprache-literatur/philosophie/heideggers-schwarze-hefte

라스부르 대학교의 어느 교수는 이 학술 대회에서 "하이데거: 나치즘으로의 철학의 입문"(Heidegger: Die Einführung der Philosophie in den Nazismus)이라는 제목의 논문을 발표했는데, 그는 하이데거가 철학을 나치즘으로 이끌어갔다고 주장했다.

독일 공영 방송인 남서독일 방송(SWR, Südwestrundfunk)도 「마르틴 하이데거: 파멸의 세기적 학자」(Martin Heidegger: Jahrhundert-denker mit Abgründen)란 제목으로 『블랙 노트』에 대해서 상세하게 방송했는데, 이 방송에는 독일 유력 일간지 「프랑크푸르터알게마이네 차이퉁」(Frankfurter Allgemeine Zeitung)의 발행인인 위르겐 카우베 (Jürgen Kaube)가 출연해서 하이데거와 나치즘의 깊은 연관성에 대해서 설명했다. 특히 이 방송에서는 나치의 도움에 힘입어 하이데거가 총장으로 역임했던 독일 프라이부르크 대학교는 앞으로 하이데거의 교수직을 논리철학과 언어철학으로 변경할 것이라는 내용도 밝혔다. 하이데거는 서양철학사에서 일종의 원죄로 규정한 존재 망각 (Seinsvergessenheit)과 과학기술화(Technisierung)의 책임을 유대인에게 전가시켰다. 하이데거는 현대 과학기술에 의한 존재의 암흑화 (Verdunkelung)의 책임을 유대인들에게 돌리고 있다. 하이데거는 유대인을 희생양 삼아 당시 독일 사회의 위기를 극복하려고 했던 히틀러 및 독일 나치와 동일한 사유를 한 것이라는 사실이 이제 명확해졌다. 이렇게 서양철학사를 일종의 타락의 역사(Verfallsgeschichte)로 파악해서 그 유럽철학의 타락의 책임을 니체는 유대-기독교적 전통에게, 하이데거는 주로 유대인들에게 전가시키면서 소크라테스 이전의 철학과 뮈토스로 회귀하고자 했다.

독일 프라이부르크 대학교는 가장 대표적으로 니체 철학을 연구하고 니체 강좌를 개설한 대학교다. 최근 이 프라이부르크 대학교 니체 강좌에서도 니체 철학의 "신이교적"(neo-paganisch) 차원을 분석하였다. 이 강좌에서는 유대인들과 칼뱅주의가 대변하는 코즈모폴리터니즘(세계시민주의)에 대해서 비판적 입장을 전개했던 하이데거의 존재 철학에 내재하는 일종의 게르만적인 피와 땅의 이데올로기(Blut-und-Boden-ideologie)와 일종의 지역주의 및 지방주의를 비판적으로 분석한다. 니체와 하이데거의 철학이 가장 강하게 수용된 독일 프라이부르크 대학교에서 개설되는 이러한 최근의 학술 강좌들은 큰 의미를 지닌다. 하이데거가 가르쳤던 당시 독일 프라이부르크 대학교에는 전쟁 동맹국이었던 일본 학생들이 많이 몰려들었다. 나는 이미 『붓다와 희생양』에서 독일 프라이부르크 대학교의 하이데거와 선불교적 종교 철학을 발전시킨 일본 교토 학파 사이의 강한 연관성에 대해서 지적한 바 있다. 교토 학파의 이론적 기초에는 니체와 하이데거가 존재한다. 당시 전쟁 동맹국 일본은 하이데거 철학뿐만 아니라 칼 슈미트를 적극적으로 수용했다. "불안을 향한 용기"(Mut zur Angst)는 하이데거의 정치적 실존주의를 표현하는 개념인데, 칼 슈미트의 정치적 결단주의(Dezisionismus)와도 연결되어 있으며, 이는 일종의 허무주의적 실존주의와 운명주의로서 불교 철학에서 강조하는 죽음 및 무(無)와도 연결된다.

니체와 하이데거 그리고 불교 철학에는 유대-기독교적 전통의 경우와는 달리 윤리와 도덕이 큰 비중을 차지하지 못하고 증발되어 있다. 신화의 내용이 윤리적이지 않다. 신화는 군중 폭력의 텍스트다. 신화의 코드는 신들에 대한 집단의 살해다. 신화는 인신 제사의 이야기다. 그렇기에 신화에는 집단적으로 살해당하고 희생당하는 인간을 향한 윤리와 진리 추구의 의식이 상실되어 있다. 디오니소스적 새로운 신화를 말하는 니체와 하이데거 그리고 신화적이고 영지주의적인 불교는 집단에 의해 살해당하고 희생당하는 자의 편을 들지 않고, 그 집단 폭력을 윤리적으로 정죄하며, 그 폭력의 진실에 대해서 주제화하는 차원이 부족하다.

새로운 이교주의자 하이데거

하버마스의 제자인 토마스 아스호이어(Thomas Assheuer)는 "독이 든 유산"(Das vergiftete Erbe)이란 제목으로 2014년 독일 주요 주간 신문 「디차이트」(Die Zeit)에 하이데거의 『블랙 노트』에 대해서 글을 기고했다. 그에 의하면, 하이데거의 "『블랙 노트』 속에 나타난 유대인들을 향한 적의는 결코 부수적인 것이 아니다. 그것은 (하이데거의) 철학적 분석의 근본을 구성하고 있다." 또한 그는 하이데거가 부재하는 존재(Sein)에 대해서 슬퍼할 뿐이지 사람들에 대해서는 슬퍼하지 않는다(Heidegger trauert um das abwesende "Sein", aber nicht um die Menschen)고 분석한다. 아스호이어는 독일의 흑림을 산책하던 하이데거가 서정적인 슬픔으로 사라져가는 존재(Seyn)의 마지막 고통을 슬퍼했지만 인간의 고통에 대해서는 어떠한 말도 하지 않았다는 사실을 지적한다. 그에 의하면, "'도덕'은 하이데거에게 있어서 역겨운 것이었다"("Moral" ekelt ihn an). 하이데거에게 도덕은 "영미 세계의 상업가적 계산성"(händlerischen Rechenhaftigkeit der englisch-amerikanischen Welt)에 대한 장식용 칠(Glitzerlack)에 불과했다. 아스호이어는 신앙고백적으로 볼 때 "새로운 이교도인 하이데거"(konfessionelle Neuheiden Heidegger)가 도덕을 철학적으로 논의하지 않고 있다고 올바르게 비판했다.[17]

하이데거에게 도덕과 윤리는 철학에 속하지 않는다. 모세의 십계명을 전복하는 새로운 모세가 되고자 했고 유대-기독교적 도덕을 전복하고자 했던 니체처럼 하이데거의 철학적 사유에도 도덕과 윤리가 실종되어 있다. 그래서 레비나스는 이것을 비판했으며 윤리학이 제1철학이라고 주장했다. 또한 농업 중심의 로마-가톨릭 색채가 강한 독일 남부에서 자랐던 하이데거는 영미권의 민주주의와 세계시민주의뿐만 아니라, 상업과 금융을 비롯한 자본주의도 비판했는데, 이 점에서 우리는 그가 지녔던 르상티망을 보다 잘 헤아릴 수 있다.

니체와 그의 후계자인 하이데거는 히틀러의 나치즘과의 깊은 연관성 때문에 전후 독일어권에서 금기시했지만, 들뢰즈를 비롯한 일부 프랑스 포스트모던 철학자들에 의해 미학화되었고 복권되었다. 지라르도 오래전부터 니체와 하이데거를 "신이교주의"의 대변자로 파악해왔지만,[18] 프랑스의 데리다, 이탈리아의 바티모, 미국의 리처드 로티 등이 하이데거를 전후에 복권시켰으며, 이후 니체와 하이데거는 프랑스 포스트모더니즘의 계보학에 자리 잡게 되었다. 또한 푸코의 철학에서도 하이데거가 끼친 큰 영향력을 발견할 수 있고, 라캉은 하이데거를 직접

---

17 http://www.zeit.de/2014/12/heidegger-schwarze-hefte-veroeffentlicht

18 René Girard, Hiob - ein Weg aus der Gewalt (Zürich: Benziger, 1990), 191 ; René Girard, *Wenn all das beginnt. Ein Gespräch mit Michel Treguer: Aus dem Französischen von Pascale Veldboer* (Münster-Hamburg-London: Thaur, 1997), 18 f ; René Girard, *Ich sah den Satan vom Himmel fallen wie einen Blitz. Eine kritische Apologie des Christentums: Aus dem Französischen von Elisabeth Mainberger-Ruh* (Munich and Vienna: Carl Hanser Verlag, 2002), 219.

만나기도 했다.

『블랙 노트』에 대한 최근 논의에서는 프랑스의 포스트모던 철학자들이 나치였던 하이데거를 점차 복권시켰을 뿐 아니라 홀로코스트를 부정하는 일부 프랑스의 극우적 입장을 가진 사람들에 의해 하이데거가 높게 평가되었다는 내용도 지적되고 있다. 합리적이고 이성적인 독일 철학에 대해 비판적이었던 일부 프랑스의 학자들이 하이데거의 비이성적 형이상학 비판과 이성 비판을 수용하여 칸트 및 헤겔과 같은 전통적 독일 철학을 극복하고자 했다. 니체의 철학은 반(反)소크라테스적이었고 또한 반(反)칸트적이었다. 들뢰즈와 같은 프랑스의 일부 포스트모던 철학자들의 사유에는 반헤겔주의(Anti-Hegelianismus)와 장자크 루소를 따르는 루소주의가 자리 잡고 있다. 사르트르도 하이데거를 "실존주의"라는 이름으로 수용했지만, 그는 하이데거의 실존주의가 지극히 개인적이고 사적인 실존주의가 아니라 나치와 깊은 연관을 가진 정치적 실존주의였다는 사실을 흐리게 만들었다.

데리다는 하이데거와 나치즘 사이의 연관성에 대한 지적에 대해 그동안 하이데거를 변호해 왔지만, 『블랙 노트』의 출판으로 데리다의 변호는 설득력을 상실했다. 물론 데리다도 생애 후기에는 종교적 전환을 맞이하면서 유대교에 근접했고, 니체와 하이데거의 계보에 서 있었던 바티모도 지라르와의 학문적 만남을 통해서 회귀해서 기독교적 사유, 기도 등을 철학적으로 재발견하고 있다. 하버마스는 오래전부터 니체와 하이데거의 새로운 신화에 대해서 비판했고 하이데거가 나치였음을 용감하게 지적했다.

2015년 독일어권의 가장 유명한 철학 방송인 스위스 국영 SRF 방송의 『Sternstunde Philosophie』에서는 "철학과 나치즘: 그 위험스러운 동맹?"(Philosophie und Nationalsozialismus: eine unheilvolle Allianz?)이라는 제목 아래 하이데거의 『블랙 노트』가 출판된 이후에 재점화된 논쟁, 곧 니체와 하이데거 철학과 독일 나치즘 및 정치적 파시즘 사이에 존재하는 깊은 관련성을 심도 있게 다루었다.[19] 이 방송에서는 왜 인도에서 히틀러의 『나의 투쟁』(*Mein Kampf*)이 베스트셀러인지를 질문하고 있다.[20] 히틀러의 『나의 투쟁』은 기독교가 모든 아리안적 가치들을 전복시켰고 "찬달라적"(인도의 불가촉천민) 가치들의 승리를 가져왔다고 비판하며, 초인(der Übermensch)과 금발의 야수를 사육해야 한다고 주장했던 니체 철학을 적극적으로 수용하고 있다. 이 방송은 이러한 이유 때문에 인도에서 히틀러의 책이 베스트셀러가 되었다고 지적한다.

하이데거의 철학 자체에 나치 및 반유대주의적 사유가 매우 깊이 자리 잡고 있다는 사실을 지적해온 빅토르 파리아스(Victor Farias)의 책 『하이데거와 나치즘』이 프랑스에서 출판되었을 때 프랑스의 일간지 「리베라시옹」(Libération)은 "하일 히틀러"(Heil, Hitler)와 비견되는 "하일 하이데거"(Heil, Heidegger)라는 제목의 기사를 통해 이 책의 출판을 보도하기도 했다. 이 책의 독일어 번역본의 추천사는 위르겐 하버마스가 썼다.[21] 「르몽드」지는 이 책을 "폭탄"이라고 비유하기도 했다.[22]

---

19 2015년 5월 10일 방송. 또한 다음을 보라. Die Philosophen und der Nationalsozialismus. Sonderausgabe Philosophie Magazin. Herausgegeben von Catherine Newmark. 01/02/2015

20 http://www.srf.ch/kultur/gesellschaft-religion/warum-hitler-in-indien-so-populaer-ist

21 Victor Farias, *Heidegger und der Nationalsozialismus* (Frankfurt am Main: S. Fischer, 1989).

22 독일 SWF 방송의 1988년 1월 29일 방송프로그램 Heidegger - Farias, Frank,

앞에서 소개한 스위스 국영 SRF 방송의 철학 방송에는 최근 독일 하이데거 학회 회장이 이 하이데거의 『블랙 노트』에 등장하는 하이데거의 입장을 지지할 수 없다고 하면서 회장직을 내려놓았다는 방송 내용도 등장한다.

히틀러의 『나의 투쟁』과 하이데거

2015년 일본 독일문화원(괴테 인스티투트)에서 개최된 하이데거 강좌에서도 하이데거 철학에 뿌리 깊게 자리 잡고 있는 반유대주의적이고 나치적인 지평이 비판적으로 분석되고 있다.[23] 니체와 하이데거 철학에 대해서 그 어떤 국가보다도 깊이 관심을 기울였던 일본에서도 하이데거 철학이 뿌리 깊게 반유대교적이었으며 나치적이었다는 사실이 최근 비판적으로 성찰되고 있다. 필자는 니체 및 하이데거의 철학과 독일 나치, 그리고 일본 군국주의와 일본 교토 학파의 종교 철학과의 관련성에 대해서 이미 『붓다와 희생양』에서 서술한 바 있다.[24]

　『블랙 노트』의 출판 이전만 해도 나치 당원이었던 하이데거의 과거는 하이데거 개인의 실패일 뿐 그의 철학 자체와는 별로 상관이 없다고들 생각했다. 처음에는 독일의 위르겐 하버마스와 슬로터다이크 (Peter Sloterdijk)조차도 이 정도로 생각했었다. 하지만 『블랙 노트』의 출판 이후에 상황은 달라졌다. 즉 하이데거와 나치의 관련성이 단순한

Glucksmann, Ott über Heidegger und den Nationalsozialismus.

23　"Ist die Philosophie Martin Heideggers antisemitisch?" - Vortrag Peter Trawny(2014년 12월 13일).

24　정일권, 『붓다와 희생양: 르네 지라르와 불교문화의 기원』 (서울: SFC, 2013), "9장 일본 선불교, 교토 학파, 그리고 민족주의"를 보라.

개인적인 차원이 아니라 보다 조직적인 차원이었다는 사실이 드러나게 되었다. 하이데거의 나치적인 반유대주의는 그의 철학의 중심에 자리 잡고 있다. 『블랙 노트』는 하이데거의 극단적인 반유대주의를 보여준다. 하이데거는 나치의 어용법학자라고 불렸던 칼 슈미트조차도 리버럴하다고 비판한다. 『블랙 노트』에는 영국과 미국의 민주주의에 대한 하이데거의 르상티망과 세계유대교에 대한 그의 음모론적인 비판이 일관되게 등장한다.

하이데거가 개인적이고 사적인 일기 형식으로 기록한 『블랙 노트』의 출판 이후 독일뿐 아니라, BBC, 가디언 등 세계의 각국 주요 언론들은 하이데거의 나치적인 반유대주의 사상이 그의 철학의 중심에 자리 잡았고, 나치에 협력했던 그의 과거사가 개인적인 차원을 넘어 보다 조직적인 차원에 있다는 사실을 이 『블랙 노트』가 보여주고 있다고 보도했다. 프랑스 「르몽드」지는 이 『블랙 노트』에 대해서 말하면서 이제 더이상 하이데거와 나치즘의 관계를 은폐하지 말라고 촉구했다. 『블랙 노트』에서 유대인의 문제는 하이데거에게 결코 주변적인 것이 아니라 중심적인 것으로 묘사되어 있다. 앞에서 언급한 스위스 국영방송 SRF의 철학 방송에서도 하이데거에 관한 두 가지 스캔들을 지적했는데, 첫째는 제2차 세계대전 이후 하이데거와 나치와의 관계에 대한 은폐에 관한 것이며, 두 번째는 하이데거가 유대인 600만 명의 대학살(홀로코스트)에 대해서 한 번도 유감을 표명하지 않고 침묵했다는 사실이다.

하이데거의 『블랙 노트』에는 세계유대주의(Weltjudentum)에 대한 강한 음모론적 인식이 나타나 있다. 히틀러도 자신의 책 『나의 투쟁』에서 이러한 음모 이론을 적고 있다. 하이데거 또한 히틀러의 책에 등장한 몇몇 핵심적 비유를 동일하게 채택하고 있다. 『블랙 노트』는 하이데거의 반유대주의 사상뿐 아니라 미국과 영국 문화에 대한 강한 적의를 보여준다. 나치 헌법학자 칼 슈미트도 하이데거와 유사한 맥락에서 뿌리 없는 코즈모폴리터니즘의 대명사로서의 칼뱅주의와 유대인을 비판한다. 하이데거의 『블랙 노트』 출간 이후 독일어권에서는 이처럼 20세기의 헤라클레이토스라고도 하는 하이데거 철학의 "에소테릭한" 차원, "존재와 존재자 사이의 마니교적인 구분", 그리고 코즈모폴리터니즘(세계시민주의)의 전형으로서의 세계유대교에 대한 적의 등을 비판적으로 분석한다.

2016년 10월 독일 주간지 「디차이트」는 "처음으로 하이데거가 얼마나 나치에 대한 신념이 깊었는지를 보여주는" 나치 시절의 하이데거의 편지들을 일부 발표했다. 그 신문기사의 제목은 "도덕적 파탄"(Ein moralisches Desaster)이다. 하이데거의 『블랙 노트』에서는 그의 반유대주의가 존재론과 존재 역사적인 측면에서 고상한 모습으로 나타났다면, 이 편지들에서는 아주 노골적으로 드러난다. 또한 독일의 정치 소식을 매우 잘 알고 있던 하이데거가 매우 이른 시기부터 나치의 열정적인 추종자였다는 것이 드러난다. 43세가 되던 1931년에 이미 하이데거는 동생에게 히틀러의 『나의 투쟁』을 선물로 주면서 히틀러의 "비상하고 확실한 정치적 감각"을 칭송했다. 그리고 1933년 4월 13일, 하이데거는 이렇게 열광적으로 진술한다. "히틀러가 이제 하루하루 정치인으로서 위대하게 성장해가고 있음이 드러나고 있다. 우리 민족과 제국의 세계는 개조되고 있으며, 보는 눈이 있고 듣는 귀가 있으며 행동할 가슴이 있는 사람이라면 누구나 함께 감격하고 진정으로 깊은 흥분을 느끼게 된다." 하이데거가 히틀러의 국가를 위해 노력하고 나치당에 가입했던 것은 세계관적 신념에 따른 논리적 귀결이었다. 하이데거가 생각한 민족사회주의는 인종주의와 무관했다는 주장 또한 근거를 잃게 되었다. 전쟁 후에도 하이데거는 자신의 친나치적인 과거사에 대한 사죄나 반성 없이 독일을, 그리고 자신을 희생자로만 이해했다.[25]

2015년 12월 독일 주간지 「디차이트」는 "법정 앞에 선 하이데거!"(Heidegger vor Gericht!)란 제목과 함께 "많은 사람들에게 존경을 받아왔던 이 철학자는 새로운 출판물에 의해 이제 사법적 판단을 받게 되었다"라는 부제를 달고 하이데거의 『블랙 노트』에 대해 보도했다. 하이데거는 자신의 진심이 담긴 이 철학에 관한 일기장이 사법적인 문제가 된다는 것을 알고 있었기에, 사후에, 그것도 조금씩 출판하도록 말했다고 한다. 이 기사는 오스트리아 비엔나에서 활동하는 변호사 알프레드 놀(Alfred J. Noll)이 기고했다. 이 신문기사 내용 중 두 번째 제목은 "하이데거의 텍스트들은 그가 파시스트였음을 폭로한다"이다.[26]

나치 헌법학자 칼 슈미트와 하이데거

하이데거의 철학은 당시 보수주의 지식인들의 "보수 혁명"(Konservative Revolution)의 맥락에서 이해되어야 한다. 마르틴 하이데거, 나치의 "계관법학자"(Kronjurist) 칼 슈미트, 그리고 에른스트 윙어(Ernst Jünger)는 보수 혁명을 대표하는 세 인물이다. 이 보수 혁명에 참여했던 일부 학자들은 파시즘으로 기울어졌다. 하이데거는 "영도자"(Führer) 히틀러

---

25 http://www.zeit.de/kultur/literatur/2016-10/martin-heidegger-briefe-antisemitismus

26 Heidegger vor Gericht! ach neuen Veröffentlichungen ist der von vielen verehrte Philosoph ein Fall für die Justiz geworden. Von Alfred J. Noll. 28. Dezember 2015 (http://www.zeit.de/2015/52/martin-heidegger-nsdap-vergangenheit)

146   예수는 반신화다

의 철학적 "영도자"(Führer)가 되기를 원했다. 칼 슈미트는 히틀러의 헌법학적 혹은 법적인 영도자로 활동했다. 니체 철학을 수용해서 전쟁적이고 영웅적인 것을 찬양했던 에른스트 윙어는 잔인성의 시인(Poet der Grausamkeit)으로도 불린다. 하이데거의 철학과 시학에서도 전원적이고 목가적이며 서정적이고 미학적인 차원이 존재하지만, 그것을 정치적 실존주의의 의미로 이해해서 현대성의 업적들이라 할 수 있는 민주주의, 자유주의, 세계시민주의, 평등주의, 보편주의, 자본주의, 과학기술을 비판했던 그의 르상티망적 배경을 우리는 읽어낼 수 있어야 한다.

하이데거와 학문적으로 교류했던 칼 라너(Karl Rahner)가 가르쳤던 오스트리아 인스부르크 대학교 조직신학부 내의 기독교 사회론(Christliche Gesellschaftslehre) 분야에서 수행된 지라르 연구를 통해서, 그리고 나의 지도 교수 볼프강 팔라버의 지라르 이론에 기초한 칼 슈미트 연구를 통해서, 나는 오래전 심취하기도 했던 하이데거 철학과 바이마르 공화국 이후의 당시 독일의 정치적 상황을 올바르게 이해할 수 있게 되었다. 하이데거의 사유는 신학적으로 칼 라너와 불트만에게 큰 영향을 끼쳤다. 나는 칼 라너가 가르쳤던 오스트리아 인스부르크 대학교 조직신학부에서 하이데거를 니체와 함께 새로운 이교주의자로 평가하는 지라르에 대해 연구하면서 칼 라너의 계보에 서 있는 신학자들과의 관계에서 오는 약간의 긴장을 경험하기도 했다.

나는 이곳에서 지라르를 연구하면서 20세기의 교부라 하는 두 칼(Karl), 곧 칼 바르트(Karl Barth)와 칼 라너(Karl Rahner), 그리고 신학자는 아니지만 현대 교부로 평가해야 한다고 평가받는 르네 지라르, 이 세 대학자 사이에 놓인 "삼각형"으로 인해 건강한 긴장을 맛보면서 공부했다. 지라르의 반신화적이고 반희생제의적 사유는 칼 바르트가 속한 칼뱅주의에 가깝기도 하다. 다른 곳에서 지적한 것처럼, 실제로 하이데거와 칼 슈미트 같은 로마 가톨릭교회를 배경으로 했던 나치 시대의 보수 혁명 이론가들은 칼뱅주의가 유대인들과 함께 세계시민주의(코즈모폴리터니즘)를 대변하는 것으로 비판했다. 칼 바르트, 칼 라너, 그리고 르네 지라르라는 세 학자를 염두에 둔 공부 끝에 2009년 나는 신학 박사 학위를 받으면서 박사 과정 학생 대표로 학위수여식에서 다음과 같은 감사의 말(Dankesrede)을 했다.

칼 라너가 가르쳤던 오스트리아 인스부르크 신학부는 르네 지라르의 문명 기원 이론을 신학적으로 수용해서 학제적 연구를 삼십 년 전부터 발전시켜 왔다. 칼 바르트와 함께 칼 라너는 20세기 신학의 거장이요 교회의 교부 격에 해당한다. 하지만 나는 지라르 이론의 신학적 적용을 통해서 고전적인 신학의 한계를 뛰어넘어서 인문과학, 사회과학과의 학제적 공동 연구를 할 수 있게 되었다. 기독교 복음이 가장 생산성 있는 인문학이라는 인식을 통해서 기독교와 인문학의 르네상스를 기획해 볼 수 있게 되었다.

칼 라너와 하이데거의 이러한 관련성에도 불구하고 당시에 이미 그곳 지라르 학파의 신학자들은 대체로 하이데거의 『블랙 노트』가 출판되기 전에도 하이데거의 철학이 본질적으로 나치적이라는 사실을 어느 정도 알고 있었다. 『블랙 노트』의 출판 이후로는 하이데거가 나치였고 또한 새로운 이교주의자였다는 사실을 부인할 수 없게 되었다.

나의 지도 교수였던 팔라버 교수는 박사 과정에서 지라르의 이론으로 토마스 홉스의 정치사상을, 교수자격논문(Habilitation)에서는 지라르의 이론을 통해 20세기의 토마스 홉스라 불리는 칼 슈미트를 연구한

예수는 반신화다

학자로서 이 분야에서도 두각을 드러내는 대표적 학자다.[27] 나는 그와 함께 칼 슈미트의 『정치적인 것의 개념』(*Der Begriff des Politischen*)[28]과 『대지의 노모스』(*Der Nomos der Erde*)[29]를 함께 읽으면서 연구했다. 나는 팔라버의 영향으로 칼 슈미트 세미나에도 몇 번 참석해 칼 슈미트의 이론과 일본 교토 학파의 종교 철학을 비교·연구하는 소논문을 적기도 했다. 당시 전쟁 동맹국이었던 일본은 칼 슈미트의 저서들을 곧바로 번역했고 지금까지도 그의 이론에 대한 관심이 뜨겁다.

당시 일본 최초의 철학을 대변했던 교토 학파는 칼 슈미트뿐 아니라 니체와 하이데거 철학을 매우 뜨겁게 수용했다. 나는 이렇게 지라르 이론의 빛으로 칼 슈미트의 헌법 이론을 비판적으로 분석하는 연구에 참여한 이후에 오스트리아 인스부르크 대학교의 연구 프로젝트 "세계 질서-종교-폭력"의 박사 후기 연구자(post-doc)로 연구하면서 칼 슈미트와 같은 맥락에서 이해되어야 하는 하이데거 연구를 위해 그의 전집을 거의 다 읽어보았다. 하이데거 전집을 읽어보면 그가 얼마나 니체의 철학과 신화에 가장 근접한 소크라테스 이전의 철학자인 헤라클레이토스에 천착했는지가 잘 나타난다. 하이데거는 현대의 헤라클레이토스라고도 불리는데, 헤라클레이토스는 "어두운 자"라는 별명을 가졌다.

---

27 여러 저서와 논문들이 있지만, 우선 다음의 논문들을 소개한다. Wolfgang Palaver, "Carl Schmitt's 'Apocalyptic' Resistance against Global Civil War," in Hamerton-Kelly, Robert (Hrsg.), *Politics & Apocalypse* (East Lansing, Mich.: Michigan State University Press, 2007), 69-94 ; Wolfgang Palaver, "Hobbes and the Katéchon: The Secularization of Sacrificial Christianity," in *Contagion: Journal of Violence, Mimesis, and Culture*, Vol. 2 (Spring 1995) 3754.

28 김효전, 정태호 역, 『정치적인 것의 개념』 (서울: 살림, 2012).

29 Carl Schmitt, *Der Nomos der Erde im Völkerrecht des Jus Publicum Europaeum* (Berlin: Duncker & Humblot, 1950). 최재훈 역, 『대지의 노모스』 (서울: 민음사, 1995).

팔라버 교수는 칼 슈미트의 적과 친구에 대한 이론 속에서 "정치적인 것의 신화적 원천들"을 분석해내었다.[30] 그에 의하면, 칼 슈미트는 "희생제의적 가톨릭 신앙"의 흐름 속에 있다. 그것은 예수 그리스도의 비폭력이라는 보다 온전한 의미에서의 성서적 신앙과 희생제의적 이교적 신앙 사이에 있는 중간 단계인 이교적 기독교(Heidenchristentum)에 속한다.[31] 유대-기독교적 전통에 대한 하이데거의 입장도 이와 유사하다. 칼 슈미트는 예루살렘 전통이 아니라 법이론적으로 "로마인"이었다.[32]

팔라버는 칼 슈미트가 연구한 법(Nomos)의 신화적이고 희생제의적인 기원과 뿌리에 주목했고, 슈미트의 노모스 개념에 대해 연구했다.[33] 즉 법, 곧 노모스(Nomos)는 희생제사가 집행되는 "장소"로부터 파생되었다고 한다.[34] 슈미트가 노모스 개념으로 말하고자 했던 것은 "질서와 장소의 일치"(Einheit von Ortung und Ordnung)였다. 슈미트는 법학 연구에 당대의 신화 연구의 성과들을 수용했다. 당시 전쟁 동맹국이었던 일본에서도 이와 유사한 연구가 진행되었다. 교토 학파의 종교 철학자인 니시다(Kitaro Nishida)는 일본 제국주의적이고 팽창주

---

30 Wolfgang Palaver, *Die mythischen Quellen des Werkes von Carl Schmitt. Eine theologische Kritik*. Habilitationsschrift. Innsbruck, 1996.

31 Palaver, *Die mythischen Quellen des Werkes von Carl Schmitt. Eine theologische Kritik*, 5, 196.

32 Palaver, *Die mythischen Quellen des Werkes von Carl Schmitt. Eine theologische Kritik*, 133.

33 Wolfgang Palaver, "Globalisierung und Opfer. Carl Schmitts Lehre vom Nomos," In B. Dieckmann (Hrsg.), *Das Opfer - aktuelle Kontroversen* (Münster, LIT Verlag, 2001), 181206.

34 Wolfgang Palaver, "Carl Schmitt on Nomos and Space," In: *Telos* No. 106 (Winter 1996), 105-127.

의적인 전쟁과 무관하지 않은 "장소의 논리"(Logik des Ortes)를 철학화하기도 했다. 일본 교토 학파는 바로 이 신성한 "피와 영토" 이데올로기를 당시의 민족주의적이고 파시즘적인 정치를 위해 철학화했다.[35]

니시다의 장소의 논리도 일본의 대동아 공영권을 향한 팽창주의적 확장의 논리와 결코 무관하지 않다. 인류의 법(Nomos)은 시공간의 개념과 마찬가지로 희생양의 장소로부터 파생되었다. 희생양을 초점으로 하는 원형의 제사 공동체(sacrificial community)의 장소의 논리로부터 대지의 노모스(Nomos der Erde)가 탄생했다. 칼 슈미트의 대지의 노모스 개념은 그렇기에 당시 일부 독일 지식인들의 허무주의적 이상으로서의 보수 혁명, 그리고 나치의 핵심적 이념이었던 땅과 피의 이데올로기(Blut-und-Boden-Ideologie)와 관련된다.[36]

반신화적 유대교와 코즈모폴리터니즘

칼 슈미트, 마르틴 하이데거, 에른스트 윙어는 당시 독일 나치즘과 깊이 관련된 대표적인 보수 혁명가였다. 하이데거는 니체의 영향을 받아 이를 전쟁 체험과 융합시켜서 영웅주의적 사상을 대변한 에른스트 윙어의 영향을 깊이 받았다. 그래서 이 세 학자들의 저작에는 땅, 피, 전쟁, 결단(Entscheidung), 용기 등에 대한 단어가 자주 등장한다. 대체적

---

35 Kevin M. Doak, "Nationalism as Dialectics: Ethnicity, Moralism, and the State in Early Twentieth Century Japan," in James W. Heisig and John C. Maraldo (ed), *Rude Awakenings. Zen, the Kyoto School, & the Question of Nationalism* (Honolulu: University of Hawai'i Press, 1995), 186-7.
36 칼 슈미트에 대한 자세한 논의는 나의 책 『르네 지라르와 현대 사상가들의 대화: 미메시스 이론, 후기 구조주의 그리고 해체주의 철학』 (서울: 도서출판 동연, 2017)을 참고하라.

으로 니체가 영국의 민주주의를 강하게 비판한 것처럼 이들 모두는 세계시민주의(코즈모폴리터니즘)에 대해 증오하거나 비판했으며, 소위 피와 땅의 이데올로기(Blut-und-Boden-Ideologie), 장소의 논리, 지역주의 또는 지방주의를 대변했다. 칼 슈미트와 하이데거는 모두 전형적으로 코즈모폴리터니즘을 대변하는 유대인에 대한 적의를 표현했다. 또한 그들은 칼뱅주의도 코즈모폴리터니즘으로 생각해서 비판했다.

당시 하이데거는 다수의 유대인 학자들이 참여했던 보편성과 보편주의를 추구한 당시의 신칸트학파에 대해서도 비판적이었다. 이후 언급하겠지만, 알랭 바디우가 사도 바울을 사유하면서 철학적으로 사랑에 대한 보편주의적 기초를 재발견한 것도 이와 같은 맥락에서 이해할 수 있다. 반신화적 정신을 가진 유대-기독교적 텍스트는 점차 신화적인 지역주의, 지방주의, 인종주의, 민족주의를 극복하고 "이방인의 빛"(*Lumen Gentium*)으로서 보편주의 사상을 인류에게 선물했다. 유대교의 정의의 윤리와 기독교의 사랑의 윤리가 서구 민주주의와 보편주의의 원천이자 기원이라는 하버마스의 최근 주장에 대해서는 다른 곳에서 이미 소개한 바 있다.

헤겔과 칸트와 같은 독일의 전통적인 철학은 기독교적인 배경에서 탄생했다. 하지만 헤겔에게 경쟁의식을 느낀 쇼펜하우어는 기독교적 전통에서 이탈해 힌두교와 불교 같은 인도의 사유를 도입해서 자신의 염세주의적이고 허무주의적 철학을 전개했고, 니체는 바로 이 쇼펜하우어의 계보에 서서 자신의 철학을 전개했다. 바디우, 지젝, 아감벤과 같은 최근 유럽 인문학과 철학자들에게서 발견할 수 있는 유대-기독교적 전통, 가치, 텍스트에 대한 재발견 및 사도 바울 사상의 르네상스는 한때 포스트모던적 철학자들에게 유행했던 니체주의가 황혼기에 접어들었기 때문이기도 하다. 지젝도 헤겔 전통에 서서 자신의 사유를 전개하고 있기에 니체 이후의 반계몽주의나 새로운 영지주의 등에 대해서 비판적이다. 바그너의 "사도 바울"로서 "설교"하기를 원했던 니체는 사도 바울을 미워했다. 최근 일반 철학자들은 20세기 후반과 21세기에 접어들면서 유럽 인문학과 철학의 주류가 니체와 하이데거 이후로 추방되고 배제되었던 유대-기독교적 전통을 재발견하면서 변호하는 방향으로 흐른다는 사실을 인정한다.

하이데거의 『블랙 노트』에는 반유대주의 사상뿐 아니라 반기독교적 사상이 노출되어 있다. 하이데거는 기독교 신학과 그리스 전통이 통합된 존재 신학을 비판하고 그리스 전통을 기독교적 전통으로부터 분리하고자 했다. 하이데거는 바티칸과 화친조약(和親條約, Concordat)을 체결한 히틀러조차 비판할 정도로 반기독교적인 입장을 보였다. 이러한 내용들은 하이데거의 『블랙 노트』의 편집자이자 독일 부퍼탈 대학교의 하이데거 연구소 소장인 페터 트라브니(Peter Trawny)가 주강사로 초대받은 2014년 가을 미국 에모리 대학교 국제 학술 대회 "하이데거의 『블랙 노트』: 철학, 정치학, 그리고 반셈족주의"에서도 논의된 바 있다.[37]

하이데거의 영지주의와 에소테리즘

『블랙 노트』의 출간 이후의 하이데거 논쟁을 주도하고 있는 트라브니는 정치철학 전문가인데, 그는 자신의 저서 『하이데거와 유대

---

37 http://news.emory.edu/stories/2014/08/upress_heidegger_conference/campus.html

인의 세계음모라는 신화』(*Heidegger und der Mythos der jüdischen Weltverschwörung*) 속에서 이러한 내용들을 논의하고 있다.[38] 트라브니의 이 책은 미국 시카고 대학교 출판부에서 2016년에 출판했다.[39] 그는 『아디톤: 하이데거의 에소테릭한 철학』(*Adyton: Heideggers esoterische Philosophie*)이란 책도 출판했다.[40] 에모리 대학교의 국제 학술 대회에서는 유대인을 향한 음모론적인 "희생양 메커니즘"에 대한 언급도 등장한다. 하이데거는 "존재의 정화"(Reinigung des Seins)에 대해서 말할 때 희생양 유대인들을 지목한다. 하이데거에게는 유대인들을 향한 적의뿐 아니라 르상티망도 존재한다. 하이데거는 존재의 역사에서 유대인들이 "파괴의 원리"를 대변하는 사람들이라고 하면서, 자주 유대인들의 "땅 없음"(Bodenlosigkeit)에 대해서 말한다. 즉 하이데거는 땅이 없고 고향이 없는 유대인들의 세계 없음 혹은 무세계성(Weltlosigkeit)을 말한다. 세계-내-존재(In-der-Welt-sein)에 대해서 말하는 하이데거에게 유대인은 세계 안에 존재하지 않으며 그렇기에 세계가 없는(Weltlos) 동물보다 못한 존재다. 하이데거에게 존재 망각(Seinsvergessenheit)은 존재 역사(Seinsgeschichte)에 있어 일종의 원죄와 같은 것인데, 하이데거는 그 원죄의 원인을 유대인에게서 찾았다.

아도르노도 하이데거 철학에 뿌리 깊게 자리 잡고 있는 파시즘을 지적했다. 하이데거는 유대인들의 특징을 계산성(Rechenhaftigkeit)

---

38 Peter Trawny, *Heidegger und der Mythos der jüdischen Weltverschwörung* (Frankfurt am Main: Vittorio Klostermann, 2014).
39 Peter Trawny, *Heidegger and the Myth of a Jewish World Conspiracy*, trans. Andrew J. Mitchell (Chicago: The University of Chicago Press, 2016).
40 Peter Trawny, *Adyton: Heideggers esoterische Philosophie* (Berlin: Matthes und Seitz, 2010).

에서 발견하고, 계산성과 합리성(Rationalität)에 기초한 테크놀로지 (Technik) 비판을 반유대주의적 관점에서 전개한다. 그렇기에 하이데 거의 과학기술 비판에는 앞서 나가는 영미권의 과학기술에 대한 르상 티망도 존재한다. 니체 철학이 영국의 민주주의, 보편주의, 평등사상 에 대해서 비판하고 있듯이, 니체의 후계자인 하이데거의 철학에도 영 미권의 민주주의, 보편주의, 세계시민주의, 과학기술에 대한 뿌리 깊은 르상티망과 비판이 존재한다. 하이데거 철학은 보편적이라기보다는 지 나치게 게르만적이다. 게르만적일 뿐만 아니라 명료하게 나치적이고 파시즘적이라는 사실이 『블랙 노트』에서 표현되어 있기에, 최근 독일 어권 학계와 언론에서는 이 파시스트인 하이데거에 대한 논의가 빠르 게 일어나고 있다.

세계 유대교에 대한 하이데거의 이러한 음모론적 인식에 의하면 민 주주의, 자본주의, 테크놀로지의 기원은 유대인들이다. 하이데거는 독 일 철학과 독일 정신을 유대인들로부터 해방시키려고 했던 파시스트 였다. 유대인들은 과학기술적 계산성, 분석성, 합리성의 기원이다. 또한 하이데거에 의하면, 유대인들은 땅 없고 세계 없는 보편주의와 세계시 민주의의 기원이다. 그동안 고향과 언어에 대한 하이데거의 사유는 슬 로터다이크의 변호처럼 일종의 공동체주의적인 것으로 평가되어왔다. 하지만 하이데거 자신이 사후에 출판을 계획한 자신의 철학적인 일기 장인 『블랙 노트』에 의하면, 그가 말하는 고향은 지나치게 게르만적이 고, 보편적이지 못하며, 그가 언어는 존재의 집이라고 말했던 그 언어 도 인류의 보편적 언어라기보다는 게르만적인 독일어에 과도한 특권 을 부여하고 있다. 하이데거는 그리스 철학 및 언어의 계승자는 바로 독일어와 독일 철학이라고 보았다. 나아가 그의 고향과 언어에 대한 사유에는 고향 없고 땅 없는 유대인들을 향한 적의와 르상티망 그리고 비판이 강하게 자리 잡고 있다. 『블랙 노트』의 출판 이후, 피와 땅과 고향 그리고 민족에 대해서 말하는 하이데거 철학은 니체의 계보에 서 있는 슬로터다이크의 변호처럼 공동체주의적인 것이라고 보기 힘들게 되었고 오히려 파시즘과 뿌리 깊게 연관되어 있음을 부인할 수 없게 되었다.

서구 민주주의, 자본주의, 금융, 테크놀로지가 전부 유대인들의 영향으로 발생했다는 하이데거의 인식에는 음모론적인 차원이 있지만, 그러한 분석이 모두 틀린 것은 아니다. 다른 곳에서 이미 지적한 것처럼 막스 베버도 서구 근대를 가능하게 한 세계의 탈마술화와 합리화는 구약성서의 예언자들의 메시지로부터 유래했다고 지적했다. 반신화적인 유대교, 특히 희생제사 대신에 정의를 추구하라고 외친 구약성서의 예언자들의 메시지가 점차 정치철학적으로 민주주의, 보편주의, 세계시민주의를 탄생시켰을 뿐 아니라 계산성과 합리성에 기초한 테크놀로지도 탄생시켰다. 나는 이미 앞에서 현대적 의미에서의 자연과학의 기원이 유대-기독교적 전통에 있다고 주장했다. 반신화적 근본정신을 가진 구약 유대교의 텍스트가 마술적 인과 관계에 기초한 신화를 해체했기에 세계는 탈마술화되고 합리화가 되었고, 합리성과 계산성에 기초한 현대 과학기술이 탄생한 것이다.

그렇기에 현대 과학기술에 대한 하이데거의 비판에는 영지주의적 차원이 존재한다. 독일 철학자 블루멘베르크는 중세가 충분히 영지주의를 극복하지 못했기에, (과학적·실용적) 지식은 힘이라고 말한 17세기 영국 경험론의 대표적 철학자 프란시스 베이컨(Francis Bacon)과 르네 데카르트로 대표되는 근대에 이르러 마침내 영지주의가 극복되

예수는 반신화다

었다고 말한 바 있다. 반신화적 유대교가 영지주의를 극복하게 했다. 영지주의는 반신화인 유대교에 대한 신화의 복수로 이해될 수 있다. 하이데거가 말한 피투성(被投性, Geworfenheit)과 같은 개념에서도 영지주의적 차원이 발견된다.

니체의 황혼과 최근의 사도 바울 르네상스

니체의 "권력에의 의지"는 이후 독일 나치의 정치적 이데올로기가 되었다. 히틀러와 무솔리니가 니체의 팬이었다는 것은 잘 알려진 사실이다. 니체와 하이데거의 디오니소스적 새로운 신화는 결국 민주주의와 코즈모폴리터니즘을 비판하는 게르만적인 민족주의와 파시즘, 그리고 일종의 지역주의와 지방주의로 귀결되었다.

니체는 자신이 유럽의 새로운 사도 바울이 되고자 했다. 알랭 바디우는 스스로 니체주의자가 아니라고 선언하면서 자신의 책 『사도 바울』[41] (새물결 역간)에서 사도 바울의 정치신학이 보여주는 사랑에 대한 보편주의의 기초를 발견했다. 알랭 바디우는 사도 바울에게서 상대주의를 극복하는 보편주의의 기초로서 보편적 개별성을 발견했다. 이를 통해 그는 니체와 들뢰즈가 해체해버린 "주체"를 다시 회복하고자 시도한다. 야콥 타우베스의 『바울의 정치신학』[42] (그린비 역간)과 아감벤의

---

41 Alain Badiou, *Saint Paul: La fondation de l'universalisme* (Paris: PUF, 1997); Alain Badiou, *Saint Paul: The Foundation of Universalism*; trans. Ray Brassier (Stanford: Stanford University Press, 2003).

42 Jacob Taubes, *Die politische Theologie des Paulus*, hr. Aleida Assmann und Jan Assmann in Verbindung mit Horst Folkers, Wolf-Daniel Hartwich und Christoph Schulte (München: Wilhelm Fink, 1993).

『남겨진 시간』[43] (코나투스 역간) 등도 바울 연구의 르네상스를 보여주는데, 이는 유럽 대륙 철학에서 니체-하이데거 철학에 대한 비판적 평가에 대한 움직임과 무관하지 않다. 아감벤도 하이데거의 세미나에 참여했다가 이후에 비판적 거리를 두었다. 바그너의 "사도 바울"이 되어서 "설교"하기를 원했던 니체의 황혼이 최근 프랑스를 비롯한 유럽 인문학과 철학에서 진행되자, 유대인 사도 바울에 대한 연구가 르네상스를 맞이하고 있는 것이다. 유대인 사도 바울은 갈라디아서 3:28에서 "너희는 유대인이나 헬라인이나 종이나 자유인이나 남자나 여자나 다 그리스도 예수 안에서 하나이니라"라고 적고 있다. 바디우의 분석처럼 사도 바울은 여기서 사랑의 보편주의를 말한다.

나는 『우상의 황혼과 그리스도』에서 "니체의 황혼과 지라르"라는 제목 아래 21세기 유럽 인문학과 철학에서 일어나는 새로운 현상에 대해 썼는데, 2014년 미국 로스앤젤레스 평화의교회의 "평화서당"이 나의 책을 교재로 삼아 강독하기도 했다. 이 강독회는 뉴욕에 위치한 「뉴스M」이 후원했다. "평화서당" 강독회는 다음과 같이 언론에 보도 되었다.

『우상의 황혼과 그리스도』는 유대-기독교 이천년 문명 안에서 포스트모더니즘에 영향력을 행사하는 니체 철학 100년의 유산에 대한 평가서다. 저자는 자연과학과 인문학적 접근을 통하여 니체의 철학에는 자유와 낭만적 미학만이 있는 것이 아니라 타자를 희생양 삼는 폭력이 숨어 있다고 주장한다.[44]

---

43 Giorgio Agamben, *The Time That Remains: A Commentary on the Letter to the Romans*, trans. Patricia Dailey (Stanford, Stanford University Press, 2005).

44 http://www.newsm.com/news/articleView.html?idxno=4371

예수는 반신화다

니체는 기독교 도덕을 르상티망의 도덕이라고 비판했지만, 영국 민주주의를 비롯한 현대성을 탄생시킨 유대-기독교적 전통에 대한 니체의 르상티망도 지적되어야 한다. 니체뿐 아니라 칼 슈미트와 하이데거에서도 이러한 르상티망의 차원이 발견된다. 유대인과 칼뱅주의의 측면에서 지지되는 세계시민주의(코즈모폴리터니즘)를 비판한 칼 슈미트와 하이데거가 지닌 이론적 배경에는 유대인과 칼뱅주의가 기여한 현대 민주주의, 자본주의, 자연과학 기술에 대한 르상티망이 자리 잡고 있다는 사실이 하이데거의 『블랙 노트』 출판 이후의 국제적 논의들 가운데 등장한다. 하이데거는 땅이 없고 고향이 없으며 세계가 없는 코즈모폴리터니안(세계시민주의적인) 유대인을 미워했다. 유대인들을 향한 하이데거의 적의는 유대인들을 향한 그의 르상티망과 얽혀 있다.

2014년에 의사 정한욱은 나의 『우상의 황혼과 그리스도』를 읽고서 약간의 비판적 질문과 함께 다음과 같은 전문적인 서평을 한 적이 있다.

지라르도 니체의 이중 유산에 대해서 말한다. 저자는 지라르를 통해 니체와 그 후예인 포스트모던 사상을 뒤집고, 이 뒤집기를 통해 다시 "십자가에 달린 자" 혹은 이천 년 전통을 가진 순전한 기독교(mere christianity)의 복권을 시도한다. 그리고 이 책의 저자는 현대 물리학, 불교, 유교에 이르기까지 신학과 인문학, 과학과 종교의 영역을 자유로이 넘나들며 다양한 사상과의 대화와 대결을 시도한다. 이 책은 르네 지라르의 문명 이론으로 전통 종교와 현대 사상이라는 대해를 횡단하려는 야심찬 시도이자, 하나님이 창조한 세상에서 모든 진리는 결국 하나님의 진리로 수렴한다는(All truth is God's truth) 사실을 잘 보여주는 좋은 예라고 할 수 있을 것 같다. 저자는 복음적 기독교 신앙의 전통에 굳게 서 있지만 특정한 교파적 신앙의 전통과 언어에 갇히기보다는 열린 마음으로 다양한 현대 사상 및 신학 전통들과 대화할 뿐 아니라, 학문적 엄밀함과 신학적 열정, 인류학적 시각과 신학적 관점을 잘 통합하면서 자신의 주장을 설득력 있게 펼치는 데 성공하고 있다.

그는 이러한 서평을 한 이후에 다음과 같이 질문했다.

사족으로 이 탁월하고 매력적인 책에 두 가지 질문을 덧붙이고 싶다.
(1) 지금까지 현실 속에 존재했던 "역사적 기독교"는 과연 과거부터 존재했던 희생양 메커니즘이나 그로 인한 폭력에서 전적으로 자유로운가? 이 책이 펼치는 타종교나 포스트모더니즘에 대한 비판이 좀 더 공정하고 설득력 있게 들리려면 먼저 훨씬 날카로운 비판의 칼끝을 역사적인 기독교를 향해 겨누어야 하지 않을까?
(2) 과연 니체 100년의 유산인 포스트모던 사상은 기독교와 어떤 접점도 가질 수 없는 "파리로부터 온 사탄"일 뿐인가? 아우구스티누스가 플라톤에게서, 아퀴나스가 아리스토텔레스에게서, 그리고 이 책의 저자인 정일권 박사가 르네 지라르에게서 기독교의 새 면모를 보여 줄 지혜를 빌려 왔다면, 우리가 니체와 포스트모니즘 사상에서 갱신된 기독교를 담을 "새 부대"를 빌릴 수는 없는 것일까?

지라르도 성서적 기독교라는 이상에 도달하지 못했던 보다 중세적인 희생제의적 기독교를 비판하고 있다. 하지만 기독교는 어떤 세계 종교보다도 자기비판이 강한 종교다. 지라르는 참으로 기독교적인 자기

반성이 때로는 끊임없는 자기종교에 대한 재판으로까지 이어짐으로써 역사적 사실을 왜곡하여 이해하기까지 한다고 비판한다. 기독교가 자기비판이 가장 강한 종교인 이유는 종교의 기원에 존재하는 희생양 메커니즘이 점차 비판적으로 인식되기 때문이다.

또한 기독교 역사에는 예루살렘과 아테네가 무슨 상관이 있는가라고 하면서 반립을 강조한 학자도 있지만, 오리게네스와 같은 교부들은 성서적 전통과 그리스 철학의 통합 모델을 제시하기도 했다. 지라르는 "십자가에 달리신 자는 디오니소스를 일으켜 세운다"라는 표현으로 이러한 통합의 가능성을 제시했다. 독일 낭만주의와 고전주의가 그리스를 동경했지만, 셸링과 횔덜린은 신 개념에 있어 기독교적인 전통을 떠나지 않았다. 하지만 니체와 하이데거는 점차 기독교적 신 개념을 떠나 새로운 이교주의 및 영지주의를 말했다. 우리는 니체와 하이데거의 철학을 더 엄밀하게 이해할 필요가 있다. 한국에서의 포스트모더니즘에 대한 논의도 최근 유럽 인문학과 철학의 연구 동향을 잘 반영할 수 있어야 한다. 포스트모더니즘의 철학적 공헌과 함께 그 한계도 지적되어야 한다.

하이데거와 지라르의 대화

니체와 하이데거에 천착했던 이탈리아의 포스트모던 철학자 바티모는 "하이데거와 지라르"에 대한 접근과 대화를 시도했다.[45] 바티모는 지라

---

45 Gianni Vattimo, "Heidegger und Girard - Ansätze eines Dialogs" In *Das Opfer - aktuelle Kontroversen: Religionspolitischer Diskurs im Kontext der mimetischen Theorie*; deutsch - italienische Fachtagung der Guardini - Stiftung in der Villa

르의 영향으로 기독교 신앙과 철학 사이의 대화에 대해 최근 깊이 사
유하는 모습을 보여주고 있다.[46] 그는 지난 몇 십 년 동안에 이루어진
지라르와의 비판적 대화를 통해서 점차 예수 그리스도의 케노시스를
하이데거 철학과 포스트모던니즘의 의미로 사유하는 작업, 곧 약한 사
유(pensiero débole)와 접목시키려는 작업을 시도했지만,[47] 지라르는
이 작업과 어느 정도 거리를 유지했다. 왜냐하면 지라르는 니체와 하이
데거를 "신이교주의자"로 이해했기 때문이다. 니체와 하이데거의 철학
을 지라르의 미메시스 이론에 근접시키려는 바티모의 노력에도 불구
하고, 지라르는 하이데거를 성서에 의해 영향을 받은 폭력비판가가 아
니라 니체와 함께 "우파적인 신이교주의"의 대변자로 본다.[48]

2017년 미국 바이올라 대학교에서 다문화 연구(Biola intercultural
studies)로 박사 과정 중에 있는 학생을 비롯하여 캘리포니아의 몇몇
박사 과정을 준비하는 학생들이 지라르를 강독하면서 지라르의 사유
와 한스 게오르크 가다머 및 폴 리쾨르와 같은 해석학적 철학자들과
의 관계에 대해 나에게 질문했다. 18세기 토마스 리드의 소박실재론
(naive realism)에 머물러 있는 개혁주의 신학을 새로운 인식론적 방법
론으로 재구성하기 위해서 리쾨르의 인식론적 방법론인 해석학적 순
환에 신학의 각론들을 재배치하고자 한다는 것이다. 그러던 중에 나를

Vigoni 18, 22. Oktober 1999, ed. Bernhard Dieckmann, Beiträge zur mimetischen
Theorie 12 (Münster: LIT, 2001), 251-259.

46 Gianni Vattimo, *Glauben-Philosophieren* (Stuttgart: Reclams Universal-Bibliothek,
1997).

47 Vattimo and Girard, *Christianity, Truth, and Weakening Faith: A Dialogue.*

48 Girard, *Ich sah den Satan vom Himmel fallen wie einen Blitz: Eine kritische
Apologie des Christentums*, 219.

예수는 반신화다

통해서 지라르를 접하게 되었고 새로운 해석학적 지평이 새롭게 열리는 희열을 만끽하고 있다고 했다. 그들은 개혁주의 신학을 새롭게 재구성할 수 있는 지라르의 인식론적 방법론이 있는지 질문했다.

리쾨르와 지라르의 지적인 만남에 대해서는 이미 『십자가의 인류학에서』논의했기에 나는 그들에게 그 책을 소개했고, 가다머와 지라르의 관계에 대한 자료는 많지 않기에 대신 하이데거와 가다머를 따라서 해석학적 철학을 전개한 이탈리아의 포스트모던 철학자 바티모를 소개했다. 바티모는 지라르와의 지적인 만남을 통해서 다시금 기독교적 전통, 기도, 신앙을 철학적으로 재발견하고 있다. 지라르는 해석학적 철학이나 해석학을 존중하지만, 허무주의적 해석학은 반대한다. 앞에서 언급한 하이데거와 지라르의 학문적 대화를 시도했던 바티모의 논문에 대한 답변으로 지라르는 같은 책에 실린 논문인 "사실들, 해석들뿐만 아니라"(Tatsachen, nicht nur Interpretationen)에서 포스트모던 철학의 일반적인 허무주의 분위기와 "해체주의적인 허무주의" 혹은 바티모의 "허무주의적 해석학"를 비판하고 있다.[49] 지라르의 이 논문 제목은 포스트모던 철학의 출발선상에 있는 니체의 주장인 "사실은 존재하지 않고, 해석만이 존재할 뿐이다"(Tatsachen gibt es nicht, nur Interpretationen)에 대한 안티테제를 의미한다.

지라르의 해석학은 "십자가의 해석학"이라 불린다. 지라르를 통해 (개혁주의) 인식론(epistemology)을 공부하기 위해서는 문화의 기원과 신화의 기원에 있는 희생양에 대한 에피스테메가 중요하다. 지라

---

49 René Girard, "Tatsachen, nicht nur Interpretationen," In *Das Opfer - aktuelle Kontroversen: Religionspolitischer Diskurs im Kontext der mimetischen Theorie*, 261-79.

르의 관심은 단순한 텍스트나 텍스트성(textuality)보다 훨씬 더 급진적인, 그 텍스트를 생산하는 공동체에 대한 해체(deconstruction, close reading)에 있다. 그래서 보통 텍스트성에 대한 해체를 말하는 데리다의 해체보다 텍스트성을 생산하는 문화(사회, 공동체)에 대한 해체를 시도하는 지라르의 해체가 훨씬 더 급진적이다. 개혁주의 신학은 지라르의 이러한 반신화적·반희생제의적 사유와 매우 친화적이다.

"신은 죽었다. 우리가 그를 살해했다"고 외친 니체의 허무주의는 이후 1960년대 이후로 포스트모던적 분위기에서 진리의 죽음, 역사의 종말, 인간의 종말, 주체의 죽음, 저자의 죽음 등 온갖 종류의 죽음의 철학을 유행시켰다. 바티모의 예에서 볼 수 있듯이, 니체의 허무주의는 해석학과 해석학적 철학에도 영향을 미쳤고 언어의 지시성이나 사실들 자체까지 부정하는 허무주의적 해석학도 등장하게 되었다. 물론 바티모는 지라르와의 만남을 통해서 점차적으로 니체와 하이데거의 계보와 유산으로부터 비판적 거리를 두는 것처럼 보이지만, 지라르의 입장에서는 여전히 불충분한 것 같다. 앞에서 언급한 것처럼, 영국 신학자 앤서니 티슬턴은 기호학이 꼭 데리다식의 해체주의로 갈 필요가 없다고 주장했다. 그는 소쉬르의 기호학이나 비트겐슈타인의 언어철학 자체는 데리다식의 해체주의와 구분되어야 하고, 해체주의적 해석은 기호학 자체가 아니라, 기호학이 특정한 세계관(프랑스 포스트모던 철학자들의 신니체주의)과 결합되어서 비로소 나온 것이라고 분석했다. 그의 주장은 타당하다.

이렇게 니체의 철학적 유산에는 "독"이 존재한다. "니체가 나를 망쳤다"고 여러 번 하이데거는 말했다고 하는데, 니체는 하이데거뿐만 아니라 해석학도 지나치게 허무주의적 방향으로 흐르게 하는 면도 있다.

영국 BBC 방송은 니체와 하이데거에 대한 다큐멘터리 방송 「인간적인, 너무나 인간적인」(Human, All Too Human)을 제작한 적이 있는데, 이 제목은 시사하는 바가 크다. 즉 니체와 하이데거의 사유를 단지 순수 이론적으로만 파악할 것이 아니라, 인류학의 관점으로 분석해야 할 필요가 있다. 위에서 우리는 하이데거의 사유 자체가 유대인들과 미메시스적인 관계(모방적 욕망과 경쟁, 그리고 르상티망)로부터 자유롭지 못하다는 것을 보았다. 에드문트 후설, 엠마누엘 레비나스, 한스 요나스, 한나 아렌트, 자크 데리다 등 많은 유대인 학자들이 하이데거의 제자였거나 지인들이었다. 하이데거는 유대인과의 미메시스적 관계의 장(field) 속에서 사유했던 것이다.

　하이데거는 유대인에 대항해서 철학적으로 사유했던 면이 강하다. 지라르는 니체가 바그너에 대해서 가지는 미메시스적인 관계에 대해 분석한 바 있다. 하이데거 철학을 제대로 이해하기 위해서는 그가 유대인들을 향해서 가진 미메시스적(모방적/경쟁적) 관계성에 대한 인류학적 성찰이 꼭 필요하다. 하이데거의 유대인에 대한 증오는 유대인을 향한 그의 르상티망을 드러낸다. 집단 광기 또는 광란 도취의 신 디오니소스의 제자가 되고자 했던 니체는 자신의 사유로 인해 광기에 의한 죽음에까지 이르게 되었다. 십자가에 달리신 자 이후 새롭게 도래하는 미래의 신 디오니소스를 경배했던 니체는 광기로 자신을 망쳤고, 또한 하이데거를 망쳤고, 나아가 철학과 음악의 나라였던 독일을 망쳤다. 니체와 나치의 얽힘에 대한 정치철학적 반성 없이 너무 쉽게 탈정치화시켜서 그를 미학화시키는 것은 낭만적 거짓이다. 니체 철학에 대한 이러한 낭만적 거짓을 넘어서 역사적 진실이 드러나야 한다. 하이데거의 『블랙 노트』는 이러한 역사적 진실을 보여주기 시작했다.

게르만적인 하이데거가 비판한 영미권의 민주주의, 자본주의, 보편주의, 평등주의, 과학기술 등은 그가 분석한 것처럼 그 기원에 있어 유대교와 연관이 있다. 현대성의 아방가르드(avant-garde) 역할을 한 유대인들을 향한 이러한 하이데거의 르상티망에도 불구하고, 현대성의 많은 업적들이 유대교의 독특한 반신화적·반우상숭배주의적 사고와 연결된다. 유대인들은 매우 열렬한 토론자다. 탈무드 교육을 비롯해서 유대인들의 독특한 자녀 교육법에는 반드시 열정적인 토론이 포함되어 있다. 유대인들은 이러한 독특하면서도 열정적인 토론 문화를 통해 많은 천재들과 노벨상 수상자들을 배출했다. 또한 유대인들은 끊임없이 반문하고 질문하는 것으로 유명하다. 독일어로 표현하자면, 유대인들은 끊임없이 "어떠한 사안의 뒷배경(이면)에 대해 질문한다"는 의미로 번역될 수 있는 "힌터프라겐"(Hinterfragen)을 해왔다. 이는 유대인들의 독특한 반우상주의적 사유와도 연결된다. 지라르 이론에 적용해서 생각해 본다면, 유대교는 "창세로부터 은폐되어온 것들", 곧 세계 신화와 희생제사에 대해서도 점차 "힌터프라겐"하기 시작했다.

유대교, 근대 "탈마술화"의 기원

막스 베버는 근대를 세계의 탈마술화(Entzauberung der Welt)와 합리화(Rationalisierung)로 이해했다. 세계의 탈마술화와 합리화의 아방가르드는 민주주의, 자본주의, 과학기술 발전에 공헌한 세계시민주의적인 유대교와 칼뱅주의였다. 하이데거가 현대성의 특징이라 할 수 있는 민주주의, 자본주의, 과학기술이 유대교로부터 강한 영향을 받았다고 지적한 것은 옳다. 하지만 니체를 따르는 하이데거는 막스 베버가 말한 세계의 탈마술화와 합리화 과정으로서의 모더니즘과 현대성을 위기로만 파악해서 그것의 업적까지 폐기하는 허무주의적 선택을 했다. 그래서 세계의 탈마술화와 탈신비화 과정을 역행하여 다시금 새로운 신화를 낭만적으로 이야기하기에, 나는 니체와 하이데거 철학에 영지주의적이고 에소테릭하며 신이교적인 차원이 자리 잡고 있다고 비판한다.

예수는 반신화이기에 기독교 문화에서는 그에 기반을 둔 코즈모폴리터니즘, 민주주의, 자유와 인권, 평등사상, 보편주의가 점차 시행착오를 거치면서 싹트기 시작했다. 예수가 신화였다면 이러한 기독교 문화는 탄생하지 못했을 것이다. 앞에서 말한 것처럼, 칼 슈미트와 하이데거와 같은 나치 시대의 보수 혁명 이론가들은 대체적으로 로마 가톨릭 배경의 학자들로서 고향 없고 땅 없는(Bodenlos) 세계시민주의(Cosmopolitanism)를 근거로 유대인들과 칼뱅주의자들을 비판했다. 종교개혁의 후예들 중 칼뱅주의는 반신화적·반희생제의적·우상파괴주의적이고 성상파괴주의적인 근본정신을 발전시킨 유대교와 많은 면에서 그 맥을 같이한다. 칼뱅은 구약 유대교의 옛 언약과 신약 교회의 새 언약 사이의 연속성을 강조했다. 반신화적인 유대-기독교적 전통은 전체주의와 파시즘, 민족주의와 인종주의, 지역주의 등을 극복하고 세계시민주의를 탄생시켰다. 대체적으로 세계의 많은 신들은 작은 부족과 씨족과 민족의 수호신으로서 지방신으로 남는다. 곧 우상은 언제나 지역적이며, 보편적이지 않다.

야웨는 지방신이 아니었다. 유대인들은 엄밀한 의미에서 혈연 공동체나 민족 공동체가 아니라 그것을 넘어서는 언약 공동체였다. 그렇기에 야웨는 스스로를 나그네와 고아와 과부의 하나님으로 자신을 계시한다. 신화의 신들은 군중의 신들로서 그것은 승리자와 강자의 관점을 대변하는 신이지, 결코 희생당하기 쉽고 상처받기 쉬우며 약탈당하기 쉬운 나그네와 고아와 과부의 신으로 자신을 드러내지 못한다. 반면 유대교는 일찍부터 노예들의 권리, 가축들과 들짐승들의 권리, 땅에 대한 권리에 대해서 말해왔다. 특히 유대인들만이 가지는 독특한 샤바트(안식일)에 대한 이해에서도 이를 발견할 수 있다. 유대인들은 샤바트를 시간의 성소 혹은 시간의 지성소로 이해한다. 샤바트와 유사한 것을 당시 고대 근동의 주변 세계에서는 발견할 수 없다. 인류의 달력이나 시간 주기는 대체로 하늘에 있는 해와 달과 별들의 주기로부터 나온 것이다. 하지만 유대인의 6일 노동/샤바트의 안식이라는 7일 주기는 이것들과는 무관하다.

고대 바빌론을 비롯한 주변 세계에서는 우리의 장날처럼 물건을 많이 팔기 위해 쉬는 날은 있었지만, 유대인의 샤바트처럼 노예들과 가축들까지 안식하는 개념 자체가 존재하지 않았다. 유대인들은 샤바트를 할례와 함께 언약의 표징으로 생각하고, 또한 샤바트를 창조의 면류관으로 이해한다. 고대 그리스 철학자들도 노예들의 노동 덕분에 여유를 부리면서 철학을 전개했다. 고대 사회에서 노예들은 결코 안식할 권리가 없었고 안식할 수 있는 날도 존재하지 않았다. 하지만 유대인들의 샤바트에는 반드시 남종과 여종, 가축들도 반드시 노동을 시키지 말고 안식할 수 있는 권리를 주어야 한다. 현대 유대인들은 지금까지도 엄격하게 샤바트(안식일)에는 자녀들에게 명령법으로 말하지 않는다고 한다. 창조의 완성과 시간의 지성소로서의 샤바트에는 고대 사회에서는 인간 이하의 대접을 받았던 노예들까지도 하나님의 형상(*Imago Dei*)으로서 존엄성을 존중받고 안식할 수 있는 권리가 보장되었다. 이 샤바트는 이후 안식년과 희년으로 그 정신이 더 급진적으로 확장되어

예수는 반신화다

나간다. 고대 그리스의 직접민주주의가 현대 민주주의에 공헌한 바가 있지만, 고대 그리스에서는 여성 및 노예들과 같은 사회적 약자들이 배제된 민주주의였다. 현대적 의미의 민주주의로 완성되는 데는 유대-기독교적 전통이 크게 공헌했다는 사실을 기억해야 한다.

유대인들뿐 아니라 칼뱅주의도 세계시민주의를 가장 잘 대변한다. 2016년에 방영된 EBS 다큐프라임 「앙트레프레너, 경제강국의 비밀」 4부 "왕들의 선택"에서는 창조적 파괴자와 혁신자(앙트레프레너)로서의 프랑스 위그노(칼뱅주의 교인들)의 공헌이 보도된 바 있다. 막스 베버의 『프로테스탄트 윤리와 자본주의 정신』을 연상케 하는 내용으로서, 특히 칼뱅을 따른 프랑스 위그노(개혁파 교인들)들이 프랑스로부터 추방되면서 영국, 네덜란드, 스위스, 독일 등을 경제 강국으로 만드는 창조적 파괴자와 혁신자(앙트레프레너) 역할을 했다는 내용이었다. 오스트리아 출신의 미국 경제학자 슘페터는 기업가의 혁신 즉 "창조적 파괴"가 자본주의 사회의 풍요로움을 가져오는 원동력으로 보았다. 역사의 새로운 패러다임을 만들고 인류의 삶을 혁신적으로 바꾼 이들이 바로 앙트레프레너(entrepreneur)다. 앙트레프레너가 많은 시대는 부유했고, 그 사회는 경제 강국이 되었다. 그런데 이러한 새로운 창조적 파괴와 혁신을 주도한 사람들이 주로 개신교인들, 특히 칼뱅주의자들이었다.

프랑스의 경제를 받치고 있던 앙트레프레너들을 포함한 당시 100만 명 정도의 위그노 교인들이 프랑스를 떠났고, 유럽의 약소국에 불과했던 독일 지역의 제후들과 영국의 지도자들은 프랑스의 위그노를 받아들여 경제를 부흥시켰다. 경제, 금융, 자본, 상업, 기술에 대한 혁신을 주도했던 이들 프랑스 칼뱅주의자들의 영향은 영국 산업혁명의 기초가 되었다. 독일 나치 시대의 보수 혁명가들이었던 헌법학자 칼 슈미트와 철학자 마르틴 하이데거의 사유에는 바로 이 새로운 근대성(민주주의, 자본주의, 현대 과학기술)을 주도하는 현대적이고 코즈모폴리턴적인 유대인과 칼뱅주의자들에 대한 르상티망과 질투가 묻어 있다.

"20세기의 신화"와 윤리학의 실종

칼 슈미트, 하이데거, 에른스트 윙어와 같은 독일 나치 시대의 보수 혁명 이론가들은 대체적으로 반신화적 유대-기독교적 전통을 이탈하여 친신화적이거나 영지주의적인 노선으로 기울어졌다. 헌법학자 칼 슈미트도 법학 연구에 있어서 당시의 신화 연구의 재발견을 수용했다.

나는 2007년 유학 중 잠시 귀국했을 때 법심리학자이면서 한국 라캉학회 회장인 김병준 변호사가 연락을 주어서 서울 서초동에서 만나 이야기를 나누었다. 이때 화두는 지라르와 독일 헌법학자 칼 슈미트였다. 사형제도, 신성한 왕권 제도, 정치권력의 희생제의적 기원, 그리고 토마스 홉스와 같은 정치학과 법학에 관련된 이야기를 나누었다. 나는 당시 지도 교수 팔라버의 지라르 이론에 입각한 칼 슈미트 연구, 특히 칼 슈미트의 사유 속에 흐르는 희생제의적이고 신화적 성격에 대한 분석을 소개했다. 위르겐 하버마스의 말처럼 그 위험성에도 불구하고 정치적 낭만주의(Politische Romantik)를 비판하는 칼 슈미트는 정치 질서에 대한 매우 깊은 통찰력과 이해를 보여주고 있다. 토마스 홉스와 현대의 토마스 홉스로 평가받는 칼 슈미트를 통해, 정치권력과 질서는 정치적 자유주의와 정치적 낭만주의가 추구하는 것처럼 합리적인 사회계약이나 협의에서 발생하지 않는다는 사실을 배울 수 있다. 지라르

예수는 반신화다

는 사회계약설이 인류 문화와 사회의 기원이 아니라 희생양 메커니즘이 그 기원이라고 말한다. 나는 김병준 변호사로부터 칼 슈미트의 저서가 거의 한국어로 번역되었다는 사실과, 또한 칼 슈미트의 이론이 과거 유신헌법과 깊은 관련이 있었다는 사실을 알게 되었다.

당시 나는 칼 슈미트 세미나에 참여해서 그의 저작들을 지도 교수와 함께 읽으면서 나치 독일의 동맹이었던 일본 군국주의적 전쟁을 철학적으로 지지했던 일본 교토 학파의 (종교) 철학 속의 희생제의적이고 신화적 뿌리와 차원을 분석하고 있었다. 칼 슈미트의 법학과 하이데거의 철학은 전쟁 동맹국이었던 일본에 폭넓게 수용되었다. 당시 독일과 일본에서 정치적 파시즘과 신화의 부활이 동시에 이루어졌다. 지라르는 디오니소스 신화를 부활시키려고 한 니체를 비판하면서 현대의 새로운 신화 운동을 위험한 시도로 평가했고 그것은 실제로 정치적 파시즘, 나치즘, 전체주의로 귀결되었다.

20세기 새로운 신화 운동을 가장 잘 보여주는 책은 바로 히틀러의 『나의 투쟁』과 함께 가장 영향력 있는 독일 나치에 관한 저술로 평가되는 알프레드 로젠베르크(Alfred Rosenberg)의 『20세기의 신화』(*Der Mythus des 20. Jahrhunderts*)다.[50] 이 책은 독일 게르만족의 영토와 피의 신화를 재활성하려고 한다. 독일 나치들은 게르만족의 영토의 정화를 위해 유대인들을 희생양으로 몰아 집단 살해했다. 600만 유대인 학살을 홀로코스트라고 하는데, 그것은 문자적으로 번제를 의미한다. 실제로 독일 나치들은 자신들의 제3제국을 위해 유대인들을 초석적 희

---

50 Alfred Rosenberg, *Der Mythus des 20. Jahrhunderts: Eine Wertung der seelisch-geistigen Gestaltenkämpfe unserer Zeit* (München: Hoheneichen, 1930).

생제물로서 살해했다. 이 책에 대한 독일어 위키피디아의 자료에서 볼 수 있는 것처럼 로젠베르크는 마르틴 루터가 로마 가톨릭교회와 예수회에 의해 왜곡된 "유대교화 된" 기독교가 아닌 참된 기독교를 대변한다고 높게 평가했다. 이 책은 이러한 로젠베르크의 주장으로 인해 바티칸으로부터 금서로 지정되었다.

당시 독일 루터파 교회는 히틀러에게 굴복했다. 당시 독일 루터파는 독일적이고 게르만적인 한계에 갇혔다. 하지만 칼뱅주의의 노선에 서 있는 스위스의 칼 바르트는 히틀러와 나치에 저항했다. 1933년 3월 5일 독일 나치에 의해서 민주주의가 폐기되자 며칠 후 바르트는 "신학적 공리로서의 제1계명"(Das erste Gebot als Theologisches Axiom)이라는 제목의 강연을 통해 나치에 저항했다. 바르트는 십계명의 제1계명을 신학적 공리로 삼아 이것에 기초하여 이후 자신의 방대한 『교회 교의학』을 저술해 나갔다. 바르트는 "바르멘 신학 선언"(Barmer Theologische Erklärung)을 히틀러에게 직접 보냈을 뿐 아니라, 히틀러의 생일 때 자신의 설교들 중 한 편도 보내었는데, 그 설교에서 바르트는 "하나님의 눈동자"(Gottes Augapfel)인 유대인을 기독교에 있어 결코 포기될 수 없는 전제로 선언했다. 지라르의 신학적 공헌도 십계명의 제1계명에 관한 것이다. 독일어권에서 지라르가 기독교를 구했다고 표현하는 이유는 바로 문화상대주의나 종교다원주의적인 분위기 속에서 흐려지기 시작한 이교적 신들(Götter)과 유대-기독교적 하나님(Gott)의 차이를 학문적으로 규명했기 때문이다.

당시 나치에 협력했던 칼 슈미트와 하이데거와 같은 학자들은 유대교, 칼뱅주의, 예수회 등이 모두 합리적이고 이성적 철학을 대변하면서 보편주의, 자유주의와 세계시민주의(코즈모폴리터니즘)를 지지한다는

예수는 반신화다

점을 비판했다. 현대의 새로운 신화로서 디오니소스를 다시금 숭배하고자 했던 니체도 합리적-이성적 철학을 대변하는 예수회를 싫어했는데, 예수회는 어느 면에서는 칼뱅주의와 유사하다 싶을 정도로 교육을 강조했다. 20세기에 다시금 게르만적인 피와 땅의 새로운 신화를 활성화시키기 원했던 히틀러와 독일 나치가 정권을 잡자 가장 먼저 한 일 중 하나는 예수회를 추방하는 것이었다. 나는 오스트리아 인스부르크 대학교의 예수회가 나치에 의해 추방되는 것을 독일 다큐멘터리로 본 적이 있다. 니체는 예수회, 모세, 사도 바울을 미워했는데, 여기서 우리는 그들에 대한 니체 자신의 모방적인 관계, 곧 미메시스적 경쟁과 모방 및 질투를 엿보게 된다. 니체는 모세와 사도 바울 그리고 예수회와 경쟁하고 모방하면서 그들을 대체하는 새로운 유럽의 교육자와 설교자가 되기를 원했다.

반도덕주의자 니체와 독일 나치

신화에는 윤리가 실종되어 있다. 신화는 폭력에 대한 진실도 은폐하고 있다. 군중 폭력을 대변하는 텍스트로서의 신화에는 집단 폭력과 그 희생양 만들기에 대한 윤리적-도덕적 비판 또는 폭력에 대한 진실이 증발되어 있다. 신화에는 도덕이나 진리가 상실되어 있다. 그렇기에 신화를 복원시키고자 했던 니체와 하이데거 철학에도 윤리와 도덕이 실종되어 있다. 유대-기독교적 윤리와 도덕을 가치전복(Umwertung)시키고자 했던 니체는 자신을 최초의 반도덕주의자(Ich bin der erste Immoralist)라고 말한다. 니체는 유대-기독교가 희생제의적 가치들을 전복시켰다는 사실을 잘 알았지만 그것이 조직과 집단을 약화시킨다는 이유로 거부했다. 반신화로서의 성서는 세계 신화의 가치전복이다. 신화는 거대한 군중과 집단의 전체주의적 가치를 변호하지만, 유대-기독교적 가치는 그 신화적 가치를 가치전복시켜서 거대한 군중과 집단에 의해 살해당하고 추방당하고 희생당하는 약자, 희생자, 소수자, 객, 고아, 과부, 나그네와 외국인을 변호한다. 살해당한 아벨을 의인이라 부르고 아벨의 피를 신원하고자 하는 성서는 살해자 로물루스(Romulus)의 이름에서 나온 로마(Rome)의 희생제의적이고 신화적 가치들을 전복한다.

성서는 신화의 가치전복이다. 니체는 성서가 신화를 가치전복했다고 보았지만, 그는 십자가에 달리신 자를 버리고 디오니소스를 새로운 신으로 선택하여 성서적 가치전복에 역행해서 다시금 신화적 가치를 복권시키고자 했다. 니체의 새로운 신 디오니소스는 바로 그 군중의 신이다. 디오니소스는 피와 땅의 신화와 이데올로기를 대변한다. 광란 도취의 신인 디오니소스가 윤리에 무관심하다는 사실은 누구도 부인하기 힘들다. 니체는 기독교 전통에서 발견되는 진리에의 의지(Wille zur Wahrheit)나 윤리에의 의지가 아니라, 권력에의 의지(Wille zur Macht)를 선택했다.

니체를 계승하는 하이데거도 윤리와 도덕을 비판했다. 그의 철학에 윤리가 실종되어 있다는 것은 잘 알려진 사실이다. 제2차 세계대전 당시 나치의 선전 장관으로서 자신의 선동 연설에서 자주 니체의 글들을 인용했던 괴벨스(Paul Joseph Goebbels)는 히틀러의 입으로 불렸는데, 그는 니체 철학에 대한 열렬한 추종자로서 모세의 십계명을 비판한 니체의 『차라투스트라는 이렇게 말했다』 등의 작품에 심취해 어린 시절에 가졌던 기독교 신앙을 회의했고 이후 나치가 되었다. 니체는 『차라

예수는 반신화다

투스트라는 이렇게 말했다』에서 모세의 십계명을 비판했다. 니체는 이천 년 유럽 도덕의 기원에 있는 유대-기독교적 도덕을 가치전복하고자 했던 첫 번째 반도덕주의자였다. 홀로코스트 생존자들은 괴벨스를 굉장히 무서워했다고 하는데, 히틀러의 왼팔인 하인리히 히믈러(Heinrich Himmler)는 도살자나 하수인에 불과했지만 괴벨스는 유대인에 대한 집단 증오와 군중 폭력을 선동하여 대부분의 독일인들이 유대인들을 공격적으로 선동했고 유대인들을 벌레나 병균 취급하듯이 다루었으며 또한 말살했다고 한다.

지젝은 자주 히틀러의 왼팔이자 히틀러 친위대 전국 지도자로서 게슈타포를 지휘하고 유대인 대학살의 실무를 주도한 최고 책임자 히믈러가 어떠한 도덕적 회한이나 책임 없이 유대인 집단살육을 정당화하기 위해 힌두 서사시『바가바드 기타』(Bhagavad Gita)를 즐겨 인용했다는 사실을 지적했다.[51] 인도 철학이 낳은 가장 위대한 경전이라고도 하는『바가바드 기타』에는 크리슈나 신과 아르주나 왕자 두 주인공이 등장하는데, 아르주나 왕자가 18일 전쟁에 참전할지를 놓고 갈등할 때 크리슈나 신이 그를 설득해 전쟁에 나가도록 하는 과정을 담았다. 종형제 사이에 대전투가 벌어졌다. 아르주나는 골육상쟁 때문에 전율하게 될 운명을 비탄하며 자기 전거(轉車)의 몰이꾼인 크리슈나(실은 최고신 비슈누의 화신)를 향하여 고뇌를 호소한다. 아르주나가 괴로워하는 모습을 보고 크리슈나는 두려워하는 아르주나를 격려하면서 조금도 주저하지 말고 즉시 전장에 돌입하기를 권면한다. 크리슈나 신은 다

---

51 https://www.youtube.com/watch?v=8gk38Pwf8VA (SS head Himmler used Bhagwat Gita's meanings (Hindu religious text) to justify killings, without any moral remorse).

음과 같이 말한다. "이 전쟁은 정의의 싸움이다. 정의의 싸움에 투신하는 것은 무사가 본래 바라는 바다. 전투를 피해서는 안 된다. 다만 자신의 본무를 실행한다는 것이 주요 문제이지, 일의 성패는 문제 삼지 않는다. 행동의 결과에 좌우되어서는 안 된다."

『붓다와 희생양』에서 논한 것처럼 최근 힌두교와 불교 학계는 인도의 전쟁하고 무술하는 요기, 중국 소림사의 무술이나 일본의 사무라이 및 선불교 사이에 존재하는 뿌리 깊은 관련성 등을 연구하고 있다. 붓다도 무사 계급인 크샤트리아 출신이다. 불교 문화권에서는 자연과학이나 인문학보다는 무사도가 고도로 발전하게 되었다. 히틀러는 일본 선불교적 문화에 뿌리내리고 있는 사무라이적 무사도를 부러워했다고 한다. 유대-기독교적 전통에서는 점차 전쟁 자체가 탈신성화되어가고, 윤리적으로 보이는 기사도와 신사도를 발전시켰지만, 불교 문화권의 무사도에는 그러한 윤리적 지평이 강하지 못한 것이 사실이다. 불교도 세계관적으로 무윤리주의(Amoralismus)에 해당한다. 니체와 마찬가지로 불교 철학에도 "선악을 넘어서"의 차원이 존재하는 데, 나는 이미 『붓다와 희생양』에서 선악을 넘어서 파계하는 붓다들을 은폐된 희생염소로 파악했다. 신들이 선악을 넘어서 파계하고 범죄를 저지르기 때문에, 그들은 유대-기독교의 거룩한 하나님처럼 신적인 명령으로서의 십계명과 같은 윤리적 명령을 내릴 수 없다. 그래서 타종교에서는 유대-기독교적 전통에서만큼 윤리적 감수성이 크지 못한 것이다.

전쟁 서사시의 성격을 지닌 『바가바드 기타』를 읽고 일부 서구 학자들이 이 책이 전쟁광을 위한 책이라고 비판하는 것은 옳다. 이 책에 비판적인 학자들은 어떻게 신이 살육을 명령하는 이런 책을 최고 경전으로 삼는지 이해하지를 못하겠다고 말한다. 니체와 하이데거가 찬양

예수는 반신화다

했던 소크라테스 이전의 철학자 헤라클레이토스도 "전쟁(Polemos)은 만물의 아버지"라고 했다. 이렇게 영토와 피의 신화를 복원시키고자 하는 하이데거를 비롯한 파시스트들의 저작에는 언제나 전쟁, 정화, 땅, 피, 신화, 결단, 용기, 죽음 등이 정치적 실존주의의 차원에서 등장한다.

친신화적이고 영지주의적 사유를 전개한 니체와 하이데거는 기독교적 사유에 기반을 두고 독일의 합리적·이성적인 철학과 윤리학을 전개하는 칸트와 헤겔과는 점차 멀어지게 되었다. 니체는 헤겔과 경쟁 관계에 있었던 쇼펜하우어를 철학적 멘토로 삼았다. 신학을 전공하기도 했던 니체는 점차적으로 유대-기독교적 전통을 떠나 고대 그리스 전통과 힌두교-불교적인 방향으로 나아갔다. 니체는 유대-기독교 도덕을 인도의 불가촉천민인 챤달라의 도덕이라고 비판했다. 니체는 유대-기독교 도덕이 공동체를 조직하는 힘의 감소를 가져오는 평등의 도덕으로서 결국 문명의 데카당스를 가져온다고 비판했고, 그 대안으로 인도의 카스트 제도와 같은 계급 질서를 옹호했다.

라캉과 마르크스뿐만 아니라 헤겔 철학의 계보에 서 있는 지젝이 니체 이후의 사유의 흐름 가운데서도 유대-기독교적 전통과 가치를 다시 변호하는 것은 이런 맥락에서 이해될 수 있다. 친신화적 철학을 전개한 니체와 하이데거는 헤겔 철학뿐 아니라 칸트 철학과도 거리를 두게 된다. 실제로 독일 나치 시대에 하이데거는 유대인 학자들이 다수 참여했던 신칸트학파를 비판했다. 유대인들이 신칸트학파를 구성하게 된 이유 중 하나는 칸트 철학이 보편주의를 지향하고 있기 때문이다. 1929년 스위스 다보스에서 이루어진 하이데거와 신칸트학파의 카시러(Ernst Cassirer)가 벌였던 논쟁은 유명하다. 이 논쟁에서 하이데거는 신칸트학파의 창시자인 코헨(Hermann Cohen)의 신칸트주의를 비판하고 현존재(Dasein)에 대한 자신의 실존주의적 분석을 전개했다. 물론 여기서 하이데거의 실존주의는 사적 실존주의가 아니라, 독일 나치와 깊이 관련된 정치적 실존주의였다. 이 논쟁에서 하이데거는 윤리학을 철학적 중심으로 삼은 코헨에 반대해서 윤리학은 불가능하다고 주장했다.

코헨과 그의 제자 카시러는 모두 유대인이었다. 카시러는 유대인으로는 최초로 1930년에 독일 함부르크 대학교의 총장이 되었다. 그는 히틀러가 정권을 장악하자 독일에서 추방되었다. 코헨은 형이상학보다는 "순수" 사유와 윤리학을 강조한 마르부르크 신칸트주의 학파를 세웠다. 『순수의지의 윤리학』(*Die Ethik des reinen Willens*, 1904)과 같은 저작에서 볼 수 있듯이, 신칸트주의자로서 코헨은 칸트를 중심에 두고 자신의 윤리학을 세워가기 시작했다. 또한 『유대교의 기원에서 본 이성의 종교』(*Die Religion der Vernunft aus den Quellen des Judentums*, 1919)라는 책에서 볼 수 있듯이, 코헨은 자신의 유대교가 이성의 종교임을 확신했다. 하이데거의 이성 비판(Vernunftkritik)은 유대인 비판과 연결되어 있다. 하이데거도 유대교가 반신화적이고 이성적 종교라는 사실을 알았다. 하이데거의 이성 비판은 데리다의 해체주의 철학에서의 이성 중심주의(Logozentrismus)에 대한 비판으로 이어진다.

인류의 계몽은 뮈토스(신화)로부터 점차적으로 로고스(이성)로 나아가는 과정이었다. 그러나 특히 독일어권에서 낭만주의와 고전주의로부터 이성적 전통에 권태로움과 의미의 위기를 느낀 일부 학자들은 다시금 낭만적이고 미학적인 신화, 특히 그리스 신화를 동경하기 시작했다.

니체와 하이데거의 비이성주의

오스트리아-헝가리 제국 출신의 게오르크 루카치(Georg Lukács)는 20세기 초반 마르크스 철학과 이론의 중요한 이론가로서 어떻게 독일 철학에서 파시스트적인 철학이 탄생하게 되었는지를 연구했다. 물론 그의 주장을 모두 받아들일 수는 없다고 하더라도, 우리는 니체로부터 독일 나치에 이르기까지 파시스트적인 철학과 비이성주의(Irrationalismus)의 출현에 대한 그의 학문적 분석에서 진리의 조각을 발견할 수 있다. 다수의 니체 연구에서는 루카치의 분석이 언급된다. 루카치의 입장은 부분적으로 니체에 대한 하버마스의 연구에도 영향을 주었다. 루카치는 자신의 저서 『이성의 파괴』(*Die Zerstörung der Vernunft*)[52]를 통해 니체를 "제국주의적 시대의 비이성주의의 창시자"로 평가하고 에른스트 윙어와 알프레드 로젠베르크 등은 전(前) 파시스트적인(präfaschistische) 혹은 파시스트적인 생철학을 대변하고 있다고 비판한다. 루카치는 셸링으로부터 히틀러에 이르는 비이성주의의 길(Der Weg des Irrationalismus von Schelling zu Hitler)을 분석했다. 또한 그는 이 책에서 파시즘 및 제국주의와 얽혀 있는 독일 철학의 비이성주의의 특징으로 신화의 창조, 이해와 이성에 대한 무시, 사회적-역사적 진보에 대한 부정 등을 언급하고 있다.

루카치도 신화의 창조가 철학적 비이성주의, 파시즘, 제국주의를 초래했다고 분석했다. 루카치는 사회적-역사적 진보에 대한 부정을 니체와 하이데거를 비롯한 일부 비이성주의적이고 파시스트적인 독일 철

---

52 Georg Lukács, *Die Zerstörung der Vernunft* (Berlin [Ost]: Aufbau-Verlag, 1954).

학자들의 특징으로 분석했다. 비이성주의적·파시스트적 독일 철학자들이 유대-기독교적 전통이 공헌한 현대성을 과도하게 데카당스로만 파악한 점에서, 그리고 유대교가 특히 이바지한 현대 민주주의, 보편주의, 자유주의, 자본주의, 과학기술을 허무주의적인 관점에서 존재 망각(Seinsvergessenheit)의 타락의 역사(Verfallsgeschichte)로만 파악한 것에서 볼 때, 루카치의 분석은 타당하다. 니체와 하이데거 모두 모더니즘과 현대성을 사회의 위기와 부패를 초래하는 원인으로만 지목하며 사회적-역사적 진보를 이룬 모더니즘의 문명사적 업적을 지나치게 무시했다. 지라르는 모더니즘을 새로운 희생 위기로 파악함으로써 최악으로 추락할 수 있는 위기의 측면이 있다는 점을 부정하진 않지만, 당당히 모더니즘을 긍정함으로서 모더니즘이 최선의 사회를 만들어가는 데 기여할 수 있다고 주장한다.

니체와 하이데거는 유대-기독교적 사유과 함께 칸트와 헤겔의 합리적 이성 철학을 점차 떠나서 이성을 비판하고 윤리학을 무시하는 비이성적 철학을 전개했다. 이러한 칸트 철학에 대한 비판은 니체-하이데거 계보에 서 있으면서 인도에서 요가 수행을 하기도 한 유럽 68세대의 대표적 학자 슬로터다이크의 『냉소적 이성 비판』(Kritik der zynischen Vernunft)[53]에서도 발견된다. 이 책은 칸트의 『순수 이성 비판』(Kritik der reinen Vernunft)에 대해 반대하는 비판적인 의미를 내포하고 있다.

아도르노와 하버마스와 같은 독일 프랑크푸르트학파가 대체적으

---

53 Peter Sloterdijk, *Kritik der zynischen Vernunft*. 2 Bände (Frankfurt am Main: Suhrkamp,1983). 이진우, 박미애 역, 『냉소적 이성 비판』 (서울: 에코리브르, 2005).

예수는 반신화다

로 헤겔과 칸트와 같은 독일의 전통적 철학을 계승하고 있다면, 니체와 하이데거 그리고 슬로터다이크는 신화와 친화적인 헤라클레이토스로 대표되는 고대 그리스 철학, 즉 소크라테스 이전의 철학으로 거슬러 올라가 독일 철학의 새로운 시작(ein anderer Anfang)을 모색했다. 소크라테스 이전의 철학은 소크라테스와 플라톤 그리고 기독교 철학과 같은 이성적이고 합리적 철학 이전에 있었던 신화적 그리스 철학을 의미한다. 또한 니체와 하이데거는 쇼펜하우어를 따라 유대-기독교적 전통을 떠나 힌두교와 불교로부터 철학적 사유의 새로운 시작을 시도했다. 하이데거의 저작에도 철학적 사유의 "새로운 시작"에 대한 언급이 많다.

그래서 니체와 하이데거 철학에는 합리적, 이성적, 윤리적 차원보다는 신화적, 비극적, 영웅적, 허무주의적, 결단적, 전쟁적인 차원이 강하다. 레비나스는 하이데거 철학에 존재하는 이러한 전쟁적 차원에 대해 비판했다. 니체와 하이데거 철학에 신화적 차원뿐만 아니라 전쟁적 차원이 존재한다는 것은 이 두 학자가 소크라테스 이전의 대표적 철학자로서 "전쟁"이 만물의 아버지라고 말했던 헤라클레이토스에 천착했다는 사실에서도 살펴볼 수 있다. 칼 슈미트가 말한 예외상황(Ausnahmezustand)도 결국은 전쟁 상태를 의미한다. 니체 철학에 존재하는 미학적 예외 상태도 디오니소스 축제 때에 이루어지는 광란 도취와 집단 도취의 카오스적 예외 상태를 말한다.

신화는 전쟁 친화적이다. 지라르의 분석처럼 신화와 제의는 모두 차이소멸을 대변하고 있는데, 그것은 일상적인 질서가 붕괴되는 전쟁적 예외 상태를 의미한다. 그래서 희생제의에는 반드시 모의 전쟁이 발발한다. 나는 불교 승려들이 무술을 종교적 수행으로 고도로 발전시키게 된 것도 이 축제적 모의 전쟁과 관련된다고 『붓다와 희생양』에서 주장했다. 힌두교와 불교 문화권에서는 축제적 모의 전쟁이 점차 분업화의 맥락에서 요기들과 불교 승려들에 의해 전문적으로 수행되었다.

하이데거는 연구 초기부터 윤리를 비판하고 부정했다. 하이데거의 『휴머니즘에 관한 서간』(Brief über den Humanismus)에도 그의 윤리 비판이 나타나며, 이러한 하이데거 사유에서 발견되는 윤리 실종이나 윤리 비판은 후기 구조주의 철학에까지 이른다. 니체와 하이데거의 사유에서 발견되는 비이성적인 윤리 비판, 이성 비판, 도덕 실종의 문제는 포스트모던적 사유에서도 발견된다. 포스트모던적 사유가 유희적일 수는 있어도 도덕적이고 윤리적이지는 않다. 포스트모던적 사유의 특징인 축제성에는 도덕과 윤리가 빠져 있다. 니체는 축제야말로 가장 전형적인 이교라고 했는데, 축제와 이교, 나아가 신화는 결국 희생염소에 대한 집단의 폭력과 집단 살해 이야기이기에 그것이 윤리적일 수 없다. 남신과 여신의 성적인 통음난무(집단 성교)와 집단 폭력 이야기로 가득한 불륜 드라마와 막장 드라마인 신화와 축제 그리고 이교에서 유대-기독교 전통에서 발견되는 십계명과 같은 윤리적 계명을 발견하기란 매우 어렵다.

세계 신화에는 구약성서에서처럼 살해된 의인 아벨의 피를 변호하는 메시지도, 나그네와 고아와 과부를 변호하는 메시지도, 희생제사 대신에 정의를 추구하라는 메시지도 희박하다. 지금은 글로벌한 보편 윤리로 자리 잡은 인권, 자유, 평등, 민주주의, 보편주의와 같은 윤리적-도덕적인 체계의 기원은 특정한 종교와 문화, 곧 유대-기독교적 전통의 유산이라는 것을 기억해야 한다. 우리가 비교신화학에 대한 이 책에서 니체와 하이데거의 사유에 대해 비판적일 수밖에 없는 것은 그것이

예수는 반신화다

윤리와 도덕이 상실되고 증발된 사유로서 전체주의적·나치적·파시스트적이기 때문이다.

　니체와 하이데거의 사유가 한때 미학화되고 탈정치화되어 이해되기도 했지만, 그것은 유대인들을 향한 거대한 규모의 희생양 만들기 사건인 홀로코스트와 같은 집단 살해와 집단 폭력으로부터 결코 자유로울 수 없다. 홀로코스트는 현대에 발견된 가장 큰 규모의 희생양 만들기 사건이다. "구원이 히틀러에게"(Heil, Hitler)라는 구호에서 발견할 수 있듯이, 독일의 나치는 일종의 신이교적 정치 종교였다. 괴벨스는 히틀러를 새로운 그리스도로 이해했고 그를 숭배하도록 독일 군중들을 집단적으로 선동했다. 또한 독일 나치의 이러한 새로운 이교주의는 새로운 이교주의자였던 니체와 하이데거의 철학과 연결된다.

　국내에는 일부 프랑스 포스트모더니즘 철학자들에 의해서 정치적으로 무해화되고 탈정치화되며 미학화된 니체-하이데거 철학에 대한 낭만적 이해로 인해 아직도 니체-나치 그리고 하이데거-나치의 정치철학적 관련성이 제대로 소개되고 있지 않다. 하지만 2014년 하이데거의 『블랙 노트』 출판 이후 하이데거가 나치였고 파시스트였다는 사실을 이제는 누구도 부인할 수 없게 되었다. 니체 철학 속에 전(前) 파시스트적인(präfaschistisch) 사유가 담겨 있다는 것도 잘 알려진 사실이다. 아직도 국내 인문학과 철학에서는 이러한 니체-하이데거의 철학과 독일 나치즘 및 파시즘의 뿌리 깊은 연관성이 제대로 소개되고 있지 못하다. 지젝의 신학적 입장에 다 동의할 수는 없지만, 그가 니체와 하이데거 계보에 서 있는 일부 서유럽 학자들의 새로운 영지주의와 반계몽주의, 뉴에이지 사상, 나아가 새로운 이교주의를 비판적으로 성찰하는 것은 환영할만하다.

뮈토스로부터 로고스로의 계몽

니체와 하이데거의 사유는 일반적으로 불교적 사유와 친화적이다. 선과 악을 넘어서고자 하는 불교는 무도덕주의(Amoralismus)로 분류된다. 선과 악을 넘어서고자 하는 불교는 결국 선과 악의 차이를 붕괴시키는 범죄를 의도적으로 범하는 희생염소 역할을 하는 붓다들에 대한 이야기다. 불교 윤리는 대체적으로 보시 윤리로 요약되는데, 보시 윤리의 기원은 보살 윤리다. 불교 텍스트의 의미의 중심에는 보살행(菩薩行)이 있다. 문제는 이 보시 윤리가 과도한 희생 윤리이며, 불교학자들도 인정하는 것처럼 정의의 윤리가 실종되었다는 데 있다. 나는 불교의 보시 윤리, 보살 윤리, 보살행에서 발견되는 은폐된 희생양 메커니즘을 『붓다와 희생양』에서 밝혔다. 보시 윤리에는 성적으로 몸을 바치는 몸 보시도 포함되어 있다. 그렇기에 과장되고 신화적인 희생 윤리인 보시 윤리가 주축을 이루는 불교 문화권에서는 정의의 윤리에 기초한 민주주의와 인권이 싹트기가 힘들며, 실제로 불교 문화권은 정치적으로 왕권이나 전체주의 및 파시즘의 위험에 노출되어 왔다.

　종교사적으로 유대인들의 종교성의 중심에 언약궤 안의 십계명이 자리 잡고 있다는 점은 독특하다. 소위 이교에서처럼 통음난무, 환각제, 그리고 성스러운 폭력으로 얽힌 희생제사가 아닌 신적 윤리로서의 십계명이 유대교의 중심을 차지하고 있다. 구약에도 희생제사의 흔적이 있지만 제사는 점차 비판을 받게 되었고, 희생제사 대신 정의를 추구하라는 구약 예언자들의 공통된 메시지가 강화되면서 유대교는 제사 종교가 아니라 토라(Torah) 종교로 변화해갔다.

　신화에는 십계명과 같은 윤리적 명령이 중심에 있지 않다. 세계의 많은 신들은 사실상 희생염소 역할을 하는 범죄자 신들(criminal gods)로서 스스로 윤리적 계율을 파계하기 때문에 십계명과 같은 초월적이고 신적인 윤리를 명령할 수 없다. 소위 이교적 신들은 유대-기독교적 전통에서처럼 윤리적 모델이 되지 못하고 안티 모델(anti-model) 역할을 하는 희생염소들이다. 나는 『붓다와 희생양』에서 현대의 마녀페미니즘 혹은 여신페미니즘과의 논쟁에서 힌두교-불교의 여신들은 모델이 아니라 실제로는 힌두교와 불교 사회의 일반적인 여성상의 정반대, 곧 안티 모델로서 희생염소 역할을 하고 있다고 밝혔다. 하지만 유대-기독교의 하나님은 윤리적 모델과 도덕적 모방의 대상이다. 기독교의 목표는 불교의 성불처럼 그리스도가 되는 것이 아니라 그리스도를 모방하는 것이다(imitatio Christi). 유대-기독교의 하나님은 윤리적 모방의 모델이지, 범죄자 신들처럼 보통 사람들이 모방하기에는 위험한 안티 모델이 아니다.

신화는 마녀사냥의 텍스트이기에 윤리를 명령할 수도 없고 희생양의 집단 살해와 집단 폭력에 대한 진실도 밝히지 않는다. 프로이트와 하이데거처럼 많은 독일 철학자들이 유대-기독교적 텍스트보다 훨씬 더 철학적-미학적으로 미화하고 숭고화한 『오이디푸스 왕』의 오이디푸스는 윤리적 모델로서 모방하기에는 위험한 최악의 범죄를 범하는 안티 모델/희생염소다. 오이디푸스의 "더러운 범죄" 근친상간과 부친 살해는 윤리적 모방의 대상이 아니라 윤리적 비난의 대상이다.

그리스-로마의 신들의 부도덕성은 익히 잘 알려져 있다. 니체도 디오니소스가 부도덕성 혹은 반도덕성을 의미한다는 것을 잘 알고 있었다. 성 아우구스티누스도 그리스-로마 신들의 부도덕성을 지적했다. 그는 로마의 건국 신화에 등장하는 쌍둥이 형 로물루스가 레무스를 살해한 것이 폭력적이라고 비판하고 있다. 하지만 로마 제국은 살해자 로물루스를 윤리적으로 비판하지 못하고 그를 정당화해서 도시의 이름을 "로마"라고 명명했다. 우리는 지라르의 신화 해독 덕분에 이교적 신들의 부도덕성을 학문적으로 쉽게 이해할 수 있게 되었다. 신들이 부도덕한 범죄자 신들인 이유는 그들이 희생염소 역할을 하면서 그 부도덕성으로 인해 사회적 비난을 받고서 살해되거나 추방된 이후 신성화되기 때문이다.

(희생)염소의 노래인 그리스 비극도 윤리적이거나 도덕적이지 않다. 뮈토스로부터 로고스로 계몽이 진행된 서양 철학의 역사를 거슬러 다시금 소크라테스와 플라톤 그리고 기독교와 같은 로고스적 이성 철학 이전의 철학으로 되돌아가고자 했던 니체와 하이데거 철학에 왜 윤리와 도덕이 실종되어 있는지를 질문해 보아야 한다. 니체는 로고스(이성)로부터 거슬러 올라가 소크라테스 이전의 뮈토스(신화, 神話)로 회귀하려고 했다. 니체를 따르는 하이데거도 그러하다. 흥미로운 것은 뮈토스가 본래는 일반적인 의미에서 "말"이라는 의미였지만 점차 소문, 전설, 그리고 마침내 신화의 의미로 발전했다. 뜻을 가진 말의 묶음이 뮈토스였는데, 얼마 후에 뮈토스는 "소문"이라는 뜻으로 좁아졌다는 것이다. 소문들 가운데 긴 시간을 두고 대대로 전해져 내려오는 소문을 "전설"이라 한다. 오랜 시간과 많은 사람을 거치면서 소문과 전설은 사실과 진실에서 점점 멀어져 간다.

이것은 신화는 신들/희생염소들/비극적 영웅들과 주인공들에 대한 집단적 폭력이나 군중 살해에 그 기원을 두고 있다는 지라르의 주장에 비추어볼 때 흥미롭다. 신화는 실체적 진실이나 역사적 뿌리가 없는 순전한 창작물은 아니다. 인류가 점차 계몽되면서 이 소문과 전설로부터

예수는 반신화다

나온 신화(뮈토스)의 단계에서 점차 사실과 진실을 추구하는 로고스의 단계로 넘어왔다. 이것을 역행하는 것은 시대착오적인 것이며 또한 위험한 시도다. 뮈토스를 무시하는 것도 문제지만 뮈토스를 미학적으로 낭만화시키는 것도 옳지 않다. 세계의 뮈토스에 대한 연구 곧 비교신화학은 인간 자신에 대한 인류학적 성찰의 작업이다. 곧 비교신화학은 성찰의 인문학이다. 니체 이후로 뮈토스에 대한 미학적 이해가 한때 유행했지만, 신화와 파시즘의 얽힘 못지않게 미학과 파시즘의 얽힘의 문제도 논의되어야 한다. 히틀러도 미학에 큰 관심을 가졌다. 이 책에서는 인류가 걸어온 뮈토스로부터 로고스로의 계몽의 길을 역행해서 다시금 뮈토스의 단계로 회귀하고자 하는 반계몽주의(obscurantism), 새로운 신화, 새로운 영지주의, 그리고 새로운 이교주의를 니체와 하이데거의 사유를 중심으로 비판적으로 성찰하고 있다.

폭력의 주제화와 폭력 감소

지라르는 현대 사회에서만 폭력을 보고 고대 사회와 원시 사회를 더 평화스럽게 생각하는 일종의 신원시주의(Neopaganismus)에 대해서 비판적 거리를 유지한다. 이는 유대-기독교적 전통이 기여한 모더니즘을 폭력으로 보고 전통적 사회와 원시 사회를 낭만화시키는 경향으로 기울어지는 사유들을 말한다. 신원시주의는 포스트모더니즘, 새로운 영지주의, 새로운 이교주의 등과 얽혀 있다. 프랑스의 일부 포스트모더니즘 철학자들은 이론, 진리, 유대-기독교, 그리고 형이상학 등을 폭력으로 보았다. 하지만 포스트모더니스트들은 자신들의 이론적 계보학에 있는 니체가 말하는 디오니소스적 군중 폭력이나 그 연장선상에 있는 독일 나치 파시즘의 야만과 폭력, 그리고 독일 나치 철학자 하이데 거 철학 속의 이론적 폭력과 르상티망에 대해 침묵하거나 그것을 미학 적으로 미화하기도 했다. 우리는 모더니즘을 폭력으로 보는 포스트모 더니스트들과는 달리 점차 폭력을 주제화하고 이를 감소시키고자 노 력한 모더니즘의 업적도 인정해야 한다. 모더니즘 자체가 폭력이 아니 라 폭력 감소를 위한 "미완의 기획"(하버마스)로 이해할 수도 있다.

니체는 유대-기독교적 이성 그리고 플라톤과 소크라테스의 이성 철학에 대한 사유적 반대 운동(Gegenbewegung)을 일으켜서 소크라 테스 이전의 그리스 철학으로 되돌아가고자 했다. 하이데거도 철학적 사유의 다른 시작을 기획했다. 니체와 하이데거가 십자가에 달리신 자 에 대항해서 미래의 새로운 신으로 선택한 디오니소스는 군중 폭력을 대변한다고 지라르는 분석한다. 신화는 폭력을 은폐하고 있고, 반신화 인 유대-기독교는 신화 속의 집단 폭력을 주제화하고 고발한다. 유대- 기독교 전통은 신화 속의 은폐된 폭력을 투명하게 노출시킴으로 점차 적으로 인류 폭력의 감소에 이바지해왔다.

나는 2015년에서 2016년까지 숭실대학교 기독교학대학원과 일반 대학원에서 기독교 문화학, 기독교 사회학, 기독교 문화해석학 등을 전 공하는 석박사 과정의 학생들에게 르네 지라르 이론에 기반을 둔 문화 인류학과 기독교 문화론을 강의했다. 이 강의 때 어느 수강생은 하버드 대학교의 진화심리학의 대가 스티븐 핑커(Steven Pinker)의 『우리 본성 의 선한 천사: 인간은 폭력성과 어떻게 싸워 왔는가』[54]에서 지라르의

---

54 스티븐 핑커, 『우리 본성의 선한 천사. 인간은 폭력성과 어떻게 싸워 왔는가』, 김명남 역 (서 울: 사이언스북스, 2014).

가장 중요한 학문적 친구로서 지라르의 이론을 신학적으로 수용해서 학제적인 연구 프로젝트를 출범시켰던 오스트리아 인스부르크 신학부의 조직신학자 슈바거 교수의 책이 인용되고 있다는 사실을 알려주면서, 핑커의 주장처럼 미래에 인류의 폭력이 감소할 것이라고 생각하느냐는 질문을 던졌다.

『우리 본성의 선한 천사』는 중앙일보, 동아일보, 시사인에서 선정한 "2014년 올해의 책"으로 선정되었다. 포스트모더니스트들이 이 책을 싫어한다고 하는데, 핑커는 종합 시사 주간지 「뉴리퍼블릭」(The New Republic)에 기고한 "과학은 당신의 적이 아니다"라는 글에서 다음과 같이 인문학이 "포스트모더니즘의 재앙"(disaster of postmodernism)을 벗어나 회복되어야 한다고 주장했다.

> 인문학의 병폐에 대해서 분석을 해보면 그것은 우리 문화 속의 "반지성주의적 경향들"과 대학의 상업화가 그 원인임을 알 수 있다. 그러나 정직한 평가를 하게 되면 그 인문학의 병폐들 중 몇몇은 우리가 자초한 것이라는 사실을 인정할 수밖에 없다. "인문학은 반항하는 반계몽주의 (obscurantism), 독단적 상대주의, 그리고 질식할 것 같은 정치적 올바름 (political correctness)을 가진 포스트모더니즘의 재앙으로부터 회복되어야 한다."[55]

스티븐 핑커 교수는 첨단 고고학의 성과를 반영하고 수천 년 전 유

---

55 Steven Pinker, "Science Is Not Your Enemy. An impassioned plea to neglected novelists, embattled professors, and tenure-less historians", https://newrepublic. com/article/114127/science-not-enemy-humanities

골과 혈흔을 분석하면서, 선사 시대부터 현대에 이르는 동안 국가 간 전쟁부터 살인, 아동 학대에 해당하는 온갖 폭력은 전체적으로 볼 때 감소하고 있다고 주장한다. 그에 의하면, 선사 시대 인간이 타살로 숨질 확률은 15%에 달했다. 고대에 전쟁, 학살, 폭력이 더 공공연했다. 중세에는 동·서양을 막론하고 참수나 능지처참 같은 극형이 드물지 않았다. 셰익스피어의 비극이나 그림 형제의 동화에도 사지 절단형이 등장한다. 핑커 교수는 국가의 등장과 계몽주의의 확산, 문명화, 인문주의의 등장, 상업 확대, 사법 제도 등의 등장으로 차츰 고문이 폐지되고 폭력이 감소하게 되었다고 말한다. 지라르의 이론에 있어서도 사법 제도의 등장은 인류 문명에서 중요한 전환점을 이룬다. 사법 제도가 수립되기 전에는 원시인들이 내부 폭력을 통제할 수단을 희생제사와 그 희생양 메커니즘 속에서 발견하곤 했다고 본다.

핑커 교수에 의하면, 국가나 제국의 통치권이 확립되면서 부족 내 폭력은 감소했다. 그리고 사법 제도의 도입과 상업의 확대로 인해 폭력이 감소했다고 분석한다. 지라르 학파의 가장 중요한 학자인 프랑스 에콜 폴리테크니크(École Polytechnique) 및 스탠퍼드 대학교의 사회정치학자인 장-피에르 뒤피(Jean-Pierre Dupuy)는 지라르의 이론과 경제학을 학제적으로 연구하면서, 현대의 경제와 무역 체제 자체가 원시 사회에서 내부 폭력을 통제했던 희생제사와 그 희생양 메커니즘을 대체하게 되면서 내부 폭력뿐 아니라 국가 간 전쟁과 폭력을 막는 장치가 되었다고 분석한 바 있다. 또한 핑커 교수는 민주주의와 무역·국제기구의 성장 덕분에 그리고 "권리 혁명"으로 인해 일상적 폭력도 줄었다고 분석한다. 핑커 교수는 곧 폭력 제어 장치로서 민주주의를 말했는데, 그에게 있어서 민주주의는 무정부주의와 독재라는 양극단을 피하

예수는 반신화다

면서 폭력을 최소화할 수 있는 제도다. 또한 그는 폭력 감소를 위해서 언론의 자유나 법치주의 같은 제도적 장치를 더욱 강화해야 한다고 말한다.

스티븐 핑커의 분석과 지라르의 이론을 종합적으로 사유해본다면 다음과 같이 말할 수 있다. 군중의 전체주의적 텍스트로서의 신화 속의 폭력을 투명하게 노출시키기 시작한 반신화적 유대-기독교적 전통이 조금씩 인류 사회의 폭력을 감소시키는 데 크게 이바지했다. 신화적 희생양 메커니즘에 대한 비판적 인식 때문에 점점 폭력 제어 장치로서의 민주주의가 발전했으며 인류를 향한 폭력은 감소했다. 하버마스는 개인적 양심 도덕, 인권, 민주주의, 평등한 보편주의 등이 바로 유대교의 정의의 윤리와 기독교의 사랑의 윤리의 직접적인 유산이라고 분석했다.[56] 핑커 교수가 지적하는 폭력 감소를 유발한 문명화, 계몽주의, 인문주의, 인권과 민주주의의 기원에는 유대-기독교적 전통이 존재한다. 물론 교회의 죄악사, 흑역사, 폭력의 역사도 존재했지만, 세계 신화 속에서 군중 폭력과 집단 살해를 비판적이고도 투명하게 노출시키기 시작한 유대-기독교적 텍스트가 폭력의 감소를 초래하는 문화적 제도를 탄생시켰던 것 또한 사실이다.

반신화적인 십자가 사건이 성스러운 폭력을 논의함으로써 폭력 감소에 기여했다. 『십자가의 인류학』에서 소개한 것처럼, 독일 개신교 전체를 대표하는 협의회(EKD: Evangelische Kirche in Deutschland)의 회장이었던 사회윤리학자 볼프강 후버(Wolfgang Huber)는 2009년 강의

---

56 J. Habermas, "Ein Gespräch über Gott u. die Welt," in: ders., *Zeit der Übergänge* (Frankfurt: Suhrkamp Verlag, 2001), 174f.

"오늘날의 세계에서의 종교, 정치 그리고 폭력"에서, 폭력적인 희생적 죽음이 중심적 위치를 차지하는 십자가는 폭력을 공론화함으로써 가장 급진적인 폭력 비판을 하고 있다고 다음과 같이 말한 바 있다.

> 기독교는 폭력에 의한 희생적 죽음(Opfertod)에 대한 개념이 중심적 위치를 차지하고 있는 종교다. 하지만 이 희생적 죽음은 동시에 그 안에 생각할 수 있는 가장 급진적인 폭력에 대한 비판을 포함하고 있다. 바로 그러한 이유로 기독교는 인류의 삶에 존재하는 폭력의 잠재성을 부인하지 않으면서 그것을 주제화하고 그것에 접근하며, 폭력을 정당화하지 않고 폭력으로 향하는 인류의 경향성을 무시하지 않으며 폭력에 대한 찬양에 대항하고 폭력의 문제를 회피하지 않는 힘을 가진 종교로서 "모범적"인 모습을 보일 수 있다.[57]

"십자가에 달리신 자", "슬픈 예수"의 십자가는 폭력을 투명하게 전면에 내세웠기에 서구 기독교 전통에서 폭력에 대한 깊은 감수성을 증대시켰고 이는 가장 급진적인 폭력 비판과 폭력 감소로 이어졌다. 예수의 십자가형이 폭력이라는 사실은 많은 사람들이 아는 사실이지만, 붓다의 "검은 머리"에서 내면화된 불 제사가 내포하고 있는 폭력적인 흔적을 인식하는 사람은 거의 없다. 나도 이에 대해 관심도 없었고 몰랐지만 지라르 이론에 기초하여 불교를 연구하면서 이 사실을 알게 되었다. 서구인들도 아시아 붓다상의 잔잔한 미소에만 집중하지, 양초처럼 솟아오른 붓다의 머리가 무엇을 의미하는지에 대해서는 깨닫지

---

57 www.ekd.de/vortraege/huber/090630_huber_mainz.html

예수는 반신화다

못한다. 신화적이고 영지주의적인 불교에서는 그만큼 성스러운 폭력이 불투명하게 은폐되어 있다.

희생염소 오이디푸스에 대한 비은폐성

오이디푸스 신화는 프로이트뿐 아니라 하이데거 철학에서도 언급된다. 하이데거는 오이디푸스가 자신이 근친상간과 부친 살해의 범죄자임을 깨닫게 되는 과정을 가상(假象, Schein)에서 존재(Sein)로 옮아가는 과정, 즉 비은폐성(Unverborgenheit)으로서의 진리(ἀλήθεία)로의 전이 과정으로 파악했다.[58] 하이데거는 오이디푸스를 폴리스의 희생염소로 보지 못하고 그리스적인 현존재(Dasein)의 상징적 존재로 이해했다. 하이데거가 말한 현존재(Dasein)는 집단적이고 민족적이며 또한 그리스-게르만적인 뉘앙스가 풍긴다. 또 앞에서 말한 것처럼 하이데거는 존재(Sein)에 대해서 말할 때 디오니소스 신화를 언급한다. 그러므로 니체를 따르는 하이데거의 존재(Sein)에는 디오니소스적이고 신화적인 것만이 존재한다. 그리스적인 현존재(Dasein)의 상징적 존재로서의 오이디푸스는 결국 그리스 폴리스라는 도시의 전체성과 군중성을 보여주는 희생염소 메커니즘의 상징적 존재, 곧 희생염소다. 하이데거는 예술이나 시 일반이 아닌 비극, 그것도 독점적으로 그리스 비극을 가장 순수한 최고의 예술 형태로 파악했다. 그는 그리스 비극에서 진리가 비은폐성으로 드러난다고 이해했다. 참된 비은폐성으로서의 진리는

---

58 M. Heidegger, *Einführung in die Metaphysik* (Frankfurt am Main: Vittorio Klostermann, 1983), 114.

더러운 성범죄자로 몰아세우는 그리스 폴리스의 은폐된 군중의 병리학에 대한 것이다. 하이데거도 말한, 요한복음의 추방당한 로고스인 십자가에 달리신 자가 문화의 기원에 존재하는 디오니소스적이고 헤라클레이토스적인 존재(Sein)를 밝힌다. 하이데거가 말하는 존재의 밝힘(Lichtung des Seins)의 빛은 요한복음의 로고스로부터 온다.[59]

나는 2015년 장 뤽 마리옹과 함께 현상학에 대한 책을 출판하기도 한 독일 철학 교수 슈바이들러(Walter Schweidler)로부터 그가 기획하고 있는 독일 철학 단행본 『이성과 신앙 사이의 윤리학』(*Ethik zwischen Vernunft und Glaube*)에 논문을 기고해 달라는 부탁을 받았다. 그래서 나는 "진리와 폭력: 화해시키는 희생양에 대한 비은폐성−은폐된 희생양으로서의 붓다에 대한 하나의 급진적인 사유"(Wahrheit und Gewalt: Unverborgenheit des versöhnenden Opfers -eine radikale Idee über Buddha als verborgener Sündenbock-)라는 논문을 작성했고, 1차 편집과 수정 절차를 거쳐서 보내었다. "르네 지라르와 마르틴 하이데거: 폭력에 대한 비은폐성으로서의 진리"가 이 논문의 주요한 화두다. 하이데거는 그리스 비극 『오이디푸스 왕』에서 가상(Schein), 은폐성과 존재(Sein), 비은폐성 사이의 투쟁을 보았다. 지라르는 은폐된 희생양으로서의 오이디푸스를 향한 폭력에 대한 진리를 주제화했다. 그리고 나는 이 논문에서 "카타르시스와 카타르마: 니체, 슬로터다이크, 지젝, 그리고 불교"에 대해서도 논의했다.

---

59 지라르는 하이데거가 헤라클레이토스의 로고스와 요한복음의 로고스를 비교한 것에 대해서 하이데거의 공헌과 한계를 동시에 지적한다. René Girard, *Things Hidden since the Foundation of the World: Research undertaken in collaboration with Jean-Michel Oughourlian and Guy Lefort* (Stanford: Stanford University Press, 1987), 2권 4. 헤라클레이토스의 로고스와 요한복음의 로고스를 보라.

앞에서 말한 것처럼, 오이디푸스의 수수께끼는 결국 희생염소 역할을 하는 오이디푸스 자신에 대한 수수께끼다. 희생염소의 존재 자체가 수수께끼다. 테베 시에는 스핑크스라는 괴물이 나타나 수수께끼를 내어 풀지 못하는 사람을 잡아먹고 있었다. 여왕은 이 괴물을 죽이는 자에게 왕위는 물론 자기 자신까지도 바치겠다고 약속한다. 그녀는 사람을 잡아먹는 괴물 스핑크스의 수수께끼를 풀어서 도시 테베를 괴물로부터 구해낼 수 있는 자를 찾았다. 스핑크스의 수수께끼란 2세기의 저술가 아테나이오스의 『데이프노소피스타이』(현인들의 향연)이나 여러 고주(古註)에 의하면 목소리는 하나이나 두 개의 다리, 네 개의 다리, 세 개의 다리로 자기의 모습을 변화시키는 존재가 무엇이냐 하는 것이다. 이에 대한 해답은 일반적으로 "사람"으로 알려져 있다. 그것은 인간 일반을 의미하나 오이디푸스 자신이라는 해석도 있다. 에우리피데스의 고주에 의하면, 오이디푸스는 스핑크스의 물음에 대해 "사람"이라고 답하려고 자기 자신을 가리켰는데 스핑크스는 그가 정답을 말했다고 생각하여 바위에서 몸을 던져 죽었다고 한다.

프랑스의 걸출한 역사학자 장-피에르 베르낭(Jean-Pierre Vernant)도 동일한 견해를 제시한다. 즉 오이디푸스는 이름 그대로 *dipous*(두 다리)의 성인이며, 어머니와 동침함으로써 지팡이를 짚는 세 다리의 노인인 아버지와 동일하게 되며, 또한 그의 어머니 사이에 아이를 얻음으로써 아이인 네 다리와 자신을 일치시켰기 때문이다. 그러나 오이디푸스가 준 "사람"이라는 해답은 그 생애에 있어 동시적으로가 아니라 단계적으로 네 다리, 두 다리, 세 다리로 변해 가는 존재로서의 인간이며, 따라서 그것은 충분한 대답이라 할 수 없다. 그러나 오이디푸스는 말로는 불충분하게 답할 수밖에 없던 스핑크스의 수수께끼에 대해 자기 자신의 비극적 운명 자체에 의해 더 완전하고 정확한 답을 제시했다. 오이디푸스는 결국 자신이 더러운 범죄를 범했다는 것을 알게 되자 두 눈을 뽑아내고 방랑의 길을 떠나 콜로노스의 성림(聖林)에서 죽었다.

선문답도 수수께끼다. 불교에 수수께끼가 가득한 것은 희생염소 역할을 하는 붓다들의 존재 자체가 수수께끼이기 때문이다. 하지만 기독교에는 비의적인 수수께끼가 없다. 신화는 수수께끼의 텍스트다. 신화에 수수께끼가 가득한 것은 그것이 모순적이고 야누스적 존재인 희생염소에 관한 난해한 이야기이기 때문이다. 하지만 지라르에 의하면 십자가는 난해한 신화의 수수께끼를 해독하는 과학이다.[60] 마녀사냥의 텍스트인 신화의 수수께끼는 마녀사냥의 인과 관계인 마술적 인과 관계와 연결된다. 현대인들이 보기에 오이디푸스의 근친상간 및 부친 살해는 테베의 역병과는 아무런 과학적 인과 관계가 존재하지 않는다. 하지만 당시에 오이디푸스는 실제로 테베의 역병의 원인자로 지목되어 폭력적으로 추방되고 죽게 되었다. 즉 신화, 미신, 주술 등에는 마술적 인과 관계가 지배적이다. 십자가는 이 마술적 인과 관계가 지배적인 신화의 수수께끼를 해독하는 과학으로서 역할을 담당했고, 그로 인하여 기독교 문화권에서는 마술적 인과 관계를 극복한 이후 자연과학적 인과 관계를 규명하는 자연과학이 탄생했다.

미래의 새로운 신 디오니소스

하이데거는 독일 나치 시대에 니체 아카이브를 관리했던 니체 철학의

---

60 르네 지라르, 『문화의 기원』, 306.

예수는 반신화다

후계자였다. 하이데거가 니체를 철학자의 반열로 올려놓았다. 지라르는, 하이데거가 1962년 독일 「슈피겔」(Der Spiegel)지와의 인터뷰에서 남긴 "수수께끼 같은" 말, "어떤 신만이 우리를 구원할 수 있다"(Nur noch ein Gott kann uns retten)라는 말은 일어날 것 같지 않은 그리스 종교의 귀환을 추정하게 했다고 적고 있다. 지라르의 의하면, 하이데거의 이 말에는 "디오니소스의 어떤 것", 다른 말로 하면 기독교를 대신하는 헬레니즘을 향한 지향이 담겨 있다.[61]

하이데거는 전통적 기독교의 하나님(Gott)이 아니라 어떤 신(ein Gott)이 우리를 구원할 수 있다고 말했다. 하이데거는 독일 고전주의와 낭만주의 이후로 제기된 그리스적인 신들의 귀환을 고대하는 새로운 신화의 맥락에서 미래의 새로운 신을 기대했다. 미래의 신을 말할 때에도 셸링과 횔덜린은 기독교적 신 개념에 머물고 있지만, 하이데거는 미래에 새롭게 도래하는 신에 대해서 말할 때 기독교적 신 개념을 떠나기 시작한다. 우상들의 황혼과 신들의 황혼을 가져온 십자가에 달리신 자 이후의 이천 년 유럽의 역사에서 다시금 그리스 신들의 귀환을 갈망했던 독일 낭만주의의 새로운 신화학은 영국, 프랑스, 미국 등 다른 국가들에서는 찾아보기 힘든 매우 특정한 "독일 특유의 발전의 길"(Deutsch-Sonderweg)이라는 사실이 하이데거의 최근 『블랙 노트』에 대한 뜨거운 국제적 논의 속에서 지적되고 있다. 또한 독일 정신과 그리스 정신 사이의 특별한 관계를 강조하는 이러한 사유는 일종의

---

61 René Girard and Benoît Chantre, *Battling to the End: Conversations with Benoît Chantre* (East Lansing: Michigan State University Press, 2010), 121-4. 이 부분에 대해서는 필자의 『우상의 황혼과 그리스도: 르네 지라르와 현대 사상』에서 부분적으로 논의했다.

"독일-이교"(Deutsch-Heidentum) 현상이라고 분석되고 있다.

지라르에 의하면, 하이데거도 디오니소스적인 것에서 폭력이 존재한다는 것을 알았지만, 하이데거는 "원시적 성스러움을 찬양했다." 하이데거는 디오니소스의 미래적 강림을 고대했다. 지라르에 의하면, 하이데거는 니체와 같은 편 곧 옛 성스러움의 편에 서서 싸웠지만, 이 점에 대해서는 하이데거가 니체보다 훨씬 덜 노출되고 또한 덜 위험하다고 평가한다. 지라르는 하이데거가 종교에 관한 니체의 "무모함"을 "중성화"시키는 데 있어서 적어도 일시적으로나마 성공적이었다고 본다.[62] 하지만 2014년 이후로 출판되기 시작한 하이데거의 『블랙 노트』 덕분에 독자들은 그동안 니체의 "무모함"을 "중성화"했던 하이데거의 원색적인 의도를 알게 되었고 하이데거의 나치적, 신이교적, 영지주의적, 에소테릭한 차원을 더 명확하게 알게 되었다.

하이데거만큼 니체의 『즐거운 학문』 아포리즘 125번 "신은 죽었다" 본문에 깊이 심취한 학자가 없었다. 지라르는, 니체의 "신은 죽었다"라는 말은 현대 무신론에서 의미하듯이 점차 신의 후퇴를 의미하는 것이 아니라고 지적한다. 그것은 모든 사람이 신의 사라짐에 참여하면서 신을 살해하는 것이다. "우리가 그를 살해했다. 너와 나, 우리들 모두는 그의 살해자다." 이제는 진부해져버린 표현 "신은 죽었다"라는 문장 뒤에는 신에 대한 집단적 살해라는 주제가 뒤따른다. 그러나 신에 대한 집단적 살해는 대중에게 공적으로 전달되기에는 힘든 주제였고 그런 이유로 저항을 받았고 또한 회피되었다.[63] 지라르는 니체의 글을 통해서

---

62 René Girard, "Dionysus versus the Crucified,"in: *Modern Language Notes,*. Vol. 99 (ca. 1984, No. 4), 825-8.

63 Girard, "Dionysus versus the Crucified," 830.

신이 자연사를 한 것이 아니라 집단적으로 살해당했다는 사실을 상기시킨다. 그리고 이 범죄는 너무도 큰 것이기에 새로운 속죄의 축제, 새로운 성스러운 게임들이 고안되어야만 했다. 새로운 제의들이 틀림없이 나타날 것이다. 이 새로운 축제들과 성스러운 게임들이 신에 대한 집단적 살해를 다시 실행할 것이다. 그것들은 희생제의가 될 것이다. 신의 죽음이 또한 그의 탄생이기도 하다.[64]

니체의 『즐거운 학문』 아포리즘 125번에 나오는 신에 대한 살해는 집단적 살해를 의미하는 것으로 기능하고 있는데, 지라르는 이것이 전적으로 자연적이고 평화스러운 죽음, 급진적으로 극적이지 않은 (undramatic) 죽음이라는 주제 뒤에 은폐되어 있다고 지적한다. 이것은 하이데거가 "신은 죽었다"는 니체의 본문에 대해 "결정적인" 코멘트를 한 것으로 많은 사람들에 의해서 간주되었다. 하이데거는 이제 지쳐버린 종교, 곧 성서적 종교의 죽음은 새로운 어떤 신의 "독립적인" 탄생의 여지를 남겼는데, 지라르는 그 탄생이 그 미움 받는 성서적 하나님의 죽음에 기초하지 않을 수 있다고 보았다. 하이데거는 어떤 신이 미래의 어떤 시점에 나타나야만 한다고 자주 신비롭게 말했다. 하이데거에 있어 이전의 이교적 신들의 황혼 및 죽음과 유사하게 "성서적 하나님의 황혼"도 마침내 도래했는데, 예를 들어 디오니소스와 같은 몇몇 전혀 다른 신들이 미래에 출현할 수 있다.[65]

지금까지 2014년에 출판된 하이데거의 『블랙 노트』로 인한 하이데거 논쟁을 논의해보았다. 하이데거의 철학적 영향사를 존중하면서도

---

64 Ibid., 830-1.
65 Ibid., 832-5.

그의 철학 속에 자리 잡고 있는 니체적, 나치적, 게르만적, 에소테릭하고 신이교적인 차원에 대한 분석을 시도했다. 하이데거의 『블랙 노트』 출판을 통해서 재점화된 하이데거와 나치즘의 얽힘에 대한 국제적인 연구는 하버마스와 함께 오래전부터 하이데거를 새로운 이교주의자로 파악한 지라르의 이해를 지지한다. 코즈모폴리터니즘을 비판하고 지나치게 게르만적인 장소성을 강조하는 하이데거 철학과 새로운 신화학은 비판적으로 논의될 수밖에 없다. 온건한 의미에서의 고향, 장소, 민족의 의미를 철학적으로 사유하고 재발견할 수 있겠지만, 그것이 희생양 유대인들에 대한 홀로코스트(번제)와 같은 인종 청소와 인종 학살에까지 개입하고 침묵하는 피와 땅의 이데올로기가 되어서는 안 될 것이다.

신화와 파시즘의 얽힘

신화와 파시즘은 얽힘의 관계에 있다. 신화는 도시의 전체주의적 성향이 만들어내는 마녀사냥하고(witch-hunting) 희생양을 만드는(scapegoating) 텍스트다. 유대-기독교적 전통이 이룩한 근대성 이후에 신이교적인 방식으로 신화를 재활성화했을 때 역사적으로 파시즘과 전체주의가 발흥했다. 현대의 새로운 신화학 운동은 정치적 파시즘으로 귀결되었다. 신화와 파시즘(Mythologie und Faschismus)의 동행은 제2차 세계대전 당시 독일과 일본에서 나란히 진행되었다.[66] 이에 반하여 반신화인 유대-기독교적 전통은 그리스의 직접민주주의 전통을

---

66 Antoni, *Shintô und die Konzeption des japanischen Nationalwesens kokutai: Der religiöse Traditionalismus in Neuzeit und Moderne Japans*, 278-83. 2.3. "Mythologie und Faschismus in Japan und Deutschland"를 보라.

예수는 반신화다

좀 더 급진적으로 발전시켜서 전체주의, 파시즘, 인종주의, 민족주의를 극복하고 보편주의와 민주주의의 발전에 결정적으로 기여했다. 신화는 도시의 전체성이 생산한 마녀사냥의 텍스트이기에 정치적으로는 전체주의와 파시즘을 가져온다.

반신화인 유대-기독교적 텍스트의 영향사(Wirkungsgeschichte)로 인해서 인류에게 거대한 짐승의 우상에게 짓밟힐 수 있는 약자, 소수자, 희생자들을 우선적으로 변호하는 민주주의와 인권 개념이 점차 발전되었다. 유대-기독교는 한 하나님 앞에서 모든 영혼은 평등하다는 평등사상을 보편화시켰다. 독일어로 주기도문을 "Unser Vater"(우리 아버지)라고 부른다. 이는 하나님을 "아바 아버지" 혹은 "나의 아버지"로 부른 예수 그리스도 때문에 우리가 양자가 되어서 서로에게 "우리"가 되었고, 주기도문에서 기도하는 것처럼 한 분 하나님을 함께 "우리 아버지"(Unser Vater)로 부를 수 있게 되었기 때문이다. 유대-기독교적 전통은 이렇게 피와 땅의 신화 및 이데올로기를 넘어서 인류가 서로에게 "우리"가 되는 보편적 인류애와 평등사상 그리고 박애 사상을 문명 속에 점차 확립시켰다.

니체도 "하나님 앞에서 모든 영혼은 평등하다"는 주장이 참으로 기독교적 가치라는 것을 잘 보았지만, 그것을 가장 위험한 가치로 분석했다. "하나님 앞에서 모든 영혼은 평등하다. 그러나 이것은 모든 가능한 가치 평가들 중에서 가장 위험한 가치다." 니체는 이러한 기독교적 평등사상을 "가짜-인간애"라고 비판하면서 다시금 인간 종족을 위해서 인신 제사도 필요하다는 위험한 주장을 펼쳤다. "참된 인간사랑은 종족의 최선을 위해서 희생을 요구한다.…왜냐하면 그것은 인신 제사(Menschenopfer)를 필요로 하기 때문이다."[67] 한국에서는 한때 일부

강남 좌파들이 니체 철학을 이론적 도구로 이용하기도 했지만, 반민주주의적이고 반페미니즘적이고 또한 파시즘과 독일 나치즘으로 이어지는 니체 사상이 한국의 진보가 지향하는 민주주의와 인권의 가치와 어떻게 연결될 수 있을지 의문이 든다.

유대-기독교 전통은 그리스 아테네의 직접민주주의에서 배제되고 추방된 여성 및 노예들도 포용했다. 극좌의 정치적 입장을 가졌다고 스스로 말하는 알랭 바디우는 유대인과 그리스인, 자유인과 노예, 남자와 여자 사이에 차별이 없다고 선포한 사도 바울의 사유를 통해 정치신학적인 차원에서 사랑의 보편주의를 발견했다. 이렇게 반신화적 메시지인 유대-기독교 전통은 지역주의를 극복하고 보편주의를 추구했다. 동물들은 배설물을 통해서 자신의 영역을 구분 짓는다. 인류는 오랫동안 자신의 영토를 표시하기 위해 살해되고 신성화된 희생양을 경계선에 세워왔다. 인도의 아소카 대왕은 붓다의 사리를 쪼개고 이를 84,000개 불탑에 넣어 자신의 정치적 영토의 경계선상에 세웠다.

2016년에 이화여자대학교 영어영문학과 박사 과정의 이현경은 나의 『십자가의 인류학』과 『우상의 황혼과 그리스도』, 그리고 팔라버 교수가 영어로 번역한 르네 지라르 입문서를 읽고 지라르 사상에 관심을 가지게 되었으며 논문 또한 그 방향으로 준비하고 있다는 이메일을 보내왔다. 그녀는 레비나스나 후기 데리다의 "무조건적 환대"와 관련하여, 그리고 독일의 앙겔라 메르켈 총리가 한동안 고수한 난민에 대한 무제한 수용 정책에 대해 질문했다. 먼저 그녀는 지라르가 문학 작

---

67 Nietzsche, *Sämtliche Werke: Kritische Studienausgabe*, Bd. 13. (Hg. von G. Colli und M. Montinari. München, 1980), 470f.

예수는 반신화다

품을 통해 지적으로 회심하고 영적으로 회심하게 되었다는 사실은 문학을 통해 기독교 신앙을 전하고자 하는 자신에게 큰 희망이 되었으며, 지라르가 C. S. 루이스와 함께 이성이나 지성이 신앙으로 가는 데 걸림돌이 되는 사람에게 이상적인 설득자라고 생각한다고 말했다. 그녀는 영문과 대학원에서 공동체주의자 찰스 테일러(Charles Taylor)의 템플턴 상 수상 저서 『세속의 시대』(*A Secular Age*)를 주 텍스트로 해서 종교와 서구의 세속화, 문화에 대해 공부했고, 특히 미국 흑인 문학과의 연관성에 대해 고민하고 있었는데 르네 지라르와 마틴 루터 킹 목사의 비폭력주의 연구를 다룬 논문을 읽고 많은 도움을 받았다고 한다.

그녀는 독일의 앙겔라 메르켈 총리가 한동안 고수한 난민 무제한 수용 정책에서 보듯이 철학계에서조차 너무 이상주의적이라고 비판받았던 데리다의 "무조건적 환대"가 현실 정치(Realpolitik)에서 실현되는 것을 보면서 그것이 과연 이상주의적이라는 손쉬운 비판의 대상이 되어야만 하는 것인지, 그 이상에 도달하기 어렵겠지만 저렇게 국가 차원에서 접근해가는 것을 볼 때 현재 자신의 수준에서 실행하기 어렵다고 이상주의적이라고 쉽게 비판하며 노력하지 않는 게 핑계가 되지는 않는지 궁금해 했다. 그러면서 개인적으로는 메르켈 총리의 관대한 난민 수용 정책은 공산주의 동독에서 루터파 목사의 딸로 엄격한 신앙 교육을 받고 자라난 그녀의 기독교적 휴머니즘에서 비롯되었다고 생각하고 있다고 말하면서, 이 문제와 관련해서 지라르와 나의 입장이 무엇인지 물어왔다.

지라르가 난민 무제한 수용 정책에 대해서 직접 의견을 피력한 바는 없는 것으로 알지만, 사회 철학적으로 볼 때, 지라르는 민주주의의 불만과 자유주의의 한계를 극복하고자 하는 공동체주의(Communitarianism)와 유사한 입장을 가진다. 그렇기에 지라르는 후기 데리다가 말하는 "무조건적 환대"를 현실 정치에 적용하는 것에 대해서 유보적이다. 지라르는 환대와 선물 등을 보다 드라마틱하게 인류학적으로 사유한다. 후기 데리다의 "무조건적 환대"는 종말론적이고 메시아적 지평에서 사유되고 있다.[68] 신학적으로 보자면 이 문제와 관련해서는 종말론적 유보라는 개념을 들 수 있을 것이다.

니체와 하이데거의 계보에 서 있는 독일의 대중적인 철학자 슬로터다이크는 2016년 독일의 앙겔라 메르켈 총리의 난민 무제한 수용 정책을 "자기 파괴의 행위"(Akt der Selbstzerstörung)라고 비판해 많은 논란을 일으켰다.[69] 독일의 다른 학자들은 공동체의 자기 파괴에 대해서는 어떠한 도덕적 의무도 없다면서 메르켈 총리의 난민 무제한 수용 정책을 비판한 슬로터다이크를 볼 때 나치가 연상된다고 비판했다. 실제로 슬로터다이크는 니체와 하이데거를 여전히 변호하며 인간 사육을 연상시키는 글을 발표하기도 해서 하버마스와 같은 독일 프랑크푸르트학파 계열의 학자들로부터 파시즘 혐의를 받아왔다.

아도르노와 같은 학자들은 하이데거의 존재 신화(Seinsmythologie)와 존재 숭배, (게르만적인) 언어 신비주의, 그리고 일종의 지방주의를 비판했다. 슬로터다이크의 철학에는 영지주의적인 사유도 내포되어 있는데, 게르만적·지역주의적인 하이데거의 사유를 일종의 공동체주의

68　지라르와 데리다에 대해서는 나의 『르네 지라르와 현대 사상가들의 대화』에서 상세하게 논의했다.

69　Gespräch Peter Sloterdijk zur Flüchtlingsproblematik, lebens. art 3sat, https://www.youtube.com/watch?v=rev7x9jBGLI&t=1136s. 이미 슬로터다이크에 대해서는 『르네 지라르와 현대 사상가들의 대화』에서 상세하게 다루었으므로 여기서는 짧게 언급하고자 한다.

예수는 반신화다

라고 변호하기도 했다. 슬로터다이크가 독일의 자기 붕괴의 위험에 대해서 말한 것은 니체가 유대-기독교 전통이 유럽의 데카당스의 원인이라고 진단하고 지목해서 비난한 것과 어느 정도 맥을 같이 한다. 물론 서구 기독교와 유럽 전통의 자기 붕괴 혹은 자기 데카당스의 위험을 지적한 니체와 슬로터다이크의 문화 비평에도 진리의 조각은 존재한다. 지라르도 니체의 이중 유산에 대해서 말하면서 니체의 이 문명 비판에 대해 어느 정도 동의한다. 그래서 지라르는 신화적 희생양 메커니즘을 폭로한 반신화적 유대-기독교 전통이 문명 속에 새롭게 가져온 희생의 위기에 대해서 말한다.

반신화적 유대-기독교 전통이 이룩한 근대를 위기로만 파악하는 니체와는 달리, 지라르는 근대를 최선의 사회이면서 동시에 최악으로 자기 붕괴될 수 있는 사회로 본다. 유대-기독교적 가치를 변호하는 지젝의 책 제목처럼 유대-기독교적 전통은 "무너지기 쉬운" 혹은 "상처받기 쉬운" 절대성(fragile Absolute)을 대변한다. 또 지라르는 외국인, 나그네, 과부, 희생자, 약자, 소수자, 장애인들을 우선적으로 변호하고 그들을 거대한 짐승의 우상이라 할 수 있는 희생양 메커니즘으로부터 구원해 낸 기독교적 가치가 극단적인 방식으로 정치적으로 오용되고 남용되는 "초기독교적"(hyper-christian) 현상에 대해 새로운 "희생양들의 전체주의"라는 이름으로 비판적으로 성찰한다.

물론 새로운 디오니소스 신화를 재활성화시키고자 하는 니체와 하이데거 철학이 가져온 파시즘과 나치즘의 문제를 충분히 비판적으로 성찰하지 않고 새로운 방식으로 무해화 혹은 미학화시켜서 변호함으로써 파시즘 혐의를 받는 슬로터다이크의 입장에 모두 동의할 수는 없다. 나는 영지주의, 인도 사상, 니체와 하이데거 등을 여전히 말하는 그의 영지주의적 사유보다 서유럽 일부 지식인들의 뉴에이지적이고 영지주의적이며 신이교적인 사유를 비판하는 지젝이 더 옳은 지적을 하고 있다고 생각한다.

데리다가 "무조건적 환대"를 말하게 된 것은 생애 후기이며, 여기에는 유대교 철학자 레비나스의 영향이 컸다고 본다. 데리다는 초기에 니체와 하이데거 계보에 서서 반문화 운동과 함께 연동된 반대 철학 운동으로서의 해체주의 철학에 전념하다가 생애 후기에 일종의 종교적 전환을 경험한 후 유대교에 근접하고 있다. 유대인 출신인 데리다가 환대에 대해서 천착하게 된 것은 나그네와 고아와 과부의 하나님으로 자신을 계시한 유대교의 야웨 신앙의 영향과 무관하지 않다. 반신화를 근본 정신으로 하는 유대교는 이렇게 전체주의적 신화 속에서 배제되고 추방되고 억압되고 묻힌 나그네와 고아와 과부, 의인 아벨과 같은 희생자들, 약자, 소수자들에 대한 환대(hospitality)와 정의를 선포해왔다. 지라르는 욥기에 대한 자신의 책에서 신화적 세계를 전체주의로 파악했다.

지라르가 지적하듯이 본래 서구에서 병원(hospital)은 이 유대-기독교 전통의 환대(hospitality) 정신으로부터 탄생했다. 지금도 독일에서는 간호사를 "슈베스터"(Schwester)라 부르는데, 그것은 수녀를 의미한다. 그래서 기독교가 선교되는 곳마다 신화와 그 신들의 황혼을 가져오고 인신 제사와 동물 제사가 폐지하고, 대신 병원, 학교, 대학교, 교회가 세워졌다. 학교(스쿨, school)의 (어원적) 기원도 중세 스콜라 신학과 철학이다. 영국의 옥스퍼드 대학교와 미국의 하버드 대학교와 같이 많은 서구 대학들은 신학교에서부터 시작했다. 옥스퍼드 대학교의 모토는 시편 27편에 등장하는 "주님은 나의 빛"(Dominus illuminatio mea)이다.

예수는 반신화다

신화의 수수께끼에 대한 깨달음

지라르는 복음서가 신화의 어두움을 계몽하는 빛이라고 말한 바 있다. 신화의 논리들이 뒤틀려 있고 일그러져 있으며 모순적이면서 애매모호한 이유는 신화의 코드와 의미 중심에 자리 잡고 있는 희생양, 좀 더 정확히 말하면 희생염소의 존재 자체가 무질서와 질서가 겹치는, 야누스적이고 모순적인 존재이기 때문이다. 신화의 일그러진 논리는 결국은 전체주의적인 마녀사냥의 논리로서 마술적 인과 관계를 말한다. 희생염소 오이디푸스의 근친상간 및 부친 살해와 테베의 역병 사이에는 희생양 메커니즘이 만들어내는 마술적 인과 관계가 존재한다. 그것은 현대인들의 시각에서는 과학적 인과 관계가 아니다. 반신화적인 유대-기독교는 신화 속의 마술적 인과 관계의 탈마술화(막스 베버)를 불러와 합리화 과정으로 대표되는 현대 사회를 탄생시켰다. 그것은 신화적 전체주의와 파시즘을 극복하고 자유, 평등, 인권, 보편주의, 민주주의와 같은 시스템을 구축할 수 있는 인문학적 소양뿐 아니라 자연과학의 탄생에도 결정적으로 기여했다.

하이데거의 『블랙 노트』 출판 이후로 재점화된 그의 반유대주의와 나치즘에 대한 국제적 논의를 나는 2016년 5월 현대기독연구원이 주최하는 "기독교사상 봄 강좌: 르네 지라르의 십자가의 인류학과 기독교 신학"에서도 소개했다. 특히 기억에 남는 것은 "포스트모더니즘과 유대-기독교적 텍스트"라는 제하로 강의할 때 전 감리교신학대학교 학장 변선환 박사의 제자였으며 스위스 바젤 대학교에서 신학 박사 학위를 받고 종교다원주의적인 의미에서 기독교와 불교 간의 종교 간 대화를 모색했던 김승철 교수(일본 난잔대)에게 하이데거를 배웠다는 어느 감리교 목사와의 토론이었다. 이 토론을 반추해 보면 다음의 언론 보도가 떠오른다. 『예수는 신화다』라는 책에 대한 2009년 「한겨레」 신문의 서평에서는 이 책과 1991년 "기독교 밖에도 구원이 있다"는 소신을 밝히고 기독교와 불교 사이의 종교 간 대화를 추구했다가 교수직과 목사직은 물론이고 신자 직분까지 박탈당한 감리교신학대학교 변선환 학장에 대한 이야기를 다음과 같이 연관시켰다.

인간의 몸을 가진 신이자 구세주. 아버지는 하느님, 어머니는 인간 처녀. 12월 25일생. 물을 술로 바꾸는 기적을 행하고, 세상의 죄를 대신 짊어지고 나무 또는 십자가에 매달려 죽었다가 사흘 만에 부활해 하늘로 올라간 이. 신도들이 그의 몸과 피를 상징하는 빵과 포도주로 그의 죽음과 부활을 기리는 의식을 행하고, 마침내 최후의 날 심판자로 돌아올 이. 예수뿐만 아니라, 고대 이집트의 오시리스, 그리스의 디오니소스, 소아시아의 아티스, 시리아의 아도니스, 이탈리아의 바쿠스, 페르시아의 미트라가 모두 위의 조건을 충족시킨다. 지은이들은 『예수는 신화다』에서 기독교의 예수 이야기가 그보다 수세기 앞선 이교도 신화들의 유대인 판본이라고 논증한다. 저자들은 예수 이야기를 신화로 봄으로써 모든 영적 전통에 담긴 통일성을 인식하고, 문자주의 기독교가 놓친 예수 신화 속에 숨겨진 깨달음의 가능성에 다가설 수 있을 것이라고 말한다. 1991년 감리교신학대학교 변선환 학장이 "기독교 밖에도 구원이 있다"는 소신을 밝혔다가 교수직과 목사직은 물론이고 신자 직분까지 박탈당한 지 18년이 지났다.

물론 변선환 교수의 경우는 안타까운 일이지만, 위의 「한겨레」 신문의 논평에서 볼 수 있듯이 가끔씩 신학적으로 진보 진영에 있는 사

예수는 반신화다

람들이 초기 교회가 저항하고 극복해서 이단으로 선을 그은 영지주의를 새로운 방식으로 포용하는 경우를 볼 때 나는 안타까움을 느낀다. 『붓다와 희생양』에서 밝힌 것처럼 1893년 시카고에서 개최되었던 세계 종교 회의는 영지주의로부터 큰 영향을 받은 신지학회(Theosophical Society)가 주도적인 역할을 했다. 인도에 본부를 두고 있는 이 신지학회는 근대 남방 불교를 근대화시켜서 서구로 수출하는 데 핵심적인 역할을 했다. 종교다원주의를 주장하는 조직들 중에 모든 종교의 통합과 융합을 목표하는 신지학회가 주도적인 역할을 해왔지만, 이 사실은 그다지 크게 알려지지 않았다. 미국 불교학계에서 잘 알려진 선불교 연구의 권위자 베르나르 포르가 바로 지적한 것처럼, 서구 불교의 발흥은 "신지학회의 오컬티즘의(Okkultimsus) 끈질긴 영향력"을 제외하고서는 설명하기 힘들다.[70] 신지학회의 공동창시자인 러시아 여성 헬레나 페트로브나 블라바츠키(Helena Petrovna Blavatsky)는 영지주의적 사고들에 대한 방대한 저술을 남겼다. 인간을 해탈시켜 신에게 향하게 하는 길을 추구하며, 힌두교를 비롯하여 불교·자이나교·그리스도교·이슬람교의 전통을 받아들인 신지학회는 최근 밀교(密敎)에 대한 관심이 많아지면서 다시 활기를 띠고 있다.

지라르는 유대-기독교적 전통과 세계 종교 및 신화 사이에 존재하는 구조적 유사성과 연속성을 어느 정도 인정한다. 하지만 종교다원주의자들처럼 유사성만 보는 것이 아니라 급진적인 차이와 불연속성도 본다. 지라르에 의하면, 반신화적 사건인 예수 그리스도의 십자가가 신화의 수수께끼에 참된 깨달음을 주는 사건이다.

---

70 Bernard Faure, *Der Buddhismus* (Bern/München/Wien: Scherz Verlag, 1998), 58.

종교 간 대화는 탈낭만화하여 더 급진적으로 진행되어야 한다. 즉 20세기 후반 유행했던 후기식민주의적 보상의 정서 속에서 복원의 해석학(리쾨르)만으로는 기독교 외의 전통 종교를 제대로 이해할 수 없다. 보다 정직하고 엄밀한 세계 종교 이해와 비교신화학도 필요하다. 레비-스트로스의 『슬픈 열대』(Tristes Tropiques)도 소위 폭력적 서구 문명에 의해 슬프게 사라져가는 전통 종교와 신화에 대한 복원의 해석학이다. 지라르는 후기식민주의적 복원의 해석학을 넘어서 인류 문화 전체에 대한 보편적이고 과학적인 이해를 추구하고자 했다.

나의 『붓다와 희생양』은 기독교와 불교 사이의 종교 간 대화의 탈낭만화와 급진화를 위한 작은 시도였다. 『예수는 신화다』에 대한 「한겨레」 신문의 우호적 서평에서 보듯이, 이 책이 기독교와 불교 사이의 종교 간 대화를 넘어서 종교다원주의를 주장하는 일부 사람들에게 무비판적으로 수용되고 있기에, 나는 이후 "붓다는 신화다"라는 제목의 글을 통해 비교신화학적인 차원에서 기독교와 불교 사이의 학문적 대화를 보다 급진적으로 진행시키고자 한다. 비교종교학자 오강남 교수는 『예수는 없다』에서 성불(成佛)한 예수에 대해서 말하면서 예수 그리스도의 성령 체험이 "성불"과 다르지 않다고 말하는데, 왜 불교에서는 특히 비밀불교(밀교)에서는 성교를 통해서 성불을 추구하는지 그 메커니즘에 대해서 지라르의 비교신화학에 기초해 논할 것이다.

예수 그리스도의 이야기에는 성교를 통해서 성불을 추구하는 비밀불교(밀교)와 같은 내용이 존재하지 않는다. 예수 그리스도에 대한 이야기에는 불교와 힌두교를 포함한 세계의 많은 종교와 신화 속에서 공통적으로 발견되는 성적인 제의가 없다. 『다빈치 코드』에서 말하는 예수 아내설은 반신화인 예수 드라마를 성적인 불륜 드라마와 막장 드라마인 신화로 재구성하는 영지주의적 시도다. 나는 보수적인 어느 신학교에서 "비교종교학" 강의도 한 한기 했었는데, 지라르의 이론은 종교다원주의적인 방향으로 기울어져간 기존의 비교종교학과 비교신화학을 비판적으로 성찰할 수 있는 새로운 차원의 비교종교학이고 비교신화학임을 느꼈다.

감리교신학대학교에도 지라르의 비교신화학이 알려져서 2015년에 감리교신학대학교 총장은 추수감사절 설교인 "감신이 살 길"(히 10:19-25)에서 지라르의 사유에 대한 이야기로 다음과 같이 설교를 시작하고 있다.

> 최근에 프랑스의 철학자이며 현대 신학에 큰 영향을 주었던 사상가 지라르가 92세를 일기로 세상을 떠났다. 희생양을 찾아내서 사회적 안정을 도모하려 함이 인류 역사의 시작부터 지금까지 지속되는 악순환이라고 지라르는 그의 연구에서 밝히고 있다. 또한 지라르에 의하면 예수 그리스도는 희생제사의 악순환을 끊어버린 최후의 희생양, 하나님의 어린 양이시다. 끊임없이 사회적 약자를 희생양으로 잡으려고 하는 이 악순환의 역사 속에서 주님은 인류를 그 제도적, 구조적 폭력으로부터 해방하시고 십자가로 모든 구원을 이루셨다.

숭실대학교 기독교학대학원에서 지라르 강의를 할 때, 나는 감리교신학대학교에서 지라르가 많이 읽히고 있다는 이야기를 전해 들었다. 또한 2014년 서울 상동감리교회의 담임목사이면서 협성대학교와 몇몇 중고등학교를 운영하는 학교법인 삼일학원 이사장으로 섬기는 서철 목사가 나의 『우상의 황혼과 그리스도』를 읽고 "포스트모던 시대에 모더니즘의 가치를 보여주고, 십자가에 달리신 예수를 다시 보게 하였다"고 평가하면서 긴 서평을 보내왔고 설교를 통해 지라르와 나의 연구를 소개하기도 했다. 서울 상동감리교회는 1885년 스크랜턴(William B. Scranton) 선교사가 세운 감리교에서 전통 있는 교회다. 스크랜턴 선교사는 정동병원을 설립하고 고종황제에게 병원명을 하사받았다. 또한 상동파는 독립운동을 섬겼던 자랑스러운 민족 교회의 별칭이었다고 한다. 역사학자들은 상동파라는 기독교 공동체가 한국 독립운동의 디딤돌이었다고 평가하기도 한다.

서철 목사는『우상의 황혼과 그리스도』를 읽고 감동을 받았는데, 특히 지라르의 희생제사의 이론으로 니체의『우상의 황혼』을 역설적으로 비판해간 학문적 분석을 읽으면서, 그리고 십자가에 달리신 예수와 건강한 공동체의 대안성을 생각하면서 행복한 독서 시간을 보냈다고 했다. 기독교의 신앙이 민주화 운동의 성스러운 길에 발 뒤꿈치 정도라도 디디게 하는 힘이었고 나의 책을 통해 십자가의 예수를 바라보면서 좋은 착상을 얻었다고 한다. 서철 목사는 내가 지라르의 문명사학을 소개한다고 평가하면서 십자가에 달리신 예수는 희생제사의 시대를 끝내고 새로운 아가페의 시대를 열었다고 바로 보았다. 그리고 그는 내가 유대-기독교적 가치를 중심으로 에클레시아를 소중하게 다루면서 유대교의 정의와 기독교의 사랑에 근거한 아가페의 공동체를 건강한 대안으로 제시하면서, 유대교의 정의와 기독교의 사랑에 근거하여 현대 모더니즘의 긍정적 가치를 재조명하고, 포스트모더니즘이 가져온 해체주의의 폐해를 지적하고 있다고 서평했다. 또한 인도의 카스트 제도, 일본의 교토 학파의 천황 중심적 불교의 무(無)이해, 불교의 신화적 영웅주의 속에 감추어진 희생제사의 어두운 면을 직시케 하고 나아가 동

예수는 반신화다

아시아의 유교 문화와 신유교주의가 가지고 있는 한계도 지적한다고 분석했다.

나의 『우상의 황혼과 그리스도』를 읽은 독자들 사이에서는 인권과 민주화 투쟁, 그리고 기독교와 불교 사이의 종교 간 대화를 위해 헌신한 분들 사이의 뜨거운 토론이 다음과 같이 있었다.

아직도 5월이 되면 아픔이 남아 있지요. "임을 위한 행진곡"을 아직도 부르는 6월 항쟁의 넥타이 부대였으니까요? 다만 지라르는 역설적으로 유대-기독교적 가치가 바로 그런 자유, 민주, 박애를 가져왔다고 역설하는 것 같다. 디오니소스적인 니체 철학과 하이데거에 근거한 포스트모더니즘이 오히려 역설적으로 불교가 성불과 소신공양과 몸 보시 속에 은폐하고 있는 희생제사와 희생양의 폭력성처럼 그런 저항 정신을 잃어버리게 했다고 하는 것 같다. 모든 책과 학자들의 주장이 완벽하지도 않고 반론의 여지가 있지만 그럼에도 정일권 박사가 소개하는 지라르의 이론들은 신선한 사고를 하게 한다. 깊은 분석력으로 문명사를 들여다보고 희생제사의 흔적들을 추적하면서 새로운 생각을 갖게 해준다.

2016년 5월 현대기독연구원이 주최하는 "기독교사상 봄 강좌"에서 이루어진 지라르 세미나에 참여한 어느 신학생은 기독교의 죄악사가 피해 의식으로 다가오던 차에, 기독교의 독특성을 지라르를 통해서 깨닫게 되었고, 기독교가 보편성을 제공할 뿐 아니라 처방전이 될 수도 있을 것이라고 생각하게 되었다는 글을 전해왔다. 그는 지라르를 읽고 기독교에 대해서 자신감을 갖게 되었다고 말했다.

6장

포스트모더니즘, 신이교,
그리고 새로운 영지주의

반신화적 유대교에 대한 영지주의의 복수

니체와 하이데거의 사유는 포스트모더니즘과 새로운 영지주의, 그리고 새로운 이교주의와 얽혀 있다. 레비나스도 자신의 『전체성과 무한』에서 하이데거를 새로운 이교주의자로 파악했다. 영지주의 연구의 권위자인 한스 요나스(Hans Jonas)는 하이데거와 불트만의 지도 아래 영지주의에 대한 연구로 박사 학위를 받았는데, 이후 그의 논문은 『그노시스와 후기 고대의 정신』(Gnosis und spätantiker Geist)으로 출판되었다. 그의 책은 영지주의 연구의 고전으로 평가받는다. 이 책의 1권 제목은 『신화적 그노시스』(Die mythologische Gnosis)이고, 2권의 제목은 『신화로부터 신비 철학으로』(Von der Mythologie zur mystischen Philosophie)이다.[1] 즉 한스 요나스에 의하면, 그노시스(영지)는 본질적으로 신화적이다. 또한 신비 철학은 본래 신화가 점차 철학화되면서 나온 것이다. 불교 철학은 신비 철학이라고 불릴 만큼 신화적 차원이 강하기 때문이다.

요나스는 현대 허무주의를 새로운 영지주의로 파악해서 하이데거를 극복하고자 했다. 요나스는 하이데거의 영지주의에 대해서도 지적한다. 요나스는 니체와 하이데거의 허무주의와 실존주의, 그리고 고대 후기의 영지주의 사이에 존재하는 유사성을 분석했다. 한스 요나스는 실존주의를 낳은 현대의 정신적 상황과 영지주의를 낳은 고대 후기의

---

1   Hans Jonas, *Gnosis und spätantiker Geist*, Ln, Bd.1, *Die mythologische Gnosis* (Forschungen zur Religion und Literatur des Alten und Neuen Testaments) (Göttingen: Vandenhoeck & Ruprecht, 1993); Hans Jonas, *Gnosis und spätantiker Geist*, Vol. II, Part 1: *Von der Mythologie zur mystischen Philosophie* (Göttingen: Vandenhoeck & Ruprecht, 1993).

정신적 상황 사이에 존재하는 유사성을 보았다. 하지만 이 책에서는 요나스가 말한 니체와 하이데거의 실존주의를 "정치적 실존주의"로 파악했다. 요나스는 니체와 하이데거의 근대 실존주의 그리고 그 실존주의적 허무주의에 대한 영지주의적 독법을 통해서 현대 영지주의를 극복하고자 했다.

요나스는 영지주의와 유대교 사이의 종교사적 관련성을 어느 정도 인정하지만 영지주의가 근본적으로 반유대교적이라는 사실을 강조한다. 영지주의는 창조세계의 선함을 말하는 유대교의 유일신론적 입장에 대한 반항이자 복수다. 영지주의는 반신화적인 유대교에 대한 신화의 복수이며 반유대교적이다. 영지주의는 첫 번째로 성 아우구스티누스의 사상에 의해 극복되었다. 그래서 아우구스티누스를 기점으로 중세가 시작되었다. 한스 블루멘베르크는 근대가 도래하면서 영지주의가 두 번째로 극복되었다고 말한다. 한스 요나스의 영지주의 연구는 영지주의 극복을 위한 세 번째 시도로 평가되기도 한다.

오스트리아 출생의 미국 정치철학자 뵈겔린(Eric Voegelin)은 요나스의 영지주의 연구 등을 정치 연구에 적용해 고대 영지주의와 현대 전체주의적 운동들 사이의 유사성을 분석한 바 있다. 그에 의하면 독일 나치즘과 공산주의 운동 또한 새로운 영지주의 운동이다. 뵈겔린도 요나스처럼 하이데거의 영지주의에 대해서 말한다. 우리는 지금까지 새로운 신화와 새로운 영지주의를 말하는 니체와 하이데거의 파시스트적인 혹은 전-파시스트적인 철학이 독일 나치즘과 같은 전체주의적 군중 운동에 깊이 영향을 주었다는 것을 보았다. 다른 곳에서 언급한 것처럼 칼 바르트(Karl Barth)는 히틀러와 독일 나치에 저항하기 위해서 십계명의 제1계명을 신학적 공리로 선포했다. "신학적 공리

로서의 제1계명"(Das erste Gebot als Theologisches Axiom)이라는 강
연을 통해 바르트는 독일 나치의 새로운 이교주의와 새로운 영지주의
에 저항했다. 독일 나치의 지지자였던 칼 융도 잘 알려진 현대 영지주
의자라 할 수 있으며, 쇼펜하우어도 힌두교와 불교뿐 아니라 영지주의
에도 영향을 받았으며, 신지학회를 창립한 블라바츠키도 영지주의에
강한 영향을 받았다.

포스트모더니즘 속의 새로운 영지주의

포스트모더니즘의 주요 연구가이자 전파자인 이합 핫산(Ihab Hassan)
은 "새로운 영지주의: 포스트모던적 지성의 양상에 대한 사색들"이라
는 논문에서 포스트모더니즘 속의 새로운 영지주의에 대해 분석한
바 있다.[2] 하버마스는 니체와 하이데거의 계보에 서 있는 독일의 대중
적 철학자 슬로터다이크의 철학을 "신이교적"이라 파악했다. 신이교
주의는 "파시즘 혐의"(Fascismusverdacht)와 "영지주의 혐의"(Gnosis-
Verdacht)를 가지고 있다.[3] 하버마스의 분석처럼 니체와 하이데거의 영
향을 받은 슬로터다이크의 사유에는 이처럼 새로운 이교주의, 새로운
영지주의, 그리고 파시즘의 혐의가 얽혀 있다. 슬로터다이크는 지라르

---

2   Ihab Hassan, "New Gnosticism: Speculations on an Aspect of the Postmodern
    Mind," Boundary 2. Spring 1973, 547-59.
3   Heinz-Ulrich Nennen, *Philosophie in Echtzeit. die Sloterdijk-Debatte: Chronik
    einer Inszenierung: über Metaphernfolgenabschätzung, die Kunst des Zuschauers
    und die Pathologie der Diskurse* (Würzburg: Königshausen & Neumann, 2003),
    117. 나는 『르네 지라르와 현대 사상가들의 대화: 미메시스 이론, 후기 구조주의 그리고 해
    체주의 철학』(서울: 도서출판 동연, 2017)에서 이에 대해 보다 상세하게 다루었다.

의 독일어판 저서 『나는 사탄이 하늘에서 떨어지는 것을 본다: 기독교에 대한 하나의 비판적 변증』의 후기를 쓴 학자로서, "질투의 제국에서 잠을 깨다. 르네 지라르의 인류학적 메시지에 대한 메모"라는 제목의 이 후기에서 그는 지라르가 니체의 "새로운 이교주의"에 대항하여 "신학적-문화 전쟁적인 표현"을 했다고 비판한다.[4]

하지만 니체는 유대-기독교 도덕과 가치 및 문화에 대해서 먼저 문화전쟁(Kulturkampf)을 시도했다. 지라르는 니체와 하이데거가 시도한 새로운 신화 운동은 정치적으로 위험한 시도였다고 평가한다. 독일 ZDF 방송에서 「철학 사중주」(Philosophische Quartett)를 진행한 사프란스키(Rüdiger Safranski)는 독일의 낭만주의 운동이 때로는 민족주의와 파시즘으로 기울어졌다는 것을 인정한다.[5] 특히 독일과 일본의 경우 일견 문학적이고 시적이며 생태적이고 미학적인 낭만주의 운동이 정치적으로는 낭만적 민족주의와 폭력적 파시즘으로 기울어졌다는 사실을 기억해야 한다.

지젝도 니체와 하이데거의 사유로부터 파생된 포스트모던적 사유들 속에 자리 잡고 있는 새로운 영지주의와 새로운 이교주의의 문제에 대해서 올바르게 지적한 바 있다. 지젝에 의하면 "이교주의와 유대교적인 파열(break)은 근본적으로 대조"된다. 이교주의와 유대-기독교적 자세가 다시금 이교주의로 퇴행한 것으로서의 영지주의는 영적인 자기-정화로의 "내면적인 여행"과 참된 내적인 자아로의 복귀 그리고 자아의 재발견을 강조한다. 이 이교주의와 영지주의와는 분명하게 대조

---

4 Sloterdijk, "Erwachen im Reich der Eifersucht. Notiz zu René Girards anthropologischer Sendung", 251.

5 Rüdiger Safranski, *Romantik. Eine deutsche Affäre* (München u. a: Hanser, 2007).

220   예수는 반신화다

적으로 유대-기독교적 전통은 "외적인" 만남을 강조한다. 프로이트의 본래적인 통찰이 주이상스(jouissance)를 상징하는 사물과의 "트라우마틱한 외적인 만남(encounter)에 관한 것이라면, 칼 융은 "자아발견이라는 내면적이고 영적인 여행이라는 전형적인 영지주의적 문제틀 속에서 무의식이라는 주제를 다시금 논의했다.[6]

지젝에 의하면 유대-기독교적 전통은 "자아실현이나 자아 성취와 같은 뉴에이지 영지주의적 문제들"과는 엄격하게 대조된다. 유대교의 율법이 말하는 것은 바로 어떤 이웃과의 만남이다. 구약성서는 당신의 이웃을 사랑하고 존중할 것을 요구한다. 나의 타자/이웃을 나 자신의 거울-이미지나 칼 융의 심리학에서 볼 수 있는 것처럼 나의 자아실현을 위한 도구로 결국 축소시키는 뉴에이지적인 태도와는 달리, 유대교는 "낯설고 트라우마틱한 핵심이 영원히 나의 이웃 속에 존재한다는 것을 말한다. 유대교에게 있어 이웃은 나를 놀라게 하는 어떤 "기력이 없고 불가해하며 수수께끼와 같은 존재"로 남아 있다.[7]

한국을 방문해서 강연하기도 했던 지젝은 몇몇 강연에서 지라르를 인용했다. 지젝은 2014년 "종교, 정치학 그리고 성스러움"(Religion, Politics, and the Sacred)이라는 주제로 지라르의 이론 등에 대해서 지라르 학파에 속하는 학자들 중 가장 잘 알려진 프랑스 에콜 폴리테크니크와 스탠퍼드 대학교의 사회정치학자 장 피에르 뒤피와의 학문적

---

6 Žižek, *Did somebody say totalitarianism?: five interventions in the (mis)use of a notion*, 54-5.

7 Slavoj Žižek, "Neighbors and Other Monsters: A Plea for Ethical Violence," in Slavoj Žižek, Eric Santner, Kenneth Reinhard, *The Neighbor: three inquiries in political theology* (Chicago: Univesity of Chicago Press, 2005), 140.

대화 및 인터뷰를 진행한 바 있다.[8] 뒤피는 지라르의 이론을 카오스 이론과의 대화 등을 비롯해서 학제적으로 확장시킨 학자다. 뒤피는 이 대화에서 지젝이 자신을 인용하고 있다는 사실을 다른 학자로부터 듣게 된 이후 지젝의 책들을 읽기 시작했다고 고백하면서 이야기를 시작한다. 지젝과 뒤피의 대화에서는 지라르의 이론뿐 아니라 헤겔, 부정신학, 라캉, 프로이트, 칼 융에 대한 논의도 이루어졌다. 특히 라캉 전공자인 지젝은 그 자신이 철저하게 프로이트적이기에, 정신분석학을 다시금 영지주의 및 신화와 전근대적인 세계로 회귀시킨 칼 융의 심층심리학과 그 영향을 받은 캠벨의 신화학을 비판하고 있다. 슬로터다이크를 비롯한 많은 서유럽 학자들이 유대-기독교적 모태로부터 이탈해서 영지주의적인 사유로 기울고 있는 것을 생각한다면, 동유럽 출신의 지젝이 비록 자신은 무신론자로서 일종의 허무주의적 사신신학을 전개하지만, 그럼에도 불구하고 그가 유대-기독교적 가치를 변호하는 것은 환영할만하다.

레비나스도 디오니소스적 존재(Sein)의 숭배로 이어지는 하이데거의 존재 철학을 타자와 이웃에 대한 윤리학이 실종되고 배제된 일종의 권력 철학이라고 비판하면서, 타자의 철학을 전개하였고, 윤리학을 제1철학으로 제시했다. 오시리스-디오니소스 신화에는 희생당하는 약자와 소수자에 대한 윤리가 희박하다. 신화는 전체주의의 텍스트다. 윤리적 유일신론은 전체주의적인 마녀사냥의 텍스트로서의 신화에 저항하면서 점차적으로 외국인과 과부와 고아를 변호하는 정의의 윤리를 발

---

8   Žižek and Dupuy: Religion, Secularism, and Political Belonging - Nov. 1, 2014 Interview. Portland Center for Public Humanities at Portland State University.

전시켰다. 우상들은 항상 지역적이고 지방의 수호신에 제한되는 것처럼, 신화적 세계는 언제나 씨족주의, 부족주의, 민족주의, 지방주의, 지역주의와 연결되어 있다. 반면 반신화적 정신을 가진 기독교가 민주주의, 보편주의, 세계시민주의를 탄생시켰다.

불교와 영지주의

포스트모더니즘 속의 새로운 영지주의는 20세기 한때 풍미했던 서구 불교에서도 발견된다. 불교학자들 스스로가 불교와 영지주의 사이의 유사성과 친화성에 대해서 주장하거나 인정하고 있다. 붓다가 훨씬 더 신화적이지만, "붓다는 신화다"라는 주장들은 쉽게 찾아보기 힘들고, 많은 경우 불교 지식인들은 기독교에 대한 모방적 욕망과 경쟁으로 인해 신화적이고 제의적인 붓다와 불교를 현대 자연과학이나 철학과 연관시켜 빠르게 근대화시키고자 한다. 여기서는 불교 연구의 신기원을 이루었다고 평가받고 있는 나의 『붓다와 희생양: 르네 지라르와 불교문화의 기원』의 내용 중 이 책의 주제와 관련된 "예수는 반신화다"라는 부분을 중심으로 소개하고자 한다.

　『붓다와 희생양』에서 밝혔듯이 현대 불교 담론에 있어 새로운 "영지주의적 유혹"에 대해서는 몇몇 학자들이 경고한 바 있다. 영지주의적 유혹은 야콥 뵈메(Jakob Böhme)로부터 니체와 칼 융까지 흐른다.[9] "불교적 그노시스와 기독교적 아가페"라는 도식으로 두 종교가 비교되기

9　Jacques Albert, *Cuttat, Asiatische Gottheit-christlicher Gott: Die Spiritualität der beiden Hemisphären* (Einsiedeln: Johannes Verlag, 1971), 94.

도 한다. 불교는 일종의 "영지주의적 구원 종교"다.[10] "불교적 그노시스"라는 개념 아래 두물린(Heinrich Dumoulin)은 기독교적 입장과 근본적으로 다른 불교 속에 흐르는 "영지주의적 경향들"과 "에소테릭한 모멘트"를 분석한다. 또한 "영지주의적 종류의 에소테릭한 유행 현상"이 가져오는 새로운 위험과 유혹에 대해서 경고한다.[11] 불교가 영지주의적이라는 말은 그만큼 불교에는 신화적 요소가 많다는 것을 의미한다.

세계 종교에는 많은 경우에 남신과 여신의 성관계를 대변하는 제의적인 성행위가 이루어진다. 힌두교와 불교에서는 요기들과 종교적 창녀들 그리고 불교 출가승들과 창녀들의 성교가 성불 과정에서 이루어진다. 그것은 일부 현대인들이 기대하는 것처럼 건강하고 사회적인 섹슈얼리티를 반영하는 행위가 아니라 반사회적이고 반생식적인 불륜행위요 파계행위다. 나는 이 성적인 파계를 출가승들이 희생염소 역할을 하기 위해, 그리고 스스로 공동체의 비난을 자신에게로 흡수하기 위해 요구받은 것으로 해석했다. 밀교(비밀불교)에는 중생을 위해서 출가승들이 살해를 하고 도둑질을 하며 간음을 해야 한다는 요구가 등장한다.

탄트라 불교(밀교)는 중생들을 위해서 보살들과 붓다들에게 "살해하고, 거짓말하고, 도둑질하고, 그리고 간음하라"(Killing, Lying, Stealing, and Adultery)라고 명령한다.[12] 그들은 성불 과정에서 깨달음

---

10 Aloysius Pieris, "Christentum und Buddhismus im Dialog aus der Mitte ihrer Traditionen," in Andreas Bsteh (Hrsg). *Dialog aus der Mitte christlicher Theologie, Beiträge zur Religionstheologie* 5 (Mödling: Verlag St. Gabriel, 1987), 135. 1. Buddhistische Gnosis und christliche Agape(132-138)을 보라.

11 Heinrich Dumoulin, *Begegnung mit dem Buddhismus: Eine Einführung* (Freiburg-Basel-Wien: Verlag Herder, 1978), 93-6.

12 Michael M. Broido, "Killing, Lying, Stealing, and Adultery: A Problem of Interpretation in the Tantras," in *Buddhist Hermeneutics*, ed. Donald S. Lopez, Jr.

을 얻고자 하는 수행 과정 중에 이러한 사회적이고 성적인 파계를 범하도록 요구받는다. 즉 그들은 오이디푸스의 하마르티아(죄악)인 근친상간과 부친 살해와 같은 반사회적이고 죄악스러운 파계를 행함으로 공동체를 정화하고 공동체를 구원하는 희생염소 역할을 하고 있다. 곧 보살행을 하는 출가승들은 중생을 위해서 의도적이고 기술적인 파계로써 죄를 범하는 희생염소(scapegoat)가 되는 것이다. 그래서 이러한 파계적-제의적 명령과 요구를 수행하는 불교에서 "살인하지 말라, 도덕질 하지 말라, 거짓말 하지 말라, 그리고 간음하지 말라"는 유대-기독교적 전통의 윤리적 십계명과 같은 것을 발견하기란 너무 힘들다.

『다빈치 코드』와 예수 아내설

『예수는 신화다』라는 책은 『다빈치 코드』보다 훨씬 더 충격적인 기독교의 진실을 말하고 있다고 선전되어왔다. 『다빈치 코드』는 초기 기독교가 이단으로 규정한 영지주의에 근거하고 있다. 2014년 TV조선에서 "예수 아내설"에 대한 보도를 본 적이 있다. 이 영지주의적인 예수 아내설을 반박하기 위해 나의 『붓다와 희생양』을 인용하고 있는 어떤 국내의 인터넷 커뮤니티[13]에서는 다음과 같은 내용이 언급되었다.

예수와 고대 신인들 사이에 가장 중요한 차이점으로 지적해야 하는 것이 예수 이야기에는 성적 제의로서의 신성 결혼(*Hieros Gamos*)의 모티브가

Honolulu. 1988, 71-118.
13 http://theacro.com/zbxe/3824267

전혀 없다. 신성 결혼이라는 이 개념은 고대 신인들에게 있어서 창조와 풍요로운 생산을 의미하는 중요한 차원을 띄는데 예수 이야기에는 그런 차원이 전혀 존재하지 않는다. 예수에게 고대 신인들에서 중요한 신성 결혼의 이미지를 부여하기 위해서 끊임없이 예수의 아내설이 나오는 것이다. 예수 아내설과 현대 영지주의는 예수 드라마를 일종의 이교적 신화 중의 하나로 만들려고 한다.

지젝이 파악한 바와 같이 영지주의는 이교적 신화로 되돌아가려 한다. 지라르는 영지주의를 신화의 탈신성화 과정에서 등장한 중간 단계 정도로 파악한다.

2016년 TV 프로그램 「전설의 고향」에서 설악산에 위치한 백담사에 속한 오세암(관음암)에 관한 이야기를 보았다. 이 이야기는 국내에도 잘 알려져 있다. 『붓다와 희생양』에서 이미 논의한 바와 같이, 관음보살이 창녀나 여인으로 나타나 불교 승려들을 성적으로 유혹하고, 그 성적인 파계가 깨달음으로 이끈다는 이야기는 잘 알려져 있다. 이 오세암에 관한 이야기에서도 비슷한 이야기가 등장한다. 고려 때의 고승인 설정대사가 시주하러 와서 절에 머문 어느 여인과 성관계를 갖지만, 주지 스님은 그 사실을 알고서도 그 성적인 파계를 꿈이라고 가르친다. 하지만 그 여인과의 성관계를 통해서 무상이라는 아들이 태어나고 그 아들이 5세가 되는 해에 그 스님이 동네에 다녀오는 동안 그 아들이 엄청난 눈으로 인해 암자에 갇히게 된다. 결국 추운 겨울 동안 먹을 양식이 없이 굶다가 봄이 되어 그 스님이 와보니 그 아들이 깨달음을 얻고 부처가 되었다는 이야기다. 또한 그 스님과 성관계를 가진 여인은 알고 보니 관음보살이라는 것이다. 또한 성적인 파계 이후 그 스님이 깨달음을 얻기 위해서 여러 붓다들 앞에서 그리고 그 붓다들과 자신을 동일시하면서 손가락 연비(손가락을 공양물로 불태우는 행위)를 하는 장면도 등장했다. 나는 이 불교 출가승들의 디오니소스적이고 오이디푸스적인 파계와 죄악을 희생양 메커니즘 속에서 해석했다. 이렇게 신화적 종교나 영지주의에는 언제나 신들의 성적인 막장 드라마와 불륜 드라마가 코드로 자리 잡고 있다. 하지만 예수 드라마에서는 이러한 디오니소스적-성적인 불륜 드라마를 발견할 수 없다.

정작 참으로 신화적이고 영지주의적인 불교는 언제나 너무 쉽게 철학화되어 소개되었다. 그동안 불교는 일종의 칸트 철학처럼 혹은 무신론적 합리주의로 오해되었다. 그러나 불교는 힌두교로부터 정글과 같은 신화의 세계를 물려받았다.[14] 그리고 갠지스의 모래알 같이 수많은 붓다들과 보살들로 가득 찬 만신전을 가지고 있는 다신론적인 세계관을 소유하고 있다. 지라르 종교 이론에 기반을 둔 나의 사회인류학적 불교 연구는 불교의 신화적 뿌리를 추적하는 작업이었다. 그래서 팔라버 교수는 『붓다와 희생양』의 추천사에서 다음과 같이 적고 있다. "저자는 엄청난 노력을 통해서 불교를 오직 평화스럽고 조화로운 명상의 종교로만 파악하는 모든 피상적인 서구적 입장에 대항해 불교를 제의적 관련성과 그 신화적 뿌리로부터 파악해야 함을 강조하고 있다."

---

14 Bernard Faure, *The Rhetoric of Immediacy. A Cultural Critique of Chan/Zen Buddhism* (Princeton: Princeton University Press; 1991), 66.

7장

붓다는 신화다

은폐된 인신 제사로서의 분신공양

붓다들을 은폐된 희생양으로 파악한 최초의 연구인 나의 독일어 단행
본 『세계를 건설하는 불교적 세계포기의 역설: 르네 지라르의 미메시
스 이론의 빛으로 본 하나의 접근』[1]에서, 나는 힌두교와 불교 문명에서
의 세계포기와 세계 질서의 변증법을 지라르의 문화 이론의 빛 가운데
서 분석하고자 했다. 즉 세계포기 위에 세워진 불교문화의 폭력적 역설
을 문화의 기원에 희생양 메커니즘이 존재한다는 지라르의 문명 기원
론으로 해명하고자 했다.

종교사회학자 아이젠슈타트(Shmuel N. Eisenstadt)는 『힌두교와 불
교에 대한 막스 베버의 연구: 해석과 비판』이란 책에 기고한 "세계 외
적인 지향을 가진 문명들의 패러독스: 막스 베버의 힌두교와 불교 연구
에 대한 몇 가지 성찰들"이라는 논문에서 세계 외적인 곧 세계포기적
인 전제들을 가진 힌두교와 불교문화의 모순과 패러독스를 논했다. 이
논문은 지라르 이론에 입각한 나의 불교 연구에 큰 도움을 주었다.[2] 아
이젠슈타트는, 종교적 엘리트들이 세계 내적인 영역으로부터 거의 완
전히 철수해서 오로지 종교적 영역에만 집중하는 현상이나 통음난무
적이고 세계 외적이며 명상적인 지향들을 가진 부문(Sect)들이 발생한

---

1   Ilkwaen Chung, *Paradoxie der weltgestaltenden Weltentsagung im Buddhismus:*
    Ein Zugang aus der Sicht der mimetischen Theorie René Girards. Beiträge zur
    mimetischen Theorie 28 (Wien/Münster: LIT Verlag, 2010).
2   Shmuel N. Eisenstadt, "Die Paradoxie von Zivilisationen mit außerweltlichen
    Orientierungen. Überlegungen zu Max Webers Studie über Hinduismus und
    Buddhismus," in *Max Webers Studie über Hinduismus und Buddhismus.*
    Interpretation und Kritik, ed. Wolfgang Schluchter (Frankfurt am Main: Suhrkamp,
    1984).

인도 문명은 막스 베버가 분석한 서구에서의 탈신성화와 합리화 과정이 발생하지 않은 것 같다고 분석한다. 그에 의하면 힌두교와 불교문화는 역설적이게도 세계 질서를 부정하는 세계 외적인 지향들 위에 기초하고 있다. 나는 이 불교문화의 문명사적 역설을 지라르의 이론, 특히 세계 질서인 카스트와 그 축제적 반질서와 무질서로서의 세계포기 사이에 존재하는 폭력적인 상호성을 희생양 메커니즘의 관점에서 이해하려고 시도했다.

나는 힌두교에서 가장 중요한 제사인 불 제사의 진화(進化) 과정에 주목했다. 나는 힌두교와 불교의 세계포기 전통과 그 대변자들인 세계포기자들(요기들과 붓다들과 보살들 등등) 속에서의 희생제의의 내면화(Interiorisierung des Opfers), 철학화, 승화, 안정화 과정을 상세하게 다루었다.[3] 힌두교와 불교의 경우에는 구약 예언자들과 같이 희생제사 자체를 비판하고 사회정의를 외치기보다는 희생제사를 내면화하고 철학화시킴으로써 안정화를 추구하는 방향으로 진화하고 발전했다. 무(無), 공(空), 무상에 대한 불교 철학은 모두 "출가자들의 정신적 희생제의"(mental sacrifice, mānasa yajña)로[4] 이해될 수 있다.

위르겐 하버마스와 르네 지라르의 이론에 관심을 가지면서 요가 수행자이자 교육자로 활동하는 오스트리아 비엔나 출신의 문학 비평가 브라이튼펠너(Kirstin Breitenfellner)는 희생양과 현대 문화의 상관

---

3 Ilkwaen Chung, *Paradoxie der weltgestaltenden Weltentsagung im Buddhismus: Ein Zugang aus der Sicht der mimetischen Theorie René Girards*. Beiträge zur mimetischen Theorie 28 (Münster, Germany: Lit Verlag, 2010), 2.1.2. Die Interiorisierung des Opfers를 보라.
4 Steven Collins, *Selfless Persons: Imagery and Thought in Theravada Buddhism* (Cambridge: Cambridge University Press, 1982), 57, 각주 11에서 인용됨.

성을 다룬 연구서를 2013년 출판했는데, 이 책의 2장 "세계 종교와 내적인 희생"(Die Weltreligionen und das innere Opfer)에서 나의 독일어 단행본을 많은 부분 인용하고 있다.[5] 그녀는 "희생제의의 아레나로서의 요기의 신체"(Der yogische Körper als Opferarena)라는 제목 아래 전체적으로 나의 책을 자세하게 평가하고 있다. 곧 낭만적이고 미학적인 힌두교와 불교 이해와는 "반대로 정일권은 그의 상세하고 방대한 연구『세계를 건설하는 불교적 세계포기의 역설』에서 불교의 내면적 희생제의를 통한 베다적 희생제의의 대체"를 해석하고 있다고 적고 있다. 유럽에서 힌두교와 불교의 요가와 명상을 웰빙의 이름으로 가장 낭만적이고 미학적으로 이해하는 아름다운 오스트리아에서 힌두교와 불교 연구를 하면서 특히 여성 신학자들로부터 많은 오해와 공격을 받았는데, 실제로 요가를 수행하고 전문적인 지식을 가진 작가가 나의 사회인류학적 불교 읽기를 수용해서 나는 무척이나 기뻤다.

불교는 힌두교로부터 물려받은 희생제사를 내면화하고 철학화하며 승화했지만, 구약 예언자들처럼 희생제사 자체를 비판하거나 극복하지는 못했다. 아직도 살아 있는 전통인 불교의 소신공양과 분신공양은 보다 급진적이고 원색적인 불 제사다. 불교 명상은 보다 내면화되고 철학화된 불 제사다. 그러므로 불교 명상과 소신공양/분신공양은 정도에 있어서 차이가 있을 뿐 구조적·본질적으로는 연속선상에 있다. 『붓다와 희생양』에서 밝혔듯이, 2003년 이후로 독일 종교학자들은 이 소신공양과 분신공양을 은폐된 방식으로 강요된 일종의 인신 제사

---

5   Kirstin Breitenfellner, *Wir Opfer. Warum der Sündenbock unsere Kultur bestimmt* (Diederichs Verlag, München 2013).

(Menschenopfer)로 파악하기 시작했다.

요기적 명상의 최종 단계인 사마디(Samadhi)는 인도에서 무덤을 의미한다. 나는 오렌지 색깔의 옷을 입은 세계포기자(Sannyasin)는 붓다들과 그리스의 오이디푸스와 마찬가지로 은폐된 희생양 역할을 하는 것으로 주장했다. 본래 사형집행을 기다리는 죄수들이 입었던 옷이 오렌지 색깔이었다. 세계포기자(Sannyasin)와 인도의 폭력적으로 성스러운 제도인 세계포기를 이해함에 있어서 중요한 삼야사 우파니샤드(Saṃnyāsa Upaniṣads)에 대한 연구가 나에게 큰 도움을 주었다.[6] 나는 이 『우파니샤드』의 분석을 지라르의 종교 이론과 제의 이론으로 해석해내었다.

박사 과정 동료인 후버(Stefan Huber)는 학위를 받기 전이지만, 국내뿐 아니라 오스트리아에서도 어느 정도 연구 내용이 알려진 지라르의 문명론의 빛으로 분석해보는 나의 사회인류학적 연구, 특히 세계포기자(Sannyasin)와 세계포기(world-renunciation)와 출가의 길을 걸어가는 붓다들을 인류학적으로 다시 읽어내는 나의 연구에 큰 관심을 보였다. 그래서 나에게 인터뷰를 요청했고, 그것은 드라마틱한 수용과정으로서의 불교에 대한 모방적 재구성의 문제를 다룬 "드라마틱한 수용과정으로서의 불교에 대한 학문적 고안"(Buddhismuskonstruktion als dramatischer Rezeptionsprozess)이라는 제목의 논문으로 2006년 오스트리아 주교회의가 주관하는 "Pro Scientia"에 출판되었다.[7] 내가 오스

---

6   Patrick Olivelle, *Saṃnyāsa Upaniṣads: Hindu Scriptures on Asceticism and Renunciation, translated and with an Introduction* (New York, Oxford: Oxford University Press, 1992).

7   Stefan Huber, *Buddhismuskonstruktion als dramatischer Rezeptionsprozess*, 41-44. in PRO SCIENTIA (http://www.proscientia.at/files/2006/reader.pdf).

트리아 인스부르크 대학교에서 유학 중 잠시 귀국해서 2007년 서울에서 현대기독교아카데미가 주최한 르네 지라르 세미나에서 강의를 했을 때 동국대학교 석사 과정 비구니승 두 분께서 참석하여 강의를 듣기도 했다.

나의 불교 연구의 결과는 또한 국제 지라르 학회인 "폭력과 종교에 관한 콜로키엄"의 공식 저널인 『전염: 폭력, 미메시스 그리고 문화에 관한 저널』(Contagion: Journal of Violence, Mimesis, and Culture)에 2013년 논문 "독일어권에서의 미메시스 이론의 수용"이 소개되기도 했다.[8] 인도 문명에서 카스트 제도로 대변되는 세계 질서와 요기들과 출가승들의 세계포기 전통 사이에 존재하는 변증법과 인류학적 상호성을 지라르가 분석하는 희생양 메커니즘, 그리고 폭력적 상호성으로 해석한 나의 사회인류학적 불교 연구를 담은 독일어 단행본은 유럽의 거의 모든 나라와 북미, 남미, 터키, 일본, 그리고 인도와 스리랑카 등에도 소개되어 판매되고 있다. 특히 스페인에서는 나의 책 제목이 "Ponzoñosa del mundo figura extremos weltentsagung en el budismo", 대충 번역하면 "불교 속의 해롭고 급진적인 세계포기" 정도로 표기되어 소개되고 있다.

붓다와 희생염소

붓다를 은폐된 희생양, 좀 더 정확하게 말하자면 희생염소로 최초로 파

---

8   Andreas Hetzel, Wolfgang Palaver, Dietmar Regensburger, Gabriel Borrud, "The Reception of the Mimetic Theory in the German-Speaking World," *Contagion: Journal of Violence, Mimesis, and Culture* Volume 20, 2013, 25-76.

악해서 유럽 각국뿐 아니라, 일본, 호주, 북미, 이슬람 국가에 이르기까지 국제적 학계의 주목을 받고 있는 나의 독일어 단행본『세계를 건설하는 불교적 세계포기의 역설』[9]과, 보다 진전된 논의를 전개한 한국어판『붓다와 희생양』[10]은 이미 동아일보, 매경이코노미, 경향신문 등을 통해서 언론에 소개된 바 있다. 2013년 동아일보는 다음과 같이 평한 바 있다.

> 저자는 명상의 종교이자 평화의 종교로 알려진 불교가 디오니소스적인 파계의 종교이자 죽음의 종교와 철학이었다고 분석했다. 마음의 평화를 가져다준다는 명상은 내면의 열을 불길 삼아 출가자 자신을 희생제물로 삼는 정신적 희생제의였다. 붓다의 두개골 돌출은 그 "불 제사"의 결과물이며, 불가의 소신공양 전통도 그 연장선에 있다. 붓다는 자신을 양초처럼 태우는 희생제물이다. 출가승의 신화적 롤 모델은 브라만 살해라는 최악의 죄업을 씻기 위해 지상에서 12년 동안 해골로 된 발우를 지니고 고행하는 힌두교 "파계의 신" 시바다. 시바는 재가자들의 죄를 대신 먹어주는 희생양의 신이다. 출가승이 재가자들이 주는 음식을 가리지 않고 받아먹는 공양이야말로 그들의 악업을 대신 받아먹는 것이다.[11]

매경이코노미는 "붓다와 희생양 - 불교가 평화의 종교?"라는 제목으로 "기독교 복음의 르네상스"를 주창하는 사회문화인류학자 르네 지

---

9 Ilkwaen Chung, *Paradoxie der weltgestaltenden Weltentsagung im Buddhismus: Ein Zugang aus der Sicht der mimetischen Theorie René Girards*, Beiträge zur mimetischen Theorie 28 (Wien/Münster: LIT Verlag, 2010).
10 정일권,『붓다와 희생양: 르네 지라르와 불교문화의 기원』(서울: SFC 출판부, 2013).
11 「동아일보」, 2013. 5. 18., 17면

라르의 희생양 이론에 기초해 불교의 문화적 기원을 추적하고 있다고 다음과 같이 서평을 했다.

> 지라르에 따르면 예수는 신의 분노를 달래는 희생물이 아니다. 반면 붓다는 불교의 문화를 건설하고 유지하는 희생양이다. 불교를 비판하기보다는 불교를 "평화의 종교"로 보는 서구인의 이해를 바로잡는 데 목적이 있다.[12]

알라딘 서재의 달인으로서 인문학적 조예가 깊은 박태웅은 『붓다와 희생양』에 대한 자신의 전문 서평에서 지금까지 보고 들어온 것들이 꿈인가 생각하게 하는 당황스럽고 불편한 책으로 평가했다. 그는 불자는 아니지만 충격을 감추기 어렵고 맥이 빠지며 의문이 들고 혼란스럽기까지 하다고 말했다. 그런데 만일 저자의 주장이 충분한 설득력과 진실에 바탕을 둔 것이라면 왜 그런 점들이 지금까지 널리 알려지지 않았는지 궁금하다고 적고 있다. 또한 그는 카타르마, 파르마코스, 오이디푸스, 디오니소스, 제불(諸佛, 석가모니 붓다와 숱한 과거 불과 미래 불 등)은 모두 희생양들이라는 나의 주장과 세계포기(석가모니 붓다는 위대한 포기[Great Renunciation]를 실천했던 존재로 불린다)라는 신성한 제도는 당시 인도 카스트 사회에 반하는 축제의 구조였으며 하나의 희생제의적 제도였다는 사실을 잘 요약했다. 또한 그는 분신공양, 소신공양, 연비(燃臂) 의식 등이 요기(요가 수행자, 출가 수행자)들의 몸속에 제의적으로 내면화되는 불 제사라는 배경 속에서 파악될 수 있다는 나의 주장을 잘 파악했다. 박태웅은 『붓다와 희생양』을 읽고서 붓다가 자

---

12 「매경이코노미」 제1711호(13. 6. 12.~6. 18.).

신을 양초처럼 태우는 희생제물이며 석가무니(Shakyamuni)에서 무니 (muni)는 그리스어 마니아(*mania*)와 유사한 것으로 거칠고 사나운 종교적 엑스터시와 종교적 광기를 의미한다는 나의 주장 때문에 충격을 받았다고 말한다. 또한 그는 나의 파격성에도 불구하고 학술적 설득력 등에 관한 논의나 논쟁이 없었다는 사실에 의아해 했다.

전문적으로 서평을 하는 어느 독자는 2015년 KBS 특집 다큐 2부작 「세계인, 동양정신에 길을 묻다」 1부 "푸른 눈의 구도자들"과 2부 "뉴욕에서 부처를 만나다"를 시청하고서, 이 다큐가 불교에 대한 관심과 찬사를 다루지만 새로운 내용은 없는데, 그 이유는 이상화된 불교에서 구원을 찾는 사람들의 이야기는 오래된 것이기 때문이라고 지적했다. 그러면서 이 이상화되고 낭만화된 불교 이해에 대한 비판적 대안으로서 나의 『붓다와 희생양』과 『우상의 황혼과 그리스도』를 추천하기도 했다. 2017년에는 불교 명상에 대한 깊은 관심을 가지고서 명상모임을 이끌고 있는 어느 분이 나의 『붓다와 희생양』을 읽고 다음과 같이 서평을 한 바 있다.

공과 무아, 무차별, 불이라는 교설을 내세움으로써 독재와 파시즘을 옹호한 역사가 있지 않은가? 그렇다. 불교 안에도 폭력성이 있다는 사실을 뼈아프게 받아들여야 한다. "붓다와 희생양" 및 르네 지라르가 깊이 생각하게 만든다.

또 다른 어느 독자는 다음과 같이 『붓다와 희생양』을 서평했다.

20세기 들어 서구에서 불교의 기세가 맹렬했다. 양자역학을 이미 불교에서

예수는 반신화다

발견했다는 등의 과격한 찬양 일색이었다. 그러나 최근에는 불교에 대한 사랑이 주춤하는 편이다. 정일권 박사의 책은 그러한 경향을 잘 대변해준다. 그는 르네 지라르에 기반을 둔 사회인류학을 바탕으로 불교를 해체하는데, 이는 사회인류학적으로 불교를 조망한 시도를 통해 불교 이해의 신기원을 이루었다고 평가받는다. 이제 불교에 대한 이해는 반드시 이 책을 경유해야 할 것이다. 출가자와 재가자는 엄격히 구분되며, 출가자가 희생양의 계율을 지키는 반면에 재가자들은 온갖 욕망의 추구가 허용된다. 입적한 고승의 등신불은 복을 부르는 부적이며, 승려는 걸어다니는 사회적 시체이자 죄악의 정화소다. 여기에 양자역학이나 데리다의 해체 사상과 연결될 여지는 없다. 저자는 불교에 깃든 희생제의를 노골적으로 파헤친다.

사회질서에 비판적이고 소외된 자를 신원하는 윤리적 전통은 고대 팔레스타인 지방의 구약성서의 예언자들과 맞닿아 있다. 아쉽게도 서양을 따라잡으려는 교토 학파 선불교의 시도는 일제의 전체주의를 사상적으로 정당화하면서 파국을 맞는다. 불교 근대화의 바통을 프로테스탄트 불교가 건네받지만 아직은 서구 문명의 근대성을 따라잡기 요원하다.[13]

붓다는 불 제사의 희생제물로 자신을 불태운다. 그래서 엘리아데는 "붓다는 불타고 있다"(Buddha is burning)는 사실을 요가에 대한 자신의 책에 적고 있다. 불교의 보살들과 붓다들의 자기희생 이야기에는 그의 희생에 대한 우주적, 신화적, 영웅적인 자발성이 극대화되어 있다. 붓다와 보살은 어떠한 희생에 있더라도 자신을 희생시킬 준비가 되어 있는 자다. 붓다를 둘러싸고 있는 일그러진 군중에 대한 비판적 관점이

---

13 http://blog.aladin.co.kr/723895131/7644609

불교에는 존재하지 않는다. 이것이 기독교와의 차이다. 기독교는 전통적으로 예수를 무죄한 자의 전형, 세상 죄를 지고 가는 하나님의 어린 양으로 보면서 그를 살해한 군중을 비판한다. 불교는 군중을 비판하지 못한다. 붓다는 희생염소요 예수는 희생양이다. 기독교는 예수를 염소에 비유하지 않는다. 반면 디오니소스적인 광기와 오이디푸스적인 죄악과 파계를 기술적으로 범하는 붓다들에게는 충분히 염소의 이미지가 존재한다. 부정적인 것을 의미하는 (희생)염소가 되기 위해서 파계적인 범죄를 저질러 공동체로부터 비난을 흡수하는 것이다.

지라르의 말처럼 그리스 비극이 목표하는 것도 한마디로 카타르시스다. 본래 그리스 비극은 그리스의 희생제사를 드라마로 대체한 것에 불과하다. 희생제사와 그리스 비극 그리고 현대의 오페라는 모두 맥을 같이한다. 그것의 목표는 카타르시스로 동일하다. 즉 세계 종교와 신화는 희생염소 역할을 하는 신들에 대한 집단 살해와 집단 추방에 의한 폭력적 카타르시스를 생산한다. 하지만 기독교의 중심에는 하마르티아가 있는 희생염소가 아니라 죄(하마르티아)가 없으신 희생양이 계신다. 그렇기에 희생양을 가운데 두고 모인 기독교는 카타르시스를 주지 않는다. 그리스도인들은 세상 죄를 지고 가는 하나님의 어린 양이신 십자가에 달리신 예수 앞에서 카타르시스가 아니라 죄의식과 공범 의식을 느끼고 죄를 고백한다.

불 제사로서의 불교 명상

불교 명상이 내적인 불 제사라고 한다면, 분신공양과 소신공양은 불 제사로서의 명상과의 연장선상에서 생각할 수 있는 외적인 불 제사라 할

예수는 반신화다

수 있을 것이다. 아직도 가끔씩 티베트에서는 정치적 저항수단으로서 분신공양을 한다. 점점 약화되긴 했지만 아마도 기독교 교육을 받은 서구인들이 소신공양에 대해 충격과 관심을 가지게 된 것은 1963년 베트남 고승 틱꽝둑의 소신공양 사건 때문일 것이다. 베트남 전쟁에 항거하여 그는 수많은 젊은 승려들에게 둘러싸인 채 십자대로에 정좌하고 스스로의 몸에 석유를 붓고 불을 붙여 자신의 몸을 바치는 소신공양을 했다. 그 사건 이후 그를 따라서 승려 36명이 소신공양을 했다고 한다. 당시 틧낙한 스님은 마틴 루터 킹 목사에게 스님들의 소신공양은 서구의 기독교 사회가 가진 도덕적 관념과는 다르다고 말하면서 그것을 변호했다. 마틴 루터 킹 목사는 소신공양은 기독교적 양심으로서 이해될 수 없는 것이라고 답했다.

나는 유학 중 2007년에 오스트리아 개신교회의 현지인들 대상으로 불교에 관한 강의를 부탁받은 적이 있다. 강의 준비를 위해서 가톨릭 신학자 한스 큉이 주도한 불교에 대한 TV 다큐멘터리를 보았다. 싯타르타가 하얀 옷을 입고, 머리를 완전히 깎지 않으며, 어중간하게 스포츠형 머리를 하고서 머리를 완전히 삭발한 다섯 명의 제자들에게 최초의 설법을 전했다는 장면을 보았는데, 조금은 우스웠다. 붓다들의 솟아오른 두개골을 머리카락으로 잘못 이해한 것인지, 싯타르타가 삭발하지 않은 장면이나 하얀 옷을 입은 장면은 싯타르타에 대한 현대인들의 낭만적인 상상이 만들어낸 것이다. 싯타르타는 출가자로서 동일하게 세계포기와 욕망 포기를 표현하고자 삭발했을 것이다. 그리고 싯타르타는 요기와 세계포기자들의 자발적 혹은 비자발적 세계추방의 상징으로 오렌지 색깔의 옷을 입었을 것이다. 앞에서 지적한 것처럼 붓다상의 검은 머리처럼 보이는 것은 내적인 열로 인한 두개골 파열 혹은 돌출로 보아야 한다.

　나는 2015년 TV 프로그램 「걸어서 세계 속으로」를 보면서 스리랑카의 불상들이 가장 명료하게 일종의 불 제사로서의 명상을 보여주고 있음을 확인했다. 스리랑카의 불상을 보면 부처님 머리 위의 양초와 같은 불꽃이 아주 선명하게 형상화되어 있다. 2007년 유학 중 나는 잠시 귀국해서 광주은성교회에서 광주지역 목회자들을 대상으로 르네 지라르와 불교에 대한 세미나에서 강의한 적이 있다. 그때 어느 장로님이 부처님 머리 위의 양초와 같은 불꽃 이야기를 듣고 나서 강의 후 자신의 할아버지로부터 들은 이야기를 나에게 전해 주었다. 그 이야기에 의하면, 진짜 부처님은 머리 위에서 김이 모락모락 난다는 것이다. 불가에서 붓다는 반드시 법열이 있어야 한다. 그 법열로 인해 머리 위에서 김이 모락모락 나는 것이며 그것으로 인해 두개골이 파열된다. 이 법열(Tapas)은 내면화된 불 제사의 흔적으로 이해할 수 있다.

　요가의 어근에는 "함께 묶는다"는 의미가 담겨져 있다. 독일 나치스트로 활동했고 힌두교를 독일 제3제국의 공식 종교로 채택하기를 원했던 하우어(Jakob Wilhelm Hauer)의 분석처럼 본래 요가의 자세는 희생제의의 준비 과정과 밀접하게 관련되어 있다. 수동적이고 식물적인 요가와 명상은 쉽게 말해서 희생제물의 자세다. 조용하게 희생을 기다리는 자세다. 자신의 몸을 제물삼아 제사드릴 때의 신체 자세다. 이는 옛 동물을 묶어서 제물로 바치기 직전 조용하고 잠잠하게 있도록 위치시키는 것과 같다. "붓다 브레인", 곧 불교와 뇌과학에 대한 연구를 통해서 명상이 주는 심리적 효과를 뇌과학적으로 증명하려는 시도가 많다. 물론 불교 명상의 힐링의 가능성 자체를 부인할 수는 없다. 내가 『붓다와 희생양』에서도 긍정한 것은 본래 일종의 불 제사로서의 명

　　　　　　　　예수는 반신화다

상이 주는 우연한 부산물로서의 테라피 효과다. 사실 인류 문화 자체가 희생제의의 부산물이다. 하지만 힌두교 및 불교에서의 명상의 본래 의미와 목적에 대한 종교학적인 이해를 무시해서는 안 된다.

한국에도 초청된 바 있는 어느 서구 불교학자가 불교와 뇌과학에 대해 강연하면서 붓다 브레인 위로 양초처럼 타오르는 법열을 보여주는 유튜브 자료를 보았다. 기독교 명상도 이러한 뇌과학적 힐링을 줄 수 있다. 하지만 기독교 명상에서는 붓다의 두개골 돌출이나 파열 같은 것은 존재하지 않는다. 기독교에도 명상 전통이 있다. 하지만 기독교 명상과 불교 명상 사이의 형식적 유사성뿐 아니라 내용적 차이도 기억해야 한다. 기독교 명상이 하나님과 그분의 말씀 등에 대한 대상적 명상이라면, 불교 명상, 좀 더 정확히 말하자면 붓다들의 무(無)에 대한 세계포기적 명상은 비대상적 명상이라 할 수 있다. 불교의 명상은 비대상적 명상으로서 일종의 정신적 희생제사(mental sacrifice)였다. 또한 불교 명상은 본래 일종의 불 제사였다. 명상과 소신공양은 정도에 있어서 차이가 나지만, 의미에 있어서는 연속적으로 보아야 한다. 명상 자세는 죽음의 자세였다. 명상의 힐링 효과는 부산물일 뿐이다.

불교 명상은 본래 불 제사였다. 명상은 정신적이고 내면화된 불 제사다. 분신공양과 소신공양은 보다 원색적이고 오리지널한 외적인 형태의 불 제사다. 힌두교와 불교에서 명상 자세는 희생제물의 자세였다. 붓다들 자신이 희생제물이 되고 자신을 불에 태워 소신공양한다. 명상 자세로 소신공양하거나 죽음을 받아들이는 것도 바로 명상 자세가 곧 희생제물의 자세라는 것을 보여준다. 불교 명상의 심볼리즘에는 식물적 죽음, 재, 무덤 등의 이미지가 지배적이다. 명상은 죽음을 앞당겨서 실현하는 것이다. 살아 있으나 실제로는 죽은 자로 간주되는 붓다들은 명상 자세를 유지하면서 마침내 죽음에 들어간다. 좌탈입망(座脫立亡)이다. 앉은 채로 열반에 들어간다. 승려들은 열반의 순간 죽음의 시를 읊는다. 이를 임종게(臨終偈)라 한다. 그리고 다비식 이후 그들의 사리는 재가 신자들의 마스코트가 된다.

죽음의 선취로서의 명상

엘리아데의 분석처럼 요가와 명상은 죽음을 향하고 있다. 그는 요가와 명상을 죽음의 선취(Vorwegnahme)로 표현했다. 요가는 "죽음을 미리 앞당기는 것"(Vorwegnahme des Todes)이다. "살아 있지만 실제로는 죽은 자"로서 요기는 "죽음 때 발생하는 재흡수과정을 미리 앞당기려고 시도한다."[14] 명상 자세는 식물적 죽음 상태다. 붓다들은 죽음을 맞이할 때 명상 자세로 죽어야 한다. 죽음과 명상은 동일시된다. 시바는 어원적으로 시체라는 말과 연결되어 있다. 명상의 최종 단계 사마디(Samadhi)는 무덤을 의미한다. 지금도 인도에서는 요기들의 무덤을 사마디라 한다.

　계절의 주기에 따라 죽음과 소생을 반복하는 디오니소스는 재로부터 탄생했다가 다시 재로 되돌아가는 불사조와 같이 영원 회귀의 희생양이다. 반면 십자가에 달리신 자는 영원 회귀의 희생양이 아니라 희생양 메커니즘을 폭발시키는 마지막 희생양이다. 니체는 자신을 다이너마이트로 소개했지만, 사실은 유대-기독교 전통이 전통적 종교와 문

14　Mircea Eliade, *Yoga: Unsterblichkeit und Freiheit* (Frankfurt am Main: Insel Verlag, 1988), 281.

화를 폭발시키는 묵시록적 다이너마이트였다. 그리스도는 부활 이후에 불사조처럼 다시 재로 되돌아가지 않는다. 그의 부활은 죽음의 죽음이다. 재로부터 주기적으로 죽음과 소생을 반복하는 불사조처럼, 계절의 주기를 따라 죽음과 소생을 반복하는 디오니소스처럼, 죽음과 소생은 사실상 같은 것이다. 명상하는 자들의 신화적 원형인 인도의 시바도 죽음을 상징하는 재를 바르고 있다.

니체와 하이데거 이후로 사상적으로 죽음과 폭력에 대한 매혹이 존재했다. 니체가 디오니소스적인 것이라고 한 것은 바로 죽음과 폭력에 대한 미학이었다. 신화적이고 비이성적인 것을 재활성하고자 했던 죽음의 철학이 유행한 데는 또한 불교적인 것과의 유사성이 크게 영향을 미쳤다. 찰스 테일러가 적고 있듯이, 하이데거의 죽음을 향한 존재(Sein-zum-Tode)도 죽음과 폭력에 대한 매혹으로 이해할 수 있다. 이 주제는 사르트르, 카뮈, 푸코 등에서는 다소 다른 형태로 나타나며, "인간의 죽음"(the death of man)이라는 유행 등에 반영되어 있다. 또한 "주체의 죽음"(the death of the subject)을 이야기하는 변형 안에서는 불교와의 유사성을 발견할 수 있다. 하지만 나는 『붓다와 희생양』에서 불교에서의 주체의 죽음은 일반 인간의 죽음이나 그 주체의 죽음이 아니라 매우 특정한 인간들, 곧 출가자들(붓다들과 희생양)이 맞이하게 되는 희생양으로서의 죽음을 의미했다고 논증했다.

일본 교토 학파 철학자들이 스스로 말하듯이 불교 철학은 죽음의 철학이다. 불교는 전통적으로 장례식 불교였다. 불교는 공동체의 종교(communal religion)가 아니었고, 순전히 붓다들만의 구원론(pure soteriology)이었다. 출가불교는 유럽의 기독교처럼 도시와 마을의 중심이 아니라 주변에 머물고 있었다. 축제적인 반대 구조로서 정의되는 세계포기적 (출가)불교는 세계 질서(마을)의 중심으로 근접하는 것이 금지되었다. 탁발공양을 할만큼 정도의 거리를 유지하면서 항상 마을의 주변에 머물러야만 했다. 결혼식 주례는 불교의 몫이 아니었다. 결혼식은 아시아에서 유교와 같은 공동체 종교가 감당했다. 기독교가 종말의 선취를 지향한다면, 불교는 죽음의 선취와 관련이 있다. 요가와 명상이 죽음을 지향하듯이, 불교 철학도 죽음의 철학이다. 불교는 죽음을 찬미한다. 그것은 희생양으로서의 특정인들의 죽음으로부터 파생된 것이다.

2014년에 경기도 부천 예심교회에서 초교파 목회자 120명을 대상으로 지라르와 불교에 대한 강의를 한 적이 있다. 그때 특히 동국대학교를 졸업한 어느 목사님의 진지한 질문이 기억에 남는다. 그는 불교가 무신론이 아닌지 반문했다. 하지만 나는, 그동안 불교는 일부 서구 오리엔탈리즘과 아시아의 자기 오리엔탈리즘에서 데리다의 해체주의 철학에 근접하는 무신론적 철학으로 이해되고 소개되어 왔지만 사실 아시아의 레알의 불교에서는 깨달음이 우상화되고 신성화되기에 불교는 희생제의적 다신론에 속한다고 답변했다. 만약 정말 불교가 무신론이라면, 법당의 수많은 신성화된 보살들과 붓다들이 없어야 할 것이다. 기독교는 다신론적 만신전을 거부했다. 강의 후 식사모임에서 코넬리우스 반틸의 전제주의적 기독교 변증학보다, 기독교 신앙이라는 전제 없이 자연스럽게 연구한 결과로서 기독교 신앙으로 회심하고 그것을 학문적이고 이론적이라고 변호하는 지라르의 인류학적 변증론이 훨씬 더 설득력이 있다는 이야기를 함께 나누었다. 또한 C. S. 루이스와 지라르를 화두로 복음서와 신화에 대한 여러 이야기를 나누었다.

나는 2014년 TV 방송에서 한때 불교 출가승이 되기도 했고 미당 서정주 시인과 깊은 사귐을 가졌던 고은 시인이 이제는 이전의 허무주의적 사유, 죽음의 미학, 사의 찬미, 죽음의 철학을 극복하고자 한다고 말하는 것을 들었다. 기독교는 무덤의 종교나 미라의 종교가 아니라 빈 무덤의 종교다. 고은 시인은 예수 그리스도를 믿지는 않지만 기독교가 제공하는 죄의식의 중요성도 언급한 것으로 기억이 난다. 절대적 무의 철학인 불교 철학은 사회윤리적 취약성에 노출되어 있다.

교회는 부활을 기념하는 축제 공동체다. 십자가에 달리신 자의 부활은 디오니소스의 재생처럼 인간의 계절적 주기를 따라 주기적으로 죽음과 소생을 반복하는 것이 아니다. 그러므로 옥스퍼드 대학교 등에서 개최된 최근의 신에 대한 논쟁(God-debate)에서처럼 디오니소스와 예수의 부활을 같은 선상에서 두고 비교하는 것은 설득력이 약하다. 그리스도의 부활은 계절의 순환 저편에 있다. 그것은 종말(에스카톤)이 역사 속에 들어온 것이다. 그것은 새로운 것(Novum)이다. 공동체가 예수를 살해하고서 곧바로 신성화시킨 것이 아니다. 예수의 신성은 인간 공동체로부터 생산된 것이 아니다. 어린 양의 살해자들로부터 부활은 단절되어 있다. 예수 그리스도의 부활은 이교적 희생양들의 신성화 과정 저편에 존재한다. 십자가에 달리신 자의 부활은 그를 살해한 공동체에 의한 것이 아니다. 성부께서 성령의 능력으로 십자가에 달리신 자를 죽은 자들 가운데 일으켜 세우신 것이다. 십자가에 달리신 자의 부활은 인간 공동체의 사건이 아니라, 삼위일체 하나님의 자기 사건이다. 또한 성부께서 죽은 자들 가운데서 성자를 살리신 것은 판넨베르크의 주장처럼 그리스도에 대한 정당화의 의미와 함께 살해한 공동체에 대한 심판의 의미이기도 하다.

예수 그리스도의 부활은 종말(에스카톤)의 선취다. 십자가에 달리신 자의 부활은 디오니소스적인 영원 회귀의 바퀴에 갇혀 있지 않다. 부활은 영원 회귀의 바퀴를 해체하고 역사 속에 있는 새로운 것을 미리 앞당긴 사건이다. 십자가에 달리신 자는 불사조가 재에서부터 다시 살아나고 다시 재로 돌아가는 것처럼 부활하지 않으셨다.

지라르에 의하면, 고대 종교와 힌두교 및 불교의 순환적 역사관은 주기적인 희생양 메커니즘이 반영되고 투영된 것이다. 하지만 십자가에 달리신 자의 부활은 디오니소스나 불사조의 소생과는 다른 차원으로부터 발생했다. 인류의 문화와 종교가 무덤에서 시작했지만, 그리스도의 무덤은 비었다. 무덤은 인류의 가장 오래된 상징이다. 동물의 자연과 구분되는 인류의 문화는 무덤에서 시작되었다. 무덤은 인류 최초의 상징이었다. 축제와 마찬가지로 무덤 문화도 가장 인간적인 것이다. 불교도 무덤의 종교다. 절은 초기에 무덤가에 세워졌다. 불교 역사 전체에 걸쳐서 무덤과 관련된 상징이 지배적이다. 명상 자체가 일종의 무덤이다. 불교는 무덤의 종교를 크게 벗어나지 못했다.

기독교는 빈 무덤의 종교다. 칼 라너의 후계자로서 오스트리아 인스부르크 대학교에서 지라르의 이론을 학제적 연구의 단초로 도입한 슈바거 교수는 무덤의 차이에 대해서 깊이 연구했다. 인류 문화의 회칠한 무덤을 예언자적으로 비판한 예수의 무덤은 요기와 붓다의 무덤처럼 신성화되지 못했다. 불교와 유교 문화도 강한 의미에서 무덤의 종교다. 이집트의 거대한 피라미드와 중국 진시황의 거대한 무덤을 보라. 아시아의 무덤들은 모두 폭력적으로 성스럽다(*sacer*). 반면 유대-기독교 세계관은 거대한 무덤을 점차적으로 탈신성화시키고 깎고 낮추어서 평화의 정원(Friedhof)으로 만들었다. 역사 속에 종말론적 선취로 등장한 그리스도의 부활은 자연의 계절주기에 따라 반복하는 디오니

예수는 반신화다

소스의 소생을 극복했다. 십자가에 달리신 자의 부활은 희생양 메커니즘의 주기적이고 순환적인 역사관을 단절하고 새로운 카이로스를 가져왔다. 지라르는 기독교를 이 순환적 역사관을 폭발시키는 묵시록적 세력으로 보았다.

희생양이 살해된 바로 그 장소는 정치적 영토의 초점이 된다. 그리스 폴리스의 초점에도 그 무덤이 존재한다. 붓다가 죽자마자 그의 사리 때문에 거의 전쟁이 발생할 뻔했다. 이를 가리켜 소위 "사리 전쟁"이라 한다. 아소카 대왕은 이 붓다의 사리를 84,000개의 불탑에 나누어서 자신의 영토에 세웠다. 붓다의 사리는 불국토의 경계 및 확장과 항상 관련되어 있다. 하지만 십자가에 달리신 자의 경우에는 사리 전쟁이나 사리 숭배가 발생하지 못했다. 또한 그의 무덤은 신성화되지 못했다. 그의 무덤은 빈 무덤이었다.

깨달음의 우상화와 출가승에 대한 우상숭배

『붓다와 희생양』의 또 다른 독자는 고등학교 시절 김동리의 "등신불"을 기억하면서 다음과 같이 적고 있다. "몸에 불을 붙여 자신을 드린다는 생각은 왜 하게 되었을까? 살아 있는 몸에 불을 붙여서 양초처럼 자신을 태워서 공양물로 바치고 붓다가 된다는 그들의 종교적 행위가 어떻게 정당하게 받아들여질 수 있는가?" 지금도 티베트에서는 정치적 저항 행위로 소신공양이 행해진다.

『붓다와 희생양』의 독자들은 불교의 대자비 뒤에 숨어 있는 폭력을 보았다. 유명한 스님들은 상상할 수 없는 행동으로 스스로 파계승이 되어 기이한 행동을 한다. 파계승이 더 빨리 붓다가 된다. 명상 자세로 죽음을 받아들이는 붓다들의 사리는 마녀들의 화형 이후에 나오는 유물(마스코트)처럼 행운을 가져다주는 부적이 된다. 깨달음을 얻었다는 선승들은 우상화되고 "미라화"(mummification)된다. 불교학자들은 "깨달음의 우상화"(idolization of enlightenment)에 대해서 비판적으로 논의했다.[15] 나는 일견 데리다의 해체주의를 연상시키는 대부정의 깨달음이 전근대적인 방식으로 우상화되고 신성화되는 메커니즘을 지라르의 희생양 메커니즘의 맥락에서 설명했다.

2016년 위키트리에서는 "200년 된 '승려 미라' 죽지 않았다. 깊은 명상 중"이라는 제목하에 연꽃 자세로 앉은 불교 승려 미라가 몽골에서 발견됐다고 보도한 적이 있다.[16] 미라를 검사한 일부 전문가는 승려는 죽지 않았고 깊은 명상에 빠져 있을 뿐이라고 주장했다. 「시베리안 타임스」(The Siberian Times) 등 해외 언론은 미라를 조사한 대학교수가 미라는 죽지 않았으며 살아 있는 부처가 되기 직전이라고 주장했다고 보도했다. 즉 승려 미라가 특수한 명상 상태인 "툭담"(Tukdam)에 빠져 있는 것이라고 주장했다. 그 불교 승려 미라는 연꽃 자세인 금강저 상태로 앉아 있다.

나는 『붓다와 희생양』에서 "스스로 미라가 된 붓다들"(Self-mummified buddhas)이라는 소제목 아래 이것을 다룬 바 있다. 오시리스 미라에서 볼 수 있는 것처럼 이집트 종교는 미라의 종교였다. 20세기 후반 일부 서구인들은 대부정의 불교 철학을 데리다의 해체주의 철학과 비교하기도 했지만, 사실 불교는 고대 이집트 종교와 같이 붓다

---

15   Robert H. Sharf, "The Idolization of Enlightenment: On the Mummification of Ch'an Masters in Medieval China.," *History of Religions* 1992 32/1, 1-31.

16   http://www.wikitree.co.kr/main/news_view.php?id=206623

예수는 반신화다

미라 혹은 불교 승려 미라를 숭배하는 미라 종교다. 최근 불교학의 연구도 보다 사회인류학적 불교 연구가 대세를 이루고 있는데, 불교에서 발견되는 사리 숭배와 미라 숭배 등이 연구되고 있다. 나는 지라르 이론에 기반을 둔 불교 연구에 대해 처음에는 유보적이었던 나의 지도교수 및 주변 학자들에게 불교 승려 미라 등에 대해서 연구한 저명한 선불교학자 베르나르 포르(Bernard Faure)의 책들을 소개했는데, 그들은 불교에 아직도 이집트 미라 숭배와 비견되는 미라 숭배 전통이 여전히 살아 있는 것을 확인하자 나의 불교 연구를 점차 신뢰하기 시작했다. 스스로 미라가 된 붓다들에 대한 우상화 문제를 진지하게 본다면 불교 철학은 포스트모더니즘에 비견되는 어떤 것이 아니라 모더니즘 이전의 전근대적이고 제의적·신화적 단계에 머물고 있다고 보는 것이 더 정직할 것이다.

붓다들의 깨달음에 관한 심리학은 이후 곧바로 사리 숭배, 미라 숭배 등으로 우상화되어 버린다. 그것은 폭력적으로 성스러운 존재인 붓다들의 깨달음의 우상화한다. 나는 지상의 신들로 숭배받는 붓다들의 우상숭배적 신성화 과정을 지라르의 희생양 메커니즘 속에서 해독해내었다. 붓다들의 깨달음은 포스트모던적 의미에서의 해방적 해체가 아니라, 전근대적 의미에서 우상화되었다.

슬라보예 지젝은 서구 불교적 오리엔탈리즘에 대항해서 막스 베버를 다시 읽어야 한다고 했다. 『붓다와 희생양』에서도 막스 베버의 종교사회학적 불교 연구를 포함시켜 논의를 전개했다. 나의 불교 연구에 있어서 종교사회학의 아버지라 불리는 막스 베버와 그 학파에 속하는 인도학 또는 불교학 연구가들의 저서들은 매우 핵심적이었다. 베버의 분석에 의하면, 현대적 합리화 과정이 불교 문화권에서는 지체되었다. 현대적 합리화 과정이 왜 서구 기독교적 전통에서 발생했는가? 베버는 불교는 출가불교의 붓다들의 제의적 계율에만 집중한 나머지, 재가 신자들의 삶에 합리적으로 영향을 끼치지 못했다는 점을 지적한다. 서구 기독교가 마을과 도시의 중심에 서서 평신도들의 삶까지 합리적이며 창조적으로 변화시킬 수 있었던 반면에, 불교는 그렇지 못했다는 것이다. 아시아 불교문화의 경우 재가 신자들의 공동체적 삶의 영역은 거의 자율적으로 방치했다. 아시아의 출가승들은 기독교 전통의 목자들처럼 신자들의 삶의 모든 영역을 합리적으로 변화시키지는 못했다. 불교는 본래 출가불교였고, 재가불교는 불교가 아니었다. 옥스퍼드 대학교의 불교학 교수 곰브리치의 지적처럼, 불교는 본래 순전히 붓다들의 구원론(pure soteriology)이었고, 공동체적 종교(communal religion)가 아니었다.[17] 곰브리치 교수의 말처럼, 불교 승려들은 기독교의 목자가 아니었다. 불교는 본래 결혼식과는 관련이 전혀 없었다. 오직 죽음과 관계된 "장례식 불교"가 전통적 아시아의 불교였다.

막스 베버의 분석에 의하면, 불교의 경우 재가 신자들의 삶의 합리화 과정이 발생하지 못했다. 재가 신자들의 신앙은 출가승들에 대한 "우상숭배"(Idolatrie)와 "성자숭배"(Hagiolatrie) 중심으로 이루어졌다.[18] 베버는 붓다들에 대한 우상숭배의 문제를 지적했다. 희생양으로서의 붓다들의 깨달음은 그들의 죽음 이후 즉시 우상화되었다. 현대

---

17 Richard F. Gombrich, *Theravada Buddhism: A Social History from Ancient Benares to Modern Colombo* (London and New York: Routledge, 1988; reprinted 2001), 29.

18 Max Weber, *Gesammelte Aufsätze zur Religionssoziologie* II, Hinduismus und Buddhismus. 4., photomechanisch gedrückte Auflage (Tübingen: J. C. B. Mohr[Paul Siebeck],1966), 277.

의 수많은 불교에 대한 잘못된 이해들은 많은 경우 힌두교와 불교 전통 속에 흐르고 있는 출가자들과 재가자들 사이의 근본적으로 구분되어 있는 이중구조에 대한 몰이해에서 나온다. 인도 문명에 대한 권위자인 뒤몽(L. Dumont)의 주장처럼, 이 인류학적 상호관계를 바로 이해하는 것이 힌두교와 불교문화를 이해하는 데 필요한 근본적인 해석학적 열쇠다. 나는 이 인류학적 상호관계를 희생양 메커니즘 속에서 해독하고자 했다. 재가자들은 붓다들에게 나쁜 카르마를 전달하고, 희생양이자 지상의 신들로서 붓다들은 재가자들에게 공덕을 전달한다. 불교에는 기독교의 경우처럼 성직자와 평신도를 포함한 모든 사람을 향한 십계명과 산상수훈이 존재하지 않는다. 탐비야(Tambia Mudaliyar Sabaratnam)의 지적처럼 불교에서 승려들을 위한 제의적인 금지규정은 200여개가 넘지만, 소위 불교 평신도들을 위한 규정은 10가지도 안 된다. 재가 불교는 엄밀하게 말해 불교가 아니었다.

니체는 기독교를 희생의 종교로, 불교를 명랑한 철학이나 위생적인 종교로 부분적으로 파악했는데, 이는 오해다. 오히려 기독교가 반희생적 종교요 밝고 명랑한 계몽이다. 불교는 과도하게 희생제의적인 종교다. 내가『붓다와 희생양』에서 분석하고자 했던 것은 약화와 승화의 과정을 거치면서도 아직도 작동하고 살아 있는 희생제의적 메커니즘이었다. 불교는 강한 의미에서 희생의 종교요 제사의 종교다. 특히 불 제사의 종교다. 니체와 그의 후예들은 일견 명랑하고 위생적이며 카타르시스적으로 보이는 불교 속의 카타르마(인간 희생양), 곧 희생양으로서의 붓다들의 비극적 실존을 보지 못하고 있다.

니체는 예수상에 대해서 많은 것을 생각했다. 니체 철학과 불교의 친화성을 주장하는 이들은 이제 신이 죽었기에 우리 인간이 초인처럼, 신들처럼, 붓다처럼 되어야 한다고 말한다. 불교의 목표는 성불, 곧 붓다가 되는 것이다. 붓다들은 공동체를 위해서 언제든지 자기 자신을 몸 보시하고 양초처럼 소신공양해야만 하는 희생양들이 된다. 붓다가 되는 것과 심청이가 되는 것은 유사하다. 붓다들은 지상의 신들이면서 동시에 희생양들이다. 나는 『붓다와 희생양』에서 붓다가 된다는 것은 곧 집단을 위한 희생양이 된다는 것을 보여주었다. 불교의 목적을 성불이라고 할 때 도대체 붓다가 된다는 것이 무엇을 의미하는지 질문했다. 마지막 희생양 예수 그리스도를 모방하고자 하는(imitatio Christi) 기독교의 성화와 붓다가 되고자 하는 불교의 성불 사이에는 큰 간격이 존재한다. 기독교인들은 결코 예수가 "되고자" 하지 않는다. 기독교의 성화는 불교의 성불처럼 지상의 신들과 같은 붓다가 되는 것이 아니다. 기독교는 인간으로 하여금 참된 인간이신(vere homo) 십자가에 달리신 자의 후마니타스(humanitas)와 후밀리타스(humilitas)를 닮아가는 참된 인간이 되라고 한다. 그의 후마니타스(인간성)와 후밀리타스(겸손)는 참된 인간성의 모델이다. 기독교는 비극적 영웅주의를 보여주는 붓다들처럼 신들이 되라고 가르치지 않는다.

양초처럼 자신을 다 태워 희생제물이 된 이후 행운을 보장하는 중산층들의 새로운 마스코트와 새로운 부적이 된 수많은 붓다상들은 후기 자본주의 사회의 새로운 우상이 되었다. 지젝은 멈춤과 비움을 말하지만 실제로는 후기 자본주의의 가공할만한 속도에 참여하고 있는 서구 불교를 또 하나의 이데올로기로 파악했다. 주로 유럽에서 붓다상은 사우나, 백화점, 커피숍에서 웰빙과 힐링을 약속하는 후기 자본주의 시대의 새로운 마스코트로 소비되고 있다. 최근에 나는 붓다상이 고가의 일본산 비단잉어와 함께 소비되고 있는 것을 본 적이 있다. 출가한

예수는 반신화다

붓다들의 깨달음의 응용불교학적인 사회화와 심리학이 주는 힐링의 가치를 우리가 존중한다고 하더라도, 우리는 붓다들의 깨달음의 우상화 과정을 희생양 메커니즘의 신성화 과정으로 해명할 수 있다.

우주의 공성과 불교 우주론

나는 "프로테스탄트 불교"라는 개념으로 이미 불교가 본래 가지고 있는 짙은 신화적 차원을 정화시켜서 "과학적 불교"의 모습으로 새롭게 제시하고 싶은 불교 지식인들의 모방적 욕망을 이미 지적한 바 있다. 이러한 현상은 19세기 남방 불교, 20세기 일본 선불교, 그리고 오늘날의 한국 불교 지식인들 모두에게 발견되는 현상이다. 붓다가 양자역학을 이미 2,600년 전에 발견했으며 최근의 다중우주론이나 초끈이론 등이 불교와 잘 어울린다고도 하는 불자들도 있다.

불교에서 말하는 우주의 궁극적 실상은 붓다와 붓다만이 주고받으며 붓다만이 요기적 명상을 통해서 그것을 파악했다고 본다. 우주의 실상은 깨달음을 얻기 전에는 알 수가 없다고 하기도 하고, 혹자는 깨달음을 얻은 붓다가 현대 양자역학이나 천체물리학이 실험과 관찰로 발견할 것들을 오래전에 알고 있었다고 말하기도 한다. 불교는 우주의 궁극적 실상에 대해 말하면서 깨달음과 깨달음에 이르는 길이라는 독특한 방식을 제시한다. 그런데 불교는 우주의 궁극적 실상을 깨닫는 과정에서 관찰과 실험, 수학적 방정식과 물리적 자연법칙에 대한 연구가 아닌 디오니소스적이고 오이디푸스적인 파계와 범죄를 동원했다. 우주의 궁극적 실상을 깨닫기 위해서는 왜 종교적 창녀와의 성교가 필요한 것일까? 혹자들은 성교를 통해 성불을 추구하는 좌도밀교가 불교의 타락

현상으로 인해 나타난 것이라고 항변하지만, 사실은 뒤몽을 비롯한 종교학자들은, 좌도밀교가 오히려 더 원형적인 불교에 가깝다고 말한다.

혹자들은 붓다가 명상을 통해서 깨달은 연기법이 현대 물리학이 관찰과 실험으로 수립한 이론들을 미리 앞당겼다고 주장한다. 우주는 자성(自性)을 가지고 있지 않으면서 상호연관이라는 연기에서 의해서만 현현할 뿐이므로 제법무아(諸法無我)이며, 인연이 화합하면 잠시 존재하고 인연이 별리하면 허망하게 흩어질 뿐이므로 제행무상(諸行無常)이라 한다. 우주는 제법무아이고 제행무상인 연기(緣起)의 장(場)이다. 우주는 연기이기에 공(空)이다. 연기로 인한 우주의 공성은 희생양 붓다의 특정한 사회심리학적 가치판단이지, 물리학적 서술은 아니다. 우주의 고정된 실체를 부정하고 비실체를 주장하는 불교문화에서는 자연법칙을 관찰과 실험으로 추출해 내는 수학적 물리학이 결코 탄생할 수 없다. 우주의 비실체적 공성을 말하는 불교가 우주의 물리적 실체를 연구할 수는 없는 것이다.

불교는 무한한 공(空)의 마음, 곧 일심(一心)에 대한 깨달음을 얻고자 한다. 불교에서 경험적 현상 세계는 우리의 마음이 만들어낸 가상일 뿐이며, 이것을 만들어낸 마음을 일심(一心)이라고 부른다. 일심 사상도 출가불교의 사상이며, 그것은 붓다들의 특정 개념이다. 우주를 공(空)하다고 보았고 또 출가승 자신의 존재도 비실체라고 보았으며 마을을 떠나 정글과 숲으로 들어갔던 붓다들을 둘러싸고 있는 희생양 메커니즘이 먼저 과학적으로 해명되어야 한다. 불교가 과학적이라고 주장하면서도 붓다들만의 신화적 희생 논리로서의 공(空) 사상 속에 은폐된 사회적 메커니즘에 대해서는 과학적으로 이해하려고 하지 않는다. 마녀사냥의 종식이 자연과학을 탄생시켰다는 지라르의 주장을

예수는 반신화다

다시 한번 더 기억하자. 붓다들의 무에 대한 명상은 죽음에 대한 명상이고, 이 우주를 공(空)으로 보는 세계포기적 명상은 일종의 마녀사냥의 논리가 은폐된 채 작동하고 있다. 우주가 공(空)이라는 불교 철학의 배후에 은폐된 희생양 메커니즘에 대한 더 큰 깨달음이 필요하다. 더 큰 깨달음이란 우주가 공(空)이라고 하면서 자신을 희생제물로서 명상의 불에 태워 양초처럼 사라져 해탈을 향해 홀로 나아가는 출가승들을 둘러싸고 있는 사회인류학적 메커니즘에 대한 깨달음이다.

반신화적 기독교와 자연과학의 탄생

불교 문화권에서는 기독교 전통에서처럼 창조주의 두 번째 책으로서의 자연에 대한 명상, 연구, 관찰, 실험이 싹트지 못하고, 대체적으로 출가자들만의 무에 대한 비대상적 명상에만 집중되어 있었다. 불교 문화권에서 고도로 발전된 것은 소림사 스님들의 무술이라 할 수 있을 것이다. 불교와 양자역학을 논하는 것은 소위 프로테스탄트 불교(Protestant Buddhism)의 모방적 욕망의 산물일 뿐, 역사적 근거가 없다. 계보학적으로 물리학과 거의 관련이 없음에도 너무나 손쉽게 갑자기 유대-기독교적 전통의 토대에서 발전했던 자연과학적 이론들을 접목시키려는 불교의 모방적 욕망에 대해서는 불교계의 자성이 필요하다. 19세기 남방 불교에서의 프로테스탄트 불교와 일본 교토 학파 중심의 프로테스탄트 선불교도 모두 이웃 종교인 기독교를 모방함으로써 비로소 형성되기 시작했다.

　일부 유사성에도 불구하고 불교와 기독교의 본질적 차이는 다음과 같이 요약될 수 있다. 불교는 다불사상(多佛思想)에서 볼 수 있는 것처럼 갠지스 강의 모래알처럼 수많은 붓다들이 존재한다. 더 나아가 성불이라는 말에서 볼 수 있듯이 출가승들은 존재론적 의미에서 붓다가 되고자 한다. 또한 이들은, 디오니소스적이고 신화적인 원형이긴 하지만 좌도밀교에서처럼 성교를 통해서 성불을 이루고자 한다. 여기서 관건은 왜 성불이 파계적 성교를 통해서 더 빨리 이루어진다고 믿는지에 관한 것이다. 그 메커니즘과 코드를 나는 지라르의 희생양 메커니즘 속에서 이해하려고 했다. 기독교에도 칼뱅주의의 세계 내적 금욕주의나 가톨릭의 수도원 전통에서 볼 수 있는 것처럼 포기와 금욕 전통은 있지만, 세계포기의 전통은 없다. 기독교에도 명상의 전통이 있지만, 그것은 하나님과 성서과 우주에 대한 대상적인 명상이지, 불교에서 볼 수 있는 죽음, 시체, 무덤, 공성에 대한 명상은 아니다. 불교의 명상은 일종의 내면화된 불 제사의 흔적을 지니고 있다. 기독교는 존재론적으로 유일한 예수 그리스도를 닮고자 하지만 예수가 되는 것은 아니다. 마지막으로 기독교의 구원론에는 디오니소스적인 파계의 개념이 없다. 기독교의 초월성은 디오니소스적인 파계를 통한 "사회적 초월성"을 넘어서고 있다. 이러한 차이는 사회문화적인 영향을 주었을 뿐 아니라 자연과학적 문화의 탄생에도 영향을 주었다.

그러므로 출가한 붓다들만의 매우 특정한 요기적이고 세계포기적인 가치 개념인 우주의 공성을 너무 쉽게 현대 자연과학적·우주론적 의미로 해석하는 것은 무리가 있다. 참으로 불교가 서구적·현대적 의미에서의 자연과학을 논하려면 불교의 신화적 차원에 대한 계몽이 우선되어야 한다. 현대 자연과학은 마술적 인과 관계(혹은 마녀사냥의 인과 관계)를 극복한 서구 기독교적 토양에서 탄생될 수 있었다. 왜냐하면 유대-기독교 텍스트가 점차 그 반신화적 메시지와 이야기로 마술적 인과 관계를 극복하고 자연과학적 인과 관계를 발견하고자 노력했기 때문이다. 현대 자연과학은 반신화적 기독교의 유산이다. 과학철학적으로 분석해 보면, 현대적 의미의 자연과학은 반신화적 메시지를 가진 유대-기독교적 전통에서 탄생했다. 자연과학은 막스 베버가 말한 "세계의 탈마술화"로 대표되는 모더니티에서 탄생했다. 세계의 탈마술화와 탈신성화가 발생하지 못하고, 여전히 희생양 메커니즘이 만든 마술적 인과 관계의 매트릭스 안에 갇혀 있다면, 우주의 물리적 메커니즘과 과학적 인과 관계를 밝혀내는 자연과학은 싹트지 못했을 것이다.

그노시스와 퓌시스

유대-기독교적 전통에서 자란 현대 물리학을 손쉽게 아전인수격으로 빌려와서 불교가 가장 과학적인 종교라고 주장하기 전에, 불교 속의 신화적이고 비의적인 차원에 대한 과학적 계몽 작업이 선행되어야 한다. 불교는 힌두교의 신화적 정글로부터 탄생되었고 그 유산을 풍부하게 물려받아 보존하고 있다. 불교의 신화적이고 비의적인 차원에 대해서도 의심의 해석학은 적용되어야 한다. 신화적 차원에 대한 연구까지 포함하는 역사적·비판적 불교 연구가 강화되어야 한다. 현대에 와서 불교는 갑자기 역사적 연구를 벗어나 실존 철학과 종교현상학의 이름으로 새롭게 오해되었다. 그러나 20세기 후반 불교학계는 이전의 종교현상학적이거나 실존 철학적 불교 이해를 넘어서 보다 구체적이고 경험적인 사회인류학적, 민족학적, 고고학적 불교 연구로 돌아섰다.

　우주의 공성(空性)에 대한 명상에 잠긴 출가승들을 둘러싸고 있는 은폐된 사회적 메커니즘을 깨닫는 것은 참되고 더 큰 깨달음에 해당한다. 희생양 메커니즘에 대한 깨달음이 진정한 깨달음이다. 불교에는 희생양 메커니즘이 은폐된 채 작동하고 있다. 불교의 실체를 알기 위해서는 모든 것이 공하다는 붓다들의 깨달음이 우상화되는 과정을 깨달아야 한다. 일견 혁명적이고 해체적인 지성을 대표하는 듯한 "붓다를 죽인 붓다"의 살불살조 속에 은폐된 코드에 대한 해독이 참된 깨달음이다. 희생양 메커니즘을 깨닫게 되면 부정의 논리와 부정의 다르마를 멍에로 삼은 비극적 영웅들인 붓다들이 신성화되고 우상화되며 재가자들의 복전이 되는 과정을 파악할 수 있다. 이 희생양 메커니즘에 대해서 깨닫지 못한 채 공과 무와 버림과 비움만 보는 것은 코끼리의 전체를 보지 못하는 것이다. 희생양 메커니즘이라는 전체적인 매트릭스를 깨닫지 못하고 있는 것이다. 지라르는 은폐된 사회적 메커니즘인 희생양 메커니즘의 인지 불능 속에 숨어 있는 희생양이 참된 희생양이라고 말한다. 불교문화에서 우주의 기원까지 수학적으로 연구하는 자연과학이 탄생하지 못한 것은 바로 신화적 메커니즘에 대한 근대적인 계몽이 충분히 이루어지지 않았기 때문이다.

불교에는 엄밀한 의미에서 물리학적 의미에서의 창조론이 없다. (출가)불교는 종교학자들이나 불교학자들의 표현처럼 순수 구원론에 속한다. 우주가 오직 마음이기에 공(空)하다는 불교 사상, 좀 더 엄밀히 말하자면 붓다들만의 공(空)사상은 물리학적 개념이 아니라, 사회인류학적으로 매우 특정하고 특별한 가치 개념으로서 결국 신화적 희생 논리다.

앞에서 언급한 것처럼 한스 요나스는 니체와 하이데거의 허무주의 및 (정치적) 실존주의와 초기 기독교 이단이었던 영지주의 사이의 유사성을 분석하면서 현대의 새로운 영지주의를 극복하고자 했다. 신화적 영지주의는 창조세계와 물질세계의 선함을 선포한 유대-기독교적 메시지에 대한 저항이요 복수였다. 마니교에 심취하기도 했던 성 아우구스티누스는 투쟁하는 선과 악이라는 우주적 두 원리를 말하는 영지주의와는 달리 악을 선의 결핍(privatio boni)으로 보면서 영지주의 이단을 극복하고 중세의 아침놀을 준비했다. 요나스는 하이데거의 영지주의를 극복하면서 보다 인간적인 윤리와 자연세계에 대한 책임윤리를 정립하고자 했다. 그의 저서『책임의 원리: 과학기술 문명를 위한 윤리학을 위한 시도』[19]는 인간 상호간에 성립했던 책임의 원리를 인간과 자연의 관계에도 확립해야 함을 주장하는 생태윤리학의 고전적 저술이다. 요나스는 이 책에서 인간의 생물학적 특성과 기술을 분석하고, 근대인의 유토피아가 전제하는 진보의 신화를 비판하면서 인간과 자연의 한계에 대한 인식 위에 성립하는 책임의 윤리를 역설했다.

영지주의의 그노시스(gnosis)는 쉽게 말해 그리스어 퓌시스(physis, φύσις, 자연)에 대한 반대개념으로, 자연(φύσις)의 선함을 부정하고 그 악함을 말한다. 그렇기에 일반적으로 영지주의는 자연과학적인 의미에서의 물질세계의 존재 자체를 허상으로 파악하는 힌두교 및 불교와 그 맥을 같이한다고 이해된다. 물론 나는 힌두교와 불교에서 가르치는, 이 우주와 세계를 꿈과 허상(maya)으로 간주하는 것에 대한 이해를 사회인류학적으로 분석해서 그것이 세계포기자들인 요기와 불교 출가승들만의 매우 특정한 세계포기적인 특정 사유라는 사실을 강조했다.

영지주의적이고 신화적인 차원이 깊은 불교에서는 자연과학의 탄

---

19 Hans Jonas, *Das Prinzip Verantwortung: Versuch einer Ethik für die technologische Zivilisation*, 1979.

생에 필수적인 자연(*physis*)개념이 희박했다. 또한 인권, 자유, 평등, 민주주의, 보편주의를 탄생시킬 인격 개념도 부족했다. 독일어 위키피디아에서는 원수사랑(Feindesliebe)에 관한 불교의 입장과 관련해서 지라르 연구 시리즈인 미메시스 이론 연구 시리즈(Beiträge zur mimetischen Theorie) 제28권으로 출간된 『세계를 건설하는 불교적 세계포기의 역설』에 나오는 다음의 내용이 인용되었다.

> 앙리 드 뤼박(Henri de Lubac)과 하인리히 두물린(Heinrich Dumoulin)과 같은 기독교 신학자들은, 불교에서의 원수사랑, 용서, 그리고 자비 등의 개념에는 인격적 차원이 결여되어 있으며 너와 나도 공(空)한 것으로 보기에 진정한 의미에서 인격적인 관계를 의미하지는 않는다고 본다.

독일어 위키피디아에서는 일본 선불교를 서구에 수출한 스즈키(Daisetz Teitaro Suzuki)와 달라이 라마, 그리고 틱낫한의 입장과의 관련성 속에서 불교에서의 원수사랑과 관련한 나의 입장이 소개되었다.[20] 일견 기독교적 원수사랑보다 더 급진적인 것으로 보이는 불교에서의 붓다들과 보살들의 원수사랑은 사실은 신화적으로 과장된 우주적 대자비를 말한다. 우리는 붓다들의 극도로 과장되고 영웅적이며 신화적인 원수사랑의 이야기에서 은폐된 희생양의 비극을 볼 수 있다. 붓다들은 언제든지 자신의 몸을 분신공양과 소신공양의 희생제물로 바칠 서약을 한 자들이다. 극도로 과장된 붓다들의 카루나에는 신화적 희생양

---

20 http://de.wikipedia.org/wiki/Feindesliebe. 각주 41번에 나의 독일어 단행본의 자료가 인용되었다. Ilkwaen Chung, *Paradoxie der weltgestaltenden Weltentsagung im Buddhismus: Ein Zugang aus der Sicht der mimetischen Theorie Rene Girards*. 98.

예수는 반신화다

메커니즘과 박해의 논리가 은폐되어 있다.

불교에서의 우주와 자아의 공성은 언제든지 자신을 양초처럼 태워서 공양으로 바칠 준비가 되어 있는 보살들과 붓다들만의 매우 특정한 세계포기적인 가치판단이다. 불교에서는 기독교에서처럼 인간의 존엄성을 담보할 수 없다. 두물린의 지적처럼, 불교에서는 인격 개념 자체도 없으며 존엄하고 숭고한 인격성에 대해서도 무개념이다. 이런 연유로 불교 문화권에서는 인간의 존엄성, 인격, 인권 등에 기초한 민주주의가 발전되기 힘들었다. 또한 불교는 니체가 말한 군주도덕이나 정치적 파시즘이라는 위험에 노출되어 있다. 인격에 대해 무개념일 뿐 아니라 물리적 실체에 대해서도 무개념이므로 자연과학적 연구가 탄생하기가 쉽지 않았다. 불교 명상의 목적은 무개념화다. 개념 자체를 무화시키는 것이 붓다들의 명상의 목적이다. 개념의 멸절이 그 최종적 목표였다.

불교의 무(無), 좀 더 정확하게 사회인류학적으로 개념 해명(Begriffsexplikation)을 하자면, 출가승들만의 다르마로서의 무(無)는 한마디로 말해 희생 논리다. 불교에서 무(無)는 출가자와 재가자 모두에게 적용되는 것이 아니라 본래 출가자들에게만 요구된 희생 논리였다. 우리가 스님의 법명만 알 뿐 그의 시민적 이름을 알지 못하는 것도 출가가 곧 사회적 죽음과 사회적 추방을 의미하기 때문에 출가 전의 시민적 이름을 지워버리기 때문이다. 출가 전의 상황에 대해서 묻는 것조차 금기시 된다. 출가승은 출가 이후 본래 "살아 있으나 죽은 자"(living dead)와 같은 존재가 된다.

예전의 종교현상학적 불교 이해에 의하면, 붓다는 사물의 진상을 보았다고들 한다. 세계포기자 붓다는 사물의 진상을 공(空)으로 보왔다. 희생양 붓다는 자기만 사물의 진상을 공(空)으로 본 것이다. 붓다가 사물을 공(空)으로 보았다고 해서 실제로 사물의 실체가 그러한 것은 아니다. 또한 (양자)물리학적 사물의 진상이 공(空)이라고 오해해서도 안 된다. 불교에서 붓다들의 다르마로서의 공(空)은 순전히 구원론적이고 세계포기적 개념이지, 물리학적 개념이 아니다. 순전한 구원론으로서의 불교는 물리학과 관련이 별로 없었다.

나는 『붓다와 희생양』에서 붓다들은 재가자들로부터 나쁜 것을 흡수해서 신성한 공덕을 재가자들에게 선물하는 은폐된 희생양들이라고 주장했다. 초월화되고 신비화된 희생양 메커니즘에 대한 에피스테메가 과학적 불교를 향한 첫 걸음이라 할 수 있다. 불교의 저층에 흐르는 디오니소스적이고 뮈토스적인 차원에 대한 인식과 계몽이 로고스와 수학과 물리학에 기초한 자연과학의 발전을 위한 첫 깨달음이라 할 수 있을 것이다. 물리학적 질서까지 포함하는 세계를 환상으로 보는 인도와 불교 문화권에서는 물리학이 발전되기 힘들었다.

무의 불교 철학에 대한 "해체"

나의 독일어 단행본은 2016년 독일에서 사회연구(Sozialforschung) 저널로서 출간된 책에[21] 참고 문헌으로 인용되었다. 또한 2015년 독일 사회연구 저널인 FQS(Forum Qualitative Sozialforschung)에 기고된

---

21 Werner Vogd, Seele, Sorge, Seelsorge - Entwurf einer soziologischen Theorie der Seelsorge in: Anna Henkel, Isolde Karle, Gesa Lindemann, Micha Werner (Hrsg.) *Dimensionen der Sorge: Soziologische, philosophische und theologische Perspektiven*.1. Auflage 2016, Seite 281-312.

예수는 반신화다

한 논문은[22] 탄트라 비밀불교의 "의식적인 죽음"(bewussten Sterben)을 사회학적으로 연구하는 데 나의 독일어 단행본을 참고하고 있다. 최근 불교학은 점차 문화인류학적이고 사회인류학적으로 연구가 진행되고 있는데 불교 속의 제의적 자살도 중요한 주제로 논의되고 있다. 나는 이 스님들의 소신공양과 분신공양과 같은 제의적 자살을 지라르의 희생양 메커니즘 속에서 이해하고자 했다.

제의적 자살은 계몽되고 해체되어야 할 불교 속의 신화적인 것이다. 나는 독일어와 한국어 출판에 이어서 영문 출판을 준비하는 의미로 400페이지에 이르는 『무(無)의 불교 철학을 해체하기: 르네 지라르와 불교문화의 폭력적 기원』(*Deconstructing the Buddhist Philosophy of Nothingness: René Girard and Violent Origins of Buddhist Culture*)[23] 이라는 온라인 영문 출판을 시도했다. 자크 데리다의 해체주의 철학과 불교, 과정철학과 불교, 양자역학과 불교 등에 대한 그동안의 논의들을 지라르의 이론을 통해 재조명하고자 했다. 나는 이 책에서 선불교에 기초한 철학을 전개하는 일본 교토 학파가 주장하는 불교 철학에서의 그 무(nothingness or emptiness)를 사회인류학적으로 "해체"하려고 했다. 데리다가 말하는 해체(deconstruction)는 또한 본문(text)의 자세히 읽기(close-reading)이기도 하다. 나는 불교의 무(無)를 사회인류학적으로

---

22 Werner Vogd, Jonathan Harth & Ulrike Ofner, "Doing religion im Phowa-Kurs: Praxeologische und reflexionslogische Studien zum "bewussten Sterben" im Diamantweg-Buddhismus," in *Forum: Qualitative Social Research(Sozialforschung)*, Volume 16, No. 3, Art. 17 - September 2015. http://www.qualitative-research.net/index.php/fqs/article/view/2320/3853 을 보라.

23 Ilkwaen Chung, *Deconstructing the Buddhist Philosophy of Nothingness: René Girard and Violent Origins of Buddhist Culture* (http://www.scribd.com/doc/88516537/DeconstructionBuddhism)

해체해서, 다시 말해 자세히 읽어서 그것이 데리다의 해체주의 또는 양자역학과 비견될 수 있는 것이 아니라, 출가승들에게만 요구되었던 희생제의적(sacrificial) "세계포기자의 다르마"로 이해해야 된다는 사실을 이미 『붓다와 희생양』에서 주장했다. 무(無)를 사회인류학적으로 해체하고 나면, 그 불교의 무(無)가 출가승들에 대한 박해의 논리, 희생의 논리, 희생제의적 논리임을 알게 된다.

호주 뉴잉글랜드 대학교에서 철학을 전공하는 대학원생이 나의 영어로 쓰인 이 책을 열심히 읽고서 강한 지지를 담은 장문의 이메일을 보내왔다. 그는 티베트 불교를 공부하고 또한 수행하기도 했지만, 지라르를 통해 불교의 강한 희생제의적 성격을 공부한 이후 불교로부터 돌아섰다고 한다. 그 자신이 공부한 바에 의하면, 불교 철학에는 힌두교로부터 내려오는 희생제의의 내면화, 약화, 승화의 패러다임이 강하게 자리 잡고 있다. 또한 나의 불교의 무와 공에 대한 희생제의적 독법이 매우 새롭고 독특하다고 평가했다. 자신은 한 번도 그렇게 생각해 보지 못했다고 한다.

2015년 독일 사회연구 저널인 FQS에 영어로 작성된 논문에서는 나의 지라르 이론에 기초한 불교 연구를 영미권에 알리기 위해 온라인으로 출판한 책 『무(無)의 불교 철학을 해체하기: 르네 지라르와 불교 문화의 폭력적 기원』이 각주와 참고 문헌에 인용되었다. 티베트 불교에서의 "의식적인 죽음"에 대한 사회학적 연구인 이 논문은, 각주에서 다음과 같이 인용한다. "이는 르네 지라르의 미메시스 이론과 관련해서 정일권이 말하는 '세계건설적인 불교의 세계포기의 역설'로 표현될 수 있다."[24]

또한 2014년에는 스리랑카 대학에서 가르치는 어느 스리랑카 교수

예수는 반신화다

가 몇 차례 이메일을 보내왔다. 나의 독일어 단행본은 인도와 스리랑카에도 소개되어 판매되고 있다. 이 스리랑카 교수는 불교의 기원에 대한 자료에 대해 도움을 요청해왔는데, 나는 인도 문명의 권위자인 뒤몽의 저서들과 나의 영문판 책을 소개했다. 이 스리랑카 교수는 불교문명의 패러독스에 관한 독일어 단행본을 영어권에 소개하기 위해 올린 나의 영문판 온라인 출판물을 읽고서 "탁월하면서 영감을 준다"고 평가해주었다. 그러면서 자신은 불교의 기원과 관련하여 그리스의 오르페우스 종교와 피타고라스적인 음식 금기(food taboos) 등과의 관련성에 대해 연구하고 있다고 하면서 조언을 구해왔다. 나는 디오니소스적 카오스가 저장되고 전문화되는 요기적 세계포기는 결국은 인도 문화의 세계질서를 지탱해주면서 갱신하는 역할을 했다고 분석했다. 불교 역시 이 세계포기 전통으로부터 탄생했다. 이제는 황혼기에 접어든 반문화에 대한 포스트모던적 천착을 넘어서 지라르 이론에서 배울 수 있는 인류 문화 전반에 대한 폭넓고 급진적인 이해로 나아가야 한다.

지라르 이론에 기반을 두고 절대적 무를 화두로 전개되는 불교 철학에 대한 사회인류학적인 해체를 시도했던 나의 이 영문판 책을 읽고서 지라르와 불교 영성을 연구하는 어느 미국 학자는 지라르의 이론과 교차문화적 함의들을 연구하고 있는데, 특히 불교에 관심이 있다고 하

---

24 http://www.qualitative-research.net/···/artic···/view/2320/4085···: 각주 3) Following CHUNG (2012 [2010], 14), this process can, with reference to GIRARD's theory of mimesis, be described as a "paradox of world-constructing Buddhist world-renunciation"; Chung, Ilkwaen, *Deconstructing the Buddhist philosophy of nothingness. René Girard and violent origins of Buddhist culture*, (Münster: Lit Verlag). https://de.scribd.com/docum···/88516537/DeconstructionBuddhism (Accessed: March 2, 2017).

면서 연락해오기도 했다. 또한 어느 벨기에인은 이 영문판 책을 읽고서 "극히 흥미롭다" 또는 "충격적"이라고 표현하면서 높게 평가하기도 했다. 최근에는 나의 불교 연구가 러시아 SNS에서까지 회자되는 것도 목격했다. 또한 이 책은 후기전통적 불교(posttraditional Buddhism)에 대해 연구하는 영어권 인터넷 사이트에 기고된 불교 해탈을 재고하는 어느 논문에도 참고 문헌으로 인용되었다.[25]

종교 간 대화와 종교다원주의 논쟁

『붓다와 희생양』은 나의 진리에 대한 의지(Wille zur Wahheit)의 산물이라 할 수 있다. 나는 지적 호기심에서 출발했고, 진실이 무엇인지 알고 싶었다. 대학은 진리가 무엇인가를 묻는 곳이다. 옥스퍼드 대학교도 하버드 대학교도 모두 진리(*veritas*) 추구를 그 모토로 하고 있다. 하지만 평화와 대화를 위해서 가끔씩은 진리가 희생을 당하곤 한다. 니체가 도덕적인 진리에 대한 의지를 무시하고 권력에 대한 의지(Wille zur Macht)로 대체한 이후 이 의지는 포스트모던적 시대정신과 종교다원주의적 정신 속에서 소외되었다. 종교다원주의도 결국 종교 간의 평화를 위해서 진리에 대한 의지 혹은 진리 주장을 포기하거나 상대화하자는 제안으로 이해될 수 있다. 특히 전통적인 기독교적 진리 주장 혹은 진리에 대한 의지로 점차적으로 망각되었다. 혹 그것이 불편한 진실이라 할지라도, 우리는 역사적으로 정직하게 서술해야 한다. 종교 간의

---

25 RECONSIDERING ENLIGHTENMENT: A PROJECT IN RECONFIGURATION (6)
(https://posttraditionalbuddhism.com/2013/05/20/241/)

예수는 반신화다

대화가 지성의 희생 위에서 진행되서는 안 된다. 『붓다와 희생양』에 해외 추천사를 쓴 어느 외국 교수의 평가처럼, 나는 종교와 종교 간의 대화에 대한 연구 분야에서도 엄격하고도 학문적인 정신이 살아 있음을 보여주고자 했다. 그동안 비기독교적 전통 종교는 후기식민주의적 보상의 정서 속에서 연구되고 기술되었다. 하지만 이제 교차문화적 해석학과 종교 간 대화의 문제는 다양한 종교의 목소리가 드러나도록 복잡하고 드라마틱하게 진행되어야 한다.

제2차 바티칸 공의회에서 가장 영향력 있는 학자였던 칼 라너가 교수로 가르쳤던 오스트리아 인스부르크 신학부는 지라르를 수용하면서 종교 간의 대화와 만남을 보다 드라마틱하게 전개하였다. 이것은 종교 간의 대화에 대한 근본주의적 포기가 아니라 종교 간 대화를 더 급진화시키는 것을 의미한다. 비판적 대화를 방법론적으로 회피하는 낭만적이고 일방적 대화를 보다 진솔하고 깊게 급진화시키는 것을 의미한다. 서구정신사에서 톨레랑스는 진리에 대한 포기가 아니라 서로 경쟁하는 진리에 대한 주장을 비폭력적이고 교양 있게 전개하는 방식을 의미한다. 하지만 그동안 많은 경우 비판적 논쟁을 불러일으킬 수 있는 진리 주장 자체가 식민주의적, 제국주의적, 승리주의적, 근본주의적 폭력성의 위험이 있다고 하여 종교 간의 대화에서 방법론적으로 회피된 것이 사실이다.

유럽신학과 교회는 이슬람 근본주의와 미국 기독교 근본주의에 대한 두려움으로 언제나 종교 간의 대화에서 비판적 논쟁을 제외한 공통의 분모만을 찾으려는 경향을 보여왔다. 종교 간의 대화에서 갈등 요소가 개입될 수 있는 비판적 논쟁은 방법론적으로 제외되었다. 지라르에 영향을 받은 학자들이 한스 큉이 주도한 세계윤리(Weltethos)에 어느 정도 거리를 두는 이유는 보다 엄밀한 학문에 관한 비판적 논쟁이 이론적으로 배제되었기 때문이다. 학문적인 비판 정신이 제외된 담론은 정치적 판단에 의한 담론일 수는 있어도 지속가능한 학문적 담론이 되기는 힘들다.

종교 간 대화와 종교다원주의는 구분되어야 한다. 다종교적 상황에서 언제든지 공동선을 위해서 종교 간 대화를 할 수 있지만, 그것이 반드시 종교다원주의를 의미하지는 않는다. 이정배 교수는 종교 간의 대화와 종교다원주의 문제와 관련하여 보수 신학의 명제적 진리가 성서적이기보다 오히려 근대 서구의 동일성 철학의 산물이라고 주장한다. 이런 주장에 의하면, 기독교의 절대성에 대한 보수 신학의 주장은 자연스레 이웃 종교의 비진리성, 즉 배타적 구원관으로 이어지며, 이런 이분법적 도식은 성서적이지도 않고 오히려 근대 서구의 인식틀일 뿐이라고 주장한다. 그러나 이같은 주장은 근대 서구의 동일성 철학을 비판하는 포스트모더니즘 철학을 지나치게 낭만적으로 수용하는 것이다.

일부 진보적 신학 계열에서는 소위 비명제적, 시적, 은유적, 혹은 미학적 진리를 말하고, 근대 서구의 동일성 철학의 산물로서 기독교의 진리를 비판하는 후기근대적(포스트모던적) 차이의 철학을 말하곤 했다. 또한 (데카르트적인) 이분법적 사고를 비판하는 힌두교와 불교의 불일불이의 비이분법적 혹은 비이원론적 사고 방식을 보다 평화스럽고 조화스러우며 통전적인 대안으로 제시하곤 했다. 하지만 이 차이소멸을 발생시키는 비이분법적 사고는 사실 비이성적 사고방식이며, 그것의 뿌리는 힌두교와 불교 속의 디오니소스적인 제의에 있다. 종교다원주의를 옹호하는 학자들은 기독교 안의 종교혼합주의를 지지하기도 한다. 그러나 기독교는 만신전을 거부했다. 영지주의도 이단으로 규정

예수는 반신화다

했다. 또한 영지주의나 신화, 고대 신비종교나 미스테리아, 그리고 비밀불교(밀교) 등에서 볼 수 있는 디오니소스적이고 음란한 것은 기독교 안에 존재하지 않는다.

불교는 영지주의에 근접하고 있다. 서구 불교인들과 불교 지식들은 대체로 스스로 불교와 영지주의 사이의 관련성과 친화성에 대해서 말한다. 칼 융도 스스로 자신의 심층심리학과 영지주의 사이의 관련성에 대해 언급한 적이 있다. 지라르는 영지주의를 탈신성화된 신화로 본다. 그동안 서구에서 불교는 많은 경우 뉴에이지 사상에 근접하는 것으로 수용되고 이해되었다. 『붓다와 희생양』의 추천사에 포함되지는 못했지만 독일 뮌헨 대학교 개신교 학부 학장이면서 인도학과 불교학자로서 그리고 기독교와 불교 사이의 종교 간 대화신학을 전개해 온 대표적 학자 미하엘 폰 브뤽(Michael von Brück) 교수도 이 책을 "매우 흥미있게 읽었다"고 짧은 논평을 해주었다. 그는 나의 사회인류학적 불교 연구 방법이 불교의 포기 개념을 폭넓은 인류학적 상황 속에서 이해할 수 있게 도와주며, 이런 점에서 나의 불교 연구가 새로운 교차문화적 인류학에 근본적 기여를 하고 있다고 평가했다. 하지만 이후에는 몇 가지 다른 관점을 적고 있다. 그가 그동안 유지한 입장을 알면 그가 왜 나와 다른 관점을 취했는지 이해할 수 있다. 그는 대체적으로 전형적인 유럽 68세대의 입장 그리고 때로는 뉴에이지적 불교 해석에 근접하는 입장 등을 보이곤 했다. 하지만 2003년 이후로 독일 종교학계에 유행한 현실적·비판적 불교 연구로 인하여 그도 영향을 받았으며, 자신의 2007년 독일어 불교 입문서에서는 불교에 대한 최근의 비판적 논의를 포함시켰다.

톨레랑스가 무비판적이고 무책임한 상대주의를 의미하는 것은 아니다. 타종교인에 대한 관용과 인정이 기독교 복음에 대한 종교사적 진실에 대한 포기나 상대화를 의미하지는 않는다. 나는 오스트리아 인스부르크 대학교에서 "유일신론과 폭력"에 대한 학술 대회 중 "이슬람과 폭력"에 관한 세미나에 참여했다. 9.11 테러 이후 상황이 참 많이 바뀌었다는 것을 모두가 느꼈다. 먼저 로마 교황청의 종교 간 대화에 이슬람 전문가인 어느 예수회 신부가 비판적 톨레랑스에 대해서 강의를 하자, 두 번째 이슬람 출신 학자는 매우 심기가 불편해 했다. 축하 강의를 한 인스부르크 주교도 톨레랑스가 낭만주의를 의미하지는 않는다고 말했다. 그는 21세기의 종교 간의 대화의 모델을 비판적인 톨레랑스로 제시했다. 특히 독일어권에서는 "이슬람과 폭력" 문제에 대한 반사이익으로 불교가 유럽 지식인들에게 평화적 종교의 대명사처럼 과도하게 낭만화되었다. 하지만 "불교와 폭력"을 특집 주제로 논의한 독일 종교학회는 2003년 이제 유럽에서 더 이상 불교는 어제의 불교가 아니라고 선언했다.

나는 2013년 한국교회 100주년 기념관에서 개최된 "기독교 영성과 종교 간 대화"란 제목으로 개최된 제20회 기독교학술원 영성포럼에서 미국 시카고 신학교에서 화이트헤드를 전공하신 이상직 교수의 논문에 대해 "기독교와 불교의 종교 간 대화: 보다 드라마틱하고 복잡한 해석학을 제안하며"라는 제목으로 논평을 한 바 있다. 그동안 화이트헤드의 과정철학을 수용한 과정신학과 불교 사이에 학문적인 교류가 있었다. 하지만 나는 불교의 무(無)를 "출가승의 다르마"라고 사회인류학적인 개념해명을 한 이후 그것이 출가승에게만 요구되는 전근대적인 의미에서의 희생제의적 논리 혹은 희생 논리로 파악했기 때문에, 과정철학과 불교 철학 사이의 피상적이고 사변적인 대화에 대해서는 회의

예수는 반신화다

적임을 밝혔다. 독일어권에서 기독교와 불교의 종교 간 대화의 전문가로 잘 알려진 미하엘 폰 브뤽 교수도 그동안의 대화는 지나치게 사변적이었음을 인정했다.

나는 서울에서 개최된 이 종교 간 대화를 위한 영성포럼에서『붓다와 희생양』을 소개했다. 다양한 종교의 각 전문가가 참여한 이 포럼에서는 종교 간 대화의 필요성을 언급하면서 한스 큉의 테제가 많이 인용되었다. 나는 한스 큉의 세계평화를 위한 세계윤리(Weltethos)에서 최근에 추가된 종교학적 기초연구(Grundlagenforschung)의 중요성에 대해 강조했다. 나의『붓다와 희생양』도 드라마틱한 기독교와 불교 사이의 종교 간 대화를 위한 종교학적 기초 연구의 산물이라고 할 수 있다. 지라르의 문화 이론에 기초해서 불교문화의 기원을 발생학적으로 추적하는 나의 사회인류학적 불교 읽기도 피상적이고 성급한 불교 비판이 아니라 일종의 종교학적 기초 연구로 이해되어야 한다.

나는 이 영성포럼에서 기독교와 불교의 종교 간 대화를 전개한 학자들이 오래전부터 즐겨 제시했던 보살예수론에 대해 비판했다. 지금도 많은 (서구)불자들은 예수도 보살로 보고 있다. 나는 논평을 통해서 예수 그리스도의 유일회성과 보살들(붓다들)의 다신론적 복수성과 반복성에는 큰 간격이 존재함을 지적했다. 또한 석가무니에서 "무니"(muni)의 디오니소스적인 광기의 의미, 본래 여성의 성기를 상징하는 붓다의 가부좌 아래의 "연꽃"의 의미, 성불과 깨달음을 향한 과정에서의 한 계기로서의 디오니소스적이고 오이디푸스적인 파계에 대한 해석의 문제 등을 발표했다.

기독교학술원 원장이신 김영한 교수께서는 진정한 종교 간 대화란 종교 혼합이 아니라, 각 종교의 정체성을 확립하고 사랑과 열린 태도를 가져야 함을 강조했고, 박봉배 교수는 마지막 평가를 했다. 그리고 전 총신대학교 신학대학원 원장이셨던 차영배 교수는 나의 불교 연구의 결과를 들은 후에 양산 통도사 스님과의 학문적 대화를 언급하기도 했다. 또한 현대기독연구원이 서울에서 개최한 몇 차례의 르네 지라르 세미나에는 승려가 되기 위해서 부산 통도사에서 실제로 수행을 하다가 이후 목사가 된 분이 두 번이나 참석해서 나의 불교 연구에 대해 경청했고 이 분과 잠시 대화를 나누기도 했다.

기독교학술원 영성 포럼은 주로 신학자들이 모여서 종교 간 대화를 논했지만, 나는 2013년 11월 전남대학교에서 "종교와 평등"이라는 주제로 개최된 한국종교문화학회의 학술 대회에서는 실제로 불교 및 원불교 학자들과 함께 모여 학문적인 차원에서의 종교 간 대화를 나누었다. 전남대학교 종교문화연구소가 한국종교문화학회를 운영하고 있는데, 프랑스 파리 8대학에서 기호학으로 박사 학위를 받고 이화여대 객원연구원을 역임했던 선미라 박사가 나를 이 학회에 초대해주었다. 나는 『붓다와 희생양』에 대한 소개와 함께 "유대-기독교적 평등 도덕의 변증법과 동아시아 종교: 르네 지라르(Rene Girard)의 문명 기원론의 빛으로"라는 논문을 발표했고, 이는 『종교문화학보』에 게재되었다.

토론 시간에 중국학을 전공한 불교인인 어느 교수가 『붓다와 희생양』을 읽고 밀교(비밀불교)의 통음난무(집단 성교)에 대한 나의 분석에 대해 불편한 마음을 드러냈다. 나는 지라르의 문화기원론을 따라서 불교문화의 기원을 발생학적으로 추적하는 것이 주된 목적이기에 디오니소스적이고 통음난무적인 비밀불교(밀교)에 대한 이해도 실제로 성교를 통해서 성불을 추구하는 급진적인 좌도밀교에서부터 이후 점차 약화, 승화, 철학화된 성교를 통한 성불을 추구하는 우도밀교로 진화한

예수는 반신화다

것으로 이해했다고 답변했다.

　이 모임에서 나의 논문에 대한 논평을 맡은 전영철 교수는『붓다와 희생양』을 읽고 큰 충격과 동시에 큰 깨달음을 얻었다고 수차례의 이메일을 보내왔고 좋은 학문적 대화를 나눌 수 있었다. 서울대학교에서 영문학을 전공한 전영철 교수는 안병무 선생의 제자로서 민중신학과, 한국의 "예수 세미나"(Jesus Seminar)에 참여해서 깊이 공부했던 학자로서, 그는『붓다와 희생양』을 꼼꼼히 읽은 이후에 나름대로 적지 않은 충격을 받았고 지나치게 허무주의적이고 자기해체적인 분위기에서 다시 일어설 수 있는 용기를 얻었다고 했다. 실제로 다수의 성서학자들이 처음에는 "예수 세미나"에 참여했다가 이후에 지라르 학파가 되었다. 세계 지라르 학파에서 중요한 위치를 차지하는 윌리엄스(James G. Williams)도 초기에는 "예수 세미나"에 참여했다가 회의를 느끼고 지라르 이론에 깊이 천착하게 되었다.

　전영철 교수는 지라르를 접하고서, 그리고 나의『붓다와 희생양』을 읽은 이후 니체의『우상의 황혼』이 포함된 니체 전집과 데리다를 다시 읽었다고 한다. 전 교수는 내가 보수 진영에 그 뿌리를 내리고 있다 하더라도 이런 보수라면 존경을 넘어 자신도 보수가 되고 싶어질 정도이며, 스스로 진보라고 자처하면서 얼마나 성급하게 대충대충 짚고 넘어갔는지 부끄러워진다고 말했다. 나의 지라르 연구와 불교 연구가 개혁보다 해체를 서두르는 성급한 진보를 되돌아보게 한다는 것이다. 예수에게만 집중하고 너무도 쉽게 기독교를 버리기에 바빴던 지난날의 미흡한 자신을 되돌아보고 있다는 이메일을 보내왔다. 그는 내가 보수신학자이면서도 또 한편으로는 매우 진취적이고 진보적이라고 평가했다. 지라르는 데리다식의 성급하고 급진적인 해체보다는 인류의 "축적된"

지식에 대한 온건한 존중을 강조한다.

문화인류학과 선교학

2017년 국내에서 『판넨베르크 조직신학 I』(새물결플러스 역간)이 출간되었을 때, 「크리스찬북뉴스」 편집위원 고경태 목사는 이 책에 대한 서평에서 판넨베르크의 신학(종교 이해와 종교다원주의)에 대한 변론을 위해서 르네 지라르/정일권 박사의 연구를 제시하고 싶다는 의견을 피력했다.[26] 판넨베르크는 일반 종교에 대한 개방적 자세를 견지한다. 판넨베르크의 저서에는 지라르에 대한 언급과 연구가 등장한다. 나는 『십자가의 인류학: 미메시스 이론과 르네 지라르』에서 "판넨베르크와 지라르: 종교학과 신학"이라는 제목으로 이를 이미 다루었는데, 『십자가의 인류학』은 2015년 8월 한국 기독법률가회(CLF) 연구위원회 독서공방 교재로 채택되어 읽히기도 했다.

　이제는 종교학을 터부시해서 그것을 종교다원주의자들의 독점적인 영역으로 내버려둘 것이 아니라 보다 전문적으로 연구해야 한다. 지라르의 비교신화학과 종교 이론은 종교학과 신학의 새로운 대화의 가능성을 제시한다. 2015년에는 이슬람권의 어느 나라에서 문화인류학연구원(지역과 문화 연구)으로 활동하다가 잠시 귀국한 침례교 어느 목사님이 『십자가의 인류학』을 읽고서 지라르를 알게 되어 너무 기쁘다고 연락이 닿아 만난 적이 있다. 그는 대학 시절 한국 민속학, 민족학, 무속신앙, 신화학 등을 공부하고 민중운동에도 참여했으며 이후 기독교 목

26　www.cbooknews.com/?c=25/36&uid=9693

사가 된 분으로서, 지라르를 알게 되면서 새로운 관점으로 세상을 다시 바라보게 되었다고 말했다. 그는 그동안 신화에 대해서는 주로 캠벨과 엘리아데를 공부했었고 레비-스트로스의 구조주의 인류학은 많이 들어보았지만 지라르는 처음 들어보았다고 말했는데, 이를 통해 나는 그동안 얼마나 지라르가 제대로 평가받지 못했는지를 새삼 느꼈다. 앞부분에서 나는 니체와 하이데거의 낭만적이고 미학적인 "새로운 신화학"(하버마스)을 비판하고 세계의 신화를 (희생)제의로부터 이해해야 한다고 주장하면서, 레비-스트로스의 (언어)구조주의적 신화 해석과의 관계에서 신화를 "마녀사냥의 텍스트"로 해독한 지라르의 신화론을 설명했다. 그는 현재 지라르의 문화인류학적 이론이 무슬림 대학생들과 대화를 나눌 수 있는 좋은 다리와 도구가 되고 있다고 전해왔다. 문화 초월적인(transcultural) 지라르의 이론이 이슬람 문명권에도 많이 소개되기를 기대한다.

2016년 11월에 나는 이슬람권과 유럽의 많은 외국 학자들이 참여한 "다문화 사회, 한국사회의 기회와 미래"라는 주제로 고신대학교에서 개최된 "국제다문화사회연구소 국제 학술 대회"에서 제1주제 논문 발표의 좌장으로 참여했다. 국제다문화사회연구소에서는 국내 67개 대학교 137여명의 학자들이 참여하고 있으며 국내 여러 국회의원도 함께하고 있다. 2016년 3월에는 부산일보 10층 소강당에서 열린 춘계 학술 대회에서 서정민 교수(한국외국어대학교 교수)의 "이슬람 국가(IS)와 다문화 사회"의 주제 발표가 있었는데, 주요 화두는 이슬람에 대한 것이었다. 영어, 독일어, 한국어로 진행된 이 학술 대회에서 나는 지라르의 문명 이론이 글로벌 다문화사회 이해와 연구를 위해서도 잘 적용될 수 있다고 소개했다. 물론 국제 지라르 학파는 종교 간 대화와 문화 간 소통을 좀 더 드라마틱하게 보려고 한다. 나는 박사후과정(post-doc) 중에 오스트리아 잘츠부르크에서 2009년 개최된 다문화 신학과 다종교 연구를 위한 유럽학회(European Society for Intercultural Theology and Interreligious Studies)에 참여해서 "상호문화간 해석학을 위한 하나의 드라마틱한 모델"(A dramatic model for the intercultural hermeneutics)이라는 논문을 발표하기도 했다.[27]

2016년 2월 문화인류학을 전공한 서울신학대학교 최형근 선교학 교수가 나의『붓다와 희생양』,『우상의 황혼과 그리스도』,『십자가의 인류학』을 모두 읽었고 학생들에게도 지라르의 문화인류학을 많이 가르치고 있다고 하면서, 2016년 장로교신학대학교에서 개최되는 세계선교사대회에서 지라르의 문화인류학이 지니는 선교학적 의미에 대해서 논문을 발표한다고 연락을 주었다. 숭실대학교 기독교학대학원 초빙교수로서 강의할 때 박사 과정 학생들로부터 그동안 문화인류학적 선교학에 대해서는 선교사의 아들로 인도에서 성장했으며 그 후 미국으로 건너가 신학 공부를 한 다음, 인도에서 다년간 선교사로 사역한 문화인류학자 폴 히버트(Paul G. Hiebert)에 대해서 주로 공부했는데, 지라르의 이론이 학문적으로 더 세련되고 설득력 있는 이론이라는 것을 알게 되었다는 이야기를 들었다. 지라르의 "십자가의 인류학"은 이처럼 선교학과 문화인류학의 대화 혹은 문화인류학적 선교학에 큰 도움을 준다.

문화인류학을 통한 선교학적 접근을 소개하는 의미에서 2015년 7월 나는『십자가의 인류학』의 출간 기념 목회학술 기자간담회에서 국민일보를 비롯한 12개 교단 기관지 학술부 기자들과 만나서 문화인

---

27 https://www.sbg.ac.at/tkr/events/ESITIS-2009/ESITIS-2009-Salzburg-program.pdf

예수는 반신화다

류학적인 차원에서 기독교를 설득력 있게 변증하는 지라르의 사상을 소개했다. 이후 지라르의 인류학적 이론은 언론에 상세히 보도되었다. 『붓다와 희생양』을 읽은 태국, 티베트, 몽골 등과 같은 불교 문화권에서 사역을 하는 어느 선교사들과 많은 이야기를 나누기도 했다. 나의 불교 연구를 담은 독일어 단행본 『세계를 건설하는 불교적 세계포기의 역설』는 독일, 프랑스, 스위스를 비롯한 많은 유럽 대학교 도서관 소장 자료일 뿐 아니라, 특별히 375년 전 선교학에 기초를 두고 세워진 교황청 설립 대학이자 바티칸 인류복음화성의 권위 아래에서 현재 세계 130여 개국의 학생이 수학하고 있는 이탈리아 우르바노 대학(Pontificia Universitas Urbaniana)의 소장 자료이기도 하다. 이 대학의 정체성은 대학 외벽에 새겨진 라틴어 문구에 잘 나타난다. "*Euntes Docete Omnes Gentes*"(너희는 가서 세상 모든 백성을 가르치라). 불교문화를 포함한 인류 문명의 폭력적 역설에 대한 나의 연구가 인류복음화, 문명화, 인간화에 일조하기를 기대해 본다.

또한 EBS 수능특강과 논술고사에 출제된 적이 있는 지라르의 문화인류학 이론은 대학뿐 아니라, 고등학교 학교 교육 속에서 기독교를 소개할 수 있는 좋은 이론이다. 2016년 마산 창신고등학교 장신규 교목은 지라르의 저서들과 나의 책들을 참고해 현대 철학 강의를 하면서 폭력에 대한 철학적 성찰의 의미로 지라르의 이론을 프리젠테이션 자료로 만들어서 가르쳤다고 알려왔다. 그는 성서를 직접적으로 가르치는 것이 쉽지 않은 상황에서 학문적 보편성과 확장성이 강한 지라르의 이론은 매우 유익하다고 말하기도 했다.

기독교가 불교의 영향을 받았는가?

평신도 역사학도인 최지현은 나의 『붓다와 희생양』을 읽고서 르네 지라르를 알게 되었고 그동안 불교를 학교에서 낭만적으로 가르쳐왔다는 것을 깨달았으며 이제 기독교 변증 덕후가 되었다고 한다. 그는 "기독교와 불교"에 대한 한국어 위키피디아 자료가 일방적으로 불교가 기독교에 영향을 주었다는 피상적인 입장만을 대변하고 있다고 비판하면서 새롭게 편집을 시도했다. 기독교가 불교의 영향을 받았다는 주장은 『예수는 신화다』라는 책의 주장과 어느 정도 맥을 같이한다. 그는 나의 『붓다와 희생양』을 지배적인 참고 문헌으로 방대하게 인용하면서 "기독교와 불교"[28]에 대한 백과사전적인 논의를 새롭게 편집했다. 그는 기독교에 대한 "불교 영향설에 대한 반론"이란 제목 아래 위키피디아에 다음과 같은 내용을 반영했다.

> 오스트리아 인스부르크 대학 박사후기 연구자로서 현대 불교학, 인도학, 기독교 등을 심층적으로 비교 연구한 정일권은 자신의 개인 블로그에서 불교가 초기 기독교 형성에 영향을 주었다는 주장은 주류 인도학과 불교학의 관점이 아니며, 일부 학자들이 근거로 제시하는 토마스 복음서와 나그함마디 텍스트(Nag Hammadi texts)도 정통 기독교 문서가 아니라, 초기 교회가 이단으로 규정한 영지주의 기독교 문서라고 지적한다. 이어서 주류 불교학자들도 불교가 영지주의적이라는 사실은 인정하며, 영지주의를 신화의 복수로 이해하는 르네 지라르(Rene Girard) 등 여러 학자들의 관점에

---

28 https://ko.wikipedia.org/wiki/기독교와_불교

예수는 반신화다

서 볼 때 불교와 영지주의 사이의 유사성은 오히려 불교적 사유의 신화적 성격을 잘 보여주는 것이라고 주장한다. 정일권은 최근까지의 종교학계 동향을 반영하는 자신의 저서 『붓다와 희생양』(SFC, 2013)에서 불교와 영지주의의 관련성에 관한 학자들의 견해를 자세하게 언급했다.

또한 그는 나의 『붓다와 희생양』에서 제시된 자료들을 방대하게 인용해서 "근대 불교에 대한 기독교의 영향"이라는 제목 아래서 "기독교와 불교"에 대한 한국어 위키피디아 자료를 다음과 같이 수정·편집했다.

근대 이후 기독교가 불교 근대화에 영향을 미쳤다는 주장이 있다. 정일권은 기독교 선교사의 활동 등에 의해 서구 문화가 동양에 유입된 것을 계기로 동양 불교학계에서 기독교를 대상으로 하는 비교 연구가 확산되었음을 시사하는 논의들을 "프로테스탄트 불교" 담론의 범주에서 소개하였다. 프로테스탄트 불교(Protestant Buddhism)라는 용어는 옥스퍼드 대학 곰브리치(R. Gombrich) 등 불교학자들이 19세기 이후 동남아 불교인들 사이에서 전개된 서구 기독교적 불교 근대화 시도를 규정한 표현이다. 프로테스탄트 불교는 기독교에 대한 저항으로 등장했지만 동시에 기독교를 거울처럼 반영하고 있다. 남방 불교 평신도 지식인들은 개신교적으로 근대화된 불교를 참된 순수불교로, 기존의 제의적, 마술적 현실불교를 비불교적인 것으로 여기기 시작했다. 석가모니를 마르틴 루터 같은 사회개혁가로 묘사하는 것은 아시아 종교들을 서구 기독교의 이미지로 제시하려는 경향의 산물이다.

역사학도 최지현은 여러 기독교 세계관 서적을 읽어보았지만 지라르처럼 명료하게 기독교의 유일성을 드러내는 관점은 찾기 어려운 것 같다고 말한다. 그는 지라르를 알기 전에는 C. S. 루이스의 신화 이해에 대체로 만족하고 있었다고 한다. C. S. 루이스는 영미권의 대중적 변증가 중에서 신화를 진지하게 다뤘던 변증가다. 하지만 그는 지라르가 신화 분석에 획기적인 전기를 가져왔다고 바로 보았다. 지라르는 복음서의 빛으로 그동안의 신화 해석을 완전히 뒤집어 놓았다. 모든 신화는 희생양을 은폐하고 있다. 복음서는 십자가 사건을 통해 희생제의를 재현하고 그 안에 희생양의 무죄성을 드러내며 예수가 다수에 의해 신성화되지 않고, 즉 군중 모방을 통하지 않고 소수에 의해 복권됨으로써 군중 모방에 기초한 기존의 희생구조 전체를 전복시킨다. 신화 속의 주인공들에게는 죄가 있다. 그러나 복음서의 주인공은 무죄하다. 복음서는 예수를 희생양으로 삼으면서도 동시에 그의 "무죄"를 역설한다. 왜 그토록 "무죄"를 강조하는 것일까? 희생양을 추방하는 군중에게 죄가 있음을 드러내기 위함이다. 고대 신화는 늘 군중의 죄를 은폐하는 강자의 문서다. 반면 복음서는 군중의 죄를 폭로하는 계몽의 텍스트다. 복음서는 신화를 해체한다.

그는 한국 종교와 문화 그리고 나아가 동아시아 종교와 문화에 대한 전문적인 이해를 가진 역사학도로서, 지라르의 신화이론이 다종교적이고 다문화적인 상황 속에서의 기독교 변증을 위한 최선의 이론으로 평가했다. 그의 평가는 정확하다. 지라르의 이론은 소통과 변증을 모두 할 수 있다. 그는 최근 지라르의 저서들과 나의 『붓다와 희생양』을 주요 참고 문헌으로 제시하면서 개인 블로그에 더 진전된 사유를 담은 깊이 있는 글들을 지속적으로 올리고 있다. 그에 의하면 지라르의 변증 모델은 종교 간 대화에 적합한 것 같다고 말한다. 지라르는 우리 같이 다종교 전통에 속한 신도들이 단일종교 전통의 산실인 영미권 변증들 접할 때 느끼는 갈증 또는 타종교에 대한 비평 도구의 빈약함에 서 오는 허전함을 충족시켜줄 탁월한 학자임에 틀림없다.

한국 불교에 대한 역사적 이해

『붓다와 희생양』은 기존의 종교 간 대화에서, 심지어 불교학 내부에 서조차 이제껏 다루지 않은 새로운 불교 관련 자료들을 아주 많이 다 루고 있다. 현대 불교학의 주요 취급 대상은 경전, 경전, 경전, 또 경전 이다. 그 역사학도는 현대 불교학이 그토록 왜 경전 연구에 집착하는 지, 가급적 불교를 규범적 교리로 환원하여 철학적인 모습으로 소개하 려 하는지에 대해 문화 간 모방(intercultural mimesis)의 관점에서 설 명하는 나의 분석에 주목했다. 『붓다와 희생양』은 경전에 대한 철학적 연구에 천착하는 불교학계가 보기에 상당히 껄끄러운 자료들을 "얄궂 게도" 정직하게 다 드러낸다. 그는 이러한 점 때문에 이 책에 대한 그의 초기 서평에서 "충격적"이라는 표현을 많이 사용했다고 적었다.

국내 불자들은 불교에 대해 사대부 문화에 의해 걸러진 점잖은 한 국 불교나 일본 교토 학파의 불교 근대화 작업의 산물인 일본 철학 불 교의 한국 버전을 떠올린다. 하지만 『붓다와 희생양』은 남방 불교의 주 술, 탄트라 불교, 분노존, 미라불, 소신공양, 요기와 불교의 연관성에 관 한 인류학적 자료 등 잘 알려지지 않은 불교 현상들을 다양하게 소개 한다. 전문 학자들은 이러한 현상들을 "타락설"로 변명하려고 한다. 불 교는 원래 철학적이고 고상했으나 교리의 타락으로 문화적·세속적 변 이가 나타났다고 주장하는 타락설은 아카데믹한 불교학에서 그다지 인정받지 못하고 있다. 선불교학자 포르(Bernard Faure) 같은 세계적인 학자들은 그 반대의 얘기를 한다. 즉 불교는 원래 제의적이고 주술적이며 에소테릭했는데, 서구 기독교 선교사 접촉 이후 기독교를 모방하면서 경전 중심화, 신학화, 철학화 되어갔다.

역사학도로서 그는 나의 이러한 주장에 공감하면서, 자기가 배운 고대 불교의 이미지는 요즘 불자들이 묘사하는 것처럼 그다지 고상하거나 철학적이지 않다고 말한다. 원효는 고상한 주석서 저술가인 동시에 주술신앙의 전파자이기도 했다. 불교는 그다지 무신론적이지도 않았다. 대승 존재위계나 석굴암 등 수많은 불교 문화재에는 다신교적 색채가 강하게 묻어난다. 엄밀한 의미에서 불교는 어떠한 초월적인 것도 믿지 않은 계몽의 종교가 아니라, 초월적인 것이든 아니든 어느 것이나 믿는 종교의 모습에 가깝다. 그는 오늘날에도 남방 불교 일반 신자들은 "저주의 주술"과 출가승의 "마술을 두루 신봉하며 사리 숭배는 아주 초기의 상좌부승려들로부터 시작되었다는 사실을 지적한다. 그리고 불교가 "고속 근대화"를 시도하려고 너무 무리하게 스스로를 탈상황화하다 보니, 불교의 "무"가 역사적 맥락이 전혀 없는 막연한 "그노시스"처럼 되었다고 지적한 나의 입장에 동의하고 있다. 그는 다시금 역사문화적 맥락에 불교를 위치시켜야 학문적 정직성이 지켜질 수 있다고 역설한 나의 주장에도 주목하고 있다.

또한 그는 나의 『붓다와 희생양』이 출가종교에 관한 구조적 통찰을 제공한다고 바로 보았다. 그는 불교의 핵심은 경전 교리가 아니라 출가승/재가자, 정글/마을, 다르마/삼사라의 이분법에 있다는 나의 입장을 수용하고 있다. 거의 모든 문화권이 과거의 희생제의적 폭력을 지우기 위해 몸부림치면서 과거를 미화, 승화, 약화하려 했는데 그 결과가 인도에서는 출가종교로 나타났다. 나는 요기와 시바신으로까지 거

예수는 반신화다

슬러 올라가는 출가승의 문화적 계보를 추적하면서 "희생제의의 전문화" 현상을 발견하고자 했다. 그는 인도 문화가 독특하게도 희생양을 추방하는 축제가 주기적으로 발생하지 않고 특정 종교 신분에게 전문화되었다는 나의 분석에 주목했다. 그리고 그는 내가 희생제의적 공간에서 전형적으로 나타나는 특징들이 이 축제의 전문가들, 곧 요기와 출가승들에게서도 나타나며, 무와 공의 논리는 이러한 희생양의 실존에서 나온 철학적 개념임을 상세하게 논증하고 있다고 평가했다.[29]

그는 "르네 지라르와 불교"라는 글에서도 나의 불교 연구 결과를 수용하였다. 불교는 여전히 고대의 희생양 메커니즘이 만든 구조에서 벗어나지 못했고 오히려 그 구조 안에서 인간의 실존적 문제를 해결하려고 시도한다. 그 역사학도는 불교가 희생양을 희생양으로 드러내지도, 군중을 박해자로 고발하지도 않는다고 바로 보았다. 불교의 소신공양 전통은 불교가 군중의 관점을 비판하고 희생양들을 복권시키기보다, 희생양들을 신성하게 여기는 군중의 시선을 진리의 기초로 삼아 "신성함을 추구하는 모방 경쟁"에 빠져들었다. 내가 『붓다와 희생양』에서 분석했듯이, 그는 제의적 자살에 성공한 동료가 희생양 역할을 했다는 사실은 약왕보살을 둘러싼 붓다들의 찬사에서도 엿보인다고 적고 있다. 군중은 희생양의 추방에 언제나 박수를 보낸다. 불교는 언제나 희생자를 신성화하는 담론을 앞장서서 유포했다.

"불과 거울: 정일권의 〈붓다와 희생양〉에 의지한 독일과 일본의 과거사 인식 비교"[30]이라는 글에서도 그 역사학도는 다음과 같이 나의 입

---

29 http://blog.naver.com/vanmorrison/220854058722
30 http://blog.naver.com/vanmorrison/220921089768

장을 수용하고 있다.

최근 진중권 교수는 과거사 문제에 대한 독일과 일본의 상반된 태도가 죄의식 문화와 수치심 문화의 차이에서 비롯한다고 바르게 지적하였다. 죄의식 문화는 스스로 저지른 죄악을 반성하는 반면, 수치심 문화는 죄악 자체가 아니라 죄악의 "드러남"에 관하여만 반성한다는 것이다. 정일권 교수는 지라르의 희생양 이론에 근거하여 이러한 차이의 종교문화적 기원을 보다 심도 있게 추적하였다. 복음서에 의해 안정된 희생구조를 상실하여 군중의 죄악을 있는 그대로 보게 된 기독교 문화에 속한 독일인들은 과거사를 적극적으로 반성하지만, 고대 희생구조를 여전히 간직하고 있는 선불교문화에 속한 일본인들은 그렇지 않다는 것이다.

이 역사학도는 이렇게 지라르만큼 명료하게 기독교의 유일성을 드러내는 관점은 찾기 어려운 것 같다고 보았다. 그는 나의 책이 불교를 일방적으로 깎아내리는 것이 아니라 평화의 종교라고 알려진 불교를 지라르의 이론을 이용하여 그 안에 내재되어 있는 불교의 폭력성을 알리는 책이라고 평가했다. 그는 "불교와 폭력"이라는 주제가 지금껏 그 누구도 이런 시선으로 불교를 바라본 적은 없었을 것이기에 상당히 충격적이지만 타당성 있는 논의가 전개된다고 보았다. 불교와 폭력 및 불교와 파시즘에 대한 논의는 최근 주류 불교학의 주요한 화두다.

초월과 파계

불교가 파계의 종교라면, 기독교는 초월의 종교다. 불교의 자유는 본래

예수는 반신화다

붓다들의 파계적 자유였다. 불교에는 깨닫고 나서 행하는 소위 무애행(無碍行)이라는 것이 있다. 우리나라 선(禪)불교의 중흥조(中興祖)로 알려진 구한말의 경허는 견성(見性)한 후에 자행하는 온갖 파계적 기행(奇行)으로 유명했다. 대중 앞에서 대놓고 음주식육(飮酒食肉)을 하는 것은 다반사였고 여색(女色)도 서슴지 않았다고 한다. 이와 같은 행동을 무애행이라고 한다. 우리나라 불교계에는 경허처럼 파계적인 행동을 해야 뭔가 깨달은 붓다인 것 같고, 그러다보니 잘못된 행동을 용인해주는 풍토가 있다. 술을 먹고 화투를 치며 여자를 가까이 해야 자유함을 얻은 붓다라고 생각한다.

하지만 붓다들의 자유는 실상 파계에 머문다. 그 파계(transgression)는 참된 초월(transcendence)이 아니라 희생양 메커니즘 안에서 작동하는 희생양들이 의도적으로 범하는 차이소멸인 죄악에서 파생된 것이다. 원시 부족의 희생제의의 희생양들도 살해되기 전 온갖 종류의 파계의 자유와 특권이 주어진다. 파계의 자유는 희생양 메커니즘을 넘어서는 참된 초월이 아니다. 경허는 여색과 음주식육과 같은 악(惡)을 의도적으로 범했다. 경허의 초계율적 삶은 선승의 무애행이라고 할 수 있고, 승가의 뿌리를 뒤흔드는 계율 파괴 행위이기도 하다. 불가에서는 이를 이중적으로 본다. 불가에서는 이 선승들의 야누스적인 이중성을 생산하는 희생양 메커니즘을 이해하지 못하고 있다. 승가의 뿌리를 뒤흔드는 계율 파괴 행위, 곧 파계 행위를 통해서 붓다가 되는 메커니즘은 지라르의 희생양 메커니즘 이론으로 잘 설명될 수 있다.

붓다가 되기 위해서는 오이디푸스의 근친상간 및 부친 살해와 같이 의도적이고 기술적으로 계율 파괴 행위를 해야 한다. 불교 지식인들은 특별하게 신성한 존재이면서 희생양들인 붓다들의 파계적 자유행위가

승가적(僧伽的)으로는 물론이고 사회규범이나 도덕적으로도 적지 않은 문제를 갖고 있다고 생각한다. 선악을 넘어서는, 곧 도덕과 별로 관련이 없고 때로는 반사회적이고 반도덕적인 붓다들의 파계적 기행은 결코 재가 신자들의 사회윤리적 모델이 될 수 없다. 그들은 신성하면서도 위험한 예외일 뿐이다. 즉 붓다들은 재가 신자들의 윤리적 모델이 아니라, 폭력적으로 성스러운(le sacré, sacer) 안티 모델(anti-model)이자 희생염소들이다. 즉 그들은 질서유지를 위한 희생염소들일 뿐이다. 그러므로 붓다들의 깨달음의 심리학을 사회화하는 데는 분명 한계가 있다. 물론 멈춤과 비움 등을 가르치는 불교적 지혜는 현대인들에게 약이 될 수 있다.

니체의 "선악을 넘어서" 및 초인(Übermensch)을 연상시키는 붓다들의 차이소멸적이고 파계적인 자유는 참된 자유가 아니다. 그 선악의 근본적 차이를 붕괴시키는 통과제의적 죄악은 희생양들이 통과제의라는 축제에서 범하는 일시적 자유일 뿐이다. 옛 아즈텍 문명에서 전쟁 포로들도 희생제의적 죽음을 기다리는 동안 온갖 종류의 특권과 자유를 누렸다. 그 자유는 깨달음을 향한 통과제의 속에 갇힌 자유일 뿐이다. 또한 그것은 도시와 마을의 재가 신자들이 본받기에는 위험하고도 죄악스러운 자유였다.

불교는 전통적으로 파계와 죽음의 종교였다. 불교적 자유인 파계가 희생양 메커니즘의 한 과정이라면, 기독교의 초월은 희생양 메커니즘이 비판적으로 인식된 이후의 것이다. 지라르는 기독교의 초월을 희생양 메커니즘을 넘어서 위로부터 내려오는 참된 초월로 파악한다. 불교의 희생양 붓다들의 파계적 자유는 지라르가 말하는 사회적 초월에 머물고 있다. 세상 죄를 지고 가는 하나님의 어린 양은 희생양 메커니즘을 폭로하고 인류를 참된 초월로 점차 이끌어 올린다. 기독교 미학은 바로 기독교의 초월지향성을 잘 반영하고 있다. 초월지향성을 가진 기독교 문화에서는 무덤이 점차 탈신성화되어 "평화의 정원"이 되어갔다. 우리나라의 묘지는 아직도 신성하고 무섭고 음산하다(sinister). 부활은 죽음을 죽인 것이다. 복음서는 신화를 죽이는 계몽이다. 십자가에 달리신 자는 자신의 마지막 희생을 통해서 태초로부터 은폐되어온 희생양 메커니즘을 폭로했다.

기독교는 올라가는 초월의 종교이지, 떨어지는 파계의 종교가 아니다. 파계는 참된 자유가 아니다. 아프리카의 신성한 왕들도 즉위식 때 왕의 어머니와의 근친상간과 같은 디오니소스적인 파계를 한다. 모든 기독교 이전의 종교는 그 핵심에 축제적 무질서로 떨어지는 것이 존재한다. 니체가 말한 디오니소스적인 것도 무질서의 심연을 말한다. 니체의 삶과 사상을 소개하는 독일어 자료는 한마디로 니체의 철학을 "심연적"(Abgründig)이라고 요약한다. 디오니소스적인 니체의 철학은 대체적으로 심연에 관한 것이다. 디오니소스적인 것은 아래로 끊임없이 추락하는 나락, 심연, 구렁텅이, 그리고 밑바닥에 관한 것이다. 그래서 디오니소스는 지하 세계의 신 하데스로도 불린다. 디오니소스적인 축제라는 것도 불사조처럼 다시 태어나기 위해서 재와 같은 상태로 떨어지는 것을 의미한다. 그것은 위기의 재현이며, 문화 붕괴의 시뮬라시옹이다. 신화는 바로 이 디오니소스적인 심연을 표현하고 있다. 신화는 차이의 소멸과 문화적 붕괴와 위기를 표현하고 있다. 신화는 한마디로 디오니소스적인 심연이다.

왜 인류는 축제 때에 주기적으로 카오스적이고 통음난무적인 심연으로 떨어졌는가? 무질서에 빠져야만 비로소 강하게 질서를 재생산할 수 있기 때문이라고 믿기 때문이다. 무질서의 밑바닥으로 떨어져야 그 책임을 희생양에게 전가시키고 질서를 갱신시키면서 다시 올라올 수 있다. 사회가 무질서할 때 집단과 군중은 그에 대한 책임을 희생양들에게 전가시키고자 하는 욕구를 강렬하게 느낀다. 왜 붓다들이 창녀들과 함께 불일불이의 성관계를 가지는가? 희생양 메커니즘은 질서를 세우기 위해서 일시적으로 무질서에 떨어지게 하는 메커니즘이다.

하지만 기독교에는 이 디오니소스적인 떨어짐이 존재하지 않는다. 지라르의 표현대로, 디오니소스적인 것은 하데스(지옥)이고, 그것은 위로 상승하는 것이 아니라 폭력과 무자비함으로 떨어지는 행위다. 기독교는 초월과 영광의 종교로서 그 흐름은 아래 방향으로 더럽고 쓰레기 같고 폭력적인 상태, 곧 디오니소스적인 상태로 떨어지는 것이 아니라 모차르트의 음악이나 바로크 교회건축처럼 위를 향하여 올라가고자 하는 종교다. 시몬 베유(Simone Weil)의 말처럼 모든 인류 사회에는 아래로 떨어지게 하는 중력이 존재한다. 기독교는 이 중력을 극복하고 위를 향하여 그리고 숭고한 것을 향하여 상승하고자 하는 은총의 종교다. 기독교는 파계의 종교가 아니라 초월의 종교다. 기독교의 거룩한 초월은 폭력적인 성스러움의 파계를 치유하고 일으켜 세운다.

기독교는 십자가에 달리신 자 아래서 제사 음식을 올리지 않는다. 불교는 붓다상 아래서 아직까지도 제물을 바친다. 불교는 금색으로 치장된 수많은 붓다들과 보살들이 자리 잡고 있는 다신론적 만신전을 가지고 있다. 또한 불교의 출가승은 붓다의 계보와 연속적이다. 붓다의 계보학이 존재한다. 선불교의 창시자 달마 대사는 인도의 법계로 제28대 붓다였다. 그래서 불교 출가승은 붓다상을 뒤로 하고서 붓다로서 앉아 설법한다. 반면 기독교 성직자는 예수로서 설교하고 강론하는 것이

예수는 반신화다

아니다. 기독교 성직자와 예수의 관계는 급진적으로 불연속적이다. 예수의 계보학은 존재하지 않는다.

지라르는 희생양 메커니즘의 한 기제인 파계에 의해 발생하는 "사회적 초월성"과 희생양 메커니즘을 넘어서 존재하는 유대-기독교적 참된 초월성을 내용적으로 구분한다. 20세기 후반 일부 신학자들은 예수 그리스도 이야기와 오시리스-디오니소스 신화 사이에 존재하는 구조적 유사성만을 보고서 예수 그리스도의 십자가와 부활의 독특성을 변호하지 못했지만, 지라르는 비교신화학적인 차원에서 그것을 이루었다. 이 점에 대해 경제학 전공의 서울 온누리교회 평신도 오지훈과 그동안 지라르와 관련해서 몇 차례 교제를 나눈 바 있다. 그는 국내 지라르 학회의 초기 멤버로서, 한국의 신학계와 기독교철학계가 지라르를 그동안 잘 몰랐을 뿐 지라르는 이미 인문학계에선 저명한 학자였다고 지적하면서 지라르 이론에 대한 한국 신학계의 느린 수용에 대해 안타까워했다. 많은 반기독교적 지식인들은 신화에 등장하는 희생제의 형식의 이야기 구조와 복음서상의 예수님의 십자가 고난과 부활의 이야기가 유사하다는 것을 들어 기독교가 어느 문화권에서나 있어왔던 한편의 신화적 전승에 지나지 않는다고 공격한다. 지라르는 신학자들이 이에 대한 응전을 기피하고 그것에 대항하는 이론적 탐구를 진행하지 않았음을 먼저 지적했다. 평신도인 그도 신학자들이 오히려 그런 도전을 외면하면서 인간의 실존과 같은 철학적인 문제로 도망가고 있는 반면, 지라르는 기독교적인 교리나 신학적인 전제를 아예 배제한 채 순수한 학문적인 차원에서 반기독교적 지식인들이 주장하는 신화 속 희생제의와 예수의 십자가 죽음과 부활의 유사성을 적극적으로 인정하면서 그것에 관해 더 깊이 들여다본다고 보았다. 또한 그는 불트만 같은 신학자는 "실존"이라는 주제에 기대어 끝까지 기독교를 붙잡았지만 그러나 그것은 결국 기독교의 핵심인 "십자가의 고난과 부활"을 필요로 하지 않는 단순한 이신론(理神論)에 부딪치게 된다고 옳게 지적했다. 그는 지라르가 신학적인 방법을 통해서가 아니라 문화인류학적인 방법을 통해서 기독교의 핵심인 "십자가 고난과 부활"을 강조함으로써 오히려 기독교에 더욱 강한 생명력을 구현했다고 정확히 보았다.

신화와 불륜 드라마

반신화로서의 예수 드라마는 디오니소스적-오이디푸스적 막장 드라마와 불륜 드라마인 신화의 정체를 폭로한다. 붓다들은 신화다. 붓다들의 삶은 훨씬 더 원색적으로 신화적인데 반해 그것에 대한 질문은 드물다. 언제나 『예수는 신화다』라는 책에만 관심을 가진다. 다빈치 코드에 대한 서구인들의 지적인 오락이 역수입되어 소비되지만, 붓다 코드에 대해서는 관심이 없다. 여성의 성기를 상징하는 연꽃 위에 가부좌를 틀고 앉은 붓다들의 코드를 해독해야 한다. 『붓다와 희생양』은 『다빈치 코드』와 비교해서 볼 때 일종의 "붓다 코드"라 할 수 있다. 불교 철학의 뿌리에는 항상 성적인 것이 있다. 불교 철학과 그 논리는 본래 창녀들과 통음난무에 빠져 있는 붓다들의 논리에서 파생되었다. 왜 불교 철학의 핵심이라 할 수 있는 "색즉시공 공즉시색"이 섹스코미디 영화의 제목인지 생각해 보아야 한다. 붓다들의 깨달음이 우상화되는 메커니즘을 깨닫는 것이 참된 깨달음이다. 붓다들의 과도하고 신화적인 희생 논리에 대한 깨달음이 더 큰 깨달음이다.

예수는 반신화다

『붓다와 희생양』에서 나는 불교 철학의 가장 중요한 논리들이 원색적인 비밀불교(탄트라 불교)의 디오니소스적인 통음난무로부터 파생되었음을 밝혔다. 남성 성기나 여성 성기 혹은 가슴이 직접 풍요와 다산을 주는 것이 아니다. 희생양 메커니즘을 통해서 간접적으로 풍요와 다산이 온다. 인류가 숭배했던 성기들은 대부분 희생염소 역할을 하는 (성)범죄자 신들(criminal gods)의 성기였다. 시바(Siva)도 자신의 성적인 범죄로 징계를 받아 성기가 잘렸고, 그것이 인도에서 종교적 숭배의 대상인 링감(Lingam)이 되었다. 지금도 인도에서는 성기에다가 무거운 돌을 달고 죄를 갚는 요기들이 있다. 그들은 지상에서의 요가와 명상을 통해 성기로 지은 죄를 속죄한다. 나는 2014년 4월에 네 차례에 걸쳐서 연구공간 수이제에서 르네 지라르에 관한 세미나를 인도한 적이 있다. 나는 주로 영문학을 전공한 교수들과 의사, 중고등학교 교사, 세무사 등 전문직 종사자들이 참여하는 연구 공간에서 지라르를 소개했다. 영문학을 전공한 어느 분은 『붓다와 희생양』을 읽고 나서 특히 불교 출가승의 신화적 모델인 시바가 "죄를 먹는 사람"(sin-eater)라는 부분에 주목했다고 말했다.

인도와 티베트를 여행한 어느 남자 분은 인도의 디오니소스로 불리는 시바가 자신의 성적인 범죄로 징계를 받아 성기가 잘렸고 그것이 종교적 숭배의 대상인 링감이 되었다는 나의 주장에 대해서 여러 가지 질문과 반론을 제기했다. 하지만 나의 주장은 시바 신화에 대한 세계적 권위자의 입장을 반영한 것이다.[31] 세계 종교 및 신화의 신들의 성교와

---

31 Wendy Doniger O'Flaherty, *Siva: The Erotic Ascetic* (Oxford: Oxford University Press, 1973).

섹슈얼리티가 아니라 희생염소 역할을 하는 그 신들의 디오니소스적-파계적인 성적 불륜 드라마가 희생양 메커니즘을 통해서 카타르시스적 풍요와 다산을 가져온다. 그래서 희생염소 역할을 하는 시바의 잘린 성기가 종교적 숭배의 대상이 된다. 힌두교와 불교의 많은 남신들과 여신들 사이의 성관계나 출가승들과 종교적 창녀들 사이의 성관계는 사회적이고 건강한 섹슈얼리티가 아니라, 반사회적이고 반생식적인 불륜이다. 인류는 그 반사회적인 불륜 관계라는 막장 드라마가 공동체에게 카타르시스, 질서, 그리고 풍요와 다산을 준다고 오랫동안 믿어왔다. 유교에 비해서 불교는 니체가 말한 디오니소스적인 것이 강하다. 불교의 많은 성(性)형이상학적 논리들도 붓다들의 디오니소스적 통음난무로부터 파생되었다.

2016년 숭실대학교 기독교학대학원 기독교역사문화학과 학생들 중심으로 참여하는 기독교와 인문학 강의 때에도 탄트라 불교(비밀불교) 속의 성적인(sexual) (희생)제의에 대한 논쟁이 뜨거웠다. 니체와 하이데거 철학을 즐겨 읽었고 인도에서도 구도자적인 자세로 3년 동안이나 머문 어느 목사는 중세의 로마 가톨릭의 교황들도 몰래 아내를 두거나 성관계를 하지 않았느냐고 반문하기도 했다. 하지만 기독교의 성직자들이 개인적 일탈로서 성적인 범죄를 범하는 경우는 있지만, 기독교 신앙이나 예전 자체에 성적인 제의가 존재하는 것은 아니다. 미스테리아(신비종교)에 존재하는 성적인 제의가 기독교에는 존재하지 않는다. 또한 성적인 개인일탈을 할 경우에도 기독교에서는 윤리적으로 정죄 받고 징계 받는다. 기독교는 윤리적 유일신론의 전통에 서 있다.

붓다들이 훨씬 더 신화적이지만, 이 신화적 차원에 대해서는 궁금해하지 않는다. 불교는 항상 참된 나를 찾아가는 모호한 어떤 것으로 자신을 정의하고 싶어 한다. 신화적 차원에 대한 연구까지 포함하는 역사적-비판적 불교 연구가 강화되어야 한다. 현대에 와서 불교는 갑자기 역사적 연구를 벗어나 실존 철학과 종교현상학의 이름으로 새롭게 오해되었다. 그러나 20세기 후반 불교학계는 이전의 종교현상학적이거나 실존 철학적 불교 이해를 넘어 보다 구체적이고 경험적인 사회인류학적·민족학적·고고학적 불교 연구로 돌아섰다. 나는 오스트리아 종교철학회 회장인 어느 교수의 말을 기억한다. 그에 의하면 현상학적 종교 철학 전통은 최근 약화되었고 종교에 대해서 보다 과학적이면서 구체적이고 역사적·문화인류학적·사회인류학적으로 종교를 연구해야 한다. 『붓다와 희생양』은 현상학적 추상성을 극복하고 보다 경험적이면서 구체적으로 불교를 연구하려고 했다.

불교는 인간 실존에 대해 현상학적 접근을 시도한다. 그리고 불교가 "고통"(혹은 삶의 잔혹함)에 훨씬 더 정직하게 대면한다고 간주한다. 하지만 희생양으로서의 붓다들만이 세계를 고통으로 파악했다. 고통은 본래 붓다들의 특정 실존이었지, 보편화될 수 있는 일반인들의 실존은 아니었다. 니체는 부분적으로 객관적·실증적 종교로서의 불교를 옹호하면서 기독교보다 더 "위생적 체계"를 지니고 있다고 하였다. 지라르의 독일어 번역본의 후기를 쓴 슬로터다이크도 니체 계보에 서서 불교적인 것을 위생적인 것으로 오해를 하고 있다. 나는 『붓다와 희생양』에서 불교 속에 있는 이 위생적인 것 혹은 카타르시스적인 것은 결국 불교의 카타르마(인간 희생양들)인 붓다들의 비극으로부터 나온다고 밝혔다.

불교를 이해하기 위해서는 종교현상학적 추상성을 넘어서야 한다. 최근 독일의 젊은 종교학자들은 이러한 추상적이고 낭만적인 불교 이해의 신화와 역사적인 불교 이해를 수용하지 않는 독일인들의 고집스러운 거부에 대해서 지적하고 있다. 휴머니즘적이고 실존 철학적인 불교 이해를 극복하고 문화인류학적, 사회인류학적, 종교사회학적으로, 더 구체적이면서 역사적으로 불교를 정직하게 파악해야 한다. 불교 지식인들의 탈제의적·휴머니즘적 희망 사고에도 불구하고 아시아 불교는 아직도 여전히 기복적이며 제의적, 특히 희생제의적이다. 붓다의 성발에 대한 제의적 관심도 여전히 강하다.

지라르는 레알의 사상가다. 우리는 모방 욕망적 희망 사고가 만들어낸 상상의 불교가 아니라 불교의 레알에 대해서 말해야 한다. 나는 포스트모던 시대정신 속에서 새로운 그노시스처럼 모호해져버린 지혜 전통으로서의 불교가 아니라 불교의 레알에 대해서 사회인류학적으로 연구를 했다. 아시아 역사에서의 불교의 레알에 대해서 말하지 않고, 희망 사항을 투영시켜서 억지로 생산한 불교 담론은 지속적으로 지지받기 힘들다.

신화는 마녀사냥하고(witch-hunting) 희생양을 만드는(scapegoating) 텍스트로서, 정치철학적으로 말하자면 전체주의의 텍스트다. 그래서 디오니소스 신화를 부활시키고자 했던 니체와 하이데거의 신이교적 시도는 정치적으로는 독일 나치의 전체주의적 광기와 폭력으로 귀결되었다. 반신화인 기독교가 전체주의에 저항하고 인간의 존엄성과 개인의 가치를 발견해서 민주주의를 발전시켰다. 유럽의 붓다라고도 하는 니체는 『우상의 황혼』(아카넷 역간)에서 부분적으로 불교를 "평화롭고 명랑한" 종교로 보았다. 니체는 불교에서 명랑에의 도달이 군주도덕(Herrenmoral)으로 분류된다고 보았다. 불교도덕을 군주도덕으로 분류한 니체의 주장은 틀리지 않다. 실제로 불교는 아시아의 역사 속에

예수는 반신화다

서 언제나 전체주의적인 지배자들의 군주도덕에 봉사했다. 20세기 일본의 선불교적 파시즘의 역사에 이르기까지 불교도덕에서는 정치권력의 탈신성화나 민주주의적 저항 정신이 싹트지 못했다. 국내 어느 학자의 표현처럼 니체의 소위 명랑철학은 반민주적인, 너무나도 반민주적인 철학이었다. 역사적으로 불교는 민주주의와 별로 관련이 없었다. 저명한 불교학자 콘즈(Edward Conze)의 분석처럼 불교는 언제나 절대군주들이 좋아하는 종교였다. 절대군주 도덕으로서의 불교는 한국뿐 아니라 아시아 전체에 걸쳐 거의 대부분 호국 불교로서 기능했다.

『붓다와 희생양』에 대해서 서평을 쓴 어느 민중신학자는 정치사회 체제 하에서의 약자의 희생을 다룬 민중신학과 지라르 이론의 유사성에 대해 연구할 것을 주문했다. 지라르 자신과 해방신학자들 사이의 대화도 오래전에 있었다. 해방신학, 여성신학, 흑인신학, 제3세계 신학 등 20세기 후반의 상황신학에 대한 관심도 결국은 약자와 희생자들에 대한 성서적 관심과 근심으로 요약될 수 있을 것이다. 이런 점에서 지라르의 희생양 이론은 거대한 짐승의 우상에 저항하는 이론으로서 이런 희생자들의 신학과 뜻을 같이 한다.

일본 비판불교학자들의 지적처럼 불교 역사에는 전체성(국가, 민족, 집단, 피와 영토의 이데올로기)에 저항할 수 있는 현대적 의미의 개인이 존재하지 못했다. 궁극적으로 불교의 무아론 때문이다. 불교 무아론에는 저항할 수 있는 자아의 이론적 공간이 남아 있지 않다. 불교의 무아론에는 타자와 약자에 대한 존재론적 공간이 결여되어 있다. 오히려 전체성만이 강하게 지배한다.

불교의 세계포기는 세계 질서를 보다 적극적이고 비판적이면서 변혁적으로 변화시키지 못하고, 더 수동적이고 때때로는 기생적으로 세계 질서를 유지해주며, 그 폭발을 방지하는 안전밸브 정도의 역할에 멈추었다고 본다. 본래 세계포기는 그 자체로 정의되지 못하고, 세계 질서와 문화 질서의 반대 구조로서 정의되었다. 마을로 대표되는 세계 질서와 문화 질서가 우주의 중심이었고, 정글의 붓다들이 속한 세계포기 전통은 그 세계 질서를 유지시키는 축제적인 카오스를 대변했다. 불교의 대부정은 그렇기에 축제적 반문화로서의 태생적 한계를 지니고 있다. 그것은 세계 질서에 대한 대긍정을 위한 일시적이고 축제적인 대부정에 불과했다. 따라서 불교는 유대-기독교적 전통에서처럼 세계 질서 자체를 예언자적으로 비판하고 때로는 저항함으로써 그것을 변화시키지 못했다.

기독교가 추구하는 것은 비극적이거나 군사적인 영웅주의가 아니라 그리스도를 닮아가는 성자의 모습이다. 니체가 비판한 것처럼 기독교는 영웅에 대한 군중의 르상티망의 산물이 아니다. 오히려 십자가 사건은 인류학적으로 볼 때 일그러진 군중 현상을 고발한다. 기독교는 참된 진정한 개인을 가르친다.

살불살조, 부친 살해, 그리고 브라만 살해

앞에서 잠시 소개한 것처럼 『붓다를 죽인 부처: 깨달음의 탄생과 혁명적 지성』이라는 책에서 박노자 교수는 붓다를 죽인 붓다, 곧 살불살조가 깨달음을 향한 수행 과정에서 범한 붓다의 오이디푸스적인 범죄 행위임에도 이를 혁명적 지성의 행위로 오해하고 있다. 그러면서 왜 깨달음의 탄생을 위해서 붓다가 오이디푸스적인 살불살조의 범죄를 의도적이고 기술적으로 저질러야 하는지에 관한 그 은폐된 코드와 메커니

예수는 반신화다

즘에 대해서는 깨닫지 못하고 있다. 깨달음을 위해서 출가자들에게 요구되는 살불살조의 파계 명령은 오이디푸스의 근친상간 및 부친 살해와 같이 희생양 메커니즘 안에서 작동하는 한 기제로서 희생양들이 의도적으로 범하는 차이소멸의 죄악이다. 원시 부족의 희생제의에서 희생양들은 살해되기 전 온갖 종류의 파계의 자유와 특권이 주어진다. "붓다를 죽인 붓다"는 아버지를 죽였다고 사회로부터 비난받는 희생양 오이디푸스와 같다. "붓다를 죽인 붓다"는 최악의 범죄를 범한 희생양이다. 오이디푸스는 최악의 범죄인 부친 살해와 근친상간을 범했다고 사회적 비난을 받는 희생양이다. "붓다를 죽인 붓다"도 시바의 브라만 살해처럼 최악의 죄를 범한 희생양이다.

명상적 통과제의 속에서 "붓다를 죽인 부처"는 자신의 파계로서 무차별화의 죄악을 범함으로써 "깨달음의 탄생"을 가져온다. 깨달음의 탄생을 위해 붓다는 붓다를 살해하는 최악의 범죄를 의도적으로 깨달음을 향한 통과제의 속에서 범한다. 희생양 붓다는 깨달음의 탄생을 위해서 의도적으로 오이디푸스처럼 죄악을 범한다. 붓다를 죽인 부처를 "혁명적 지성"을 상징하는 것으로 이해하는 것은 인류학적 기초가 없는 현대 포스트모던적 새로운 오해다. 붓다를 죽인 붓다는 혁명적 지성을 대변하는 것이 아니라 깨달음을 향한 통과제의 속에서 오이디푸스의 부친 살해와 같은 죄악을 범해야만 하는 희생양일 뿐이다. 참된 혁명적 지성은 바로 이 은폐된 희생양 메커니즘에 대한 비판적 에피스테메를 의미한다. 그동안 포스트모더니즘과 해체주의 철학 등의 영향으로 붓다들의 디오니소스적이고 오이디푸스적인 파계와 범죄를 해체, 해방, 혹은 혁명으로 잘못 해석해 왔다. 붓다를 죽인 붓다는 혁명적 지성을 대변해서 사회를 보다 해방적이고 계몽적이며 민주적으로 변화시켜온 것이 아니라 오히려 매우 전체주의적이고 군국주의적이면서 파시즘적인 사회질서를 유지시켜주는 역할을 해왔다.

"붓다를 죽인 붓다"는 근친상간과 부친 살해를 했다고 공동체로부터 비난받는 오이디푸스와 같은 희생양이다. 붓다를 니체가 말하는 선과 악을 초월하는 초인 개념으로 설명하기도 하는데, 지라르 이론의 관점에서 붓다들은 은폐된 희생양들이다. 지상의 신들인 붓다들은 비극적인 영웅들이다. 살아 있으나 사회적으로 죽은 좀비와 같은 이들은 비극적인 영웅들이자 지상의 신들이요, 또한 세상의 더러운 것들을 흡수하는 청소부다. 디오니소스와 오이디푸스는 도시의 더러운 것을 자신에게 흡수하는 청소부다. 그러므로 살불살조의 논리, 그리고 깨달았다는 수행승들의 기행과 파격은 희생양 메커니즘 속에서 바로 이해될 수 있다. 우주가 공성이나 선악의 구분도 공하다는 불교 사상을 현대물리학과 너무 손쉽게 연결시키기 이전에 불교 속에 은폐되어 있는 전근대적이고 신화적인 희생양 메커니즘을 먼저 인식해야 한다.

선악의 구분도 공(空)하다는 붓다들의 폭력적으로 성스러운 사상에 천착하니 불교 문화권에서는 대체적으로 선악에 대해 무개념일 경우가 많다. 선악의 구분도 공(空)하다는 명상만 지속하니 선을 장려하고 악을 징벌하며 정의를 세워나가는 사회윤리가 세워지기 힘들다. 선악의 구분도 공(空)하다는 붓다들의 사상은 선악의 개념 자체를 붕괴시킨다. 이것은 희생양이 범한다고 생각되는 차이소멸의 죄악이다. 이것은 깨달음의 탄생에 요구되는 살불살조와 같은 파계적 죄악과 같이 도덕적 근본개념 자체인 선악의 개념 자체를 뭉개버리는 것이다. 이것은 세상에서 가장 나쁜 놈으로서의 가장 더러운 범죄 행위를 한 그리스 폴리스의 희생양 오이디푸스의 죄악과 같은 것이다. 그러므로 불교

예수는 반신화다

문화권에서는 선악과 사회윤리에 대해서 무개념의 문화가 형성된다. 물론 보시 윤리와 같은 것이 있긴 하지만, 보다 정의롭고 도덕적인 선악의 개념이 부족한 것은 사실이다. 일본 비판불교(Critical Buddhism)가 비판하듯이 불교에는 사회윤리가 약하다. 막스 베버식으로 말하자면, 재가자들의 영역을 윤리적으로 방치하여 재가자들의 "평신도 윤리"(Laiensittlichkeit)를 합리화시키지 못했다.[32]

일부 서구 불자들은 야생적 붓다들의 거친 깨달음을 계몽(Enlightenment)으로 번역하기도 한다. 이는 프랑스의 계몽주의를 연상시킨다. 그러나 붓다의 깨달음은 서구적 계몽에 도달하지 못했다. 그것은 사회적 계몽으로 전진하지 못하고 통과제의 속에 갇힌 깨달음이었다. 붓다들의 깨달음의 심리학을 사회화하려는 불교를 근대화하려는 시도는 반기지만, 그것이 지성의 희생 위에 세워져서는 안 된다. 오히려 계몽되어야 할 것은 바로 정글로부터 나온 붓다들의 미친 지혜들(crazy wisdoms)과 디오니소스적이고 거친 깨달음(rude awakening)을 둘러싸고 있는 은폐된 인류학적 메커니즘이다. 붓다들의 깨달음이 곧바로 우상화되는 그 신화적 메커니즘을 계몽시키는 것이 불교 근대화의 첫걸음이다. 불교 근대화도 미완의 기획인데, 너무 가볍고 쉽게 포스트모더니즘 및 해체주의 철학과 관련시켜서 논하는 것은 큰 비약이다.

불교 철학의 안티(반대 구조, 반대 논리)는 결코 체제를 초월적으로 비판하지 못했다. 대부정은 대긍정으로 끝나고 만다. 아니 대부정은 대긍정의 세계 질서를 유지시키는 안전밸브였다. 일견 해체적이고 해방

---

32 Max Weber, *Gesammelte Aufsätze zur Religionssoziologie II, Hinduismus und Buddhismus* (Tübingen: J.C.B. Mohr [Paul Siebeck], 1966), 236-241

적으로 보이는 불교의 세계포기 철학은 파시즘적·군국주의적·팽창주
의적인 세계철학이 되고 말았다.

스님의 주례사와 장례식 불교

지라르의 모방 욕망 이론은 호모 미메티쿠스(*homo mimeticus*)가 가지
는 욕망의 비진정성을 의미한다. 우리들의 욕망은 많은 경우 진정성이
결여되어 있다. 거의 대부분 타자를 모방해서 욕망한다. 우리는 언제
나 타자를 의식하면서 모방적으로 욕망하지만 그것을 잘 인정하지 않
으려고 한다. 법륜의 책 제목에서 볼 수 있는 『스님의 주례사』[33]와 찬불
가와 같은 것도 이웃 종교인 기독교와의 모방적 관계에서 새롭게 고안
된 전통이다. 불교학자들은 이런 새로운 불교 현상을 "프로테스탄트 불
교"라고 불렀다. 동아시아 불교 역사에서 불교는 "장례식 불교"(funeral
Buddhism)였다. 일본에서도 결혼식은 기독교적으로 하지만, 장례식은
전통적인 방식 그대로 불교적으로 집행한다. 19세기와 20세기에 기독
교와의 만남 이후로 비로소 남방 불교에서도 불교적 결혼식과 스님의
주례사라는 모방 욕망적 변이가 발생했다. 프로테스탄트 불교가 참된
불교라는 주장은 낭만적 거짓이다. 종교사적 진실과 레알에 정직해야
한다.

불교는 종교가 아닌가? 불교는 과연 철학인가? 기독교 철학도 있지
만, 우리는 기독교를 철학이라 하지 않는다. 불교를 자꾸 철학으로 제
시하고자 하는 것은 불교의 미신적·마술적·신화적 차원을 부끄러워하

---

33 법륜, 『스님의 주례사』 (서울: 한겨레출판사, 2014).

기 때문인 것 같다. 불교 철학은 대나무와 만자와 함께 서 있는 동네 철학관과 같은 차원에서 논의해야 한다. 지라르 학파의 학자들이 주장하는 것처럼 철학 자체가 희생제의적 기원을 가지고 있는 것은 사실이지만, 한국의 경우 철학관과 점집의 경계가 불분명한 것은 동양철학이 서양철학보다 훨씬 더 깊은 제의적 뿌리를 가지고 있기 때문이다. 불교 철학, 좀 더 엄밀히 말하면 출가불교 철학 혹은 출가승들의 특정 철학을 갑자기 근대적 의미로 철학화시키고 지성화시켜서 포스트모더니즘 및 해체주의 등과 연관시키는 것은 설득력이 부족한 고속근대화 시도에 불과하다. 민간에서 무당은 곧 보살이다. 인신 제사의 제물이 된 심청이도 불가에서는 보살로 신성화된다. 샤머니즘이 고급 불교를 타락시킨 것이 아니다. 현대 불교학자들은 본래부터 불교는 제의적이고 신화적이었으며 미신적이었다는 것을 인정한다. 현대 종교학과 불교학에서는 본래 원시불교는 순수했는데, 이후에 일관되게 타락만 했다는 타락설(Dekadenztheorie)은 그다지 인정받고 있지 못하다. 기독교에도 기복적 요소가 있지만, 기복 기독교라고 하지는 않는다. 하지만 레알의 불교는 기복 불교로 불릴 만큼 실제로 기복적이다. 왜냐하면 불교는 깨달음의 우상화와, 막스 베버의 표현을 빌리자면 출가승에 대한 우상숭배(Idolatrie)에 기초하고 있기 때문이다.

나는 2005년 독일에서 개최된 국제 지라르 학회인 "폭력과 종교에 관한 콜로키엄"에 참여해서 미국 하버드 대학교에서 과학사 연구로 박사 과정에 있는 미국인과 불교에 대해 이야기를 나눈 적이 있다. 그때 로페즈(Donald Lopez)와 포르(Bernard Faure)와 같이 서구화된 불교낭만주의를 비판하고 보다 엄밀한 종교학적인 연구를 수행하는 저명한 불교학자들에 대해 이야기를 나누었다. 이 대화를 통해서 미국에서는 1990년대 이후로 불교에 대한 낭만적 오리엔탈리즘이나 아시아적 자기오리엔탈리즘을 넘어서 문화인류학적이고 사회인류학적인 차원에서 진행되는 엄밀한 불교 연구가 대세를 이루고 있다는 사실을 한번 더 확인할 수 있었다. 1960년대 서구의 반기독교적 정서를 가진 일부 진보적 지식인들은 일종의 지성적 스노비즘을 추구하면서 요가와 명상을 하고 선불교와 선문답에 대해서 논한다. 불교는 한때 일부 서구 지식인들의 지적인 유행 현상이었다. 선불교 스노비즘 현상도 존재했다. 하지만 이제 그 가벼운 유행 현상의 거품은 빠지고, 학자들은 보다 진지하고 엄밀하게 불교를 연구하기 시작했다.

반우상숭배적이고 탈신성화시키는 기독교 세계관 교육과 비슷한 흔적을 지닌 서구 불교에는 붓다들이 주는 공덕에 대한 신앙이 거의 사라졌다. 하지만 아시아의 불교에는 붓다들의 공덕에 대한 신앙은 살아 있다. 스님들의 무소유의 삶과 그를 신성화하고 우상화하는 재가자들의 소유 욕망은 둘이 아니다. 나는 붓다들의 무소유와 재가자들의 소유 사이에 놓인 불이의 사회인류학적 메커니즘을 희생양 메커니즘으로 파악했다. 이 인류학적 상호성을 이해하는 것이 불교를 전체적으로 이해하는 데 중요하다. 불교를 무소유와 명상의 종교로만 파악하는 것은 통전적이지 못하다. 붓다들을 중심으로 전개되는 희생양 메커니즘과 그들의 신성화 및 우상화 과정도 함께 논의되어야 한다. 무소유의 삶을 사는 산사의 승려는 도시인들과 재가자들에게 카타르시스를 준다. 불교는 진정한 개인들을 교육시키기보다 비극적 영웅들을 생산하기 원한다. 반면 기독교가 지향하는 성자의 모델은 비극적이고 카타르시스적인 영웅주의와 구별된다.

숭실대학교 기독교학대학원에서 지라르 강의를 할 때, 20-30대에

예수는 반신화다

독일에서 유학한 교육철학 교수로부터 데리다와 라캉 등을 배웠던 영문학 전공 출신의 어느 분은 대학 시절 종교학 시간에 불교의 팔정도, 해탈, 윤회, 열반 등에 대해 발표한 경험이 있어 나름대로 불교를 안다고 자인하고 있었는데, 나의 『붓다와 희생양』을 읽으면서 엄청난 충격을 받았고 자신은 불교에 대해 전혀 모르고 있었다는 깨달음을 얻었다고 알려왔다. 그녀는 나의 사회인류학적 불교 연구를 통해서 새로운 본질적인 불교 이해를 얻게 되어 지적인 즐거움을 누리고 있는 중이라고 전했다. 또한 그녀는 지라르와 만남을 통해 진흙탕 속에서 진주를 발견한 것 같은 기쁨을 누렸다고 고백하기도 했다.

보시 윤리와 성적인 몸 보시

불교 윤리는 대체로 보살들의 보시 윤리로 요약되는 것 같다. 보시 중 최고의 보시는 몸 보시다. 하지만 이 몸 보시에는 디오니소스적인 차원이 존재한다. 자신의 몸까지도 언제든지 줄 준비가 되어야 한다는 것이 보살들의 서원이다. 보살들은 주로 여성들이다. 또한 불교에서 최고의 공양(희생제사)은 분신공양과 소신공양처럼 몸 전체를 희생제물로 바치는 것이다. 익명의 저자가 쓴 『디오그네투스에게 보낸 편지』에는 초기 그리스도인들의 도덕적인 생활상을 이렇게 적고 있다.

> 그리스도인들은 나라와 언어와 사회 제도에서는 다른 사람들과 구분되지 않는다. 자기들만의 도시를 이루어 거주하지도 않고, 자기들만의 언어를 쓰지도 않으며, 자기들만의 생활 방식을 갖고 있지도 않기 때문이다.…그러면서도 살아가는 모습이 지역 주민들과 사뭇 다르게 단정하다…그들은 다른

사람들과 마찬가지로 결혼을 한다. 자녀도 양육한다. 하지만 자녀를 버리는 법은 없다. 식탁은 공유하지만 아내는 공유하지 않는다. 육체를 지니고 살지만 육체대로 살지 않는다.

기독교는 모든 것을 헌신해도, 여성의 몸을 성 접대의 대상으로 바치지는 않고 또한 자기 몸을 공양물로 불태워 바치지는 않는다. 초기 기독교 공동체는 모든 것을 공유했지만 아내를 공유하지는 않았다. 왜 거의 모든 무당이 주로 여성인가? 왜 여성이 주로 보살인가? 왜 무당과 보살이 거의 같은 의미로 사용되는가? 왜 세계 종교와 문화에서 여신이 훨씬 더 많은가? 인도의 경우에도 주로 여신들이 "더러운 일"을 맡는다. 답은 간단하다. 여성이 남성보다는 약자이기에, 희생당하기 쉬운 희생양 역할을 하고 있기 때문이다. 여신의 정체는 희생양(scapegoat)이기 때문이다.

몸 보시는 보살의 수행 중에서도 가장 높은 단계로 간주된다. 『붓다와 희생양』에서 나는 수많은 남성들에게 몸 보시하는 창녀로서의 보살 이야기를 희생양의 이야기로 읽어내었다. 희생양 창녀가 깨달음을 향한 수행의 "도구" 혹은 파트너로서 비극적 죽음 이후 보살로 신격화되고 우상화된다. 관음보살의 정체도 창녀다. 현대적 시각에서 보면, 불교에서는 몸 보시가 성매매로 인식되지 못하고 종교적으로 정당화되고 미화된다. 몸 보시하는 창녀가 보살로 신격화되어버리기 때문에 많은 이들이 몸 보시를 성매매로 인식하지 못한다. 불교에서는 보시 중에서도 몸 보시가 최고라고 생각된다. 공양 중에서도 몸 전체를 불태우는 소신공양이 최고의 공양이라고 붓다는 법화경에서 찬양한다.

미치광이와 같은 기행으로 잘 알려진 걸레 스님 중광은 살아 있는

예수는 반신화다

붓다라고도 불린다. 그는 어느 면에서는 디오니소스적인 붓다를 가장 원형적으로 보여주는 살아 있는 화석이라고 할 수 있을 것이다. 그는 성관계 후 상대 여자에게 자신 같은 걸레에게 몸 보시를 실천해 준 보살님이라고 칭송하는 등 많은 여인들로부터 몸 보시를 받았다고 한다. 고려시대 팔관회, 연등회 때에도 불교 행사를 핑계로 몸 보시가 은밀하게 성행했다고도 한다. 인터넷을 검색해봐도 몸 보시에는 언제나 성매매에 관한 것이거나 성적이고 디오니소스적인 것이 넘친다. 성적으로 몸 보시하는 비구니 이야기도 많다.

불교의 종교적 숭배 대상인 붓다 자신이, 그리고 그 붓다의 계보를 있는 위대한 고승들, 출가승들, 보살들 스스로가 성적인 몸 보시를 받거나 성적인 몸 보시를 하기 때문에 재가 신자들의 성윤리는 제대로 확립될 수 없다. 막스 베버는 불교가 재가자들의 "평신도 윤리"를 합리화시키지 못했다고[34] 분석한 바 있는데, 붓다들은 유대-기독교적 하나님처럼 적극적이고 초월적으로 십계명과 같은 윤리적 명령을 내릴 수 있는 존재가 아니었다. 붓다들은 지극히 수동적인 희생염소 역할을 하는 존재이었기에 재가 신자들의 영역은 윤리적으로 방치될 수밖에 없었다. 성 윤리를 포함한 불교 평신도 윤리가 합리화되지 못한 이유도 붓다들 스스로가 성 윤리의 모델이 되지 못하고, 성 윤리의 안티 모델 곧 희생염소 역할을 하고 있기 때문이다.

세계 윤리의 관점에서 세계 평화와 종교 간 대화를 주도했던 한스 큉도 티베트 비밀불교에서 어린 소녀들의 성을 착취해서 탄트라 제의

---

34 Max Weber, *Gesammelte Aufsätze zur Religionssoziologie II, Hinduismus und Buddhismus* (Tübingen: J.C.B. Mohr [Paul Siebeck], 1966), 236-241

에 "사용"하는 것은 이해될 수도, 용납될 수도 없다고 주장했다. 큉은 바로 후마니타스(인간성)와 휴머니즘의 이름으로 종교 속의 제의적 폭력을 비판했다. 티베트 불교에는 특히 어린 소녀들이 일찍부터 종교적 헌신의 이름으로 비밀불교의 디오니소스적인 통음난무에 동원된다. 그들은 종교적 창녀들로서 디오니소스적인 붓다들의 파트너로서 몸 보시하는 여신들과 보살들이 된다. 『붓다와 희생양』을 읽은 어느 선교사는 아직도 티베트 불교 승가 주변에 이 창녀들이 있다는 사실을 나에게 알려주었다.

이미 대중 영화와 연극 등을 통해서 어느 정도 알려진 바와 같이 불교에는 출가승에게 몸 보시하는 비구니나 보살의 이야기가 많다. 어느 절의 스님에게 몸을 보시하면 아들이 생기고 아버지가 생긴다는 신앙을 가진다. 인도에서는 주로 아이를 낳지 못한 부녀자들이 요기에게 몸 보시를 한다고 한다. 티베트에도 비밀불교 수행에 참여하는 종교적 창녀들이 많다. 그들도 성행위를 몸 보시로 생각할 것이다. 원래 무녀와 보살은 몸 보시가 일상이다. 불교의 신화와 전설에는 이러한 내용들이 많이 있다. 이러한 몸 보시를 하는 통음난무적이고 디오니소스적인 보살 및 무당과 예수를 비교하는 것은 지나치게 공격적인 비교종교학이라 할 것이다. 이는 보살/무당과 예수 사이의 근본적인 차이를 무시하고 해석학적 폭력을 가하는 결론이다. 한때는 "예수도 보살이다" 혹은 "예수도 무당이다"라는 주장들이 있었지만, 지라르의 이론 때문에 그런 주장들은 설득력을 상당 부분 잃었다고 볼 수 있다.

나는 기독교 집안에서 태어났기에 불교학의 고전적 연구를 통해 비로소 불교의 낯설고 디오니소스적인 요소들을 알게 되었다. 참여불교 운동과 같은 현대 불교는 보살행의 보시를 사회윤리적 의미로 의역해

예수는 반신화다

서 보시 문화를 기부 문화나 사회봉사로 발전시키고자 한다. 물론 이것까지 비판적으로 논할 필요는 없을 것이다. 이는 함께 연대할 수 있는 아름답고 선한 일이다. 문제는 지금까지도 몸 보시와 성매매가 혼동되어 이해되고 행해진다는 것이다. 나는 어느 신학교에서 비교종교학을 강의했는데, 그때 국제신문 기자로 활동하고 있는 어느 수강생으로부터 지금도 일어나고 있는 스님들의 이러한 성적인 뒷이야기들을 매우 구체적이고 적나라하게 듣기도 했다. 몇 년 전에 조계종 총무원장이 룸살롱을 출입했다는 언론 보도처럼, 우리는 도박, 룸살롱, 성매매 등과 관련된 불교 승려들의 이야기에 어느 정도 익숙하다. 스님들의 이러한 행위들이 개인 일탈이라면 학문적 논의의 대상은 되지 못할 것이다. 하지만 이러한 불교의 디오니소스적-성적인 차원이 몇몇 승려들의 개인 일탈이 아니라 깊은 종교적이면서 제의적 뿌리에 근거하고 있다면, 그것은 분명 분석의 대상이 된다. 승려들의 이러한 디오니소스적-성적인 차원은 붓다상 아래에 위치한 연꽃과 어느 정도 연결된다. 조폭들도 장례식은 주로 절에서 지낸다. 불교는 윤리와 거리가 멀다.

몸 보시를 현대적으로 다양하게 재해석한 예들도 있다. 하지만 몸 보시의 원형적인 이야기에는 많은 경우 출가승들에게 몸 보시하는 창녀들의 이야기가 있다. 몸 보시에는 디오니소스적이고 통음난무적인 것이 존재한다. 이 축제적 통음난무가 몸 보시라는 이름으로 종교적으로 미화되어 정당화된다. 몸 보시라는 개념은 어린 소녀들의 인권에 전혀 관심이 없다. 아직까지도 인도와 티베트에는 이 종교적 통음난무에 동원되는 어린 소녀들이 있다. 창녀로서 동원되는 소녀들은 여신처럼 혹은 보살처럼 종교적으로 미화되고 오해되기도 하지만, 계몽된 현대적이고 기독교적 관점에서 보면 그들은 가엾은 희생자들이다. 불교 신화에 보면 수많은 남성들에게 몸 보시를 함으로써 그들을 깨달음으로 이끄는 보살들, 곧 종교적 창녀들 이야기가 등장한다. 하지만 많은 경우 불자들은 그 보살들을 창녀로 인식하지 못한다. 왜 보살이 한국에서 주로 여성인지, 왜 고대 세계에 여신들이 더 많은지를 질문해 보아야 한다. 주로 여성들이 보살로서 희생되었다.

불교의 뿌리에는 니체가 말한 디오니소스적인 것이 깊게 자리 잡고 있다. 몸 보시를 둘러싸고 있는 은폐된 희생양 메커니즘을 비판적으로 인식하는 것이 계몽을 위한 첫 걸음이 될 것이다. 몸 보시는 아주 강한 의미에서 희생제의적이다. 소신공양이 아무리 숭고한 종교적 개념이라고 할지라도 계몽된 의식으로 다시 읽어보면 그것은 은폐된 인신 제사 행위에 불과하다. 불교에는 정의를 향한 외침이 약했다. 불교는 언제나 세계 질서 유지를 위한 호국 불교였다. 불교는 언제나 축제적이고 디오니소스적인 것을 반영했다. 축제는 일상을 유지시켜주는 안전밸브에 불과하다.

불교 윤리는 거의 대부분 보시의 윤리로 집약된다. 하지만 관음보살의 몸 보시가 최고의 보살행으로서 종교적으로 미화되기에 그것이 종교적 창녀의 성행위라고 인식되지 못한다. 소신공양이라는 몸 보시가 은폐된 인신 제사로 인식되지 못하고, 아름다운 자살 등 종교적으로 너무 쉽게 정당화된다. 지금까지 많은 경우가 그러하다. 그만큼 불교의 경우 희생양 메커니즘이 아직도 부분적으로 살아 있고 작동하고 있으며 또한 은폐되어 있다.

불교학자들도 인정하듯이 불교의 현실 역사를 살펴보면 하버마스가 말하는 유대교적 정의의 윤리, 혹은 구약 예언자들의 희생제의 비판과 사회적 정의에 대한 메시지가 없다. 불교의 무아론에서는 레비나

예수는 반신화다

스적인 의미에서 타자가 관용될 수 있는 철학적 공간이 존재하기가 힘들다. 무아론은 강한 의미에서 희생제의적이다. 불교에는 자비만 있지 정의가 없다. 보살행의 대자비에 신화적 희생양 메커니즘이 은폐되어 있다. 보살행 중 보시가 사회윤리적으로 응용될 수 있긴 하지만, 아직까지도 보시 중에서 최고라고 할 수 있는 몸 보시에는 디오니소스적인 차원이 남아 있다. 불교에 정의가 부족한 것은 질서유지를 위한 희생양 메커니즘을 인식하지 못하고 있기 때문이다. 하버마스의 말처럼 유대교가 정의의 윤리를 대변하게 된 것은 구약성서의 예언자들이 희생제사를 비판하고 정의를 구하라고 외쳤기 때문이다. 유대교는 점차적으로 제사 종교를 극복하고 정의의 종교로 나아갔다. 하지만 불교는 여전히 제사 종교로 남아 있다. 정의란 약자의 편에 서는 것이다. 불교에는 많은 약자들과 타자들이 대자비와 공양 및 보시의 이름으로 희생되어 왔다. 역사적으로 불교와 정치적 파시즘은 깊게 관련되어 있다.

결국 인간의 문제는 신에 관한 문제다. 어떤 신을 사회의 초점에 두느냐에 따라 그 문화가 변화된다. 신관이 세계관을 변화시킨다. 보살의 몸 보시를 모방하다보니 불교문화의 저층에는 언제나 디오니소스적-성적인 차원이 강하게 자리 잡고 있다. 불교 지식인들은 불교를 디오니소스적 감성의 종교라고 표현한다. 하지만 우리는 이 책에서 니체가 말하는 디오니소스적인 것은 감성적이고 미학적인 것만을 의미하지 않는다는 것을 확인할 수 있었다. 디오니소스는 광란 도취의 신으로서 그것은 통음난무적인 축제를 대표한다. 비밀불교(밀교)의 성적인 제의도, 디오니소스 축제도 모두 밤에 이루어졌다. 지라르는 본래의 희생제의적인 차원에 있는 디오니소스적인 것으로부터 그 집단성과 동물성을 추출해낸다. 지라르는 모두 디오니소스 제의에서 과잉 성행위, 동성애,

식인 풍습 같은 행동들을 볼 수 있다고 지적한다. 이런 사실은 디오니소스가 실제로 동물의 전형적인 모습과 충동으로부터 발생하는 사회적 위기에서의 특징적인 행동을 일컫는 이름이었다는 것을 분명히 보여준다.[35]

　인류는 오랫동안 사회질서 유지를 위해서 끊임없이 주기적으로 디오니소스적이고 축제적이며 통음난무적인 것에 의존해왔다. 물론 사람들이 집단의 우상들로서의 신들을 제작하지만 사회는 그 우상을 닮아가게 된다. 우상과 집단은 서로 상호적으로 영향을 주고받는다. 공동체와 우상은 불이(不二)다. 공동체가 우상이자 희생양을 생산하지만, 또한 그 신을 초석과 초점으로 삼기에 그를 닮아간다. 그러므로 그 우상들에 대한 비판적 인식은 또한 문화를 변화시킨다. 우상들의 황혼이 새로운 사회의 여명이 된다. 카스트 제도를 유지시켜주는 안전밸브로서, 인도의 수많은 신들은 그 신들이 황혼을 맞이할 때 보다 자유롭고 평등하고 민주적인 사회의 가능성을 열어줄 것이다. 수많은 신들과 희생양들과 우상들을 제작하고 생산하는 사회는 그만큼 그 사회가 전체주의적이라는 것을 보여준다.

성범죄자 신들

기독교는 디오니소스적인 통음난무를 종교적인 제의로서 미화하거나 정당화하지 않았다. 십자가에 달리신 자를 모방하고자 하는 기독교에 디오니소스적인 통음난무가 없는 것은 성욕망을 억압하거나 거세하고

---

35 지라르, 『문화의 기원』, 170

자 함이 아니다. 디오니소스적인 섹슈얼리티는 결코 건강한 섹슈얼리티에 대한 향유가 아니다. 그것은 성 욕망과 모방 욕망의 고삐를 축제적 그리고 일시적으로 푸는 행위일 뿐이다. 비밀불교의 제의적 성행위도 결코 건강한 에로티시즘의 긍정이 아니다. 보통 창녀가 아니라 가장 쓰레기 같고 또 주로 월경 기간 중에 있는 창녀가 최고의 파트너로 "사용"된다. 그렇기에 밀교(비밀불교)의 섹슈얼리티는 자녀생산과 무관하다. 비밀불교의 에로티시즘은 반사회적이고 반생식적인 것이다. 섹슈얼리티에 대한 디오니소스적인 긍정은 건강한 섹슈얼리티의 긍정이 아니라 통음난무적인 섹슈얼리티의 긍정일 뿐이다.

일부 서구 불교인들은 티베트 탄트라 불교의 타라와 같은 여신을 성모 마리아와 비교하고 싶어 한다. 모방적 욕망의 결과다. 하지만 티베트 비밀불교의 여신들의 정체는 대부분 종교적 창녀들이다. 기독교의 성모 마리아는 이런 것과 관련이 없다. 이것은 기독교가 섹슈얼리티를 거세하거나 부정 또는 억압해서가 아니라 성적인 범죄자, 곧 희생양으로 지목하고 살해하는 집단심리학적 메커니즘을 고발하기 때문이다. 근친상간을 한 오이디푸스처럼 대부분의 희생양들은 성적인 범죄자로 몰린다. 불교에 등장하는 많은 디오니소스적이고 통음난무적인 섹슈얼리티는 바로 성적인 범죄자 신들과 관련된다. 희생양 사냥 전략에서 가장 흔하게 등장하는 죄목이 바로 성적인 범죄다.

고대로부터 현재에 이르기까지 집단이 한 사람을 매장하기 위해서 가장 빈번하게 사용하는 수단이 바로 성적인 범죄, 특히 근친상간과 같은 범죄다. 근친상간과 같은 성범죄로 일단 집단의 지목을 받게 되면 살아남기 힘들다. 어머니와 잠자리를 했다는 성범죄자 오이디푸스는 전형적인 공동체의 희생양이다. 오이디푸스는 세상에서 가장 나쁜 놈으로 비난받고 추방된다. 희생양들은 바로 세상에서 가장 나쁜 놈과 나쁜 년으로 묘사된다. 수많은 여신들의 정체도 알고 보면 정상적인 여성 상의 안티 모델, 곧 세상에서 가장 나쁜 년으로 묘사된다. 세상에서 가장 나쁘고 더럽고 쓰레기 같은 창녀가 희생양 메커니즘을 통해서 보살 및 여신과 같은 존재로 신성화된다. 그래서 요가에 관한 엘리아데의 고전적인 연구서에도 가장 쓰레기 같은 불가촉천민 출신의 창녀가 밀교(비밀불교)의 성적인 제의에 요기들 혹은 출가승의 파트너로서 가장 적합하다고 기록되어 있다.

(성)범죄자 신들을 생산하는 장치라고 할 수 있는 폭력적인 성스러움(le sacré)이 기독교에서는 점차 거룩함(sanctus)으로 변화한다. 기독교는 성에 대한 억압이나 거세가 아니라 디오니소스적인 통음난무를 필요로 하는 폭력적 메커니즘에 대한 예언자적인 저항이요 또한 현대적 계몽이다. 소위 성을 억압하는 기독교와 달리 힌두교와 불교의 밀교 전통은 오히려 섹슈얼리티와 에로티시즘을 긍정하고 해방하는 것으로 미학적으로 오해되었다. 사실은 그렇지 않다. 니체가 말한 디오니소스적인 것에 대해 살펴본 것처럼 비밀불교의 섹슈얼리티와 에로티시즘은 건강하고 에로틱한 것이 아니라 반사회적이고 파계적인 것이다.

월경 중에 있는 종교적 창녀들과 붓다들의 에로티시즘이 직선적 혹은 직접적인 성행위를 통해 풍요와 다산을 주는 것이 아니다. 월경 중에 있기 때문에 그들의 성행위는 자녀출산과 무관하다. 그들의 성행위 자체가 아니라 반사회적이고 파계적인 불륜행위가 희생양 메커니즘을 경유해서 질서, 풍요, 다산을 준다고 믿어왔던 것이다. 불교의 디오니소스적인 섹슈얼리티와 에로티시즘은 성범죄자 신들을 생산하는 희생양 메커니즘 속에서 이해해야 한다. 기독교는 섹슈얼리티를 억압 또는 부정하거나 거세하지 않고 사회적으로 보다 건강하고 숭고한 것으로 끌어올리고자 한다. 유럽 기독교적 성문화와 불교 문화권의 성문화를 비교해 보라. 유럽 기독교 문화에는 거의 밤문화가 없다.

제사 종교와 정의의 종교

하버마스도 지적하고 있듯이 프랑스 계몽주의 사상도 결국은 희생 논리에 대한 비판이다. 불교의 희생 논리에 대한 비판은 프랑스 계몽주의와 유사하게 계몽하려는 첫걸음이다. 유대-기독교적 계몽의 계보학에서 탄생한 프랑스 계몽주의 전통에는 불교의 미친 지혜(crazy wisdoms)나 거친 깨달음(rude awakening)이 존재하지 않는다. 희생양인 붓다들의 깨달음이 우상화되는 과정을 비판적으로 해독하는 것이 참된 계몽이다. 희생의 논리가 비판적으로 인식되어야 정의와 권리의 문화가 가능하다. 대체적으로 고대의 종교와 문화는 희생의 논리 위에 세워졌다. 고대 사회는 질서유지를 위해서 과도하게 희생제의적인 축제에 의존했다. 희생에 대한 비판적 의식이 싹트자 비로소 정의와 권리에 대한 의식이 아침놀을 맞이하게 되었다. 유대-기독교적 종교가 정의의 종교라면 힌두교와 불교는 희생의 종교다. 희생만을 극도로 강조하니 권리와 인권에 기초한 민주주의적 의식이 싹틀 수 없었다.

불교는 강한 의미에서 희생제의적 종교다. 너무도 강한 희생 논리 때문에 언제나 근대적 의미의 개인의 발견이나 개인의 저항이 존재하지 못했다. 이 강한 희생만을 강요하는 논리는 정치적으로는 언제나 전체주의와 파시즘으로 연결된다. 불교 도덕은 군주도덕, 그것도 많은 경우 절대군주의 도덕에 봉사했다. 반면 개인, 특히 어린 소녀들과 같은 사회적 약자들의 권리와 인권에 대한 개념을 갖지 못했다. 불교학자들도 인정하듯이 정의의 윤리는 적어도 불교 문화권에서 그다지 크게 자리 잡지 못했다. 기독교의 사랑의 윤리와 비교할 수 있다고 하는 보시의 윤리도 부분적으로는 사회봉사적인 의미로 의역할 수도 있지만 계몽된 현대인의 시각으로 볼 때 많은 경우 전근대적이고 신화적이며 희생제의적이다. 몸 보시를 최고의 보시로 보고, 소신공양을 최고의 공양으로 찬양하는 불교는 희생의 종교다. 자신들의 존재를 허무하고 무가치한 무(無)로 파악하는 보살들은 우주적 대자비를 위해서 언제든지 자신을 희생제물로 바칠 서원을 한 희생양들이다. 보살들과 무당들이 주로 여자인 것은 그들이 희생당하기 쉬운 약자이기 때문이다. 전체를 위해서 언제나 약자와 타자와 소수자는 희생을 강요당한다. 불교 문화권에서는 정의에 대한 의식이 빈약한 것은 바로 이 이유에서다. 정의는 희생양 메커니즘을 비판적으로 인식하는 것으로부터 출발한다.

출가승들의 메시지에는 사회정의, 경제정의를 외친 구약성서의 예언자들의 거친 목소리가 없었다. 불교는 혹 현대인들에게 여성적이고 수동적이어서 편하고, 유럽인들이 말하듯이 소화하기 쉬운 메시지처럼 들리기도 한다. 불교는 공동체를 창조적이고 적극적으로 변화시키는 종교가 아니라 한 번씩 편하게 쉴 수 있는 배출구, 안전밸브, 마음산책로를 제공하는 종교다. 현대에 일종의 "프로테스탄트 불교" 현상으로 등장한 참여불교 운동도 전통적 토종 불교가 그만큼 비참여적이었다는 것을 반증한다. 불교, 더 정확히 말하면 출가승들만의 불교(출가 불교)는 세계 질서에 대해서 "참여적"일 수 없었다. 왜냐하면 정글에 속하는 출가 불교 혹은 불교적 세계포기는 그 자체로 정의되지 못하고, 언제나 마을로 대표되는 세계 질서에 대한 반대 구조(anti-structure)로서

예수는 반신화다

만이 비로소 정의될 수 있기 때문이다. 그래서 불교 철학과 논리는 결국 "안티" 철학과 "안티" 논리였다. 하지만 불교의 대부정, 보다 사회인류학적으로 해명한다면 붓다들의 대부정은 세계 질서에 대한 절대적 대긍정을 위한 일시적, 축제적, 카타르시스적 대부정이다.

비움과 멈춤에 대한 붓다들만의 논리들과 구원론은 공동체를 예언자적으로 비판하고 변혁하는 메시지가 되지 못했다. 불교는 공동체의 종교가 아니었다. 출가승들은 매우 독특한 엘리트들로서 그 수동성, 여성성, 식물성이 일면 평화스럽게 보이기도 하지만, 순전히 구원론적인 종교로서의 한계를 보이기도 한다. 우리나라의 역사에서 공동체적인 종교, 곧 공동체의 삶을 적극적으로 가르치고 교육한 것은 유교였던 것 같다. 불교는 대체적으로 치마 불교, 기복 불교, 호국 불교였다.

불교는 희생의 종교라 할 수 있다. 불교의 승려가 되기 위해서는 삭발을 하는 것 이외에 자신의 육신도 바칠 것을 맹세하는 연비 의식을 거쳐야 한다. 불교 역사에 보면 연비와 관련해서는 혜가가 자신의 팔을 칼로 끊어서 달마에게 바쳤다는 일화가 유명하다. 서원의 표징으로 팔뚝의 일부나 혹은 손가락을 불로 태우는 의식이 공식적으로 행해졌다. 팔뚝의 일부분을 태우는 연비가 보편적이며 재가자의 경우도 오계를 받는 수계식 때 팔뚝의 일부분을 향불로 따끔하게 지지는 연비를 한다. 이 연비 전통은 힌두교로부터 물려받은 불 제사의 흔적이다.

나는 독일과 오스트리아 유학 중 서파푸아(West Papua) 원주민에 대한 독일 방송을 본 적이 있다. 무엇보다도 흥미로운 것은 한 여성이 조상과 가족과 마을을 위해서 자신의 손가락을 몇 개 잘라 희생제물로 바친 내용이었다. 힌두교와 불교 전통에서도 동일하게 자신의 신체의 일부를 잘라 제물로 바친다. 아직까지도 인도의 지방에서는 둘째 아들을 낳기 위해서 첫째 아들을 제물로 바치는 전통이 살아 있다고 한다. 이는 힌두교와 불교 전통의 희생제의적인 사고의 산물이다. 아즈텍 문명에서처럼 인간을 제물로 바치지 않으면 태양이 떠오를 수 없다는 사고와 비슷하다. 힌두교와 불교의 경우 이 원시적 희생제의적 사고가 약화되고 승화되며 철학화되고 또한 우주화되었다.

선악을 넘어서: 불교와 무윤리주의

불교는 선악을 넘어서고자 하는 종교이기에 윤리적인 것에 대해 무개념인 경우가 많다. 니체와 하이데거의 철학에도 비도덕주의 혹은 반도덕주의적 차원이 존재하며, 그들의 철학에는 윤리학이 실종되어 있다는 점을 앞에서 살펴보았다. 이것에 저항해서 레비나스는 윤리를 제1의 철학으로 제시하면서 윤리학을 철학의 한 분야로 복권시켰다. 『선악을 넘어서』(*Jenseits von Gut und Böse*)를 저술하고 스스로를 최초의 반도덕주의자라고 말한 니체는 유대-기독교적 도덕에 기초한 유럽 도덕이 말하는 선악을 넘어서고자 했다.

『불교평론』에 기고된 "선과 악의 기준은 어디에 있는가"라는 어느 논문은 선악을 넘어서고자 하는 불교 철학을 다음과 같이 소개했다.

> 선과 악의 분별이 집착과 번뇌를 통해 이루어지는 이상, 악을 멈추고 선을 행한다고 해서, 생로병사로 인한 근원적인 괴로움으로부터 벗어날 수 있는 것은 아니다. 괴로움의 완전한 소멸 상태인 열반에 이르기 위해서는, 집착과 번뇌를 낳을 뿐인 이원적인 분별심 그 자체를 가라앉혀야 한다.

예수는 반신화다

윤리적으로 선과 악을 논하기에 앞서, '선과 악으로 분열되기 이전의 원래 상태(善惡未分前本來面目)'로 되돌아가, 상대적인 의미에서 선과 악에 매달려 머리를 아프게 하지 말고(不思善 不思惡), 오히려 보다 넓은 차원에서 선도 악도 넘어서라는 것이다.

이렇게 선과 악을 초월하여 열반에 도달하는 것이야말로 진정한 의미에서 최고의 선(勝義善)이며, 선과 악의 상대적 분별과 대립[對]이 끊어진[絶] 절대적인 선이다.…이처럼 선악 이전의, 선악의 경계선 너머의 본원적 절대성을 추구하는 것이야말로 일반적 윤리성에서는 찾아볼 수 없는 불교적 종교성의 핵심이다.[36]

나는 『붓다와 희생양』에서 깨달음을 얻기 위해서 또한 열반에 도달하기 위해서 선악이라는 세간(마을에 사는 재가자들)의 이원론적 차이(구분)를 비이원론적인 방식으로, 지라르의 이론으로 표현하자면 차이 소멸적인 방식으로 파계하는 이 세계포기자들(붓다들, 출가승들)을 은폐된 희생염소로 파악했다. 그리고 출가승들이 "세상의 선과 악 양쪽 모두의 집착에서 벗어나"(법구경 412)는 혹은 세간의 선악 구분을 무가치한 것이라 하여 던져버리는 행위를 지라르의 희생양 메커니즘 속에서 해석했다. 즉 불교에서 말하는 선악 초월의 자유는 결국 깨달음을 얻고자 하는 출가승들에게 요구되는 것이었는데, 그것은 파계와 깊이 관련되어 있다. 즉 폭력적으로 성스러운 불교 출가승들은 세간, 세상,

---

36 김종욱(서울대학교 철학사상연구소 특별연구원), "선과 악의 기준은 어디에 있는가," (http://www.budreview.com/news/articleView.html?idxno=238).

그리고 마을에 속한 일상적인 윤리, 곧 선악의 이원론적 구분과 차이를 비이원론적으로 범한다. 선악을 넘어선다는 바로 이 논리에 근거해서 출가승들은 온갖 성적이고 도덕적인 파계와 기행을 했다. 붓다들은 열반에 도달하기 위해서 선악을 넘어서야 한다.

위 논문에는 "선악을 초월한다고 해서 선악을 무시한다는 것은 아니다"고 말함으로써 선악을 넘어서고자 하는 불교 철학의 윤리적 취약성에 대해서 경계하지만, 선악을 초월한 온갖 성적인 기행과 파계로 잘 알려진 선승들은 불교에서 윤리적 모델로 제시되기에는 위험한 폭력적으로 성스러운 예외적인 안티 모델이다. 선악에 대한 사회인류학적 구분을 넘어서야 한다는 사유는 엄밀히 말해 재가자들에게 요구된 사유가 아니라 오직 깨달음과 열반에 이르고자 하는 출가자들에게만 요구된 윤리의 파계 요구다.

앞에서 말한 "붓다를 죽인 부처"도 선악을 넘어서고 있다. 나는 왜 깨달음을 얻기 위해서 선악의 근본적인 차이를 넘어서야만 하는지를 지라르 이론에 근거해서 이해하려고 했다. 불자들은 아직도 열반에 도달하기 위해서 출가자들에게 요구된 선악을 넘어서야 한다는 파계적 명령과 요구의 의미에 대해서 잘 모르는 것 같다. 선악을 넘어서야 한다는 불교의 사유는 사회인류학적으로 분석하자면 본래 재가자들의 사유가 아니라 출가자들에게 요구된 세계포기적이고 파계적 사유로 제한해서 생각해야 하지만, 이 사유의 영향으로 인해 실제 불교문화에서 윤리적 의식이 약한 것은 사실이다. 깨달음을 얻기 위해서 선악을 넘어서야 한다는 사상은 폭력적으로 성스러운 출가자들에게만 요구된 매우 예외적이고 위험한 사유이기에, 이것을 보편화했을 때에는 여러 가지 윤리적 문제들이 발생하게 된다.

예수는 반신화다

구약성서의 십계명은 신적이고 윤리적 명령으로서 "살인하지 말라", "거짓말 하지 말라"(거짓증거 하지 말라), "도둑질 하지 말라", 그리고 "간음하지 말라"고 명령하고 있지만, 불경에는 깨달음을 얻기 위해서 그리고 중생을 위해서 선악을 넘어서 "살인하라", "거짓말 하라", "도둑질 하라", 그리고 "간음하라"고 제의적 명령을 하고 있다(Killing, Lying, Stealing, and Adultery).[37] 불교가 출가자들의 이러한 파계적인 선악 개념의 차이소멸 혹은 선악 개념의 무개념화를 중심으로 사유하다보니 윤리적 의식이 희박하게 된 것이다. 일본의 비판불교 학자들도 불교의 태생적인 사회윤리의 부재 문제에 대해 비슷한 맥락에서 자성하고 있다. 불교는 선악 개념을 비롯한 윤리적인 것에 대해서 개념이 별로 없다. 오직 희생적 논리인 보시만 있을 뿐이다. 문제는 그 보시에는 성매매와 같은 몸 보시와 일종의 인신제사인 소신공양 같은 전근대적인 것도 포함되어 있다는 것이다.

니체도 그리스적인 것의 부도덕성과 무윤리성을 비판하기보다는 오히려 디오니소스적으로 긍정하는 오류를 범했다. 도덕적이고 신사적인 유럽 도덕의 계보에는 하버마스의 주장처럼 유대교의 정의의 윤리와 기독교의 사랑의 윤리가 자리 잡고 있다. 정의는 기독교적인, 참으로 기독교적인 개념이다. 하지만 정의 의식은 희생제사에 대한 비판적 의식으로부터 출발한다.

지라르의 『폭력과 성스러움』은 섹슈얼리티와 폭력의 밀접한 관계도 말한다. 인간의 섹스와 폭력의 주기적 배출 메커니즘은 매우 유사

---

37 Michael M. Broido, "Killing, Lying, Stealing, and Adultery: A Problem of Interpretation in the Tantras," in *Buddhist Hermeneutics*, ed. Donald S. Lopez, Jr. Honolulu. 1988, 71–118.

하다. 그리고 섹스와 폭력은 오래전부터 인류의 역사에서 깊게 관련되어 왔다. 비밀불교(밀교)의 통음난무적 합체존(붓다들)과 니체가 미학화하고 있는 디오니소스적인 것에도 이 섹스와 폭력의 오래된 관계가 존재한다. 기독교는 예외다. 기독교는 섹슈얼리티를 억압하지 않는다. 단지 기독교는 섹스와 폭력의 문제로 언제나 위협받고 상처받기 쉬운 인류 공동체를 보호하기 위해 오이디푸스와 같은 성범죄자 신들을 생산하는 장치를 고발한다.

『예수는 신화다』라는 책에서는 기독교도 신화나 영지주의나 신비종교(미스테리아)의 일종이라고 주장하지만, 기독교가 또 하나의 미스테리아라면 분명 기독교 전통 안에도 밀교(비밀불교)의 성적인 제의가 존재해야 할 것이다. 부처님은 여성의 성기를 본래 상징했던 연꽃 위에 앉아 있지만, 예수는 그러한 여신(종교적 창녀)을 옆에 두고 있지 않다. 또한 공적인 사도전승에 기초한 기독교에는 많은 종교에서 발견되는 성적인 제의가 존재하지 않는다.

붓다들도 결국은 인도의 수많은 범죄자 신들[38]처럼 디오니스소적인 성범죄자들이다. 범죄자 신들을 믿으니 범죄에 대한 의식과 죄의식에 대해서 무개념일 수밖에 없다. 희생염소 역할을 하는 성범죄자 신들은 유대-기독교 전통에서처럼 윤리적 모델이 아니라 폭력적이면서 성스러운 안티 모델이기 때문에, 그 신들을 숭배하는 공동체가 강한 윤리적 감수성을 가지기란 쉽지 않다. 거룩한(sanctus) 유대-기독교의 하나님은 윤리적 모방을 명령한다. 곧 "내가 거룩하니 너희도 거룩하라"

---

38 Alf Hiltebeitel(ed), *Criminal Gods and Demon Devotees: Essays on the Guardians of Popular Hinduism* (New York: SUNY Press, 1989).

고 명령한다(레 11:44-45). 하지만 폭력적으로 성스러운(sacer) (범죄자) 신들은 윤리적 모방을 명령할 수 있는 모델이 아니라, 예외적인 안티 모델이다. 성범죄자 신들의 선악을 넘어서는 파계는 일반인이 윤리적으로 모방하기에는 매우 위험한 것이다.

집단의 희생양들인 범죄자 신들을 숭배하니 윤리적인 의식이 발생할 수 없다. 집단이 주기적으로 범죄자 신들, 그것도 많은 경우 성범죄자 신들인 희생양들을 지목하고 생산한다. 그 은폐된 희생양들인 범죄자 신들은 결코 공동체에게 죄의식을 갖게 하고 윤리적이고 도덕적인 삶을 살도록 가르치는 모범이 될 수 없다. 범죄자 신들은 집단의 우상들일 뿐이다. 집단은 결코 자신들의 죄와 폭력에 대해서 인지하지 못한다. 이것이 희생양 메커니즘 속에 갇힌 종교의 한계다. 주기적 희생양 메커니즘의 악순환이다. 우상들인 신들이 범죄자이기에, 그 신을 생산하면서 숭배하는 공동체가 윤리적이기는 쉽지 않다.

제우스도 천하의 바람둥이로서 성범죄자 신이다. 오이디푸스도 근친상간이라는 성범죄로 비난받는 폴리스의 희생양이다. 비밀불교의 디오니소스적 붓다들도 창녀들과의 불일불이의 성관계를 통한 성범죄로 인해 사회로부터 비난받고 비극적으로 죽음을 맞이하는 희생양들이다. 그러나 그리스도는 죄 없으신 자의 원형이다. 붓다를 살해하는 붓다는 브라만 살해라는 최악의 범죄를 범해야만 하는 시바처럼 범죄자 신이자 희생염소다. 현대 사회에서 약자의 인권을 보호하게 된 사상적 원천은 마지막 희생양 예수께서 바로 그 약자이시기 때문이다. 십자가에 달리신 상처 입은 치유자를 높이 든 에클레시아가 점차 상처입기 쉬운 약자와 소수자들의 인권을 보호하기 시작했다.

2014년 미국 로스앤젤레스 "복음 제자회"의 목회자 신학공부 모임에서는 나의 『붓다와 희생양』을 강독했다고 한다. 이 모임을 이끌고 있는 두란노선교교회의 현수일 목사는 50년 동안 주로 경건서적, 목회학적 서적을 읽다가 최근 10년 전부터 인문학과 신학을 함께 공부하면서 지라르를 알게 되어 큰 기쁨을 느낀다고 했다. 그러면서 긴 서평도 보내왔는데, 그에 의하면 나의 책은 한국교회와 그리스도인들이 읽어야 할 필독서 중에 하나다. 그는 이 책을 읽음으로써 기독교인으로서 불교에 대한 본질적인 이해를 하게 되었고, 또한 불교인들과 대화할 때도 기독교적인 진리와 사랑을 가지고 자신 있게 대화를 할 수 있게 되었다고 한다. 나아가 그는 『붓다와 희생양』이 문화와 문화의 기원을 이해하는 틀을 제공할 뿐만 아니라 독자로 하여금 자신을 돌아보게 한다고 평했다. "나의 삶의 동기와 원동력"은 무엇인가, "모방적 욕망과 경쟁"인가 아니면 "하나님 사랑과 이웃 사랑"인가를 질문하게 되었다는 것이다. 그는 자칫하면 그리스도인들조차도 자신도 모르게 모방적 욕망과 경쟁 속에서 살아갈 수 있고 희생양 메커니즘 속에서 자신도 모르게 폭력을 휘두를 수 있다는 것을 깨달았다고 한다.

죄의 비실체성과 죄의식의 상실

기독교는 십자가에 달리신 자 앞에서 자신의 모방적 욕망으로 인한 죄성과 폭력성을 성찰하게 되는 깨달음의 종교라 할 수 있다. 기독교는 신화의 수수께끼에 대한 참된 깨달음을 준다. 최근 아버지의 성폭행에 대한 법륜 스님의 처방과 관련하여 인터넷에서 토론을 한 적이 있다. 그는 내 몸이 더러워졌다는 생각은 망상이고 악몽이기에 성폭행한 아버지에게 오히려 100배하면서 감사하면서 그러한 생각을 망상이라고

예수는 반신화다

생각해야 한다면서 힐링의 처방을 내렸다. 불교의 죄악과 고통에 대한 공(空) 사상과 선과 악을 초월한다는 무도덕주의(amoralism)는 "윤리적 유일신론"의 전통에 서 있는 기독교인으로서는 참 받아들이기 힘든 사상이다. 자아와 고통과 죄까지도 공(空)하다는 사상은 본래 붓다들만의 성스러운 사상인데, 일반인들에게 적용할 때는 위험한 사상이다. 죄를 범하고서, 죄가 공(空)이라고 하면 죄에 대한 처벌이나 책임이 공(空)으로 증발해버린다. 최근 이와 관련하여 길희성 교수도 우경화하고 있는 일본의 죄의식의 부족에 대해서 지적한 바 있다. 일본의 우경화는 죄에 실체가 없다는 불교 사상의 영향 때문이기도 하다. 같은 전범국이지만 일본과 독일의 과거사 청산에는 큰 차이가 존재한다.

요한 밥티스트 메츠(Johann Baptist Metz)의 말처럼 기독교는 십자가에 달리신 자의 수난에 대한 기억(*memoria passionis*)에 뿌리를 두고 있다. 십자가에 달리신 자의 고통에 대한 기억은 "위험한 기억"이다. 기독교는 "위험한 기억"(gefährliche Erinnerung)의 종교다. 망각의 문화와 고통을 기억하는 문화의 차이는 크다. 정의와 사랑의 윤리는 바로 타자와 약자의 아픔을 손쉽게 망각하지 않고 아프게 기억하는 것으로부터 시작한다. 기독교에서 죄는 그렇게 쉽게 망각되고 증발되지 않는다. 성범죄를 범한 다윗은 평생 참회의 눈물을 흘렸다. 예수 그리스도는 간음한 여자를 투석형에 넘기지는 않았지만, 그렇다고 해서 죄가 없다고 하지 않았다. 예수 그리스도는 그녀에게 죄를 다시는 죄지 말라고 경고했다.

독일 종교학계에서도 이러한 붓다들의 공(空) 사상, 특히 죄와 파계까지도 공(空)하다는 사상에 대한 사회윤리학적 논의가 활발하다. 불교의 니체적인 선과 악을 초월한다는 교리가 가지는 사회윤리적 위험을 앞에서 어느 정도 지적했다. 폭력적으로 성스러운 붓다들이 범하는 선과 악 사이의 도덕적 경계의 붕괴, 무차별화 혹은 파계의 원인 등을 지라르의 희생양 메커니즘으로 해독했다. 물론 복잡한 문제이지만 불교에서는 몸이 공하고 가해자도 공하다고 해서 과연 망각을 치유책으로 제시하는 것이 옳은가라고 생각해 본다. 아직까지도 불교 문화권에서는 정의의 윤리의 확립이 쉽지 않은 모양이다.

가해자도 피해자도 없이 모든 것이 공(空)으로 손쉽게 증발되어 버리고 망각만을 힐링의 대안으로 제시하니 문제가 반복될 뿐이다. 정의는 피해자의 아픔에 대한 기억에 기초한다. 기독교는 마지막 희생양 예수 그리스도의 단 한 번의 영원한 수난에 대한 위험한 기억에 기초하고 있다. 기독교는 이천 년 동안 마지막 희생양의 고통을 기억해왔다. "Ecce Homo"(이 사람을 보라)는 바로 슬픈 예수를 보라는 의미다. 예수의 고통은 희생양들의 고통을 종식시키는 마지막 고통이다. 그분의 보혈은 어린 양의 마지막 피다. 십자가에 달리신 자의 오심으로 주기적 희생양 메커니즘의 영원 회귀가 상처를 입었다. 주기적 반복은 망각 때문이다. 아픔에 대한 위험한 기억은 폭력을 종식시키고 치유한다.

불교는 죄의식이 약하다. 참회라는 것도 대부분 출가승들의 제의적 참회에 머물고 있으며, 재가 신자들에게는 죄의식과 사회윤리의식을 기독교 전통에서만큼 교육하지 않았다. 니체가 잘 보았듯이, 죄의식은 유대-기독교적 세계관에서 나왔다. 글로벌한 보편윤리 중 많은 부분은 유대-기독교적 "도덕의 계보학"에서 파생되었다. 십자가에 달리신 자와 어린 양 앞에서 비로소 공동체는 죄의식을 느낀다. 이 죄의식 때문에 사회정의와 사회윤리가 가능해졌다.

유대-기독교 전통은 희생양 메커니즘에 뿌리를 두고 있는 세계 질서를 전복한다. 이 전통은 카타르시스적이기보다는 묵시록적인 소식이다. 디오니소스적인 불교는 카타르시스를 제공한다고 이해된다. 그래서 니체를 비롯한 일부 서구인들은 불교를 위생적인 것으로 본다. 하지만 나는 『붓다와 희생양』에서 그 카타르시스적인 정화와 위생이 결국 아시아의 카타르마(인간 희생양들)인 붓다들의 명상적 죽음 때문에 비로소 발생한다는 것을 보여주었다. 재가자들은 욕망이 금지되고 본래 거지였던 출가승들을 보고 당연히 카타르시스를 느낀다. 불쌍해서라도 그런 감정을 가진다. 결혼을 하고 가정까지 가진 개신교 목사에게 세상 사람들은 별로 카타르시스를 느끼지 못한다. 어떤 경우에는 오히려 경쟁자로도 본다. 불교는 거친 예언자라기보다는 부드럽고 수동적인 반문화의 대표자다. 따라서 복잡한 현대 사회의 시민들에게 카타르시스적인 것을 선물할 수 있다. 하지만 마음이 쉬어가는 쉼터 정도에 머문다.

기독교가 욕망의 종교는 아니다. 기독교인들도 명상적이고 포기적인 영성의 전통을 보다 깊게 배워야 한다. 나는 군목으로 3년간 활동하면서 군법사님들과 군신부님들과 함께 훈련을 받으며 고생도 함께 했고 부분적으로나마 식사도 함께 하고 교제도 나누었다. 일종의 종교 간의 대화였다. 장교 훈련 기간 동안 나뿐 아니라, 많은 사람들이 허기가 져서 식욕 때문에 음식을 많이 담았다가 잔반을 많이 남겼다. 하지만 그 힘든 가운데서도 대부분의 스님들은 잔반을 결코 남기지 않을만큼 절제되어 있었음을 인상 깊게 기억하고 있다. 기독교는 불교처럼 아주 강한 의미에서의 세계포기적 종교가 아니라, 세계 내적 금욕주의라 할 수 있다. 하지만 기독교에도 포기와 내려놓음의 영성이 존재한다. 욕망 담론이 불교적인 인상을 준다는 것은 오해다.

하버마스 이후의 독일의 대중적 철학자 슬로터다이크는 지라르의 최근 저작의 독일어 번역본 후기(Nachwort)를 썼다. 그는 니체 계보의 편에서 불교 지혜가 주는 위생적인 것을 변호한다. 나는 비움과 멈춤 등에 관한 불교 지혜가 주는 위생적 카타르시스와 또한 그 카타르시스를 주는 카타르마(인간 희생양)으로서의 붓다들의 비극적 실존에 대해 관심이 있다. 붓다들은 자신을 양초삼아 스스로를 불태우는 희생제물이 된다. 불교 명상의 제의적 변천과 진화가 주는 창조적이면서도 선한 역할 자체를 부인하거나 시기할 필요는 없다. 특히 명상 수행을 통해 질투, 시기심을 다스리는 것은 좋다. 하지만 지금까지도 불교에는 소신공양 등이 약화된 형태로나마 지속되고 있는 문제 등 근대적 시각에서 논의되어야 할 많은 문제가 있다. 불교 근대화는 더욱이 미완의 기획이라고 생각된다. 갑자기 불교를 포스트모더니즘과 손쉽게 연결시키는 것에는 많은 비약이 존재한다. 물론 유대-기독교적 전통을 점차적으로 떠나기 시작한 많은 포스트모더니스트들이 1960년대 이후 일시적인 유행으로 불교에 심취했다.

불교적 "도덕의 환상"은 "자아의 환상", "죄악의 환상"이라는 개념처럼 위험한 개념이다. 도덕이 환상이라면 가장 부도덕하고 잔인하고 폭력적인 것도 결코 정의로운 심판의 대상이 될 수 없다. 또 자아의 환상이라는 사상 때문에 자아와 주체의 존엄성에 기초한 인권, 자유, 평등, 민주주의 사상이 건설되기 힘들다. 니체가 말한 신의 죽음(보다 정확하게 읽어보면 신에 대한 집단 살해) 이후 철학적 유행으로 등장했던 주체의 죽음과 저자의 죽음 등 온갖 종류의 죽음의 철학이 등장했지만, 최근 프랑스에서도 니체주의가 황혼기에 접어들면서 다시금 주체를 회복하고자 하는 시도가 등장했다. 알랭 바디우도 니체와 들뢰즈에 대항해서 주체를 재발견하고 있고, 지젝도 저항 주체를 재발견하고 있다.

과거사 청산에 대한 문제에서 전쟁 동맹국 독일과 일본이 보여주는 많은 차이들은 보다 깊은 차원에서 논의될 수 있다. 그것은 기독교와 불교 문화권의 차이로도 논의될 수 있다. 히틀러와 나치를 언급하는 최근 일본 우익 정치인들의 망언들을 보라. 극우파들이 활개를 치도록 방치하고 용납하는 일본 사회 전체를 어떻게 이해할 수 있을까? 왜 그러할까? 왜 일본인들은 죄의식을 느끼지 못할까? 불교 문화권에는 사실상 죄와 파계까지도 공하다는 사상이 있어서 망각의 문화가 생산되고, 그렇기에 정의의 윤리가 싹트기 힘들다.

나는 온누리교회 교인으로서 일본에 깊은 애정과 관심을 가지게 되어 르네 지라르와 일본의 저명한 소설가 무라카미 하루키를 비교하는 내용 등을 담은 『희생되는 진리』(홍성사 간)라는 대중 문화비평서를 집필한 오지훈의 원고에 대한 감수 및 추천의 글을 부탁받았었다. 그는 후기 기독교 시대에 편만한 "희생자 논리", "피해자 논리" 혹은 "피해자 코스프레" 현상에 대해서 다음과 같이 바르게 지적했다. 조지 오웰의 『1984년』이후 주된 철학의 담론과 워쇼스키 형제의 영화 "매트릭스"에 이르기까지 공통되는 하나의 메시지는 "당신은 속고 있다"로 귀결된다. 푸코는 담론을 지배한 권력의 기만과 은밀한 폭력에 의해 다수 시민이 철저히 규율되고 있다고 주장했다. 하지만 이는 절반의 진실이다. 프란츠 파농은 이에 대해 권력에 과도하게 책임을 물어 피지배층을 지나치게 수동적인 존재로 인식하는 우를 범하고 있으며 다수 대중을 피해자로만 상정하여 그들의 책임 소재를 흐리고 있다고 비판하기도 했다. 이 점에서 지라르는 특별하다. 지라르는 "모방적 욕망"의 개념을 통해 "당신은 속고 있다"는 개념에 숨은 다중의 면책특권을 박탈하고 희생양을 박해하는 것은 비단 권력만이 아니라 바로 당신도 포함되어 있는 다수 군중이며 결국 당신도 그 책임에서 자유로울 수 없다고 지적했다. 오지훈은 "당신은 피해자다"라는 가장 매혹적인 기만을 폭로하고 당신의 책임도 묻고 있다는 점이 지라르의 의의라고 보았다. 그래서 나름 진보를 말하면서 권력을 마구 비판하고 스스로 도덕적인 정당성을 지니고 있다고 생각했던 한 진보적인 대학생이었던 자신이 지라르의 이론을 통해 자신 역시 폭력의 가담행위로부터 자유로울 수 없다는 부분에서 쭈뼛 머리가 섰다고 고백했다.

　지라르는 무신론과 반기독교가 판치는 유럽 학계와 사회에 진정한 "기독교" 가치의 재발견을 주장하며 주류 포스트모더니즘에 도전장을 던졌다. 구약성서는 고대 근동 문화처럼 왕을 신의 형상이라 하지 않고, "모든" 사람이 하나님의 형상이라고 선포한다. 동시에 신약성서는 "모든" 사람이 죄를 범하여 하나님의 영광에 이르지 못했다고 선포한다. 마녀사냥하는 군중의 텍스트인 신화는 공범 의식을 차단시키지만, 그 신화를 전복해서 다시 쓴 반신화인 성서는 공범 의식을 일으킨다. 십자가에 달리신 자 앞에서 그리스도인들은 공범자가 된다.

신들은 잔인하고 음산하다

고대 그리스 전성기 때 행해진 디오니소스 경배 의식이라는 음산한 의식에도 이런 폭력이 들어있다. 디오니소스는 음산하다. 『음산한 요기들』(sinister yogis)이라는 제목의 책도 2009년 시카고 대학교 출판부에서 출판되었다.[39] 독일 유력 일간지 「디벨트」(Die Welt)는 "신들은 잔인하다(Die Götter sind grausam). 그러나 하나님은 선하시다. 지라르가 기독교를 구했다"라는 말로 지라르를 소개한다.⁴⁰ 이교의 신들은 음산하고 잔인하고 폭력적이다. 왜냐하면 폭력적인 성스러움을 생산하는 우상들이기 때문이다. 인도의 시바를 신화적인 모델과 원형으로 삼는 요기들과 불교의 출가하는 붓다들에도 이 디오니소스적인 음산함이 남아 있다. 티베트 비밀불교의 악마적인 붓다들은 음산하다. 서구 불교인들이 티베트 불교의 탱화를 과도하게 미학화시키고 낭만화시킨다고 해도, 우리는 만다라 속에서 칼 융식의 심층심리학적인 것을 보기보다 디오니소스적인 통음난무와 폭력을 보게 된다.

나는 『붓다와 희생양』에서 티베트의 밀교에서 볼 수 있는 악마적인 붓다들을 지라르의 제의 이론의 관점에서 새롭게 해석해 보았다. 단순히 "악마적인 붓다들"을 악마화하는 것이 아니라 희생제의 이론으로 탈악마화시키고자 했다. 즉 나는 그 악마적인 모습을 종교적 창녀와 통음난무적이고 디오니소스적인 성관계에 빠져 있는 붓다들의 불일불이 상태, 곧 지라르가 말하는 짝패와 차이소멸 상태로 보았다. "색즉시공 공즉시색"이 깊은 불교 철학을 말하기도 하지만, 동시에 때로는 섹스 코미디의 제목이 되는 것에서 볼 수 있는 것처럼, 불교 철학의 뿌리에는 성적이고 디오니소스적인 것이 자리 잡고 있다. 색즉시공 공즉시색은 데리다의 해체주의 철학과 별로 관련이 없다. 일부 불교 지식인들이 불교의 빠른 근대화를 위해서 불교 철학과 서구 학문(서구 철학과 서구 자연과학)과의 관계성에 어느 정도 "집착"하고 있는 면도 있는데, 이는 재고되어야 한다.

---

39 David Gordon White, *Sinister Yogis* (Chicago: University of Chicago Press, 2009).

40 Karsten Laudien, Die Götter sind grausam. Aber Gott ist gut: René Girard rettet das Christentum, Die Welt, 28.09.2002.

희생염소 역할을 하는 신들은 모두 잔인하고 무시무시하며 음울하고 음산한다. 그러나 유대-기독교 전통의 하나님은 이 음산함 저편에 있다. 그는 거룩하다. 신화의 박해자가 자신들의 희생양을 신격화하던 논리를 유대-기독교 전통은 받아들이지 않았다. 유대-기독교 전통은 우상화의 유혹을 이겨내었다. 유대인들은 인간의 창조물을 신격화하지 않는다. 신화의 주인공들은 항상 처음에는 악마로 변했다가 뒤에 가서는 신격화되고 우상화된다. 반면 유대교는 희생양의 우상화와 신격화에 저항했다.

본래 고대 종교의 성스러움의 중심에는 희생제의가 있었고, 또한 범죄 행위가 있었다. 아프리카 부족에서는 왕의 즉위식 때 왕은 의도적으로 근친상간을 범한다. 근친상간은 비밀스러운 곳에서 일어난다. 비밀불교의 그 은밀한 곳에 오이디푸스의 죄악행위가 자리 잡고 있다. 기독교는 그 은밀한 곳을 고발했다. 비밀스러운 것을 은폐하는 휘장 안에서는 주로 오이디푸스의 죄악들, 곧 성적인 차이소멸적 범죄 행위가 일어난다. 휘장 안의 유대교의 지성소에서는 디오니소스적인 통음난무와 같은 성범죄 행위가 일어나지 않았다. 유대교의 야웨가 여신을 파트너로 취하지 않은 이유는 이 성범죄자 신을 생산하는 메커니즘을 거부했기 때문이다. 더 나아가 그리스도 이후 그 지성소의 휘장마저 찢어졌다. 이제 인류가 태초로부터 은폐해 왔던 비밀스럽고 은밀하고 디오니소스적인 것은 회칠한 무덤이 파헤쳐진 것처럼 공개되었다.

불교와 샤머니즘의 분위기가 음산한 것은 폭력적인 성스러움(le sacré) 혹은 옛 성스러움(old sacred) 때문이다. 이교적 신들은 모두 희생제의적 살해도구인 칼과 창을 들고 있다. 제우스도 삼지창을 들고 있고 인도의 시바도 삼지창을 들고 있으며 한국의 무당들도 삼지창을 들

예수는 반신화다

고 있다. 하지만 예수는 삼지창을 들고 있지 않다. 이교적 신들이 들고 있는 삼지창과 칼과 같은 무기는 지라르가 말하는 폭력적인 성스러움을 보여준다. 삼지창을 들고 돼지를 살해해서 희생제물로 바치는 무당은 결코 그 희생제사를 비판하지 못한다. 그녀는 제사의 집행자다.

나는 인도의 디오니소스라 불리는 시바를 신화적 원형으로 삼는 붓다들에게서 디오니소스적인 것을 발견했다. 그리고 지상의 신들인 그들 주위의 성스러움을 지라르 이론에 있어서 폭력적인 성스러움과 옛 성스러움 등으로 이해했다. 그것은 십자가에 달리신 자의 거룩함과 구분되는 것이었다. 니체와 하이데거가 미래의 신으로 기대하는 디오니소스에는 이 옛 폭력적인 성스러움이 자리 잡고 있다. 군중 폭력을 대변하는 디오니소스는 잔인하고 또한 음산하다. 인도의 요기들 및 괴물과 같은 붓다들에도 야누스의 두 얼굴처럼 디오니소스와 같은 음산한 측면이 있다. 이교적 신들이 음산한 이유는 바로 야누스적인 희생염소 역할을 하고 있기 때문이다. 불교에 악마 같은 붓다들이 있는 것도 희생양 메커니즘 속에서 바로 이해될 수 있다.

신들은 폭력적이고 음산하다. 그러나 희생양 메커니즘을 계몽하고 해체하면서 그것을 넘어서는 기독교의 하나님은 희생양 메커니즘이 생산하는 야누스와 같은 두 얼굴의 하나님이 아니다. 십자가에 달리신 자의 얼굴에 나타난 하나님의 영광은 이교적 신들의 얼굴에서 발견되는 야누스적인 이중성과 괴물성을 넘어서고 있다. 거룩한 기독교의 하나님은 옛 성스러움이 생산하는 음산한 것을 넘어서는 분이시며 모차르트의 교회음악에서처럼 밝고 명랑하고 초월적이며 거룩하다. 거룩한 기독교의 하나님은 음산하고 폭력적인 이교의 신들 저 편에 존재한다.

대긍정을 위한 축제적인 대부정

불교는 뜨거운 도시의 경쟁에 지친 현대인들의 마음이 쉬는 곳 정도에 그친다. 공동체의 종교라기보다는 순전히 출가승들의 구원론에 머물다보니 문화를 보다 창조적이면서 비판적으로 변화시키지 못했다. 옥스퍼드 대학교의 불교학자 곰브리치와 같은 학자들이 주장하듯이, 불교는 에밀 뒤르켐이 말한 "공동체의 종교"가 아니라 출가하는 붓다들의 순전한 구원론에 불과하다. 막스 베버도 지적했듯이, 불교는 재가 신자들을 위한 공동체 윤리를 발전시키지 못했다. 오랫동안 재가불교는 불교가 아니었다. 불교는 처음부터 출가불교였다.

즉 불교문화는 세계 내적 금욕주의를 가르치면서 공동체를 보다 적극적이고 창조적이며 비판적으로 변화시켰던 서구 기독교 문화와는 달리 디오니소스적이고 축제적인 반문화를 대변하는 출가승들의 순수구원론을 안전밸브 삼아 유지되었다. 그래서 공동체의 중심은 방치되었다. 언제나 마을과 도시의 중심에 위치하면서 유럽의 공동체문화를 변혁시켰던 기독교와 달리 불교는 언제나 마을의 중심이 아니라 정글에 속하는 붓다들의 구원론의 종교로 머물게 되었다. 재가 신자들의 공동체 문화는 그렇기에 방치될 수밖에 없었다. 불교, 좀 더 정확히 말하면 본래 출가승들의 순수 구원론이었던 출가불교는 사람들에게 마음산책로 정도에 머문다. 불교에는 본래 일상의 영성이 없었다. 불교는 재가 신자들을 위한 구체적인 도덕적 규율을 주지 못했다.

불교문화권에서는 대부분 정치적으로 민주주의가 싹트지 못했다. 불교는 절대 왕권 체제나 파시즘에 취약하게 노출되어 있다. 왜냐하면 붓다들은 수동적인 희생염소들로서 시스템의 안전밸브로서 역할을 했

예수는 반신화다

기 때문이다. 구약성서에서 볼 수 있는 저항하는 예언자들의 거친 목소리가 불교에는 부족했다. 불교는 여성적이고 수동적이고 때로는 식물적인 지혜 전통에 그치는 경우가 많았다. 엘리아데의 표현처럼 요가와 명상은 거의 식물적 자세로서 죽음을 선취하고 있다. 불교는 새로운 질서를 앞당기기보다 기존의 세계 질서 유지를 위한 안전밸브 역할을 했다. 불교에는 카타르시스와 위생적인 것은 있어도 묵시록은 존재하지 못했다. 출가하는 붓다들의 대부정은 세계 질서의 대긍정을 위한 축제적인 부정에 불과했다.

소위 서구에서 지혜 전통이라고 이해되는 아시아의 지혜는 고차원의 지혜라기보다는 단지 어제의 지혜일뿐이다. 즉 모든 고대의 지혜 문서들은 모방 욕망의 위험에 대해 경고하고 있다. 옛날 동화를 비롯한 많은 문헌들은 결국 모방 욕망의 위험에 대한 것으로 이해될 수 있다. 지라르가 말하듯이 고대의 지혜들은 미메시스적인 것에 대해서 매우 민감한 의식을 소유하고 있었다. 희생양 붓다들의 다르마로서의 비움, 세계포기, 포기, 멈춤 등도 모방 욕망의 포기를 말한다. 지라르도 불교의 욕망 포기를 니르바나적인 포기로 이해했다. 불교의 니르바나적인 포기는 희생양 붓다들만의 욕망 포기다. 이는 결국 특정한 개인들에게만 희생을 강요하는 논리다. 곧 희생양 메커니즘 안에서 작동하는 논리다. 불교는 선악을 넘어설 것이 아니라 희생양 메커니즘을 넘어서야 한다.

기독교는 십자가 사건 이후 차츰 희생양 메커니즘의 저편을 향해 전진하고 있다. 희생양 메커니즘을 비로소 인식하여 고발하고 또한 초월하고 극복하는 기독교가 현대성의 참된 엔진이었다. 중세는 고대 후기의 영지주의가 극복된 시대로 이해되기도 하는데, 이는 영지주의 속의 신화적인 것의 극복이 중세 시대를 열었다는 것으로 볼 수도 있다. 영지주의를 극복한다는 것은 영지주의 속의 신화적인 것 안에 은폐되어 있는 희생양 메커니즘을 극복한다는 것으로도 이해될 수 있다.

기독교 전통에도 메멘토 모리(*memento mori*) 전통이 있지만, 그것은 불교에서 볼 수 있는 죽음과 시체에 대한 명상과는 다른 성격을 지닌다. 기독교도 모방 욕망의 허무와 무상을 가르친다. 하지만 기독교 영성은 불교의 경우처럼 세계포기가 아니라 세계 내적 금욕주의라 할 수 있다. 기독교는 결코 세계 자체를 포기하거나 욕망 자체를 악마화하지 않는다. 더욱이 기독교는 사회질서를 유지하기 위해 폭력적으로 성스러운 출가승들과 같은 특정 개인들에게만 세계포기를 강요하지 않는다. 기독교는 특정 개인들에게 희생 논리를 강요하지 않는다. "모든" 사람이 죄인이고, "모든" 사람이 십계명과 산상수훈을 지켜야 한다. 하지만 불교는 다르다. 불교는 출가승과 재가자를 구분한다. 불교는 심지어 진리도 두 가지다. 붓다들의 진리와 재가자들의 진리가 서로 다르다. 대부분의 불교 지혜와 진리들은 매우 특정한 사람들인 붓다들의 특수 진리다.

메츠(J. B. Metz)는 기독교는 눈을 뜨고 있는 신비주의, 곧 정치적 신비주의라고 했다. 반면 메츠에 의하면 불교는 눈을 감고 있는 신비주의다. 불교문화의 경우 정치권력에 대한 예언자적 저항을 시도하기보다는 세계 질서와 정치권력에 대해서 때로는 수동적이고 기생적이었다. 붓다들의 세계포기는 세계 질서 유지를 위한 축제적인 안전밸브 역할 정도의 역할에 머물렀다. 유대-기독교 전통에는 명상적이고 수동적이며 여성적인 지혜도 있지만 거대한 짐승이라는 우상의 억압과 착취에 저항하는 거친 예언자들의 외침도 있다. 니체가 불만을 가졌던 전

예수는 반신화다

통적 유럽의 평등 도덕의 계보는 바로 이곳에서부터 점차 발생했다. 불교의 경우 디오니소스적이고 파계적인 부정의 목소리는 존재했지만, 그것은 기존 질서에 대한 비판이라기보다 오히려 그 질서를 갱신시켜주는 축제적인 무질서의 소리에 머물렀다. 동문서답의 선문답에서의 "헛소리들"도 통과제의적이고 축제적인 헛소리에 불과했지만, 기존 질서를 예언자적으로 비판했던 목소리에는 도달하지 못했다. 붓다들의 계보에 서 있는 고승들의 디오니소스적인 미친 지혜들과 헛소리들은 유대교에서 발견되는 예언자들의 사회정의를 위한 외침에 미치지 못했다.

서구에서 잠시 불교 명상이 유행을 했던 이유는 1968년 유럽 학생 문화혁명으로 인한 반문화 운동과 반대 철학 운동 때문이었다. 하지만 불교에 잠시 관심을 가진 유럽 지식인들과 학생들은 불교에서 말하는 반대 철학과 반문화는 서구인들이 기대했던 보다 사회해방적이고 해체주의적인 반대 철학이 아니라, 불교가 아시아의 역사에서는 그 반대로 기존 질서를 유지해주고 있었다는 사실을 충분히 알지 못했다. 이제는 그 반문화 운동의 유행도 지나 서구인들도 아시아의 불교 전통에서 다시금 자신의 기독교 전통으로 역개종하는 사례가 늘고 있다. 나는 『붓다와 희생양』에서 니체와 그의 계보에 서 있는 슬로터다이크 등이 불교 속에서 보고 있는 그 위생적이고 카타르시스적인 것의 비극적 기원을 해독하고자 했다. 곧 불교문화의 카타르마, 곧 우주적 대자비와 보시를 위해서 언제든지 희생할 준비가 되어있어야만 하는 비극적 영웅들인 붓다들의 삶에 은폐되어 있는 희생양 메커니즘을 해독했다. 불교 지혜의 수동성과 식물성(멈춤과 비움)이 카타르시스를 줄 수 있다. 하지만 불교가 주는 마음 수련과 카타르시스는 사실상 불쌍한 불가의 카타르마(붓다들)로 인한 것이다.

유럽과 아시아의 차이는 결국 도시의 중심에 있는 교회와, 도시로부터 (자기)추방되어 먼 정글이나 산 속에 자리 잡고 있는 법당의 차이다. 유럽에서 교회와 성당은 언제나 마을과 도시의 중심에 위치하고 있다. 일상의 종교였다. 유럽에는 전통적으로 교회와 성당이 도시의 건축학적 중심에 자리 잡고 있으며, 그곳에 광장이 형성되어 있다. 공적인 사도전승으로 탄생한 기독교는 이렇게 미스테리아의 종교가 아니라 광장의 종교였다. 기독교는 선불교 수행이나 비밀불교 수행에서 볼 수 있는 것처럼 종교적 통과의례(initiation)를 통해서 전수되는 에소테릭한 진리가 아닌 공공의 진리를 선포해왔다. 도시의 중심에 교회와 성당이 존재하듯 서구 문명의 중심에는 유대-기독교 전통이 존재했다. 유대-기독교 전통은 문명의 주변이 아니라 중심에 서 있었다.

그러나 법당은 중심에 들어오지 못했다. 불교는 마을과 도시의 일상의 중심에서 세계를 바꾸고 변혁시키는 세력이 되지 못했다. 본래 붓다들의 공동체, 승가는 마을에 너무 가까이 오지 못하게 되어 있었다. 출가승들의 공동체는 마을을 중심으로 너무 멀리도 아니고 너무 가까이도 아닌 곳에 자리 잡았다. 너무 멀리 떨어지지 말아야 하는 이유는 탁발공양을 할 수 있어야 했기 때문이다. 출가불교는 주변적이었다. 또한 그들은 문자적인 의미 그대로 걸량승(乞糧僧)이었기에 마을을 중심으로 하는 공동체에 기생적이었다. 『붓다와 희생양』에서 논했듯이, 본래 붓다들의 무(無)의 다르마는 스스로 정의될 수 없고, 오직 마을의 질서를 부정하는 것으로만 의존적으로 정의되었다. 출가불교는 마을의 중심에 서는 공동체의 종교가 아니었다. (출가)불교는 반대 구조와 안전밸브로서 마을 공동체의 주변에 머물렀다.

예수는 반신화다

한국 불교가 기독교를 모방하면서 발생한 새로운 변이에는 딜레마가 있다. 여기에는 불교 근대화라는 좋은 점과 함께 비불교화라는 다른 측면이 함께 존재한다. 불교가 서구에서 잠시 유행한 것은 바로 유럽의 반문화와 히피 문화의 영향 때문이었다. 또한 종교학자들이 인정하듯이 불교가 서구에 소개될 때에는 많은 경우 기독교를 대체하는 종교로서 각색되고 소개되었다. 서구의 오리엔탈리즘과 아시아 불교지식인들의 자기오리엔탈리즘의 문제를 함께 논의해야 한다.

기독교는 소화하기 힘든 종교다. 주로 유럽에서 도그마가 없는 불교는 편안하고 부담 없는 종교로 소비되고 있다. 기독교의 도덕적 가르침을 떠나고 싶은 자들이 서구에서 주로 자유의 종교로서 불교를 택하곤 한다. 서구에서 불교는 아시아에서보다 편안한 종교로 "소비"된다. 출가자들로부터 나오는 공덕에 대한 신앙이 서구에는 거의 존재하지 않는다. 결국 서구 불자들도 탈신성화의 메시지를 가지고 있는 기독교 교육의 영향을 받고 있다. 불교와 페미니즘을 연구했던 어느 불교학자의 고백처럼 많은 서구의 불교학자들이 기독교를 떠났다고 하더라도 그 사고의 전제와 습관에는 자신이 교육받은 유대-기독교적인 전통이 남아 있다.

붓다상은 후기 자본주의 사회의 새로운 부적이다. 실제로 남방 불교에서 붓다상은 부적으로 사용되고 있다. 부적은 사찰의 주요한 수입원이다. 부적은 비불교적인 타락 현상이 아니다. 반면 예수는 부적이 되기를 거부한다. 예수는 부적이 되기에 인간적이고, 너무나 인간적이다. 슬픔, 아픔 그리고 무엇보다도 폭력이 부각되어 있다. 십자가에 달리신 자를 묘사하는 상은 반우상주의적이다.

비밀불교의 비밀 언어

『예수는 신화다』라는 책과 같은 입장을 가진 혹자들은 기독교도 또 하나의 미스테리아의 종교라고 주장하지만, 기독교는 스스로를 계시의 종교라 한다. 하이데거의 표현을 빌려 표현하자면, 기독교는 비은폐성(Unverborgenheit)의 종교이지 미스테리아(신비종교)와 같은 은폐성의 종교가 아니다. 영지주의와 세계의 많은 신비종교는 기독교와 같이 공개된 진리가 아니라, 비밀스러운 통과제의(initiation)를 통한 비밀 전승을 통해서 전수되는 지혜를 담고 있다. 그래서 미스테리아에는 많은 경우 비밀 전승과 함께 비밀 언어도 존재한다. 기독교에는 비밀 언어가 존재하지 않는다.

비밀불교(밀교)에는 비밀 언어가 존재한다. 비밀불교에는 장막 속에서 이루어지는 디오니소스적인 것의 일치와 통음난무를 은폐하기 위해서 비밀 언어가 사용된다. 탄트라 비밀불교의 디오니소스적 통음난무에 참여하는 "요긴과 요기니들의 비밀 언어"(Geheimsprache)는 잘 알려져 있다.[41] 밀교(비밀불교)의 비밀 언어의 흔적은 일본 선불교를 비롯해서 다른 아시아의 불교에도 그 흔적이 남아 있다. 밀교의 언어는 "비밀스러운 언어"(twilight language)로서 "에소테릭하고 비밀스러우며 애매모호하고 은폐된 방식의 표현"을 의미한다.[42] 비밀불교의 비밀 언어는 모두 희생양들/신들의 오이디푸스적인 죄악들과 디오니소스적

---

41 Adelheid Herrmann-Pfandt, *Dākīnis: Zur Stellung und Symbolik des Weiblichen im Tantrischen Buddhismus* (Bonn: Indica et Tibetica Verlag 1992), 305.

42 Bernard Faure, *The Rhetoric of Immediacy: A Cultural Critique of Chan/Zen Buddhism* (Princeton: Princeton University Press; 1991), 71.

인 파계를 은폐하기 위한 언어학적 전략이다.

왜 비밀불교에는 비밀 언어가 존재할까? 그것은 바로 디오니소스적이고 통음난무적인 것을 은폐하고자 하기 때문이다. 아프리카의 신성한 왕들의 즉위식 때에도 왕은 휘장이 가려진 곳에서 근친상간을 하는 것으로 간주된다. 극장의 신 디오니소스도 가면을 쓰고, 그것을 또한 상징한다. 종교의 은밀한 곳에서는 언제나 성범죄자 신들/희생양들로서의 범죄 행위가 제의적으로 그리고 주기적으로 반복된다. 종교적 언어는 그것을 은폐하고 있다.

이 제사 종교에 사용되었던 각종 약물들과 마약들도 디오니소스적인 엑스터시를 연출하기 위한 것이었다. 이러한 비이성적인 심리의 이상 상태는 종교적 신비 체험의 최고 상태로도 이해되지만, 실제로는 일상적인 의식 수준이 저하되면서 빠져드는 망아 상태 혹은 황홀 상태를 의미한다. 인류는 오래전부터 희생제의적 살해를 하기 전에 집단이 이 위기적 상태로 잠시 추락했다. 비밀불교의 언어에는 이 디오니소스적이고 비밀스러운 죄악들을 의도적으로 은폐하려는 비밀 언어가 존재한다. 기독교에는 비밀스러운 것이 없다. 기독교는 태초로부터 문화와 종교가 자신을 유지하기 위해 은폐해온 것을 폭로했다. 기독교는 이 회칠한 무덤과 같은 비밀스러운 것을 폭로하는 묵시록적인 메시지로 역사 속에 들어왔다. 기독교는 종말론적인 것이 선취되는 종교다. 주요한 현대 정치사회적인 사상들 중에는 묵시록적·종말론적 유대-기독교 사상이 세속화된 것이 많다.

이 비밀 언어는 또한 희생양 메커니즘을 비판적으로 인식하지 못하도록 하는 인지 불능과 관련이 있다. 진짜 희생염소는 은폐된 희생염소다. 예수는 비은폐성(Unverborgenheit)의 희생양이다. 예수 그리스도의 사건은 비은폐적 사건이지, 신화에서처럼 또 하나의 은폐적 사건이 아니다. 희생양이라는 개념 자체가 희생양 메커니즘에 대한 비판적 에피스테메를 전제한다. 희생양 메커니즘이 완벽하게 작동하기 위한 전제조건은 그 메커니즘에 대한 인지불능(méconnaissance)이다.[43] "어떤 사고 시스템도 자기 자신을 파괴하는 사고를 할 수 없다."[44] 신화는 바로 희생양 메커니즘으로 구조화되어 있기에 그 메커니즘은 잘 드러나지 않게 된다. 지라르는 "텍스트 자체를 구조화하고 있는 메커니즘을 발견하는 것보다 어려운 일은 없다"고 말한다.[45] 희생양 메커니즘은 거대한 매트릭스로서 그 시스템 안에 있는 자들이 그것의 코드를 파악할 수 없는 인지불능 상태에 있다. 비밀불교와 그 비밀 언어는 희생양 메커니즘을 인지하지 못하도록 하고 있다. 새로운 폴리스인 그리스도의 에클레시아는 세상의 빛으로서 산 위에 있는 동네처럼 비밀스럽게 숨겨질 수 없다. 하나님 나라(바실레이아)의 아방가르드로서의 에클레시아는 비밀 언어가 아니라 공공의 진리를 선포한다.

기독교가 비밀 언어와 비밀 전승으로 전수되는 또 하나의 미스테리아가 아니라 공적인 사도전승에 기초한 공공의 종교이기에, 기독교는 점차적으로 모든 사람을 향한 교육을 장려했다. 이제는 글로벌하게 보편화된 대학의 기원도 신학교에 있다. 하지만 기독교는 신학뿐 아니라 "모든 진리는 하나님의 진리다"라고 가르치면서 모든 학문을 권장하고 장려했다.

기독교는 가장 교육적인 종교다. 불교가 깨달음의 종교라면 기독교

---

43 René Girard, *Das Heilige und die Gewalt* (Zürich: Benzinger, 1987), 154, 37, 175f.
44 René Girard, *Der Sündenbock* (Zürich:Benziger, 1988), 294.
45 René Girard, *Hiob-ein Weg aus der Gewalt* (Zürich: Benziger, 1990), 46.

예수는 반신화다

는 교육의 종교다. 기독교에는 교육의 모방 대상이 명확하다. 하나님 스스로 자신을 닮으라고 한다. 또한 그리스도를 모방하는 것(*imitatio Christi*)이 기독교 성화의 목표다. 그래서 기독교가 선교되는 곳마다 이교적 제단을 허물고, 대신 학교와 병원과 교회와 성당을 세웠다. 지라르에게 있어서 인간의 두뇌는 거대한 모방의 기계요, 교육은 한마디로 미메시스(모방)이다. 2016년, 서울대학교 대학원에서 교육철학을 전공하면서 평소 지라르 이론에 큰 관심을 지닌 어느 분이 한국교육사상연구회 학술 대회에서 르네 지라르의 미메시스 이론으로 국제학생평가 프로그램(PISA)을 비판적으로 검토하는 논문이 발표되었다는 사실을 알려오기도 했다. 지라르의 미메시스 이론은 학제적 확장성이 매우 큰 이론임에 틀림없다.

하지만 불교 지식인들도 지적하고 있듯이 디오니소스적인 붓다들의 파계가 모방된다면 이것은 매우 위험하다. 그렇기에 힌두교와 불교의 신들은 자신들을 모방하는 것을 금지한다. 탄트라 불교의 싯다들과 요기들 및 붓다들은 사실 교육적 모델이라기보다는 위험할 정도로 신성한 안티 모델이며 은폐된 희생양들이다. 그들은 모방하기에는 위험하고도 신성한 예외들이며 또한 범죄자들이다. 출가불교의 붓다들은 기독교적 의미에서 교육적 모델이라기보다는 기복의 대상이었다.

불교 문화권에서 현대성의 합리화가 지체된 것은 출가승들이 더 비판적으로 재가 신자들의 세계를 교육시키지 못했기 때문이 아닌가한다. 유대-기독교 전통은 책의 종교와 교육의 종교였다. 유대인의 쉐마 교육과 기독교 교육을 생각해 보라. 니체는 유럽의 새로운 교육자(Erzieher)가 되고자 했다. 교육(Erziehung)은 문자적인 의미로는 끌어올리는 것이다. 니체는 기독교에서 초월을 향해 상승시키는 것을 보왔다. 기독교 교육은 그리스도를 모방하는 참된 인간성을 향해 끌어올리고자 한다. 기독교에서 고양시키는(elevating) 힘을 니체는 발견했다. 니체는 점차적으로 그리스도적인 것으로부터 디오니소스적인 것으로 전환되어갔지만, 2000년 유럽을 변화시켰던 기독교의 문명사적 영향사에 대한 그의 평가는 많은 부분에서 옳다. 니체는 기독교에서 고양시키는 고상하고 숭고한 어떤 것을 보았다.

　　기독교 미학에서 볼 수 있듯이 기독교 정신은 파계와 같이 카오스적 심연으로 추락하기보다 그 유혹과 중력을 극복하고 숭고한 초월을 향해 상승하고자 하는 몸부림이다. 희생양 메커니즘은 연약한 인류가 극복해야 하는 중력과 유혹이다. 인류는 위기가 닥쳤을 때 희생양에게 그 책임을 전가시키고자 하는 강한 유혹을 느낀다. 인류학적 중력을 극복케 하는 것은 수직적으로부터 내려오는 초월적 은총이다. 힌두교와 불교의 카르마는 과거로부터의 운명을 말하지만, 기독교의 카리스(은총)는 위를 향해 영점에서 다시금 시작할 수 있게 하는 힘이다. 슬라보예 지젝의 표현을 빌리자면 기독교는 우주적 균형과 전체성의 파괴를 의미한다. 또한 기독교는 은총의 종교로서 영점에서 시작할 수 있게 하는 종교다. 붓다도 전생에 지은 범죄 행위로 말미암은 나쁜 카르마를 속죄하기 위해 지상에서 요기로서 명상하고 수행을 했다. 카르마는 카스트 제도를 유지시키는 교리다. 카르마는 차별과 부정의를 비판하기보다 이를 정당화시키고 고착화시킨다.

칼 융, 만다라, 그리고 밀교의 통음난무

『붓다와 희생양』의 추천의 글까지 성사되지는 못했지만, 미국 미시간 대학교의 아시아 언어와 문화학부 교수이자 저명한 불교학자인 도날드 로페즈(Donald S. Lopez) 교수는 지라르와 불교에 대한 나의 논의를 환영한다고 하면서 자신의 저서(*Elaborations on Emptiness: Uses of the Heart Sutra*, 1996)를 통해 만다라 속의 폭력에 대해 해명하려고 시도했다고 연락을 주었다. 로페즈 교수는 달라이 라마와 티베트 지지자였지만, 이후 티베트 불교의 과도한 낭만적 신화화 전략에 동의하지 않으면서 보다 엄밀하고 정직한 종교학자로서 남게 되었다. 로페즈 교수는 만다라와 『티베트 사자의 서』(정신세계사, 김영사 역간)에 대한 칼 융 식의 심층심리학적 각색을 용감하면서도 자기반성적으로 비판했다. 포르 교수도 후기 자본주의적 소비사회에서 웰빙과 힐링의 이름으로 대중적으로 유행하는 불교 명상에 대한 현상학적이고 실존 철학적 개념 혼동을 비판하면서 불교 명상의 그 본래적인 위험하고 신성한 제의성을 지적한 바 있다.

칼 융은 자신의 어머니를 비롯해서 가정환경에서부터 에소테릭한 분위기가 있었다. 융의 어머니는 자주 황홀경에 빠지고 이해할 수 없는 말들을 하고 했다고 한다. 칼 융도 이 영향을 받아 『소위 오컬트한 현상들의 심리학과 병리학』(*Psychologie und Pathologie sogenannter okkulter Phänomene*)란 제목으로 박사 학위 논문을 썼다. 또한 칼 융은 히틀러와 독일 국가사회주의에 대한 지지자였다. 이 사실은 힌두교를 독일 제3제국의 공식 종교로 채택하기를 원했고 요가를 전문적으로 연구했던 인도학자 하우어와의 친분뿐 아니라 다른 여러 가지 사실들에서 확인할 수 있다.

하우어는 1927년 『북쪽 지방 불교에서의 다라니와 소위 미트라 제의와의 유사성』[46]을 출간했다. 불교 철학을 담은 경전들이 마술적 효력을 발생시키는 다라니로 사용되었다. 우리나라의 다라니경도 마찬가지다. 불교 철학의 정수가 담긴 본문들은 신비적이고 마술적인 힘을 가진 것으로 여겨지는 주문(呪文, 다라니)으로 사용되었다.[47] 불교 철학과 주문의 경계는 많은 경우 명확하지 않다. 여전히 마술적이고 주술적이며 비의적인 불교 철학의 개념을 갑자기 양자이론이나 천체물리학적인 개념으로 재해석하는 것은 과도한 비약이다. 불교가 과학적이라고 주장하기 이전에, 먼저 불교의 전근대적·신화적·비의적인 차원에 대한 "과학적" 접근이 먼저 필요하다. 하우어는 로마 제국 초기의 미트라 신비종교와 불교의 비의성 사이에 유사성을 발견한 것 같다.

티베트 밀교의 만다라는 축제적이고 희생제의적인 "집단 무의식"(칼 융)을 반영하고 있다. 만다라는 칼 융의 해석처럼 심층심리학적으로 파악하기보다 우선 희생제의적으로 파악해야 한다. 만다라를 치유의 상징으로 보기보다 먼저 제의적으로, 보다 정확하게 말하자면 희생제의적으로 파악해야 한다. 그동안 유행했던 만다라에 대한 칼 융식의 심층심리학적 해석의 한계와 새로운 오해는 교정되어야 한다.

만다라는 "탄트라 축제"인 가나샤크라(Ganacakra)를 미술적으로 표현하고 있다. "가나샤크라"라는 말은 밤중에 비밀스럽게 이루어지는 이

---

46 *Die Dhāraṇī im nördlichen Buddhismus und ihre Parallelen in der sogenannten Mithrasliturgie.*

47 Bernard Faure, *The Rhetoric of Immediacy: A Cultural Critique of Chan/Zen Buddhism* (Princeton: Princeton University Press, 1991), 105.

예수는 반신화다

비밀불교의 성적인 제의에 참여하는 "무리들의 원"(티베트어로 *tshogs 'khor*)이란 뜻이다. 이 무리들이 둥글게 모여서 벌이는 비밀불교의 축제는 "비밀제의"(Geheimkult)다. 가나샤크라는 바로 만다라를 제의적으로 집행하는 것이고, 만다라는 가나샤크라를 미술적으로 표현하고 있다. "만다라와 가나샤크라 사이의 신비적 용해"를 통해서 비밀스러운 탄트라 축제의 참여자들은 만다라에 그려진 붓다들과 여신들(창녀들)이 된다.[48]

불교는 미스테리아(신비종교)와 비견될 수 있다. 앞에서 언급한 하우어도 미드라스 신비종교와 불교 사이의 유사성 및 친화성을 발견했다. 광란 도취와 집단 도취의 디오니소스 축제가 밤에 이루어지는 것처럼 비밀불교(밀교)의 축제도 밤에 이루어진다. 이 티베트 비밀불교의 "비밀제의"에는 디오니소스적인 통음난무(집단 성교)가 비밀스럽게 (희생)제의로서 이루어지지만, 또한 그것을 은폐하기 위해 비밀 언어가 사용된다. 만다라는 디오니소스적이고 통음난무적인 탄트라 불교의 성적인 희생제의를 표현한 것이다. 만다라의 중심에는 종교적 창녀들과 불일불이의 성관계에 빠져 있는 붓다들(합체존)이 자리 잡고 있다. 그리스의 바쿠스 축제에 관한 미술 작품이 전원적이고 미학적인 인상을 남기지만 실제로 그것이 디오니소스적인 통음난무를 표현하고 있듯이 티베트 비밀불교의 만다라도 탄트라의 디오니소스적인 축제(통음난무)를 표현하고 있다. 그것은 심층심리학적인 상징이나 은유가 아니라 희생제의의 미술적 표현이다.

---

48 Adelheid Herrmann-Pfandt, *Dhāranī Zur Stellung und Symbolik des Weiblichen im Tantrischen Buddhismus* (Bonn: Indica et Tibetica Verlag, 1992), 369, 381. 10 장은 바로 이 Ganacakra에 대해서 논의되고 있다.

이는 레비-스트로스가 신화와 (희생)제의가 실제로는 같은 것을 표현하고 있다는 것을 이해하지 못한 채 (희생)제의를 무시하고 신화에만 집착한 것과 유사하다. 만다라는 바로 디오니소스적인 비밀불교의 성적인 희생제의, 그리고 낮은 등급이거나 카스트 자체가 없는 천한 불가촉천민 출신의 창녀들과의 제의적 섹스에 빠져 있는 붓다들을 표현하고 있다. 제의가 신화로 표현되듯이, 비밀불교의 통음난무에 빠져 있는 붓다들이 만다라로 표현되고 있다. 나는 『붓다와 희생양』에서 이 디오니소스적인 통음난무를 의도적으로 범하는 붓다들을 희생양들로 파악했다.

많은 불교학자들도 인정하듯이 불교의 미학화와 함께 심리학화는 20세기 불교의 가장 중요한 해석적 전략이었다. 일견 섹슈얼리티를 긍정하는 듯한 인도의 수많은 에로틱한 조각상이 디오니소스적인 통음난무에 빠져 있는 요기들을 미학적으로 표현하듯이, 만다라도 통음난무에 빠져 있는 붓다들을 미학적으로 표현하고 있다. 유럽 일부 지식인들은 이 디오니소스적인 통음난무를 과도하게 미학화시키고 있는데, 그 미학적 형식을 인정한다고 하더라도 그 밀교미학이 담고 있는 내용에 대한 성찰도 간과되어서는 안 된다.

만다라에 미학적으로 표현된 통음난무에 빠진 붓다들은 근친상간과 부친 살해의 비난을 자신에게 흡수하는 희생염소 역할을 하고 있다. 그렇기에 만다라는 칼 융이 말하는 집단 무의식을 반영하기보다 희생제의적 무차별화 혹은 차이소멸을 반영한다. 만약 칼 융식의 집단 무의식이라는 개념을 사용한다면, 그것은 희생제의적 축제 때 분출되는 군중적 집단 무의식으로 이해할 수 있다. 실제로 칼 융은 자신의 집단 무의식 개념이 축제 때에 가장 명확하게 보인다고 했다. 그러므로 만다

예수는 반신화다

라는 티베트 밀교의 성적인 "비밀제의"에서 분출되는 희생제의적-디오니소스적 집단 무의식을 반영한다. 독일 나치의 지지자였던 칼 융은 니체 철학에 심취했으며 "유대인 심리학"을 비판했다. 그래서 유대인인 프로이트의 책들은 나치에 의해 태워졌지만 칼 융의 책들은 살아남았다. 라캉의 정신분석학을 대중화시킨 지젝은 철저하게 프로이트의 노선에 서서 칼 융의 영지주의적 사유와 심층심리학을 날카롭게 비판하고 있다.

정신분석학 이론에 다시금 세계 신화를 끄집어들인 칼 융은 세계 신화가 집단 무의식을 반영하고 있다고 보았다. 하지만 신화에서 발견되는 집단 무의식은 치유적이라기보다는 폭력적이다. 신화 속의 집단 무의식이 카타르시스적일 수 있지만, 그것은 신화의 카타르마(인간 희생양)에 대한 폭력적 살해와 추방으로 인한 것이다. 신화는 신에 대한 집단 무의식적 살해와 추방 이야기다. 엘리아데는 이것을 "창조적 살해"라고 지칭했다. 비교신화학자 캠벨은 군중 살해와 군중 폭력을 신화 속에서 보았지만 "창조적 신화"라는 개념으로 그 집단심리학적 폭력과 살해를 어느 정도 미학화하고 있다. 캠벨은 왜 신에 대한 군중 살해가 "창조적"인지 그 메커니즘을 잘 이해하지는 못하고 있다.

지라르의 희생양 메커니즘 이론은 "창조적 신화"의 메커니즘을 쉽게 이해하게 해준다. 그러므로 칼 융이 말한 세계 신화 속의 집단 무의식은 군중무의식으로서 그것은 축제적 폭력과 무질서와 관련되어 있다는 사실을 기억해야 한다. 인류는 오랫동안 축제 때에 이 디오니소스적 집단 무의식 상태에 빠지기 위해서 약물과 환각제 같은 것도 사용해왔다. 칼 융은 프로이트의 개인 무의식을 넘어서 집단 무의식을 말하면서, 그것을 세계 신화로부터 빌려오는데 신화 속의 집단 무의식은 니체가 디오니소스 축제 때에 발견되는 도취(Rausch), 곧 집단 도취 또는 광란 도취와 닮았다.

로페즈 교수는 만다라에서 폭력을 정확히 목도했다. 나는 지라르 이론을 통해서 만다라에서 불교의 오이디푸스와 디오니소스를 보았다. 십자가에 달리신 자에 대한 미학보다 만다라에서는 그 제의적 폭력이 은폐되어 있다. 만다라는 실제로 집행되었던 비밀불교의 디오니소스적이고 통음난무적인 희생제의를 미학적으로 표현하고 있을 뿐이다. 레비-스트로스가 보지 못한 것은 사실상 신화와 제의가 동전의 양면과 같다는 것이다. 만다라에 표현된 붓다들과 밤늦게 이루어졌던 탄트라 불교의 성적인 제의는 둘이 아니다. 만다라와 비밀불교의 디오니소스적인 희생제의가 사실상 같은 것을 반영하고 있다.

나는 가장 미학적인 나라라 할 수 있는 오스트리아에서 지라르의 이론을 전공하면서 너무 쉽게 티베트의 밀교가 미학화되어 소개되는 것을 보았다. 기독교는 미학을 억압하지 않는다. 기독교 미학도 존재한다. 하지만 때로는 히틀러와 독일 나치의 경우처럼 정치적으로 미학이 오용되는 경우도 많다. 미학의 내용이 중요하다. 몇 년 전에 지라르 사상의 영향으로 회심을 체험한 국내 화가 장해리 선생으로부터 몇 차례의 이메일을 받은 적이 있다. 그녀는 예수 그리스도의 십자가 사건에 대한 기독교 복음과 지구상의 모든 신화들의 차이를 정확히 인지하게 해준 지라르의 저작에 매우 깊은 애정을 갖고 있던 차에 나의 『붓다와 희생양』 또한 매우 흥미롭게 잘 읽었다고 했다. 그녀는 예수 그리스도의 십가가 사건 없이는 진정한 인권의 개념이 성립될 수 없을 알게 되었다고 말한다. 또한 희생양에 대한 근심 혹은 염려는 더더욱 이 지구의 관심사가 되어갈 것이라는 생각에 동의를 표하면서 지라르의 사유

예수는 반신화다

를 미학적으로 녹여낸 작품을 서울 인사동에서 전시하는 데 나를 초대하고 싶다고 했다.

나는 독일과 오스트리아에서의 유학 중 소위 유럽 68 학생문화혁명 세대의 선두주자이자 지난 30년 동안 달라이 라마의 후원자로서 각종 요가와 명상 및 뉴에이지 세미나와 출판 활동을 주도했다가 이후 티베트 불교 및 달라이 라마와 결별하고 이제는 티베트 탄트라 불교의 실체를 알리는 계몽 작업을 하고 있는 트리몬디(Trimondi)라는 필명을 가진 부부와 몇 차례 이메일을 통해서 교제한 바 있다. 영미권보다는 늦었지만 쇼펜하우어, 니체, 그리고 하이데거까지 이르는 독일어권의 철학적 불교낭만주의는 이 트리몬디 부부와 같은 이들의 계몽적 노력에 의해 점차 비판적으로 점검되기 시작했다. 그래서 2003년 독일 종교학회 공식 저널에서는 "불교와 폭력"을 특집 주제로 다루면서 이제 불교는 어제의 불교가 아니라고 선언한 바 있다. 또한 그동안 달라이 라마와의 깊은 관계를 보여왔고 독일어권에서 가장 대표적으로 인도학과 불교학, 기독교와 불교 사이의 종교 간 대화신학을 전개해 온 미하엘 폰 브뤽 교수도 최근의 불교 입문서에서 이러한 비판적 견해들을 수용하고 있다. 트리몬디 부부의 출판 활동과 온라인 상에서의 계몽 활동으로 인해[49] 독일어권에서 이러한 새로운 비판적 불교 연구가 활성화되었다.

트리몬디 부부는 앞에서 언급한 로페즈 교수와 마찬가지로 한때 티베트 불교 신화와 그 열풍에 참여하면서 달라이 라마를 추종하다가 결별한 이후 티베트 불교의 실상을 알리는 계몽 운동을 전개하고 있다.

---

49 http://www.trimondi.de/

트리몬디 부부는 1990년대부터 티베트 불교의 허구를 국제적으로 알리고 있는 대표적인 인물로, 이미 독일의 수많은 언론과 신문, 잡지에 출현해 티베트 신화의 거품을 비판적으로 밝히고 있다. 그들은 티베트 불교가 미신적, 주술적, 샤머니즘적인 면에 대해 침묵하면서 생태학적이고 평화주의적 낙원인 것처럼 묘사된 티베트 신화에 대해서 비판한다. 이렇게 로페즈 교수와 트리몬디 부부와 같이 한때 티베트 불교에 심취했지만, 그 "티베트 신화"에서 깨어난 학자들이 이제는 서구인들이 오리엔탈리즘으로 새롭게 만들어낸 달라이 라마와 티베트 불교인들의 자기오리엔탈리즘에 대해서 비판적 계몽 운동을 하고 있다.

다원주의 사회와 예수 그리스도의 종결성

2000년경 모두가 밀레니엄 새천년의 평화를 기원했을 때 쯤 우연히 인터넷에서 논문들을 통해 접하게 된 지라르의 이론은 충격적이고 도발적이었다. 현대 삼위일체론과 존재론, 그리고 현대 양자물리학과의 상관성 연구 등을 공부하다가 지라르에 대한 학문적 호기심 때문에 점차적으로 불교와 같은 아시아 고등 종교에 대한 독학을 시작했다. 지라르 이론을 통한 나의 사회인류학적 불교 연구는 유럽에서 어느 학자의 말을 빌리자면, "폭탄"과 같고, 활발한 토론을 불러일으킬 것이며, 또한 많은 독자들에게 소개될만한 가치가 있는 독창적인 연구로 평가받고 있다. 과장을 좀 하자면, 칼 바르트의 『로마서 강해』가 당시 문화개신교주의의 놀이터에 떨어진 폭탄이라면, 『붓다와 희생양』은 종교다원주의와 지나치게 낭만적인 종교 간의 대화의 놀이터에 떨어진 폭탄이라 할 수 있다. 나는 불교의 종교성을 대체적으로 지라르의 폭력적 성스러움에 속하는 것으로 파악했다. 처음에는 나의 불교 연구를 제대로 이해하지 못해 나를 근본주의자로 보는 학자들도 있었다. 하지만 나의 지속적인 소개로 인해 지도 교수를 비롯한 여러 교수들과 동료 학생들은 불교에서 말하는 종교적 초월성들이 지라르가 말하는 폭력적인 성스러움(le sacré)의 영역으로 분류될 수 있는 것임을 점차 알게 되었다.

종교 간 대화를 탈낭만화시키면서도 드라마틱하게 보다 급진화시켜야 한다. 『붓다와 희생양』은 기존의 비교종교학을 새롭게 역전시킨다. 붓다들의 성스러움(sacer)은 십자가에 달리신 자의 거룩함(sanctus)과는 달리, 전근대적 의미에서 그리고 지라르가 말하는 원시적 또는 옛 성스러움(primitive or old sacred)으로 파악할 수 있다. 옛 성스러움에는 저주스럽고 음산하면서도 폭력적인 측면이 남아 있다.

레슬리 뉴비긴(Lesslie Newbigin)이 강조했던 것처럼 종교다원주의를 비롯한 다원주의사회에서도 기독교는 예수 그리스도의 종결성(finality)을 믿는다. 캔터베리 대주교인 로완 윌리암스(Rowan Williams)는 최근 강연에서 기독교는 다원주의 사회 속에서 예수 그리스도의 종결성을("The finality of Christ in a pluralist world")을 믿고 있다고 밝혔다. 마지막 희생양인 세상 죄를 지고 가는 하나님의 어린 양 예수 그리스도는 태초로부터 은폐되어온 희생양 메커니즘을 종식시키는 종결자다. 불교는 수많은 붓다와 보살들의 존재를 인정하는 다불다보살(多佛多菩薩)의 종교다. 붓다들의 복수성과 다수성은 곧 희생양 메커니즘의 지속성을 의미한다. 성불이 불교의 목표이므로, 붓다들은 지속적으로 생산된다. 불교에는 살아 있는 붓다, 곧 생불 사상이 있다. 기독교에는 살아 있는 예수에 대한 사상이 없다. 기독교의 목표는 예수가 되는 것이 아니라 성화되어 예수를 모방하는(*imitatio*

Christi) 것이다. 우리나라에 유별나게 예수가 된 사람들이 몇 십 명이 된다고 하지만, 그것은 이단적이다. 물론 그것도 붓다가 되는 것처럼 예수가 된 것은 아니고, 대체로 재림 예수라고 주장한다.

붓다를 유일신론적 의미에서 재해석하고자 하는 모방 욕망에도 불구하고, 불교는 언제나 그리스처럼 만신전을 가지고 있다. 반면 기독교는 만신전을 가지고 있지 않다. 만신전을 가진 불교가 예수 그리스도를 또 하나의 수많은 보살들 중 하나로서 그 만신전에 손쉽게 추가할 수도 있을 것이다. 하지만 기독교는 십자가에서 이루어진 유일회적 희생양 사건의 종결성과 그 특수성의 스캔들 위에 서 있는 종교다. 다종교 사회 속에서의 종교 간 대화와 평화를 위해서도 이 만신전을 가지고 있지 않은 유일신론적 기독교 신앙의 특수성은 존중되어야 한다.

나는 2017년 종교다원주의 논쟁을 주제로 개최된 리포르만다 제7회 학술회에서 "불교와 다불사상"이라는 논문을 발표했는데, 이 논문 발표는 신학전문복음방송 BREADTV를 통해 "붓다의 검은 머리: 불교의 다불사상"이라는 제목으로 방영되었다.[50] 나는 이 논문에서 지라르가 말하는 폭력적인 옛 성스러움이 반신화적인 사건인 예수 그리스도의 십자가와 부활로 황혼기에 접어들었기 때문에, 종교다원주의도 국제적으로 황혼기에 접어들었다고 주장했다. 또한 다원주의 사회 속에서도 신화와 희생제사의 종결자이신 예수 그리스도의 종결성을 선포해야 한다고 말했다. 나는 2011년 기독 대중지 「e뉴스 한국」이 주최한 제2차 목회자 및 신학자 100인 포럼 주제 강연에 초대되어 지라르에 대해서 강의했다. 당시 「e뉴스 한국」은 이 붓다의 검은 머리를 주요 화

---

50 http://www.breadtv.net/index.php?document_srl=2518&l=ko&mid=btv01

예수는 반신화다

두로 나의 강연을 보도한 바 있다.

이처럼 "예수는 반신화다"라고 세련되게 논증하는 지라르의 이론은 다원주의적이고 포스트모던 사회 속에서도 종결자인 예수 그리스도의 종결성을 설득력 있게 제시할 수 있는 큰 이론이다. 나는 지라르의 『나는 사탄이 번개처럼 떨어지는 것을 본다』를 읽고 깜짝 놀라서 가슴이 두근거리는 경험을 오랜만에 했다는 어느 중학교 교사의 이메일을 받은 적이 있다. 그분은 문학 비평가인 줄만 알았던 지라르를 통해 십자가의 신비를 다시 경험하게 되었다고 고백했다. 그리고 왜 교계엔 이런 이야기가 그다지 알려지지 않았는지도 궁금했다고 말했다. 또한 2016년 대전에서는 『십자가의 인류학』 북 콘서트가 개최되었는데, 당시 30-40여명의 참여자 중 특히 기독교 대안학교인 별무리학교(충남 금산 소재) 선생님들이 기억난다. 또한 지라르의 책들과 나의 책들을 읽었다는 기독대안학교 소명중고등학교의 장슬기 교사는 "라브리 공동체"에서 함께 공부하는 자신의 제자가 나의 책들과 지라르의 책들을 읽고서 큰 영감을 받아 작성한 소논문을 소개하기도 했다. 그 고등학생은 포스트모더니즘 비평을 위해서 나의 『우상의 황혼과 그리스도』 그리고 포스트모던의 한계에 대한 테리 이글턴의 저서 『이론 이후』(도서출판 길 역간) 등을 통해서 "규범적인 것"을 "억압적인 것"으로 보는 포스트모더니즘은 테리 이글턴이 말한 것처럼 규범이나 진리같은 것들을 근대의 교조주의와 동일시하는 경향이 있다는 점을 비판적으로 서술했다.

또한 2016년에는 한때 인도로 유학을 가려고 했지만 지금은 미국에서 유학 중인 어느 목사는 미로슬라브 볼프의 『알라』(IVP 역간)와 연계하여 나의 『붓다와 희생양』을 읽겠다고 하면서 다음과 같이 적고 있다.

볼프 식으로 "유사성" 플랫폼 위에서의 정치적 화해와 통합을 향한 프로젝트를 진행할 경우에, 성서의 내러티브와 덕 윤리적 유사성을 공유하는 것처럼 보이는 여타 내러티브를 어떤 위치에 놓아야 할지에 대한 혼돈이 일어날 수 있다. 나는 볼프의 논지에 적당히 묻어가기보다는, 오히려 이런 유의 혼돈에 충분히 빠져볼 필요가 있다고 생각한다. 그리고 이런 유의 혼돈에서 나오기까지는 정일권의 『붓다와 희생양』이 상당히 도움이 되지 않았을까 싶다. 힌두교의 삼위일체와 기독교의 삼위일체의 관계 설정에 대한 부분과 지금의 알라-하나님에 대한 고민은 서로 참 닮아있기도 하고, 연결된 부분도 있다. 개인적으로 그 당시 힌두교 신론과 신앙적 혼합을 막은 엔진은 에른스트 카시러가 상징체계를 이용한 제3제국의 신화-통치 담론구조를 분석한 『국가의 신화』였다.

십자가가 참된 깨달음이다

붓다들의 깨달음이 우상화되는 메커니즘에 대한 깨달음이 참된 깨달음이다. 과도하고 신화적인 붓다들의 희생 논리에 대한 깨달음이 더 큰 깨달음이다. 깨달음에 왜 연꽃이 필요한지에 대한 깨달음이 참된 깨달음이다. 불교에서는 아직도 약화된 형태로나마 음성적으로 행해지는 디오니소스적인 것들을 십자가 사건은 폭로하고 고발한다. 붓다가 본래 여성의 성기를 상징하는 연꽃 위에 앉아서 명상하듯이, 불교 철학의 논리의 저층에는 디오니소스적-성적인 것이 자리 잡고 있다. 깨달음을 향한 수행의 과정에 이 디오니소스적이고 성적인 것이 필요했다. 공덕을 얻기 위해 자신의 딸을 절에 파는 이야기가 많다. 팔려간 그들은 대부분 절간에서 종교적 창녀로 봉사한다.

예수는 반신화다

창녀촌을 찾았던 원효부터 최근의 불교 영화에서 볼 수 있듯이 깨달음을 얻기 위해 창녀촌을 방문하는 불교 승려들의 이야기나, 절간에서 이루어지는 성행위 등의 디오니소스적 흔적은 오늘날에도 쉽게 발견된다. 일본에서는 절간에 창녀촌이 자리 잡고 있었는데, 이는 나름대로 종교학과 불교학에서 잘 알려진 사실이며 티베트 불교에도 마찬가지다.

불교는 은폐의 방식으로 기독교를 모방하고 기독교와 경쟁한다. 자유의 종교라는 불교는 기독교에 대한 모방적 욕망과 경쟁으로부터 자유롭지 못하다. 무소유와 무욕의 종교로서의 불교는 출가자들을 자발적 또는 비자발적으로 강요하는 무소유이며, 재가자들은 복전인 무소유의 출가자들의 공덕을 소유하고자 욕망한다. 논밭이 곡물을 자라게 하고 곡식을 거두어들이게 하는 것과 마찬가지로 부처와 보살(聖者) 법사들에 공양하고 숭봉하면 복덕(福德)의 열매를 얻게 되므로 재가자들은 그들을 복전(福田)이라고 일컫는다. 하지만 출가승은 복전이 되기 전에 재가자들로부터 독(毒)과 같은 나쁜 카르마와 액운 같은 것을 선물과 공양으로 받는다. 즉 출가승은 재가자들로부터 독을 받아 약과 같은 복을 주는 것이다. 출가승들은 선물 속에 담긴 독을 먹는 희생염소 역할을 한다. 나는 출가승과 재가자 사이의 이러한 인류학적 상호성 사이에서 지라르가 선물과 증여의 의미에서 분석해 내는 "폭력적인 상호성"을 발견해내었고 그것을 희생양 메커니즘 속에서 분석해내었다.

많은 서구인들이 불교 속의 은폐된 희생양 메커니즘을 보지 못하는 이유는 출가자들의 명상불교에만 집착하기 때문이다. 종교학자들이 인정하듯이, 탈신성화 혹은 탈우상화 세력인 기독교적 교육 계보의 영향 아래 아직도 서 있는 서구 불교인들은 아시아 불교에서 가장 중심적인 붓다들의 공덕에 대한 신앙이 거의 없다. 서구 불교인들은 출가자들을 복전으로 여기는 기복신앙의 모습을 띠지 않는다. 그들은 불교의 일부인 명상불교를 소비하고 있을 뿐이다. 일부 서구 불교인들이 불교를 명상불교, 힐링불교, 웰빙불교 등으로 각색해서 소개하지만, 아직까지도 아시아 불교에서는 복전으로서의 출가승에 대한 숭배와 공덕이 불교 신앙의 중심에 서 있다.

불교학자들이 인정하듯이, 서구 불교에 없는 것은 바로 이 복전과 공덕에 대한 불교적 신앙이다. 서구인들은 불교를 믿기보다는 소비하고 있다. 그들이 이미 탈신성화시키는 기독교의 영향으로 깨달음이 우상화되고 신성화되어 나타나는 복전으로서의 출가승에 대한 숭배와 그들이 주는 공덕에 대한 신앙은 그 영향이 미미하다. 세계의 모든 독을 마셔서 목이 파랗게 된 인도의 시바, 그리고 그 시바를 신화적 모델로 삼는 불교 출가승들이 왜 그리고 어떻게 독이 든 선물과 공양을 받아 재가자들에게 공덕과 복과 약과 같은 것이 되는지, 그 메커니즘을 이해하는 것이 더 큰 깨달음일 것이다. 불교 출가승들의 대부정의 깨달음이 어떻게 우상화되는지에 대한 깨달음이 더 큰 깨달음일 것이다.

십자가가 참된 깨달음이다. 십자가 앞에서 인류는 더 진정한 깨달음을 얻는다. 십자가 안에서 참되신 하나님에 대한 인식(*cognitio Dei*) 뿐 아니라 참된 자기인식(*cognitio sui*)이 가능해진다. 십자가는 모방 욕망으로 인한 인간의 연약함과 죄악을 보게 한다. 십자가의 폭력은 인류 최초의 폭력을 보게 한다. 십자가가 폭력에 대한 인식을 가져왔다. 십자가 앞에서 죄가 죄로 인식된다. 십자가는 죄에 대한 에피스테메다. 이교도들은 창녀를 여신으로 숭배하지만, 십자가 앞에서 창녀는 창녀로 인식된다. 십자가의 폭력은 또한 인류의 모방 욕망으로 인한 폭력성

예수는 반신화다

과 죄성을 보게 한다. 그렇기에 모방 욕망의 무상성에 대한 깨달음이 필요하다. (모방) 욕망으로 인류는 선악과를 먹고 형제를 살해하게 되었다. (모방) 욕망으로 인한 탐심이 우상숭배다. (모방) 욕망이 잉태한즉 죄를 낳는다.

십자가는 신화의 해체다

예수상은 거대화되지도 우상화되지도 않는다. 슬픈 사람, 세상 죄를 지고 가는 하나님의 어린 양, 하마르티아가 없이 살해된 그는 언제나 초라하게 십자가에 달려 계신다. *Ecce Homo*, 이 초라하고 슬픈 사람을 보라. 이 슬픈 예수 앞에서 공동체는 자신들의 죄를 비로소 깨닫는다. 거대한 붓다상 앞에서 공동체는 자신들의 죄악에 대해 말하지 않는다. 무죄한 붓다를 우리가 살해했다는 인식이 불교에는 없다. 초라한 예수상과 거대한 붓다상, 둘 다 희생제사의 제물이라는 점에서 같지만, 희생제사가 투명하게 드러난 기독교와는 달리 불교는 붓다를 희생제물로 인식하지 못하고 있다. 예수가 비은폐성 속에 있는 죄 없는 희생양이라면, 붓다는 은폐성 속에서 희생염소 역할을 하고 있다. 붓다는 자신을 제물삼아 불 제사를 드린다.

희생염소 앞에서 공동체는 어린 양의 경우처럼 죄의식을 느끼기 힘들다. 희생염소 역할을 하기 위해 붓다들은 염소에 해당하는 부정적인 죄악과 파계를 의도적이고 기술적으로 깨달음을 향하는 과정에서 범한다. 그리고 불교에서는 보살들과 붓다들은 항상 중생을 위해서 죄를 의도적으로 범하도록, 곧 파계를 하도록 명령받는다. 티베트 밀교에서는 중생을 위해서 보살행을 하는 수행자들이 의도적으로 살인하고 도둑질하며 간음하도록 요구받기도 한다. 가령 걸레 스님이라고 불리는 중광 스님의 경우처럼 의도적으로 범죄적인 파계를 함으로써 자신에게로 중생들과 재가자들의 나쁜 것들을 흡수시켜 자신을 걸레로 만들고 공동체를 정화하며 씻는 역할을 하고 있다.

하지만 그를 살해한 공동체가 예수를 신성화하고 우상화한 것이 아니라 성부께서 성령의 능력으로 그를 복권시켰다. 부활은 그의 무죄함을 증명하고 확증하는 것이다. 예수의 사리는 숭배되지 않았다. 희생염소의 사리 숭배와 시체 숭배는 불교에서만 나타나는 것이 아니라, 세계 모든 종교에서 나타난다. 오이디푸스의 시체도 신성화되었다. 희생양 예수를 가운데 두고 모인 공동체는 무죄한 희생양 앞에서 자신의 유죄를 깨닫게 된다. 반면 희생염소를 가운데 두고 모인 제사 공동체는 자신들의 유죄를 보지 못한다. 희생염소 앞에서 그들은 공범 의식을 느끼지 못한다. 헤겔, 니체, 하이데거, 프로이트 등 서구 철학자들에 의해 높게 평가되었던 그리스 비극(tragoidia)이 문자적으로는 "염소의 노래"인 것처럼 세계 신화도 희생염소의 텍스트요 노래다. 기독교는 어린 양의 노래다. 세계 신화는 희생염소를 생산하는 마녀사냥의 텍스트다. 기독교는 요한계시록에 등장하는 어린 양의 노래처럼 희생양의 노래이자 반신화다. 신화를 해체하면, 그것은 결국 희생염소의 노래와 텍스트이며 막장 드라마와 불륜 드라마라는 사실을 알게 된다. 반면에 유대-기독교적 텍스트는 인류 문화의 기원 그리고 신화와 제의의 기원에 대한 이러한 해체적 에피스테메를 가져왔다.

C. S. 루이스나 톨킨(J. R. R. Tolkien) 같은 작가들은 기독교를 신화적 모티브로 차용하기는 하지만 세계 신화의 내적 논리를 따르지 않고 그것을 내부적으로 전복시킨다. 반신화로서 유대-기독교적 텍스트

예수는 반신화다

는 세계 신화를 다시 써서 전복시키고 그 정체를 밝힌다. 톨킨의 『반지의 제왕』에서도 주인공은 우주적 거인이나 전사적 영웅이 아니라 난쟁이다. 그리고 무엇을 쟁취하려고 하는 것이 아니라 (모방적) 욕망을 일으키는 반지를 포기하고 그것을 버리려고 한다. 기독교에도 비움, 멈춤, 비움, 그리고 포기의 영성이 강하게 존재한다. 하지만 기독교는 결코 세계포기의 종교인 불교처럼 세계 자체를 포기하라고 말하지 않는다.

나는 독학으로 인도학과 불교학을 6-7년 공부한 이후, 단 한 번의 영원한 희생제사를 드림으로 희생양 메커니즘을 폭로한 예수 그리스도를 믿는 기독교와 희생제의적 다신교(sacrificial polytheism) 사이의 차이를 알게 되었다. 그리고 유일회적 예수 그리스도의 단 한 번의 영원한 제사와 붓다들의 영원 회귀적 복수성의 차이에 대해서 깨닫게 되었다. 불교의 목표인 성불, 곧 붓다가 되는 것은 니체가 말한 초인과 같은 존재가 되는 것이 아니라 공동체를 위해 지속적으로 인간 희생제물이 된다는 것이 나의 대체적인 결론이다.

마지막 희생양인 예수 그리스도의 슬픔과 아픔에 대한 위험한 기억의 종교로서의 기독교는 그렇게 문명 속에 존재하는 약자, 희생자, 소수자, 타자에 대한 폭력과 희생에 대한 민감성을 가지게 되었다. 기독교 문화에서는 폭력이 더 이상 은폐되거나 신성화되거나 정당화될 수 없게 되었다. 희생자에 대한 우선적 선택이라는 기독교의 윤리적 선택으로 인한 현대 사회의 새로운 복잡성이 있긴 하지만, 그럼에도 불구하고 기독교는 아벨의 피로부터 예언자들의 피를 거쳐 요한계시록의 어린 양의 피에 이르기까지 모든 희생과 폭력을 종결시키고자 한다. 기독교는 마지막 희생양이자 세상 죄를 지고 가는 하나님의 어린 양(Agnus Dei)의 슬픔과 아픔을 위험하게 항상 예배를 통해 기억하고자 한다. 반신화인 예수는 제사의 종결자이지만, 불교에서는 붓다가 지속적으로 생산된다.

앞에서 말한 것처럼 신화는 결국 마녀사냥 및 희생염소 만들기의 텍스트다. 또한 지라르는 신화를 박해의 텍스트라 부른다. 마녀사냥은 서구 기독교의 죄악사의 전유물이 아니라 초문화적 현상이다. 흔히들 쉽게 마녀사냥이 서구/기독교 문명의 전형적인 죄악사요 지극히 서구적인 흑역사라고 생각하지만 그것은 착각이다. 마녀사냥은 어느 문명에나 존재했었고 지금도 여전히 존재하는 문명도 있다. 「전설의 고향」에 자주 등장하는 원한을 품고 복수하는 처녀 귀신들에 대한 이야기에서 우리 한국 전통 사회의 마녀사냥에 대해 반성적으로 성찰할 수 있어야 한다. 많은 경우 「전설의 고향」에 등장하는 처녀 귀신들은 희생제물로 바쳐진 소녀와 처녀에 대한 이야기다.

정현경 교수의 "초혼제"의 경우처럼 무속에서의 초혼과 성령의 임재를 혼동하는 경우가 있었지만, 성령은 집단 살해당한 이후 복수의 영으로 다시 오는 처녀 귀신의 영과 같은 것과는 비교될 수 없다. 예수 그리스도는 살해당한 이후 처녀 귀신처럼 돌아와 복수하러 온 것이 아니다. 예수의 부활에는 복수의 의미가 없다. 예수 그리스도는 복수의 메시지가 아니라 평화의 인사를 건넨다. 지역적이고 부족적인 우상을 중심으로 모인 세계 종교에는 많은 경우 타자에 대한 저주 의식이 존재한다. 『붓다와 희생양』에서 밝힌 것처럼 남방 불교에도 저주 의식이 존재한다. 아프리카에도 질투심으로 인한 저주 의식이 있다. 한국 샤머니즘에도 저주의 굿판이 존재한다. 기독교에는 저주 의식이 없으며 대신 성만찬에 참여하기 전에 형제, 자매들에게 평화의 인사를 나눈다.

정현경 교수가 세계교회협의회에서 성령의 오심을 간구하는 자리

예수는 반신화다

에서 한국 여성 무당의 초혼제를 한 것은 오스트리아 인스부르크의 신학자들에게까지 비판적으로 기억될 만큼 충격적인 사건이었다. 초혼제는 어느 정도 엘리아데식의 샤머니즘 해석이 녹아 있다. 이것은 곧 억눌린 자들의 상징으로서 여성 무당을 이해하는 것이다. 하지만 니체가 말한 디오니소스는 갈기갈기 찢긴 희생제물인 동시에 그 통음난무적이면서도 폭력적인 집단 폭력, 집단 도취, 집단 광기 등이 분출되는 디오니소스 희생제사 축제의 집행자와 대변자이듯이, 무당을 억눌린 자의 상징이나 피해자로 이해하는 것은 곤란하다. 무당은 닭이나 돼지를 삼지창이나 칼로 잡아서 제물을 바치는 희생제사의 집행자요 선동자다. 인도의 시바처럼 전통적 무당도 희생제의적 삼지창과 칼을 들고 있다. 무당의 춤은 본래 무섭고 폭력적인 칼춤이다. 또한 무당은 저주의 굿판을 벌이기도 한다. 무당은 마귀의 자식도, 오늘날의 억눌린 자들 속에 계시는 예수 그리스도도 아니다. 샤머니즘과 무당은 인류의 어제의 종교성일 뿐, 그 이상도 그 이하도 아니다. 무당과 샤머니즘 속에 있는 제의적 폭력을 말하지 않으면서 무당을 예수 그리스도처럼 리메이크해서 사회구조적 폭력을 비판하는 것은 무리다.

　지라르에 의하면 마녀는 희생양인 여신이 탈신성화되는 중간 단계에 존재한다. 마녀는 모든 원시적 신들과 마찬가지로 이중적이다. 마녀는 한편으로 나쁜 여자의 원형이면서 동시에 신비한 주술적·마술적 능력을 가진다. 하지만 모두가 마녀를 미워할 뿐, 원시적 여신처럼 숭배하지는 않는다. 왜냐하면 그 원시적 희생양 메커니즘의 작동이 일부분 손상되었고 탈신성화되었기 때문이다. 지라르의 유명한 말대로 근대 서구 문명이 마녀사냥을 종식시킨 것이 아니라 마녀사냥의 종식이 서구 근대 문명을 가져왔다. 근대의 도래는 어느 인간 사회에나 존재하는 희생양 메커니즘에 대한 점진적인 비판 의식이 차츰 일어나기 시작한 중간 단계였다. 타문명권에는 바로 초문화적인 희생양 메커니즘에 대한 비판 의식이 약하거나 결여되어 있다. 서구의 마녀사냥이 세계적으로 유명해진 것은 오히려 그들의 민감한 감수성과 비판 의식이 학문적으로 주제화되었기 때문이다. 우리 사회에 마녀사냥이나 희생양 또는 천민 연구가 많지 않은 것은 우리 사회가 그런 어두운 면이 없는 동방 예의지국이어서가 아니라 그런 현실에 대한 비판적 의식이 부족하다는 것을 반증한다.

마녀사냥에 대한 서구-기독교적 의식과 주제화는 마녀사냥의 텍스트인 신화를 비판적으로 인식하고 해체해나간 반신화적 유대-기독교적 전통의 유산이다. 막스 베버가 서구 근대의 합리화 과정을 지칭하면서 말한 세계의 탈마술화도 유대-기독교적 텍스트가 가지고 있는 탈신성화 정신과 맥을 같이하는데, 이는 반신화와 반희생이라는 성서의 근본정신 때문에 점차 가능해진 것이다.

십자가는 카타르시스를 주지 않는다

반신화적 기독교가 마녀사냥을 비판적으로 이슈화하기 시작했다. 『십자가의 인류학』에서 밝힌 것처럼 지라르는 희생양 시스템에 저항한 첫 문화가 유대인 문화라고 말한다. 그에 의하면 성서는 실제로 반신화적이다. 지라르는 예수 그리스도의 십자가 죽음으로 인해 세계는 "위험한 순간"에 도달했다고 말한다. 희생양 메커니즘이 투명하게 드러났다. 성서는 희생양 만들기가 일종의 군중 사건이라는 것을 알고 있다.[31]

그리스도인들은 십자가 앞에서 범죄 의식과 공범 의식을 느끼지만,

예수는 반신화다

카타르시스를 느끼지는 않는다. 지라르는 십자가는 희생양 메커니즘의 카타르시스적인 정화 능력을 단숨에 없애 버린다고 말한다.[52] 지라르의 말처럼 그리스 비극은 한마디로 카타르시스다. 즉 카타르시스를 위한 "희생염소의 노래"(tragoidia)가 그리스 비극인데, 이것은 결국 거대한 군중의 노래다. 마녀사냥도 카타르시스를 위한 것이다. 막장 드라마와 불륜 드라마인 세계 신화와 그리스 비극은 카타르시스를 분명하게 거대한 군중들에게 준다. 로마 제국의 황제들이 장려했던 콜로세움에서의 검투사(글레이데이터) 경기도 운집한 거대한 군중에서 폭력적인 카타르시스를 줌으로써 로마의 평화(Pax Romana)를 유지하고자 했다. 이 폭력적인 카타르시스는 이 세상이 주는 평화다. 그리스도의 평화(Pax Christi)를 따르는 초기 그리스도인들은 이 폭력적인 카타르시스의 아레나에 참여하는 자들에게는 세례를 주지 않았다. 십자가가 카타르시스를 주지 않는 것은, 카타르마(그리스 폴리스가 관리했던 인간 희생양들)의 희생으로 비로소 발생하는 폭력적 카타르시스의 메커니즘을 인식하고 이에 저항하면서 전복시키고 또한 치유하기 때문이다.

자기 내면에 평화가 없는 사람들은 외부에서 폭력적인 카타르시스를 통해 평화를 찾고자 하며 자신을 정화하고자 한다. 아주 폭력적인 닭싸움이든 소싸움이든 투견이든 아니면 막장 드라마와 불륜 드라마이든 인류는 오랫동안 사회 내부나 혹은 개인 내부의 정화와 평화를 위해서 이 카타르시스를 생산하는 희생양 메커니즘에 의존해왔다. 스페인의 투우 경기의 기원도 희생제사라고 한다.

---

51 "René Girard: Stanford's provocativeimmortel is a one-man institution," *Stanford Report*, June 11, 2008.
52 르네 지라르, 『문화의 기원』, 254.

우리는 언제부터인가 서구화되면서 희생제의적 전통으로부터 무죄하고 자유로운 것처럼 착각하기 시작했다. 평화의 종교로 열정적으로 자신을 변호하는 이슬람국가들은 지금까지도 동물 제사를 드리고 있다. 나는 오스트리아 유학 시절 독일 다큐멘터리 방송에서 라틴아메리카 볼리비아의 인디오 후예들의 충격적인 희생제의를 보았다. 여신을 위해서 흘리는 희생제의적 전투와 난투였다. 그런데 모의 전투라기에는 너무도 리얼하고 폭력적인 제의였다. 맨 주먹으로 서로를 때리고, 코피가 나고, 군대가 주둔해서 그 제의가 난장판으로 흐르지 않도록 통제했다. 그 사람들은 그 흘린 피가 여신을 위한 것이고 그것으로 풍작을 보장받는다는 신앙을 가지고 있었다. 만취하도록 술을 마시며 희생제의적 위기를 재현하고, 또 염소를 희생제물로 바치고 그 주위를 만취한 상태에서 돌면서 춤을 추며, 또 그 염소의 피를 서로에 얼굴에 바르는 제의였다. 19세기까지만 해도 실제로 희생제의적 전투에서 희생제의적 적을 죽이고, 그것을 먹는 제의가 지속되었다고 한다. 왜 서로를 죽이고, 서로를 때려서 피를 보아야만 내년의 풍작을 보장받는다고 인류는 생각했을까? 이 광경은 지라르의 책『폭력과 성스러움』을 참으로 진지하게 생각하게 하는 폭력적인 제의였다.

서구학자들은 자신이 교육받고 성장한 기독교적 배경으로 인해 너무 쉽게 탈제의적 사고의 관성과 습관을 가지고 비서구적 세계를 바라보곤 한다. 또한 아시아의 학자들은 자기 오리엔탈리즘에 빠져 아시아의 종교와 문화 그리고 신화와 제의를 너무 성급하게 탈제의적이고 탈신성화된 것으로 바라보곤 한다. 불교도 그동안 탈제의적인 관점으로 새롭게 오해되어 왔다. 세계의 모든 제의들은 대체적으로 카타르시스를 의도하고 있다고 볼 수 있다. 씻김굿도 동물들을 제물로 바쳐서 카타르시스(정화와 씻김)를 생산하려고 한다. 신화는 카타르시스적이다. 인류는 오랫동안 신화를 통해서 희생염소 역할을 하는 신들(신화 속의 카타르마)에 대한 집단 폭력과 집단 살해가 공동체에게 씻김을 주고, 공동체에게 정화(카타르시스)를 주며, 공동체의 질서를 회복시켜주고 나아가 공동체에게 풍요와 다산을 준다고 믿어왔다. 그러나 이 신화가 주는 카타르시스는 십자가에서 멈추었다. 폭력이 전면에 주제화된 십자가는 더 이상 신화에서처럼 씻김과 정화(카타르시스)를 주지 않고, 대신 비난의 손가락을 자기 자신에게로 향하게 한다. 이렇게 십자가는 신화적 카타르시스에 저항함으로써 자기성찰의 인문학을 가능케 했다.

예수는 반신화다

나는 이 책에서 캠벨의 비교신화학, 엘리아데의 비교종교학, 그리고 칼 융의 심층심리학 등을 이론적 근거로 해서 제기된 『예수는 신화다』, 『예수는 없다』, "예수도 보살이다", 그리고 "예수도 무당이다"라는 기존의 종교다원주의적인 주장들을, 신화의 수수께끼를 해독한 지라르의 비교신화학에 기초해서 새롭게 조명하고 또한 비판했다. 니체와 하이데거, 그리고 포스트모더니즘 철학과 얽혀 있는 현대의 새로운 영지주의와 새로운 이교주의 현상에 대한 철학적 성찰을 통해서 유대-기독교적 텍스트가 또 하나의 신화가 아닌 그 마녀사냥의 텍스트로서의 신화를 전복적이고 해체적으로 새롭게 쓴 반신화임을 주장했다.

또한 나는 인류가 걸어온 뮈토스로부터 로고스로의 계몽의 길을 역행해서 다시금 뮈토스의 단계로 회귀하고자 하는 현대의 새로운 반계몽주의(obscurantism), 새로운 신화, 새로운 영지주의, 새로운 이교주의를 니체와 하이데거의 사유를 중심으로 비판적으로 성찰해 보았다. 또한 일부 서유럽 지식인들의 이러한 친신화적 사유, 반계몽주의, 그리고 칼 융식의 새로운 영지주의와 뉴에이지 운동을 비판하고 다시금 유대-기독교적 전통을 철학적으로 재발견해야 한다고 역설하는 지적을 비롯해서 포스트모더니즘 철학을 비판적으로 성찰하는 프랑스의 알랭 바디우와 아감벤 등을 통해 일어난 사도 바울 르네상스에 대해서도 소개했다.

나는 지라르의 비교신화학에 기초해서 예수 그리스도는 희생염소가 아니라 희생양(하나님의 어린 양, *Agnus Dei*)이라는 사실을 강조했다. 오이디푸스와 붓다들 그리고 세계의 신들은 희생염소 역할을 하고 있다. 신화를 전복하고 해체하는 반신화로서의 성서는 예수 그리스도에게 하마르티아(죄, 비극적 결함)가 없다고 강조하지만, 오이디푸스는 자신의 하마르티아인 근친상간과 부친 살해로 인해 자신을 저주하면서 눈을 뽑아버리고 추방된다. 성서는 희생양 예수 그리스도의 무죄성과 그를 살해한 공동체의 유죄성을 말하지만, 세계 신화는 언제나 희생염소 역할을 하는 신들의 유죄성과 제사 공동체의 무죄성을 말한다. 신화에는 공범 의식이 없다고 지라르는 말한다. 성서는 신화에 대한 해체다. 나는 이 책에서 한국에서 "scapegoat"를 희생양으로 번역함으로써 인식하지 못하게 되는 희생염소와, 세상 죄를 지고 가는 하나님의 어린 양의 분명한 차이를 설명하려고 했다.

동아시아의 신학자인 나는 인류 문화의 기원이 사회계약설에서처럼 합리적이고 이성적 기원이 아니라 폭력적이고 희생제의적 기원을 가지고 있다는 지라르의 문화 이론을 다종교적이고 다문화적인 한국 상황에 적용하고자 했다. 기원에 천착하는 발생학적 이론이다 보니 한국 불교와 샤머니즘에 대해서 거칠게 논의하는 것으로 오해될 수도 있다. 하지만 지라르의 종교 이론과 비교신화학은 전통적 종교를 악마화시키지 않고 오히려 탈악마화시킨다. 그의 이론은 전통적이고 제의적인 세계 종교와 신화의 코드를 해체함으로써 그것을 탈악마화시키

예수는 반신화다

고 또한 인간화시킨다. 즉 박해의 텍스트 속에 은폐되고 묻힌 희생당한 동료 인간의 목소리와 얼굴을 보고자 한다. 캠벨이 말한 "신의 가면" 속에 은폐된, 희생당하고 추방당했으며 살해당한 타자의 얼굴을 가시화하고 주제화함으로써 그것을 인간화시킨다. 지라르는 "신의 가면" 속에 은폐된 인간의 얼굴을 보고자 했다. 지라르의 문화인류학적 이론은 전통 종교에 대한 일부 개신교인들의 반우상숭배적이고 성상파괴주의적인 반감을 넘어 전통 종교에 대한 보다 학문적인 이해를 가능케 한다. 인류 문명은 희생제의로부터 탄생했다. 희생제의에 대한 인류학적 연구는 인류 문명에 대한 해석학적 열쇠다.

또한 나는 "붓다는 신화다"라는 글에서 깨달음을 향한 수행 과정에서 이루어지는 출가승들(붓다들)의 무차별화 혹은 차이소멸의 죄악을 희생양 메커니즘 속에서 새롭게 해석했다. 붓다를 니체가 말하는 선과 악을 초월하는 초인 개념으로 설명하기도 하는데, 지라르 이론의 관점에서는 붓다는 은폐된 희생염소다. 나는 왜 오리지널하고 원형적인 불교인 비밀불교(밀교)에는 비밀 언어가 사용되는지, 왜 성교를 통해서 성불을 이루고자 하는지, 왜 파계가 깨달음에 있어서 본질적으로 중요한지, 왜 또한 깨달음이 이후 우상화되고 신성화되며 미라화되는지, 그 메커니즘과 코드를 지라르의 비교신화학을 통해서 해명하려고 했다. 아무쪼록 이 책을 통해서 그동안 지나치게 전투적으로 진행된 기존의 비교종교학과 비교신화학이 간과하고 있는 세계 신화와 유대-기독교적 전통 사이의 본질적인 불연속성에 대한 이해가 깊어지기를 기대해 본다.

예수는 반신화다

르네 지라르와 비교신화학

Copyright ⓒ 정일권 2017

1쇄발행_ 2017년 11월 24일

지은이_ 정일권
펴낸이_ 김요한
펴낸곳_ 새물결플러스
편 집_ 왕희광·정인철·최율리·박규준·노재현·한바울·신준호·정혜인·김태윤
디자인_ 김민영·이지훈·이재희·박슬기
마케팅_ 임성배·박성민
총 무_ 김명화·이성순
영 상_ 최정호·조용석·곽상원

아카데미_ 유영성·최경환·이윤범

홈페이지 www.holywaveplus.com
이메일 hwpbooks@hwpbooks.com
출판등록 2008년 8월 21일 제2008-24호
주소 (우) 07214 서울특별시 영등포구 양평로 11, 4층(당산동5가)
전화 02) 2652-3161
팩스 02) 2652-3191

ISBN 979-11-6129-043-0 03230

책값은 뒤표지에 있습니다.

이 도서의 국립중앙도서관 출판예정도서목록(CIP)은 서지정보유통지원시스템 홈페이지
(http://seoji.nl.go.kr)와 국가자료공동목록시스템(http://www.nl.go.kr/kolisnet)에서 이
용하실 수 있습니다. (CIP제어번호: CIP2017030109)